Stephen Hirtenstein

Der grenzenlos Barmherzige

Stephen Hirtenstein

Der grenzenlos Barmherzige

Das spirituelle Leben und Denken
des Ibn Arabi

Aus dem Englischen von Karin Monte
unter Mitarbeit von Wolfgang Herrmann

Chalice Verlag

Das Original erschien
1999 bei Anqa Publishing, Oxford, England
unter dem Titel *The Unlimted Mercifier,
The Spiritual Life and Thought of Ibn Arabi*

© Stephen Hirtenstein 1999

© der deutschen Übersetzung
2008, Chalice Verlag, Zürich, www.chalice.ch
Alle Rechte vorbehalten

Umschlagbild und Frontispiz:
Javarman & Alois Alexander
Buchgestaltung: Robert Cathomas
Herstellung: Books on Demand GmbH, Norderstedt
Printed in Germany

ISBN 978-3-905272-79-6

All mein Kommen und Gehen gilt dem All-Erbarmer,
um so in die Gegenwart von Majestät und Schönheit zu gelangen.
Gott erwies uns reine Gnade und nichts als Wohlwollen
an jenem Tag, als Er mich rief und sagte: »Steige hinab!«

MUHYIDDIN IBN ARABI
Futuhat al-Makkiyah IV:200

»In jeder Epoche gibt es einen...«, das Gedicht über dem Eingang zu Ibn Arabis Grab in Damaskus (vgl. Seite 21)

Inhalt

Vorbemerkung der Übersetzerin 9
Vorwort 11

Einführung

1 Auf der Suche nach neuen Perspektiven 17
2 Von Einheit und Einzigartigkeit 37

Leben im Westen

3 Die frühen Jahre (1165–1181) 57
4 Von Adam und Eva 69
5 Rückkehr zu Gott (1182–1184) 83
6 Von Prophetentum und Heiligkeit 99
7 In der Ausbildung (1184–1194) 115
8 Von Vermittlern und deren Entfernung 145

Der Weg ins Zentrum

9 Das Licht jenseits des Ufers (1194–1200) 165
10 Von den Erben und den Siegeln 197
11 Als Pilger in Mekka (1201–1204) 217
12 Von Herabsteigen und Rückkehr 241

Vom Zentrum in die Peripherie

13 Reisen und Beraten (1204–1222) 259
14 Von Liebe und Schönheit 295

An der Kreuzung der Wege

15 In Damaskus (1223–1240) 315
16 Von Schreiben und Sprechen 337
17 Vom Osten und vom Westen 355

INHALT

Anhang

Ausgewählte Hauptwerke von Ibn Arabi 379

Einige von Ibn Arabis Zeitgenossen 387

Literaturhinweise 392

Bibliografie 395

Bildnachweis 403

Register 405

Vorbemerkung der Übersetzerin

DIESES BUCH ÜBER LEBEN UND WERK DES »GRÖSSTEN SCHEICHS« der muslimischen Welt, Muhyiddin Ibn Arabi, ist für den allgemeinen Leser gedacht und präsentiert gleichzeitig die ganze Fülle der in den letzten Jahrzehnten erschienenen Forschungsergebnisse und Übersetzungen zu dieser überragenden geistigen Figur des Islams im Hochmittelalter. Auf seiner inneren und äußeren Reise von Andalusien, wo er die erste Hälfte seines Lebens verbrachte, nach Damaskus vereinigte Ibn Arabi Westen und Osten in sich. Anders als bei vielen großen Meistern des Mittelalters, deren Lehren aus Aufzeichnungen ihrer Schüler bekannt sind, findet sich bei Ibn Arabi eine ganz besonders reine Tradition des Umgangs mit dem Wort. Die meisten seiner größeren und kleineren Schriften – man schätzt ihre Zahl auf mindestens 350 – sind von ihm selbst geschrieben oder in Abschriften autorisiert worden und konnten von seinen Schülern sicher aufbewahrt werden. Dem heutigen Leser stehen immer mehr Übersetzungen der arabischen Originale zumindest in der englischen und französischen Sprache zur Verfügung, darunter eines seiner Hauptwerke, die *Fusus al-Hikam*, nach einer von Titus Burckhardt getroffenen Auswahl auch in einer deutschen Übersetzung als *Die Weisheit der Propheten*.* Vor kurzem hat die deutsche Islamwissenschaftlerin Alma Giese in dem Buch *Urwolke und Welt* den »größten Meister« in drei Textbeispielen vorgestellt. Warum diese umfassende und leidenschaftliche Beschäftigung mit einem als schwierig geltenden Mystiker des 13. Jahrhunderts?

Im Kapitel 8 des hier vorliegenden Buches beschreibt Stephen Hirtenstein das beliebte Spiel »Stille Post«, bei dem zum großen Vergnügen und manchmal auch zur Verblüffung der Mitspieler die ursprüngliche Botschaft sich bei jeder Weitergabe ganz merkwürdig verändert. Es ist eine heitere Metapher für den ewigen Kampf zwischen der Seele, die zu ihrem Herrn zurückkehren möchte, und dem Intellekt, der begreifen, festlegen und erklären will. Ibn Arabi selbst weist immer wieder darauf hin, dass er nur aufschreibt, was ihm in seinen Visionen gesagt wird. Wie kann man sich das vorstellen? Er findet ein schönes Bild dafür:

---

* Chalice Verlag, Zürich, 2005.

VORBEMERKUNG DER ÜBERSETZERIN

> Mein Herz klammert sich an die Tür der Göttlichen Gegenwart und wartet aufmerksam darauf, was kommt. Mein Herz ist arm und bedürftig, bar jeden Wissens. (...) Wenn etwas hinter dem Vorhang erscheint, beeilt sich das Herz zu gehorchen und zeichnet es auf.

Für die Koranzitate wurde Max Hennings Übersetzung (Reclam Verlag) benutzt, in Angleichung an den übrigen Text wurden allerdings die erhabenen Pronomina groß geschrieben. Bei den arabischen Begriffen wurde eine an die englische Transkription angelehnte, vereinfachte Schreibweise verwendet, was besonders für die Aussprache der Konsonanten zu beachten ist. Die Zeichen für die typischen arabischen Kehlknacklaute ' und den tief im Rachen gebildeten Reibelaut ' sind im Interesse der Lesbarkeit weggelassen.

Mein herzlicher Dank geht an Robert Cathomas und den Chalice Verlag für die Anregung zu dieser Übersetzung und ganz besonders an Wolfgang Herrmann für die so bereitwillige und sachkundige Korrektur des Textes. Möge diese Biografie Ibn Arabis ihren Zweck erfüllen und zum weiteren Studium des »Pols des Wissens« anregen, im Sinne des von unserem Lehrer Reshad Feild so oft wiederholten Satzes »Wissen verankert Liebe«.

KARIN MONTE
Berlin 2008

Vorwort

Gott hat mich grenzenlos gütig gemacht,
vollkommen mitfühlend.*

ALS ICH GEBETEN WURDE, EIN BUCH ÜBER IBN ARABI FÜR das allgemeine Publikum zu schreiben, war mir bewusst, dass ein großes Bedürfnis nach einem klaren Bild von dem außergewöhnlichen Leben und der Leistung dieses Mannes bestand. Ibn Arabi ist eine überragende Gestalt der menschlichen Spiritualität. Im Arabischen als *ash-shaykh al-akbar* (der größte Meister oder Lehrer) bekannt, schrieb er über 350 Werke, von denen jedes eine Goldmine an Einsicht und Kreativität ist. Mehrere Bücher über sein Leben und Werk, einige davon herausragend, sind in westlichen Sprachen erschienen, in wachsendem Maße in den letzten Jahren. Allerdings richteten sie sich vor allem an ein gelehrtes Spezialistenpublikum. Man könnte argumentieren, dies liege daran, dass Ibn Arabi einer der kompliziertesten Autoren und Denker in der islamischen Mystik ist, vielleicht sogar in der gesamten westlichen spirituellen Tradition, und dass zu seinem Verständnis ein umfangreiches Hintergrundwissen über den Islam, den Koran, die Überlieferung (Hadith), mittelalterliche arabische Philosophie, arabische Philologie und so weiter nötig seien. Während dies aus einer bestimmten Perspektive durchaus zutreffen mag, besteht jedoch kaum ein Zweifel daran, dass Ibn Arabis Schriften auch die bemerkenswerte Qualität besitzen, zu Menschen aller Schichten und Glaubensrichtungen sprechen zu können, über die Grenzen vieler Jahrhunderte und unterschiedlicher Kulturen hinweg. Seine mystischen Ausführungen entspringen unmittelbar seinem Herzen, und auf dieses tiefste Empfinden sprechen die Leser an.

Dessen eingedenk stimmte ich zu – weniger aus dem Gefühl heraus, das Werk Ibn Arabis angemessen darstellen zu können, sondern weil ich den Eindruck hatte, dass es ein überwältigendes Bedürfnis dafür gibt, seine Lehren zugänglicher zu machen. Gott allein weiß, ob das, was für mich eine ständige und erfrischende Forschungsreise mit vielen Kurven und Überraschungen war, dazu dienen wird, dieses Bedürfnis zu erfüllen.

* *Futuhat al-Makkiyah*, III:431.

VORWORT

Dieses Buch will nicht akademisch oder wissenschaftlich sein, obwohl es von der Gelehrsamkeit, Hingabe und Forschung anderer Menschen sehr profitiert hat. Ihn im modernen westlichen Sinne zu »studieren«, wäre Ibn Arabi wahrscheinlich ziemlich lächerlich vorgekommen, dessen ganze Absicht beim Schreiben darin bestand, den Leser so zu inspirieren, dass eine innere Transformation stattfinden kann. Die alchimistische Transmutation des weltlichen Bewusstseins in etwas, das in der Lage ist, seine Bestimmung zu erfüllen, war sein einziges Interesse. Es ist auch nicht beabsichtigt zu zeigen, wie orthodox seine Doktrin des Islams ist, obwohl das in muslimischen Ländern von allergrößter Bedeutung zu sein scheint. Mein Hauptziel war, einen lesbaren Bericht zu schreiben, der etwas von dem »Geschmack« Ibn Arabis vermittelt, ein Gefühl für seine Größe und sein Genie, und welchen Vorteil heutige Menschen davon haben könnten, die Werke des »größten Meisters« zu lesen. Ich habe meistens die auf dem Sonnenkalender beruhende westliche Datierung verwendet statt des Mondkalenders, den er benutzte, um es dem modernen Leser einfacher zu machen.

Ich habe versucht, Ibn Arabi sich selbst, wo immer möglich, in seinen eigenen Worten vorstellen zu lassen, denn er hat uns gern mit vielen autobiografischen Einzelheiten versorgt. Ich habe bekannte wie weniger bekannte Episoden aufgenommen in der Hoffnung, dem Leser auf diese Weise einen allgemeinen Überblick zu ermöglichen, ohne dass er auf mehrere verschiedene Bücher zurückgreifen müsste. Dies ist keine objektive Erörterung in der Art von Standard-Biografien, sondern vielmehr der Versuch, in die lebendige Präsenz von Ibn Arabi vorzudringen, ihn so zu sehen, wie er sich selbst und sein Leben darstellt. Ich habe daher durchgängig Berichte anderer Autoren weggelassen, außer sie waren ihm persönlich begegnet. Während dieses Prozesses war ich ständig gezwungen, meine eigenen Annahmen und Meinungen zu überprüfen, denn Ibn Arabis Lebensgeschichte ist letztlich untrennbar mit seiner Lehre verbunden. Er spricht von Ereignissen, die ihn betreffen, in erster Linie deswegen, weil er etwas verdeutlichen will und dem Leser eine Botschaft geben möchte; oft spricht er von diesen Dingen in verkürzter Darstellung. Er gibt dem Leser ein Rätsel auf und lädt ihn ein herauszufinden, was er wirklich meint. Erst in der Wechselbeziehung verschiedener Passagen beginnt sich das Puzzle zusammenzusetzen. Dadurch ist die Aufgabe, seine Lebensgeschichte zu erzählen, mit einigen Risiken behaftet. Hinzu kommt die Tatsache, dass viele gewöhnliche »persönliche« Einzelheiten nicht für wichtig gehalten werden (wir wissen beispielsweise wenig über sein Familienleben). Die Beschreibungen von Episoden aus seinem Leben werden Gegenstand von Meditation und Kontemplation, genau so wie seine Lehren praktische Hinweise auf Erfahrung und Vision sind. Sein Leben und Denken sind daher völlig ineinander integriert, und eins kann ohne das andere nicht richtig verstanden werden. Aus diesem Grund habe ich nicht versucht, die Feinheiten seiner Perspektive zu vereinfachen oder sein Leben und Denken in zwei verschiedene Abschnitte zu teilen. Die biografischen Kapitel dieses Buches sind mit Themen wie Einheit, der mystischen Reise, Liebe und Schönheit und so weiter verwoben.

Ich kann gewiss nicht den Anspruch erheben, einen umfassenden Überblick über alle Themen von Ibn Arabis Denken gegeben zu haben, nicht einmal über das, was man als die Hauptthemen bezeichnen könnte. Für eine solche gewaltige Aufgabe, wenn sie denn überhaupt möglich wäre, bin ich völlig unqualifiziert. Wenn ich versucht habe, einige Aspekte auszulassen oder nur anzudeuten, die einige Leser für zentral halten könnten, kann ich nur sagen, dass dies letzten Endes eine persönliche Sicht auf Ibn Arabi ist. Wenn das, was hier dargestellt wird, dem Leser mehr Appetit auf weitere eigene Studien machen sollte, dann ist das Rechtfertigung genug. Der Reichtum von Ibn Arabis Lehren ist gegenwärtig im Westen noch weitgehend unentdeckt. Er verdient viel mehr Anerkennung und Verwendung. Seine Schriften, die auf einer harmonischen Vision der Realität beruhen, die alle scheinbaren Unterschiede integriert, ohne deren Wahrheit zu zerstören, und von Einsichten in die menschliche Wirklichkeit und das wahre Mitgefühl überströmen, sind in der Welt von heute ganz besonders angebracht und nötig.

Mitgefühl wird von allen Menschen mehr oder weniger verstanden und erlebt, durch Handlungen der Freundlichkeit und Rücksicht. Wahres Mitgefühl kennt jedoch keine Grenzen. Durch alle Zeitalter des menschlichen Lebens hindurch ist die Erkenntnis der wahren Natur von Mitgefühl von den Mystikern aller religiösen Richtungen und Praktiken begründet worden. In der mystischen Vision wird die Qualität des grenzenlosen Mitgefühls in all ihrer Majestät gesehen und als Grundfaktor der Existenz selbst erkannt: Mitgefühl, in den Stoff der Existenz selbst verwoben, von der höchsten zur tiefsten. Es hat keine Grenze, keine endliche Ausdehnung, und nichts befindet sich außerhalb seines Einflusses. In Ibn Arabis Sicht ist diese Erkenntnis das Geburtsrecht des Menschen – eine tiefgehende Botschaft der Hoffnung, denn sie impliziert, dass alles in der Macht der Liebe eingeschlossen ist. Welche besonderen Wirkungen sie auch auf den verschiedenen Ebenen der Existenz haben mag, es ist die Grenzenlosigkeit von Güte und Mitgefühl, die den Kern von Ibn Arabis Leben und Denken ausmacht.

Ich schulde so vielen Menschen Dankbarkeit für das Schreiben dieses Buches: meiner Frau und Familie, Freunden, Bekannten und Fremden, die alle bewusst oder unbewusst geholfen haben, sowie der Muhyiddin Ibn Arabi Society, dem Bulent Rauf Scholarship Fund und der Swan School of English, ohne deren uneingeschränkte Großzügigkeit und Unterstützung diese Arbeit nie hätte vollendet werden können.

STEPHEN HIRTENSTEIN
Oxford 1999

Einführung

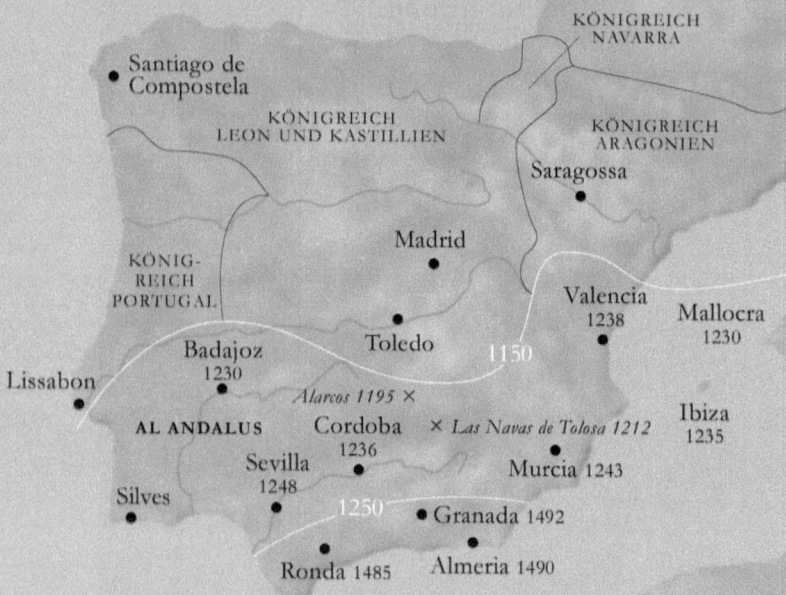

Die iberische Halbinsel im späten 12. Jahrhundert
Christlich-muslimische Grenze und Daten der christlichen Rückeroberungen

Kapitel 1

Auf der Suche nach neuen Perspektiven

Ein gutes Wort gleicht einem guten Baum,
dessen Wurzel fest ist und dessen Zweige in
den Himmel reichen und der seine Speise
zu jeder Zeit gibt mit seines Herrn Erlaubnis.[1]

Weise ist nicht derjenige, der von Weisheit spricht
oder sie benutzt, sondern derjenige, den die Weisheit
zum Handeln bringt, selbst wenn er sich dessen
nicht bewusst ist.[2]

EINEN WIRKLICH NEUEN GEDANKEN GIBT ES SELTEN, ÜBERaus selten, doch wenn er auftritt, ist er das Merkmal des Genies. Es bedarf einer raren, einzigartigen Persönlichkeit, damit ein Gedanke oder eine Vision hervorgebracht wird, die es nie zuvor gegeben hat, und so die Möglichkeit einer Wandlung des menschlichen Verstehens eröffnet, das in ungeahnte Dimensionen führt. Was gewöhnlich für neues Denken gehalten wird, ist selten kaum mehr als das Erkennen eines bereits vorhandenen Gedankens. Das könnte mit dem Kitzel und der Spannung verglichen werden, die wir erleben, wenn wir zum ersten Mal in einem Land ankommen; wir werden wach für neue Empfindungen und Wahrnehmungen, die unmittelbar, frisch und anregend sind. Doch spiegeln diese Erfahrungen ähnliche Gedanken und Wahrnehmungen zahlloser anderer Menschen vor uns. Wir reagieren ebenso wie sie auf die Ausläufer dessen, was bereits existiert. Was die außergewöhnliche Gabe des Genies ausmacht, ist, zu antworten auf das, was kommen soll, und das anscheinend Unbegreifliche im Denken zu begreifen.

Es wurde oft gesagt, dass die Kapazität des menschlichen Gehirns weitaus größer ist als der Gebrauch, den der Durch-

---

1. Koran 14:29–30
2. *Kitab al-Inbah ala tariq Allah* (Erwachen für den Weg Gottes), die von seinem Schüler Badr al-Habsahi überlieferten Worte Ibn Arabis, übersetzt von Denis Gril in *Journal of the Muhyiddin Ibn Arabi Society* XV, Seite 34.

schnittsmensch von diesem Potenzial macht. Mit der Verwirklichung des eigenen Potenzials zu beginnen, ist, wie Albert Einstein erkannte, eine bemerkenswerte Leistung. Auf einer Party an der Universität Princeton saß er einmal neben einem anderen bekannten Physiker. Er bemerkte, dass der Mann eifrig in ein Notizbuch schrieb, das neben ihm lag, und fragte ihn, was er täte. Der Mann antwortete: »Wenn ich eine gute Idee habe, sorge ich dafür, dass ich sie nicht vergesse. Vielleicht möchten Sie das auch einmal versuchen, es ist sehr praktisch.« Einstein schüttelte traurig seinen Kopf und sagte: «Das bezweifle ich. Ich hatte nur zwei oder drei Ideen in meinem Leben.«

Wirkliches Genie ist ein wahrhaft schöpferischer Akt des Geistes, völlig neu und ohne Beispiel, dessen Resultat eine bleibende Allgemeingültigkeit ist, die im Laufe der Zeit nicht verblasst. Eine solche Universalität zeigt sich in der Kunst Leonardo da Vincis oder in den Schriften Shakespeares – Meisterwerken des kreativen Ausdrucks, die unzählige Menschen im Laufe der Jahrhunderte inspiriert haben und dies zweifellos auch weiterhin tun werden. Diese Exposition des Neuen ist tatsächlich eine Offenbarung: offenbaren und bekannt machen, was buchstäblich verborgen und unbekannt war. Bis es eintritt, ist es buchstäblich undenkbar. Sobald es in den Mainstream des Wissens aufgenommen ist, wird es wie ein Lichtstrahl, der ein riesiges Feld erhellt und für die gesamte Menschheit eine Bereicherung und Veredelung bedeutet.

Das Genie Ibn Arabis liegt in der Exposition dieser Enthüllung des Unbekannten auf dem Schauplatz der Einheit und in Übereinstimmung mit ihren Geboten. Sein Einblick in die menschliche Erfahrung ist riesig und umfassend. Er beschreibt Gedanken als »Besucher des Himmels, die das Feld des Herzens durchqueren«; hierbei bezeichnet das Herz den Grund und Boden unseres Bewusstseins. So gesehen bezieht sich das Denken nicht einfach auf einen Prozess im Gehirn oder gar auf etwas, worüber man einfach nachdenken oder reflektieren könnte. Es verweist auf etwas, das in jedem Moment in uns entsteht, in unserem innersten Bewusstsein. Er unterteilt Gedanken in solche, die positiv oder wohltuend, und andere, die negativ und nutzlos sind. All diese Besucher verlangen nach der Existenz von jemandem, der sie denkt, der sie »trägt«, nach einem »Ort«, wo sie sich manifestieren können.

AUF DER SUCHE NACH NEUEN PERSPEKTIVEN

Die Orte, wo diese Gedanken sich manifestieren, können entweder spezifisch oder allgemein sein; das hängt von der Art des Gedankens ab. Wenn der Gedanke beispielsweise in der Welt des Malens ausgedrückt wird, ist er für das Auge spezifisch; wenn in der Musik, für das Ohr, und so weiter. Jede dieser »Welten« ist per Definition spezifisch oder bruchstückhaft, und schließt in diesem Sinne die anderen aus – Leonardo da Vincis Genie betätigt sich auf einem ganz anderen Feld als das von Einstein, Shakespeare oder Bach.

In der Welt der menschlichen Spiritualität beruht Originalität auf Totalität und Integration, einem vereinten Feld des Seins und des Wissens, das per Definition alle Prinzipien aller anderen Felder einschließt. Diese Einheit stellt sozusagen genau den Boden für das Wirken der anderen Felder dar, wie das Herz, von dem alle Fähigkeiten abgeleitet werden. Gelegentlich erscheinen seltene Einzelpersonen in dieser Welt und bringen etwas wahrhaft Neues bezogen auf die gesamte *conditio humana,* das sie anderen Menschen zugänglich machen. Die deutlichsten Beispiele dafür sind die großen prophetischen Gestalten des Westens, die neue Möglichkeiten in der Menschheitsgeschichte zu eröffnen schienen. Diese Menschen gingen über die Normen des bereits Offenbarten hinaus und erreichten eine Stufe wahrer Menschlichkeit, die nicht an Zeit oder Raum gebunden ist. Unter diesen vollkommenen Verkörperungen des Unvorhergesehenen ist der im Mittelalter lebende Araber Muhyiddin Ibn Arabi, bekannt als Shaykh al-Akbar (der größte geistige Meister), einer der bedeutendsten Exponenten.

Ibn Arabi ist in der Welt der mystischen Unterweisung ein einzigartiges Genie. Bis zum 20. Jahrhundert relativ unbekannt im Westen, wurde er von Sufi-Mystikern verehrt, seit er um die Wende zum 13. Jahrhundert über die islamische Welt ›hereinbrach‹. Er schrieb über 350 Bücher und Abhandlungen, Werke höchster Qualität, die als Klassiker der westlichen Spiritualität anerkannt zu werden verdienen. Sie beschäftigen sich mit jedem Aspekt des spirituellen Lernens und erklären nicht nur alle traditionellen islamischen Wissenschaften des Korans und der Hadithe (überlieferte Aussprüche des Propheten Mohammed), sondern auch die gesamte prophetische Tradition des Westens. Er stellt diese Tradition gemäß ihrer inneren Bedeutung dar und präsentiert sie innerhalb eines kohärenten Ganzen. Außerdem gibt er einen Kommentar zu der spirituellen Tradition ab, die sich im

Laufe von rund sechshundert Jahren im Islam entwickelt hatte; dabei stellte er all die verschiedenen Doktrinen und Formen der mystischen Erkenntnis in den größeren Zusammenhang der menschlichen Spiritualität.

Der am meisten hervorstechende Zug dieser Schriften ist ihre Universalität und Breite, verbunden mit einer erstaunlichen Durchdringung der zentralen Themen der menschlichen Erfahrung. Wenige Menschen können behaupten, mehr als einen Teil dieser Werke gelesen zu haben, und noch weniger wären so kühn zu behaupten, sie verstanden zu haben. Sie stellen eine unvergleichliche Fundgrube für alle echten Wahrheitssucher dar und formulieren oder antizipieren Einsichten, die im Allgemeinen späteren Persönlichkeiten zugeschrieben werden. So erscheint der Begriff der menschlichen Evolution, mehrere Jahrhunderte vor seinem Auftreten im Westen, in einem seiner Gedichte.

Es ist auch klar, dass seine Werke eine bemerkenswerte Kraft haben, den Zustand und die Mentalität der Leser zu transformieren. Ibn Arabi hat immer heftige Leidenschaften entfacht, und seine Schriften galten nie als »leicht«. Während er für die einen ein Modell der Heiligkeit und wahrer geistiger Verwirklichung darstellte, wurde er von anderen als eine an Häresie grenzende umstrittene Figur angesehen. All das scheint mehr die Vorurteile und Glaubenssysteme in den Köpfen und Herzen seiner Leser zu spiegeln oder auszudrücken, als ein klares Bild seiner Lehre zu geben. Wie bei allen großen Genies sind Identität und Prinzipien des wirklichen Menschen oft durch ideologische Kontroversen oder populäre Missverständnisse verdunkelt worden.

Historisch gesehen ist Ibn Arabi eine Wasserscheide, welche die vorhergehenden mündlichen Überlieferungen zu einer schriftlichen Synthese vereint, und stellt den Höhepunkt von fünfeinhalb Jahrhunderten islamischer Spiritualität dar. Achtzehn Jahre nach seinem Tod erschütterten die mongolischen Invasionen der Fruchtbaren Mondsichel den größten Teil der islamischen Zivilisation im Osten und veränderten das Gesicht des Nahen Ostens für immer. Als die islamische Kultur sich von den Nachwehen dieses sichtbaren Desasters wieder erholte, durchdrangen die Lehren Ibn Arabis die islamische Welt, besonders die Türkei und den Iran.[3] Seine Terminologie wurde Grundlage späterer Sufi-Lehren, und seine Werke stellten die wichtigste Orientierung für alle großen Orden dar (zum Beispiel die Quadiri, Mevlevi und Naqshibandi). Niemand anders kann von sich behaupten, einen solchen Einfluss als geistiger Lehrer auf die islamische Welt gehabt zu haben. Die Inschrift über der Tür zu seinem Grabmal in Damaskus ist ein berühmter Vers, den er selbst schrieb. Obwohl manche es für eitle Prahlerei halten könnten, zeigt er ein bemerkenswertes Bewusstsein seiner Stellung als geistiger Meister:

> In jeder Epoche gibt es einen, durch den sie erhoben wird;
> Für die kommenden Zeitalter werde ich derjenige sein![4]

Grundlegend für die islamische Lehre ist die Doktrin des *tawhid* (Bekräftigung der Einheit Gottes), und die Verwirklichung des *tawhid* liegt im Kern von Ibn Arabis Person und Lehre. Während spätere Generationen ihn als großen Schriftsteller ansahen, wurde er zu seinen Lebzeiten als ein außergewöhnlicher Mystiker anerkannt, als jemand mit tiefster Einsicht in die menschliche Natur und tiefstem Verständnis, der in der Lage war, durch Wort und Tat zu lehren. Er gehörte zu den Menschen, die ihr wahres Wesen durch Erfahrung und Bewusstseinszustand verwirklichen statt durch intellektuelles Denken. Und doch war er gleichzeitig fähig, seine Vision allumfassend in Worte zu kleiden. Sein eigenes Leben muss zu den außergewöhnlichen Biografien der Menschheit gezählt werden. Jeder, der nach ihm kommt, kann nur dankbar sein für die Fülle von Einsichten, die er im Hinblick auf seine eigene Erfahrung und die seiner Zeitgenossen niederschrieb. Die Tatsache, dass wir so viel über sein inneres und äußeres Leben wissen, verdankt sich vor allem seinen eigenen Beschreibungen. Einer seiner Zeitgenossen, der ihm in der letzten Periode seines Lebens in Damaskus begegnete, berichtet:

> Er ist einer der größten von denen, die den Weg [Gottes] kennen, und vereinigt alle von Gott gegebene Wissenschaft in sich. Sein Ruf ist gewaltig, und seine Schriften sind zahlreich. In Bezug auf Wissen, Verhalten und Station ist er völ-

---

3. Dies ist vor allem den heroischen Anstrengungen von Sadruddin al-Qunawi (oder Konevi, wie er in der Türkei heißt) zu verdanken, seinem direkten Schüler, Stiefsohn und Erben. Qunawis Haus in Konya, das noch heute steht, wurde Unterrichtszentrum für eine ganze Generation von Sufi-Meistern und beherbergte eine Bibliothek, die das geschriebene Vermächtnis von Ibn Arabi bewahrte.

4. *Futuhat al-Makkiyah*, III:41. Siehe Abbildung Seite 6.

lig beherrscht von der Erkenntnis der Einheit Gottes (*tawhid*). Dem Auf und Ab des Daseins schenkt er keine Beachtung. Seine Schüler sind Männer des Wissens, die Meister der spirituellen Wahrnehmung und Autoren eigenen Ranges sind.[5]

Es ist wesentlich zu erkennen, dass Spiritualität nicht nur einen Teil der menschlichen Realität beschreibt, sondern vielmehr die Gesamtheit dessen, was als Mensch bezeichnet wird. Diese integrale Gesamtheit ist der Grundstein des Selbst-Bewusstseins und beinhaltet notwendigerweise alle Einzelaspekte. Es wird sichtbar in dem, was wir wissen und verstehen, wie wir uns benehmen, denken und fühlen. Kurz gesagt, wir sind geistige Wesen, und die Gesamtheit dessen, was »materielle Welt« genannt wird, ist vergeistigt. Wir sollten uns davor hüten zu denken, dass es bei Spiritualität nur um eine Fähigkeit ginge oder sie völlig jenseits dieser Welt sei, ohne Anbindung an den Alltag. Wir sollten uns auch hüten, in die allzu nahe liegende intellektuelle Falle zu tappen, den Verstand von der Intuition, den Kopf vom Herzen zu trennen. Das ist weit entfernt von der Realität, die Ibn Arabi deutet. Für ihn kann jede Realität, welche die Welt oder ein Aspekt von ihr aufweist, nur durch ihren geistigen Ursprung verstanden werden. Er verknüpft jede weltliche Realität mit ihrem Göttlichen Prinzip und gibt damit jedem Ding seinen rechtmäßigen Platz. Eine einfache Geschichte in seinen eigenen Worten zeigt, dass eine ganzheitliche Sicht sehr praktische Folgen haben kann.

> Von dem Göttlichen Namen »der Schöpfer« (*al-Bari*) (...) stammt die Inspiration für die Maler, Schönheit und richtige Harmonie in ihre Bilder zu bringen. In diesem Zusammenhang wurde ich Zeuge einer erstaunlichen Sache in Konya im Land der Griechen [heute Türkei]. Da war ein gewisser Maler, den wir bei seiner Kunst prüften und unterstützten, im Hinblick auf die richtige künstlerische Vorstellungskraft, an der es ihm fehlte. Eines Tages malte er ein Rebhuhn und verbarg einen fast unmerklichen Fehler. Er brachte mir das

---

5. *Risala* des Safi al-Din Ibn Abi al-Mansur Ibn Zafir, herausgegeben und übersetzt von Denis Gril, Seite 83 des arabischen Textes, Seite 184 der französischen Übersetzung.

Bild, um meinen künstlerischen Scharfsinn hinsichtlich der
Harmonie zu prüfen. Er hatte eine große Leinwand bemalt,
so dass das Rebhuhn lebensgroß war. Im Haus lebte ein
Falke, der das Bild in der Annahme angriff, es sei ein echtes
Rebhuhn in seinem farbprächtigen Federkleid. Alle Anwesenden waren von der Schönheit des Gemäldes entzückt. Der
Maler, der die anderen ins Vertrauen gezogen hatte, bat mich
um meine Meinung zu seinem Bild. Ich sagte ihm, ich hielte
das Bild für vollkommen, bis auf einen winzigen Fehler. Als
er mich fragte, was es sei, sagte ich ihm, dass eines der Beine
ein ganz klein wenig außer Proportion war. Da kam er und
küsste meinen Kopf.[6]

Bei dem Versuch, einen Denker und Autor wie Ibn Arabi zu verstehen, stößt man sofort auf zwei Rätsel: Erstens stellen wir, in unserer anscheinend ganz anderen Welt, vielleicht fest, dass unsere Annahmen und Weltanschauungen von jemandem in Frage gestellt werden, der sich in einem mittelalterlichen Kontext ausgedrückt hat. Es wird dann also nötig, gewisse moderne Vorurteile beiseite zu lassen oder zumindest die Bereitschaft zu haben, über unmittelbar »moderne« Bedenken hinauszugehen. Ein großer Teil dessen, was heute als »Islam« daherkommt, ist nur ein schwacher Abglanz der großen geistigen Tradition, die in seinem Kern enthalten ist. Wenn wir Ibn Arabi lesen und uns auf eine derartig unschätzbare Quelle der Inspiration beziehen, sehen wir vielleicht deutlicher, was mit Islam und Geistigkeit gemeint ist. Das gilt gleichermaßen für Muslime wie Nicht-Muslime.
  Zweitens müssen wir Ibn Arabi auf einer viel intimeren und persönlichen Ebene begreifen, da seine Schriften sich mit dem tiefsten Sinn unseres Daseins beschäftigen. Einen anderen Menschen zu verstehen oder zu lieben, bringt unweigerlich Selbst-Verstehen und Liebe mit sich. Der »Andere« ist ein Spiegel, in dem wir uns selbst sehen können. Ein großer Teil der modernen psychologischen Praxis beruht auf diesem Prinzip, dessen Formulierung mindestens so alt ist wie die Inschrift des Delphischen Orakels »Erkenne dich selbst«. Wenn der Spiegel, in den wir schauen, ein Mann ist, der aus allen Ebenen unseres Seins, den bekannten ebenso wie denen, die uns unbekannt bleiben, zu uns spricht, stoßen

---

6. *Futuhat al-Makkiyah*, II:424. *Sufis of Andalusia*, Seite 40.

EINFÜHRUNG

wir unweigerlich auch auf unsere verborgenen, mehr persönlichen Vorurteile. Es wird berichtet, dass es bei weitem schwieriger sei, Ibn Arabi zu lesen als den Koran, und dass nur ein Heiliger oder Mystiker seine Schriften wahrhaft verstehen könne. Das mag wohl wahr sein und ist letzten Endes der Grund dafür, dass die Lektüre seiner Schriften so lohnend ist.

Wie können wir diese offensichtlichen Hindernisse überwinden? Ein möglicher Einstieg wäre es, einen allgemeinen Überblick über das mittelalterliche islamische Spanien und die Art und Weise zu geben, wie die westliche Kultur nur einen einzigen Zug dieser Kultur betont und entwickelt hat. Dieser Hintergrund erlaubt es uns vielleicht, einige unsere eigenen modernen Perspektiven und Vorurteile besser zu verstehen und die Welt mehr zu würdigen, in der Ibn Arabi erschien und schrieb. Ich werde jedoch keine detaillierte Beschreibung der historischen Ereignisse vornehmen, die zum 12. Jahrhundert führten, auch nicht der Epoche, in der Ibn Arabi lebte. Zunächst einmal sind darüber bereits Bücher erschienen. Zum anderen genügt es hier völlig, ihn in seine Zeitumstände einzuordnen, deren vorherrschende Haltungen so anders als die unseren waren, damit wir dem Kontext der historischen Persönlichkeit und der Bedeutung seiner Schriften näherkommen. Wir zeichnen hier ein großflächiges Bild des mittelalterlichen Spaniens und seiner Entwicklung zur Zeit des Imperiums, als ein Porträt der Genese vieler unserer modernen Einstellungen. Gleichzeitig müssen wir bedenken, dass ein Genie der Größenordnung von Ibn Arabi gerade deswegen ein Genie ist, weil er die Umstände seiner Lebenszeit und seines Ortes transzendiert und sich vornehmlich mit der essentiellen Einheit aller Bedingungen beschäftigt.

Das Spanien, in dem Ibn Arabi im Jahre 1165 (bzw. 560 nach islamischer Zeitrechnung) geboren wurde, war zwar geografisch begrenzt, doch zweifellos eine der am höchsten entwickelten Kulturen ihrer Zeit. Die Araber kannten es unter dem Namen al-Andalus, womit sie sich auf das Gebiet der iberischen Halbinsel bezogen, das fast achthundert Jahre lang unter ihrer Herrschaft stand (711–1492). Im Laufe dieser Zeit verschoben sich ständig die Grenzen. Auf dem Höhepunkt ihrer Macht kontrollierten die Araber den größten Teil des heutigen Spaniens und Portugals, mit Ausnahme des nordwestlichen Teils von Spanien an der Biscaya. Zur Zeit von Ibn Arabi verlief die Grenze mitten durch Spanien und Portugal und teilte die Halbinsel damit grob gesehen in zwei

Hälften, wobei ihr Zentrum in dem geografischen Teil lag, den wir heute als Andalusien kennen.

Die Araber hatten ein altes Königreich geerbt, das von den Römern gegründet und von den Westgoten fortgeführt worden war. Die Periode der arabischen Herrschaft wird oft als maurische Kultur bezeichnet, obwohl der Begriff »maurisch« von dem spanischen Wort *moros* abgeleitet ist, das »mauretanisch« oder »nordafrikanisch« bedeutet. Das gesamte Gebiet, das sich von Spanien bis Tunesien erstreckt, wurde als eine einzige homogene kulturelle Einheit betrachtet, der Maghreb oder der westliche Teil der islami-

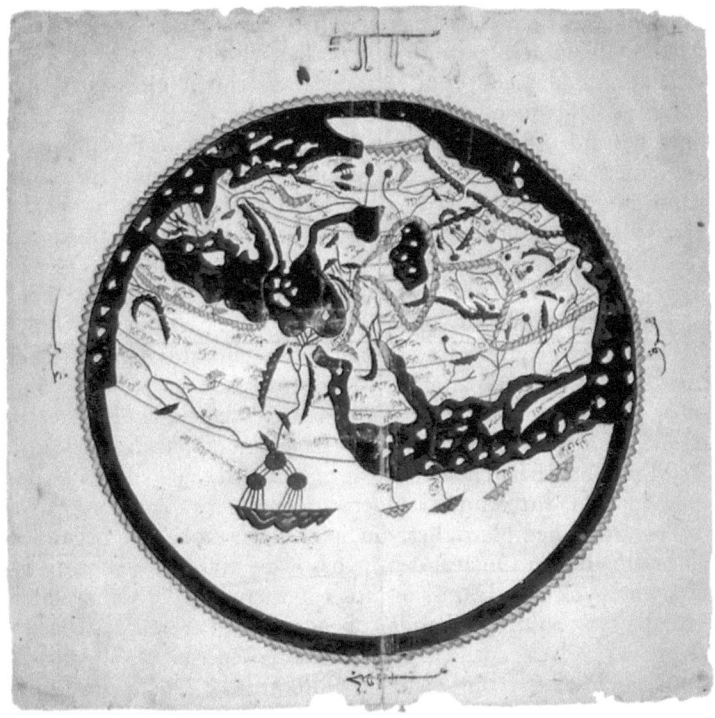

Die bemerkenswerte Weltkarte, die der maghrebinische Geograf Muhammad al-Idrisi im Jahre 1155 am sizilianischen Hof zeichnete. Als Höhepunkt der mittelalterlichen Forschung und Kartografie stellt sie die Erde kreisförmig dar, mit Arabien im Mittelpunkt. Ursprünglich wurde der Süden an den oberen Rand der Karte gelegt (daher Abbildung hier kopfstehend)

schen Welt. Die herrschende Schicht der Ansiedler in Spanien stammte von arabischen Völkern ab, die während der ersten Jahre der muslimischen Herrschaft das Stammgebiet der arabischen Kultur – wie Syrien, Arabien oder Jemen – verlassen hatten. Spätere Ansiedler waren vor allem Berber aus Nordafrika, oft Analphabeten. Alles in allem könnte man das islamische Spanien als eine muslimische Enklave auf europäischem Boden beschreiben – obwohl diese Perspektive eher aus heutiger Sicht dienlich wäre, denn Europa war damals kein Begriff wie heute. Weder Spanien noch Frankreich waren politische oder soziale Einheiten, geschweige denn dass die Grenzen oder die Form der islamischen Kultur als festgelegt angesehen werden konnten. Tatsächlich konnte zur damaligen Zeit niemand sicher sein, ob nicht der Islam die herrschende Religion in ganz Europa werden würde.

Während der achthundert Jahre dauernden Herrschaft der Muslime in Spanien vollzog sich ein radikaler Wandel, der Kultur, Sprache und intellektuelle Perspektive beeinflusste und Spanien aus einer christlichen in eine überwiegend islamisch geprägte Kultur veränderte. Dies bedeutete nicht, dass das Land unter die Herrschaft des östlichen Islams kam, sondern es wurde vielmehr ein eigenständiger Leuchtturm an den westlichen Ufern des Mittelmeers. Es war eine neue Fusion am Rande der muslimischen Welt, die Elemente des alten römischen Reichs, des christlichen Königreichs der Westgoten und Emigranten ganz unterschiedlicher Herkunft in sich aufnahm, die das Aufregende an einer dynamischen Kultur nach Spanien gezogen hatte. Es dauerte viele Jahre, bis die Muslime den größten Teil der Bevölkerung ausmachten, und als Minderheitsherrscher waren sie gezwungen, Völker verschiedener Kulturen, Sitten und Glaubensrichtungen zu tolerieren.

Die arabischen Herrscher, die Spanien 711 eroberten, begannen als Statthalter der Omayahden-Dynastie der Kalifen, welche die islamische Welt von Damaskus aus regierten. Als die Omayahden im Jahr 750 von den Abbasiden abgesetzt wurden und das Machtzentrum sich weiter östlich nach Bagdad verlagerte, war al-Andalus sogar noch weiter vom Zentrum entfernt. Die Flucht des Omayahden-Prinzen Abd ar-Rahman nach Spanien und die Errichtung einer Omayahden-Dynastie in Cordoba gestatteten es den andalusischen Arabern, sich als Bewahrer einer älteren Linie, als es die neue Ordnung im Osten war, zu sehen. Sie akzeptierten weder Befehle aus Bagdad noch tolerierten sie den Aufstieg anderer

Versionen des Islams. Im Jahre 929 erklärte sich Cordoba zum unabhängigen Kalifat. Das war mit ziemlicher Sicherheit die Antwort auf das Wachstum des Fatimiden-Staates in Nordafrika, der die rivalisierende Doktrin des Schiismus[7] vertrat. Doch politische Unabhängigkeit bedeutete nicht Isolation. Die gegenseitigen Beziehungen mit den muslimischen Ländern des Ostens wurden von den nachfolgenden Herrschern bewusst angestrebt, die kulturübergreifende Kontakte förderten, indem sie östliche Lehrer nach Spanien holten und Studenten zum Studium in den Osten sandten. Die Elite von al-Andalus war genauso intensiv arabisiert wie Syrien oder Ägypten.

Zu Beginn des 11. Jahrhunderts war die Region eines der wichtigsten Zentren der muslimischen Welt geworden. Als das zweifellos kultivierteste Land Europas besaß und pflegte al-Andalus alle damals bekannten Wissenschaften. Die spanischen Muslime hatten ein natürliches Bedürfnis nach rigoroser »Reinheit« – sie waren weit vom Zentrum der islamischen Welt entfernt und deswegen verletzlich. Gleichzeitig bot jedoch die kulturelle Vielfalt der iberischen Halbinsel mit ihren verschiedenen Traditionen die Gelegenheit für mehr Experimentierfreudigkeit. Wir können diese Großartigkeit immer noch in den künstlerischen und architektonischen Errungenschaften spüren, die erhalten geblieben sind – beispielsweise die große Moschee in Cordoba oder die Alhambra in Granada. Im Kern war es ein Land, wo Religion und Wissenschaft zusammenarbeiteten und viele Besucher von den außerordentlichen Errungenschaften der Bewässerungssysteme und der wissenschaftlichen Forschung angezogen wurden. Die Mauren verwandelten die iberische Halbinsel in eine der erfolgreichsten Ökonomien der Zeit. Cordoba und Toledo wurden der westliche Arm einer großen kulturellen Explosion; wissenschaftliche Erkenntnisse, die ihren Ursprung in Indien, China und der hellenistischen Welt hatten, wurden von den arabischen Gelehrten aufgespürt und in verschiedenen Zentren des Lernens übersetzt, verfeinert und ergänzt. Diese erstreckten sich von der persischen Stadt Jundi-Shapur, wohin mehrere Schüler aus Platos Akademie nach der Schließung der Schule im Jahre 529 gezogen waren, über Bagdad

---

7. Im Jahre 912 gründeten die Fatimiden al-Mahdiyah, ihre Hauptstadt in Tunesien, und es bestand jeder Grund zu der Annahme, dass sie sich weiter westlich nach Spanien ausbreiten würden. Am Ende zogen sie nach Osten und machten Kairo zu ihrer Basis.

und Kairo nach Cordoba und Toledo, von wo aus dieses Wissen in ganz Westeuropa verbreitet wurde.

Die geografische Lage von al-Andalus ermöglichte es ihm, eine Brücke zwischen Ost und West zu bilden, da Texte aus dem antiken Griechenland, Rom und der Mittelmeerkultur allgemein verbreitet wurden und viele verschiedenen Völker an dem Prozess der Übersetzung beteiligt waren. Die Juden, die des Arabischen, Hebräischen und Lateinischen kundig waren, zeichneten sich hierin besonders aus. Langfristig gesehen war das vielleicht größte Geschenk der Araber an die Welt die Übersetzung von wissenschaftlichen und philosophischen Werken ins Lateinische, Werken, die in den christlichen Ländern mit dem Zusammenbruch des Römischen Reiches verlorengegangen waren. Ein Historiker hat bemerkt, dass »der Prozess, durch den die wissenschaftliche Tätigkeit der islamischen Welt von westlichen Gelehrten entdeckt, angeeignet, kolonisiert und durch die Übersetzung ins Lateinische, die internationale Sprache der Wissenschaft, einer breiten Öffentlichkeit zugänglich gemacht wurde, einer der Wendepunkte in der intellektuellen Entwicklung der Menschheit war«.[8] Dieser Prozess begann um die Jahrtausendwende und beschleunigte sich im 12. und 15. Jahrhundert, als die christlichen Königreiche im Norden mächtiger wurden.

Ungeachtet der negativen und engstirnigen Einstellung einiger weniger und der Tücken des Krieges und innerer Machtkämpfe, die al-Andalus von Zeit zu Zeit erschütterten, gab es einen außerordentlichen kulturellen Austausch zwischen Muslimen, Christen und Juden. Viele Ideen, die später in der Renaissance in Europa auftauchten, wurden in diesem Schmelztiegel geformt und umgeformt. Es entbehrt nicht einer gewissen Ironie, dass die westliche Wissenschaft ihren Triumph arabischen Experimenten in Spanien verdankt. Diese wissenschaftlichen und philosophischen Ideen sollten die Grundlage des mittelalterlichen Weltbildes zerstören, wo alles durch Offenbarung gegeben wird, wo die Offenbarungsschriften der Bibel oder des Korans die einzige Grundlage des Lernens bilden.

8. Richard Fletcher: *Moorish Spain*, Seite 147.

Der Myrrhenhof der Alhambra in Granada, mit der Halle der Gesandten am Ende des Teichs. Die im 14. Jahrhundert erbaute Alhambra repräsentiert die künstlerische Verarbeitung der verfeinerten Kultur von al-Andalus

EINFÜHRUNG

Ein Türklopfer aus dem 12. Jahrhundert am Tor der ehemaligen Großen Moschee in Sevilla, der heutigen Kathedrale

AUF DER SUCHE NACH NEUEN PERSPEKTIVEN

Im Jahre 1142 beauftragte Peter der Ehrwürdige, der Abt der einflussreichen Benediktiner von Cluny in Frankreich, einen Engländer namens Robert Kelton, der in Spanien an wissenschaftlichen Werken arbeitete, den Koran und die Hadithe aus dem Arabischen ins Lateinische zu übersetzen. Solche internationale Zusammenarbeit wurde jedoch nicht im Interesse eines interkonfessionellen Dialoges veranstaltet, sondern als Munition für die Polemik gegen die Araber benutzt. Ein weiteres prominentes Beispiel dafür war Gherardo di Cremona (1114–87), der auf der Suche nach dem *Almagest* des Ptolemäus, einem astronomischen Werk von außerordentlicher Bedeutung, in Toledo eintraf, nachdem die Stadt durch die Christen zurückerobert worden war. Er war von der ganzen intellektuellen Aktivität offenbar so beeindruckt, dass er zwanzig Jahre blieb und rund achtzig oder mehr Manuskripte der arabischen Wissenschaft und der griechischen Klassiker übersetzte. Am Ende des 13. Jahrhunderts waren die meisten Werke zur Mathematik, Astronomie, Medizin und Philosophie auf Lateinisch greifbar – das Ausmaß des europäischen Interesses kann an der Tatsache gemessen werden, dass diese Werke von Männern wie Thomas von Aquin, Albertus Magnus und Roger Bacon studiert und ausführlich zitiert wurden.

Der Übergang von der maurischen Kultur zum spanischen Imperium vollzog sich langsam, aber dramatisch. Er zeigt nicht nur den historischen Prozess, in dem die einzelnen Stränge, die unter der islamischen Herrschaft, wenn auch mühsam, zusammengehalten worden waren, sich auflösten. Wir bekommen auch ein politisches Bild davon, was die Substanz des »westlichen« intellektuellen Denkens seit dieser Zeit ausmachte. Von der islamischen Sicht des Judaismus und des Christentums als Offenbarungsreligionen und daher des Respekts würdig waren eindeutig viele Herrscher beeindruckt; sogar Alfons VI, der christliche König von Kastilien, der Toledo 1065 eroberte, nannte sich »König der zwei Religionen«. Diese Sicht der Koexistenz konnte und sollte nicht vorherrschend bleiben. Die Christen waren niemals wirklich damit einverstanden, den Islam als rechtmäßig und seinen Begründer als Propheten zu akzeptieren. Bestenfalls wird der Islam als eine Häresie angesehen und sein Begründer als »ein Sämann des Skandals und der Spaltung«, wie kein Geringerer als Dante schrieb. Die dem anderen zugeschriebene »Spaltung« ist nichts weiter als der schismatische Glauben, den die anklagende Person selbst vertritt. Die spanische Rückeroberung, die mit Hilfe französischer Ritter und einiger Reformpäpste durchgeführt wurde, war vorrangig ein heiliger Krieg, der in einem religiösen heroischen Zeitalter endete (so jedenfalls die Propaganda); tatsächlich handelte es sich um eine Weltsicht, die auf Ausschluss und Rassenreinheit fußte. Spanien sollte eine Nation von Christen und ein Imperium von Völkern unter einer einzigen Religion werden und einen König besitzen, aus dessen Bereich alle anderen rücksichtslos ausgeschlossen wurden. Diese Art des Fanatismus hat natürlich Parallelen in der gesamten Geschichte, nicht zuletzt unter den so genannten Fundamentalisten von heute, und er weist stets jene merkwürdige Unduldsamkeit auf, die die physische Ausrottung der »Anderen« verlangt.

Bis zum Jahre 1492 war die Auflösung der maurischen Einflüsse abgeschlossen, das heißt die iberische Halbinsel und Europa hatten ihr zukünftiges Geschick festgelegt. Innerhalb dreier Monate wurde jede mögliche Koexistenz der drei Religionen in Spanien zerschlagen. Am 2. Januar 1492 ritt Boabdil, der letzte muslimische Herrscher, von Granada nach Santa Fe und übergab Ferdinand und Isabella die Stadtschlüssel. Er traute den Versprechungen des Königs, dass das Leben der Muslime unter der christlichen Herrschaft unbeeinträchtigt verlaufen würde. Vier Tage später, am 6. Januar, wurde das päpstliche Kruzifix neben der Standarte des spanischen Königs und der Königin auf dem höchsten Turm der Alhambra gehisst. Am 28. März wurde der königliche Vertrag unterzeichnet, der Christoph Columbus bevollmächtigte, im Namen des Christentums und Spaniens den Atlantik zu überqueren. Am 31. März wurde ein Edikt erlassen, das die Juden aus Spanien vertrieb. Wie ein Historiker kürzlich bemerkte: »Mit der Reise des Columbus gewann Spanien einen Kontinent; mit der Vertreibung der Juden verlor es ein Glied.«[9] Man könnte hinzufügen: »zwei Glieder«, denn die verbleibende muslimische Bevölkerung wurde ebenfalls von König Ferdinand zerstreut. Er bestach die herrschende Schicht, nach Nordafrika zu gehen, und dann wurde dem Rest, ebenso wie den Juden, befohlen, sich entweder taufen zu lassen oder zu gehen. Dies war noch nicht das Ende des andalusischen Ideals, demzufolge die drei abrahamitischen Religionen in Harmonie und Toleranz koexistieren konnten; es beeinflusste andere Teile des Mittelmeerraums, wie zum Beispiel im marokkani-

---

9. Barnet Litvinoff: *1492, the Year and the Era*, Seite 74.

schen Königreich und im osmanischen Reich. Nichtsdestoweniger war die mittelalterliche Welt zerbrochen, und ein neues Zeitalter begann.

In gewisser Hinsicht ist die Geschichte des Westens in den letzten fünfhundert Jahren die Geschichte des Triumphs des kolumbischen Geistes der Entdeckung, Besetzung und Ausbeutung. Im Rückblick mag es so aussehen, als habe er sich bei Geburt durch die Trennung von den jüdischen und muslimischen Gemeinschaften selbst beschnitten. Wie ein Heranwachsender sich vom Elternhaus befreit und auf seinen eigenen Weg macht, hat dieser Geist seine Exklusivrechte gefeiert. Columbus kann als ein Symbol für das menschliche Verlangen angesehen werden, das Unbekannte zu erforschen, dieses »zu erobern« und für die eigenen Zwecke zu benutzen, mit wenig Rücksicht auf jede andere Perspektive. Der mangelnde Respekt für das, was man auf dieser Suche findet, ist eine tragische Widerspiegelung der ursprünglichen Entfremdung, in diesem Fall der Zerstörung des andalusischen Ideals. Columbus selbst fand nie, wonach er suchte. Er überquerte den Atlantik auf der Suche nach dem märchenhaften Reichtum des Ostens, um dann mit einigen Indianern, einer Handvoll wertloser Schmuckstücke und den Keimen für Syphilis zurückzukehren. Während Columbus vom offensichtlichen Misserfolg seiner Mission persönlich gebrochen war, wurde dadurch der Eroberungsgeist nicht aufgehalten. Das spanische Imperium beruht auf amerikanischem Gold. Es ist kein Zufall, dass der Aufstieg des westlichen Kapitalismus in der Frühzeit der großen Entdeckungen von Männern wie Columbus, Vasco da Gama und Amerigo Vespucci begann.

Auf der anderen Seite des Ozeans hatten einige der indianischen Völker Amerikas, die die Ankunft der europäischen Invasoren erlebt hatten, Grund zu einer traurigen Reflexion, sogar noch vor dem Abfeuern der ersten Schüsse. Das christliche Kreuz, das von den Spaniern so stolz über den Atlantik gebracht worden war, war ein sicheres Zeichen für den indianischen Geist, dass etwas fehlte – die vier Teile des Kreuzes waren nicht mehr durch einen Kreis umschlossen. Diese merkwürdigen Fremden hatten den wesentlichen Kreis der Einheit vergessen, der alle Dinge verbindet und alle Spaltungen überwindet. Polarisierung in Gestalt der Teilung des Kreuzes war zur neuen Sicht der Welt, zu ihrer beherrschenden Kraft geworden.

EINFÜHRUNG

Es gibt keinen Zweifel an dem praktischen Erfolg des westlichen Unternehmungsgeistes. Er hat große Veränderungen in der Lebensweise bewirkt, ungeachtet geografischer oder politischer Grenzen. Die physische Welt ist nicht mehr aufgeteilt in bekannt und unbekannt. Wir haben die Ozeane vermessen, das Land kartografiert und diese Informationen Millionen von Menschen zur Verfügung gestellt. Das Reisen in andere Länder ist selbstverständlich geworden, und die Bedeutung des Tourismus ist in jedem Winkel des Erdballs zu spüren. Wir haben den ganzen Planeten aus dem Weltraum gesehen und nutzen Satelliten für unsere Wettervorhersagen und die Warnung vor zukünftigen Katastrophen. Die Zeiten, in denen wir leben, haben keine Vorläufer: Was nur einigen Auserwählten in der Gesellschaft zur Verfügung stand, ist nun vielen, wenn nicht sogar allen Gesellschaften zugänglich.

Die Weltsicht ist nicht mehr automatisch um Gott, König, das Männliche zentriert; wir sehen uns nicht länger an eine einzige

Kultur oder ein Universum gebunden, in dessen Mittelpunkt die Erde steht. Der Blick, den sich die moderne Naturwissenschaft und Technologie in jedem Lebensbereich eröffnet, erzwingt eine rasche Neubewertung von Glaubenssätzen und Lebensweisen. Gleichzeitig entwickelt sich ein Bewusstsein dafür, dass das, was uns so weit gebracht hat, den Zukunftsaufgaben nicht gewachsen ist: Wir können es uns nicht mehr leisten, uns auf eine Weise zu verhalten, durch die andere Menschen ausgeschlossen werden oder die Umwelt geschädigt wird. Polarisierung in jedweder Form ist eine unvollständige Denkweise. Viele Menschen suchen daher jetzt nach einer neuen Synthese, einer neuen Perspektive der Realität, die alle divergierenden Möglichkeiten der Menschheit und der natürlichen Welt einbezieht und achtet, nach einer neuen Integration von Verstand und Offenbarung. Eine solche Suche ist nicht neu, doch wird sie sich im heutigen Zeitalter anders artikulieren.

Vor tausend Jahren, zu Beginn der Jahrtausendwende, versorgten die intellektuellen Ressourcen von Andalusien die Europäer mit den revolutionären Ideen der aristotelischen Philosophie und der wissenschaftlichen Forschung; damit wurden die Grundlagen für die moderne Welt gelegt. Ich glaube, es ist jetzt an der Zeit, zu Beginn eines neuen Jahrtausends, sich einen anderen Aspekt dieses andalusischen Erbes anzuschauen, die geistigen Unterweisungen, die von seinem

Das Grabmal des Christoph Columbus in der Kathedrale von Sevilla. Der Sarg wird von vier Figuren getragen, die die spanischen Königreiche darstellen. Es ist vielleicht nicht das tatsächliche Grab des Seefahrers, da der Verbleib seiner Überreste umstritten ist

größten Genius, Ibn Arabi, gegeben wurden. Wahrer kultureller Fortschritt bezieht sich nicht auf technologische Errungenschaften oder soziale Organisation, sondern auf wachsende Selbsterkenntnis und Freiheit, die Göttlichen Wohltaten in allen Formen zu betrachten und zu feiern. Die Erkundungen der physischen Welt durch Columbus und andere Entdecker beruhen auf einer beschränkten Vision und Aspiration. Sie lassen sich nicht wirklich vergleichen mit der Erforschung des menschlichen Geistes von Männern wie Ibn Arabi, die in der grenzenlosen Weite des Unbekannten beginnt und endet. Wir werden die Neue Welt nicht mehr in drei Dimensionen suchen: Der Ozean, der Columbus von Amerika trennte, ist begrenzt und kann heute innerhalb weniger Stunden überquert werden. Die Welt, die wir auf den folgenden Seiten erkunden wollen, beginnt und endet im grenzenlosen Ozean der Göttlichen Einheit, von dem wir niemals getrennt sind und aus dem ständig neue, frische Bedeutungen hervorgehen. Wie Ibn Arabi in den folgenden Gedichtzeilen sagt, ist diese Entdeckungsreise eine des herrlichen Staunens:

> Ich bestaunte ein Meer ohne Ufer
> und ein Ufer ohne Meer,
> ein Morgenlicht ohne Dunkelheit
> und eine Nacht ohne Morgenröte,
> eine Sphäre ohne einen Ort,
> der Heiden oder Priestern bekannt wäre,
> eine azurblaue Kuppel, hoch oben, kreisend,
> die alles bezwingende Kraft im Zentrum,
> und eine reiche Erde ohne Himmelskuppel oder Ort,
> das verborgene Mysterium.[10]

---

10. *Anqa Mughrib*, Seite 24. Ich danke Gerald Elmore für die Version dieser Passage in seiner Übersetzung des gesamten Werkes unter dem Titel *Islamic Sainthood in the Fullness of Time*.

Kapitel 2

Von Einheit und Einzigartigkeit

Sprich: Er ist der eine Gott,
Der ewige Gott;
Er zeugt nicht und wird nicht gezeugt,
Und keiner ist Ihm gleich.[1]

Ich erbitte von Dir, beim Mysterium, mit welchem Du sich ergänzende Gegensätze vereinigst, dass Du für mich alles, was von meinem Wesen nicht vereinigt ist, zusammenbringst in einer derartigen Vereinigung, dass ich das Einssein Deines Wesens kontemplieren und bezeugen möge. Verleihe mir das Gewand Deiner Schönheit, und kröne mich mit dem Diadem Deiner Majestät.[2]

BEI EINEM KURS ÜBER DAS UNTERRICHTEN ENGLISCHER
Literatur in der Mitte der neunziger Jahre wurden alle Teilnehmer gebeten, die Rolle des Erziehers und der Schüler im Klassenzimmer anzuschauen und sich die Frage zu stellen: Mit welchem Bild könnte man den Erziehungsprozess am besten beschreiben? Als die Ideen verglichen und besprochen wurden, sagten viele, sie hätten sich einen Marktplatz vorgestellt, wo die Menschen an verschiedenen Ständen dem gaffenden Publikum ihre Waren anpriesen; andere, deren Geist sich mehr am 20. Jahrhundert orientierte, hatten einen Supermarkt gesehen, wo die Verbraucher umherlaufen und nach ihren Einkaufslisten aussuchen und wählen konnten. In beiden Fällen wurde Erziehung als etwas gesehen, das gekauft

---

1. Koran 112, die Sure Ikhlas (Die Reinigung). Der Kalif Omar ließ diese berühmte Sure auf die Moschee des Felsendoms in Jerusalem auftragen, nach der Tradition die Stelle, an der Abraham einen Widder anstelle von Isaak opferte. Sie fasst die abrahamitische Lehre des Monotheismus zusammen, den vereinigenden Faktor im Kern aller drei großen westlichen Religionen.
2. Aus dem Freitagabend-Gebet in Ibn Arabis *Wird*, das Gebetbuch für die Tage und Nächte der Woche. Dies scheint die einzige Stelle zu sein, wo Ibn Arabi den Begriff *wahdat al-wujud* (Einssein des Seins) benutzt, mit dem er von späteren Autoren in eine so enge Verbindung gebracht wurde. *Tages- und Nachtgebete*, Seite 52.

und verkauft wurde, und die Rolle des Erziehers war die eines Händlers oder Bestückers von Regalen, der Vorräte aufstockte und auf die Wünsche des Kunden reagierte.

Wieder andere hatten einen Brunnen gesehen, wo jemand Wasser für durstige Reisende schöpfte, deren verschiedene Routen sie vorübergehend an diese Wasserstelle zum Trinken führten. Der Brunnen hatte keinen Boden und lieferte so viel Wasser wie nötig und mehr, während die Arbeit des »Erziehers« darin bestand, die Eimer für jeden nach oben zu ziehen, der vorbeikam und durstig war. Ein Teilnehmer beschrieb jedoch eine ganz andere Szene: ein Wasserloch inmitten einer afrikanischen Ebene, zu dem alle Tiere kamen, um zu trinken, jedes Tier zu einer bestimmten Tageszeit – der Elefant zu seiner Zeit, der Löwe zu einer anderen Zeit, Gepard, Gazelle, Flamingo und so weiter. Jedes Tier trank dort seinen angemessenen Teil, entsprechend seinem Bedarf, und niemand wurde ausgeschlossen. Ein unendlicher Vorrat an Wasser, der natürlich aus der Erde hervorquoll, alle Geschöpfe, klein und groß, einschloss und sie in all ihrer Verschiedenheit am Leben erhielt. Als sie das hörten, waren einige Teilnehmer über das Fehlen eines Vermittlers zwischen Lernenden und Erziehungsprozess entsetzt und wandten ein, dass es in diesem Bild keine Figur gab, die als »Erzieher« identifiziert werden könnte. Nichtsdestoweniger scheint dieses Bild etwas zu beschreiben, was in unserer Zeit immer mehr akzeptiert wird: Ganz gleich, welche Art von Erziehung stattfindet, es gibt letzten Endes nur eine Quelle. Während Informationen von einer Person zur anderen übermittelt werden können, geht es beim Erziehungsprozess in Wirklichkeit um die Fähigkeit, diese Informationen zu verstehen. Der Lehrer ist nicht nur ein Vermittler, der Päckchen von Informationen aushändigt, sondern er ist da, um ein wirkliches Verständnis zu ermöglichen und zu bekräftigen, um Bedingungen zu schaffen, unter denen Erziehung stattfinden kann. Mit anderen Worten, der Erzieher ist nicht jemand, der oder die sich selbst als ein separates Wesen dazwischenstellt, das begrenzte Wissensmengen austeilt, sondern jemand, der sich mit dem Trinkwasser identifiziert oder es gar selber ist.

Ein solches Bild von vielen Geschöpfen, die aus ein und derselben Quelle trinken, hätte den Scheich al-Akbar zweifellos entzückt, da es dem, was er als geistige Unterweisung und das Prinzip des Einsseins beschreibt, sehr nahe kommt und es illustriert. Für Ibn Arabi ist Einssein ein Mysterium, und sein gesamtes Werk kann beschrieben werden als unaufhörliches Umkreisen des Unerforschlichen Einen, das jenseits aller kontrastierenden Beschreibungen und Manifestationen liegt. In diesem Kapitel werden wir einige der Methoden erforschen, mit denen er dieses Einssein beschreibt, doch sollten wir nie aus dem Auge verlieren, was für ihn *sine qua non*, eine unerlässliche Voraussetzung, ist, dass dies ein Mysterium ist, das vom menschlichen Intellekt letztlich nicht verstanden oder ergründet werden kann.

Im Laufe der Jahrhunderte wurde Ibn Arabi gewöhnlich in enge Verbindung mit dem Prinzip des *wahdat al-wujud* gebracht, was wir als »Einheit des Seins« übersetzen könnten. Es ist nicht übertrieben zu sagen, dass seine Formulierungen hierzu eine konkurrenzlose Tiefe, Klarheit und Subtilität haben. Dieses Einssein ist nicht einfach gleichzusetzen mit dem Glauben an *einen* Gott, zu dem sich die westlichen Religionen bekennen, denn dies ist eine Formulierung des Prinzips, die einem bestimmten Verständnis entspricht. Ein solcher Glaube an Gott scheint oft andere Formulierungen auszuschließen, zum Beispiel die nicht-theistischen Lehren des Buddhismus oder den Glauben der amerikanischen Indianer an den Großen Geist. Die Einheit des Seins ist dagegen das absolute, alles einschließende Prinzip, das alle Glaubenslehren und Doktrinen umfasst. Grenzenlos und jenseits aller Gegensätze gleicht es dem Wasser, das die gesamte Schöpfung gleichermaßen nährt, ungeachtet ihrer Gattung oder ihrer Herkunft, entsprechend ihrem Bedürfnis.

Es sollte jedoch auch nicht einfach als ein philosophisches Konzept angesehen werden. Das arabische Wort *wujud* bedeutet auch »Erfahrung« oder »finden«. Deshalb kann Sein nicht allein als intellektuelle Idee verstanden oder gewürdigt werden. Die Einheit des Seins, die in Ibn Arabis Denken entwickelt wird, ist in Wirklichkeit keine Doktrin oder ein Dogma, sondern liegt im Kern der wahren Natur der Dinge. Wie das Leben selbst kann sie nicht einem einzigen Glaubensgebäude eingepasst oder von einer einzigen Definition begrenzt werden. Es quillt in Allem auf und ist doch nirgends enthalten. Tatsächlich ist der Ausdruck *wahdat al-wujud* in Ibn Arabis eigenem Werk nicht häufig. Er benutzt viele verschiedene Begriffe, um das Wesen der Wirklichkeit auszudrücken, fast als wolle er sicherstellen, dass unsere natürliche Neigung zum Fixieren und Kategorisieren dadurch kurzgeschlossen wird. Diese Beschreibungen, die aus dem, was er sieht und erlebt, hervorströmen, sind in besonderen islamischen Begriffen abgefasst, doch weist er ständig auf die unbegrenzten Bedeutungen hin, die im menschlichen Herzen wahrgenommen werden.

Für Ibn Arabi ist die Einheit Gottes grundsätzlich eine Frage der geistigen Einsicht und Erfahrung, die eine radikale Veränderung der Sichtweise bedeutet. Er kehrt unsere normale Sichtweise der Dinge um, um uns einem anderen Verständnis näherzubringen. Tatsächlich stellt er uns eine sehr ernste Frage: Wessen Sichtweise ist es, die in der Realität umgekehrt wird? Wir halten für real, was wir sehen, und nehmen die Erscheinungsform der Dinge für die ganze Realität. Gott, Einssein, der letzte Ursprung der Dinge, ist etwas, das wir in unserem Geist als von der sichtbaren Welt abgehoben vorstellen – eine solche letztgültige Realität kann sogar eine Erfindung unserer Imagination oder so weit von uns entfernt sein, dass sie den Alltag nicht berührt und ebenso gut gar nicht existieren könnte.

> Die Schöpfung ist einsehbar und Gott der Wirkliche ist wahrnehmbar und sichtbar gemäß den Menschen des Glaubens und den Menschen der wahren Einsicht und Erfahrung. Für diejenigen, die zu keiner dieser beiden Kategorien gehören, ist das Wirkliche verständlich und die Schöpfung sichtbar. Letztere gleichen dem bitteren Salzwasser, während Erstere wie süßes, angenehmes Wasser sind, das zum Trinken geeignet ist.[3]

Der wahre Sachverhalt unterscheidet sich in Ibn Arabis Augen stark von dem, was normalerweise für real gehalten wird. Die einzig wahre Existenz kommt dem Einen zu, und dieses Eine zeigt Sich in allen Manifestationen. »Dinge« haben kein Dasein in sich selbst, es sei denn als Orte der Offenbarung oder Spiegelung der Ausdrucksformen ursprünglicher Einheit. Nun könnte man fragen, was macht das für einen Unterschied, wenn es sich so verhält? Ist nicht eine Sicht der Realität so gut wie die andere? Ibn Arabi antwortet mit verblüffender Klarheit: Sie vermittelt einen ganz anderen Geschmack. Diejenigen mit wirklicher Einsicht schätzen alles, was gut und wahr ist, und sind durchtränkt davon; so gelangen sie zur Bedeutung von wahrem Glück. Die ureigene Süße und

---

3. Aus dem Kapitel über Hud, *Fusus al-Hikam*, Seite 108; *The Bezels of Wisdom*, Seite 132.

Annehmlichkeit des Daseins ist für jeden da, der die Dinge sieht, wie sie wirklich sind oder an diese Sichtweise glaubt. Es ist der Erwähnung wert, dass dieser »Glaube« keine intellektuelle Wertschätzung oder blinde Überzeugung ist, sondern etwas im Herzen Gefühltes und Innerliches. Bezeichnenderweise spielt Ibn Arabi, der auch ein Meister des Korans und der Hadithe war, auf ein koranisches Bild als Grundlage für seine Erklärung an:

> Und Er ist's, Der die beiden Wasser losgelassen hat, das eine süß und frisch, das andere salzig und bitter; und zwischen beide hat Er eine Scheidewand gemacht und eine verbotene Schranke.[4]

Diesem Koranvers folgt ein weiterer, der die Erschaffung der Menschheit aus dem Wasser beschreibt. Deshalb nimmt Ibn Arabi die beiden Gewässer, um zwei verschiedene Gruppen von Menschen zu beschreiben. Wir – die wir aus Wasser gemacht sind – gehören notwendigerweise zu einem der beiden Meere. Diejenigen, die die Schöpfung als sichtbar empfinden und Gott als unsichtbar, verbleiben im Trugbild der Vielfalt und schmecken darum Bitternis und Salz; diejenigen aber, welche die Wirklichkeit der Einheit finden, erfahren Gott unmittelbar und schmecken Süße und Annehmlichkeit. Der Isthmus oder die Schranke, die beide voneinander trennt, ist das Unterscheidungsvermögen, die Fähigkeit, Realität von Illusion zu unterscheiden, Einheit von Vielfalt.

Was genau versteht nun Ibn Arabi unter Realität oder Einheit? Für ihn ist Einheit einfach das erste Merkmal oder der erste Gottesname dieses »Ursprungs« aller Dinge. Dessen Bezeichnung als Eins ist die beste Weise, auf Es hinzuweisen, doch wird Es dadurch weder erklärt noch beschrieben. Die höchste Realität kann nicht benannt oder beschrieben werden und bleibt grundsätzlich unergründlich. Für Ibn Arabi ist der Eine Einzige (*al-Wahid al-Ahad*) die angemessenste Beschreibung dieser höchsten Realität, wie Sie in Sich selbst ist. Im Arabischen ist dies ein Doppelname, dessen beide Teile »Eins« bedeuten. Ibn Arabi zufolge drückt dieser Doppelname eine einzige Bedeutung von Einheit aus, während er gleichzeitig auf eine Unterscheidung innerhalb der Einheit hinweist:

---

4. Koran 25:55.

> Der erste Name ist *al-Wahid al-Ahad* (der Eine Einzige), ein zusammengesetzter Name wie Baalbek oder Ramhurmuz oder *ar-Rahman ar-Rahim* (der All-Erbarmer und All-Gütige). (...) Er verweist auf die eigentliche Essenz der Selbstheit, nicht als eine Beziehung, durch die Er bestimmt wird. (...) Der *Wahid al-Ahad* ist ein wesentlicher Name für Ihn.[5]

Keine andere Beschreibung weist die gleiche essentielle Ursprünglichkeit auf. Sie ist der Ausgangspunkt von Ibn Arabis Lehre, ebenso wie es ohne die einzige, aus der Erde entspringende Wasserquelle – wie in unserer ursprünglichen Analogie – keine Sammelstelle für alle Tiere gäbe. Diese Einzigartigkeit liegt dem Allumfassenden zugrunde. Dies Allumfassende ist mit dem Begriff »Er« (*Hu*) gemeint, der anzeigt, dass die höchste Realität jenseits aller Namen und Eigenschaften ist.

Auf dieser Stufe der Einzigartigkeit ist »Er« ohne Geschlecht, frei von jeder Art Männlichkeit oder Weiblichkeit, die bei den Geschöpfen auftritt. Im Arabischen kann das Pronomen der dritten Person mit »es« oder »er« übersetzt werden, doch im Grunde bezieht es sich auf die abwesende Person, im Gegensatz zu »ich«, »du« oder »wir«, die anwesend sind. Trotz Abwesenheit bezeichnet »Er« jemand, mit Dem wir eine unmittelbare und sehr innige Beziehung haben, wie die Tiere, die jedes für sich direkt aus der Quelle trinken. Ibn Arabi beschreibt diesen Grad des Er-selbst-Seins als das

> »essentiell Unsichtbare, Das nicht kontempliert werden kann, da Er weder manifest noch ein Ort der Manifestation ist. Er ist der Eine, Der wirklich gesucht wird, Dem die Zunge Ausdruck verleiht.«[6]

---

5. *Futuhat al-Makkiyah*, II:57 und 12:176 (OY). Kapitel 73, Frage 24. Primat oder Primordialität hängt von unserem Standpunkt ab. Beispielsweise führt er auch in *Futuhat al-Makkiyah* I:100 (2:128 OY) aus, dass »der erste der ›weltlichen‹ Gottesnamen zwei sind: der Eine, Der arrangiert (*al-Mudabbir*) und der Eine, Der unterscheidet (*al-Mufassil*)«. Das bedeutet, dass diese [Namen] die Existenz der Welt oder des Kosmos verlangen. Hier konzentriert er sich auf die Gottesnamen, insofern sie die Welt oder den Kosmos erfordern, um verwirklicht zu werden, während das Einssein an Sich die Welt nicht braucht. Vgl. auch *The Sufi Path of Knowledge*, Seite 390, Nr. 17.

6. *Futuhat al-Makkiyah*, II:128.

VON EINHEIT UND EINZIGARTIGKEIT

Wenn (nun) der Eine und Einzige der Ursprung aller Dinge ist, können zwei Fragen auftauchen: Wie kommt es zu dieser offensichtlichen Vielfalt, und warum scheinen wir die Dinge nicht auf jene Weise zu sehen?

Für Ibn Arabi ist die Vielfalt dem Ursprung innewohnend, genauso wie die Zahlen in der Einheit »eins« enthalten sind. Als diese Vielfalt bezeichnet er die Gottesnamen (wobei er eine koranische Terminologie verwendet), welche die Beziehungen beschreiben, die im Sein selbst inhärent sind. Sie können entweder als »transzendent« klassifiziert werden, indem sie die Art und Weise beschreiben, wie das Absolute Sein jenseits des relativen ist, dank seiner Inwendigkeit und logischen Priorität, oder als »immanent«, wobei die Art und Weise beschrieben wird, wie das Sein mit der Relativierung verbunden ist. Sie können nur dadurch erkannt und gewusst werden, dass ihre Wirkung sich manifestiert. Wenn Er beispielsweise als absolut beschrieben wird, dann befreit Ihn dies von allen möglichen Begrenzungen und Bedingungen, doch eben diese Grenzen und Bedingungen muss es bereits irgendwie für uns geben, damit wir Ihn darüber hinaus transzendieren können. Ebenso gilt, dass, wenn wir Ihn als »Herr« beschreiben, das Vorhandensein von etwas vorausgesetzt wird, dessen Herr Er ist; und Ihn »Gott« zu nennen, erfordert die Existenz von etwas, über das Göttlichkeit ausgeübt werden kann. Diese beiden Namenskategorien erfordern die Existenz eines ›Ortes‹, durch den sie sich manifestieren und erkannt werden können. Dieser Ort ist die Welt, eine Bühne, auf der die verschiedenen Namen ihre Rollen direkt oder indirekt spielen und das Göttliche Drama aufführen können. Daher sieht Ibn Arabi die Welt nur im günstigsten Licht, als den Ort der Manifestation der endlosen Möglichkeiten von Gottes Dasein.

Die Gottesnamen sind lediglich nominelle Beziehungen des Seins mit Sich selbst und spalten die höchste Realität nicht. Es lohnt sich hier festzuhalten, dass das, was Ibn Arabi mit »Gott« (Allah) meint, derjenige Name ist, der alle anderen Namen zusammenbringt, die »Totalität der Namen, die einander widersprechen«.[7] Er ist ein Verbindungsglied zwischen allen möglichen Beziehungen des Seins und der höchsten Realität selbst. In einer Analogie könnte man sagen, dass ein Mensch John heißen kann, und doch können wir ihn als mitfühlend, kenntnisreich, fähig und

---

7. *Futuhat al-Makkiyah*, II:157.

so weiter beschreiben. Jedes Adjektiv ist anders, ohne Johns essentielle Wirklichkeit zu verändern oder ihn von sich selbst verschieden oder vielfältig zu machen; die Adjektive zeigen ihn lediglich in einem jeweils anderen Licht, indem sie seine Eigenschaften beschreiben und ihn bekannt machen. Gleichzeitig ist und bleibt sein richtiger, ursprünglicher Name John. Alle Namen beziehen sich auf den Einen Benannten: in Ihm sind sie undifferenziert, während sie in der Manifestation als differenziert erscheinen.

Wie kommt es nun, dass wir uns oder die Welt nicht in dieser Weise sehen? Ibn Arabi erklärt, dass wir uns so sehr an die Illusionen der Pluralität gewöhnt haben, dass wir sie für wirklich halten. Angesichts der Einheit vergeht die illusorische Vielfalt. Er verwendet oft eine mathematische Analogie, um zu beschreiben, wie der Eine durch den Menschen offenbart und verwirklicht wird:

> Wenn die Einheit (*wahdaniyah*) enthüllt wird, sieht derjenige, der dies bezeugt, nichts anderes als sich selbst, ob er nun auf der Station seiner eigenen Einheit oder auf einer anderen ist. Ist er auf der Station seiner eigenen Einheit, gleicht das der Multiplikation von ein mal eins; es ergibt immer nur eins. Dabei werden Zahlenbegriffe als Analogie und Annäherung verwendet. Multipliziere also eins mit eins, und du erhältst eins. Wenn jener nicht auf der Station der Einheit ist, entspricht es der Multiplikation von eins mit zwei, was natürlich zwei ergibt. So geht es weiter mit allen Zahlen.[8]

Ibn Arabi benutzt viele verschiedene Analogien oder Beispiele zur Verdeutlichung der Bedeutung der Einheit, besonders gern benutzt er jedoch das arabische Alphabet und die Zahlen. Schrift und Zahl stellen für ihn Bereiche dar, wo die Wahrheiten selbsterklärend und auf erhabene Weise klar sind und daher geistige Inhalte vermitteln. Schauen wir uns also die Welt der Zahlen etwas genauer an.

Die Zahl eins ist nicht nur der Beginn einer Serie von Zahlen. Sie mag als Teil einer Serie auftreten (1, 2, 3 usw.), ist jedoch in Wirklichkeit das Prinzip der Zahlen überhaupt. Ohne das Prinzip der Einheit würde es keine Zahl geben. Als zahlenkundige Erwachsene, die die Prinzipien der Zahl längst verinnerlicht haben, würdi-

---

8. *Kitab al-Jalal wa'l-Jamal*, Seite 12.

gen wir nur selten den außerordentlichen Prozess, der mit diesem Verständnis verbunden ist. Kann sich irgendjemand von uns erinnern, wie es war, keine Zahlen zu kennen oder nicht vom Zahlendenken beherrscht zu sein? Wie war es, als wir als Kinder zählen lernten? Es kann oft beobachtet werden, dass Kinder vor dem Zählen lernen sagen: »eins« und »noch eins« und »noch eins«. Sie verstehen »eins« nicht als Teil einer Serie, sondern die Idee der Einheit scheint sich fest eingeprägt zu haben. Ein »Ding« wird definiert durch Sehen, Berühren, Schmecken und so weiter, und seine Ganzheit ist unmittelbar erfahrbar.

Das Zählen setzt voraus, dass wir einzelne Gegenstände in irgendeiner Weise zusammenfassen können. Zwei Tassen müssen einige Merkmale gemeinsam haben, in Bezug auf Form, Größe, Farbe oder Funktion, damit sie als zwei gezählt werden können. Wenn wir Zahlen benutzen, kombinieren wir einen vereinheitlichenden (»Tasse«) und einen numerischen (»zwei«) Begriff. In einigen zentralafrikanischen Kulturen ist die Zählweise so einfach geblieben wie »eins, zwei, zwei und eins, zwei und zwei, viele«. Diese rudimentäre binäre Basis zeigt, dass die Menschen nicht sehr viele Wörter für Zahlen benötigen, geschweige denn eine unendliche Reihe, um das Prinzip einer Serie zu verstehen und anzuwenden. Bei allen Zählweisen ist die Einheit jedoch in doppelter Hinsicht vorhanden: als vereinheitlichender Begriff und als das Prinzip oder die Essenz des numerischen Begriffs.

Unser Problem besteht darin, dass wir so sehr daran gewöhnt sind, »eins« lediglich als Teil einer Serie und daher als substanziell unterschieden von »zwei« oder »drei« zu begreifen. Diese serielle Denkweise führt zu der Schlussfolgerung, dass es eine grundlegende Kluft innerhalb all der Zahlen gibt – einschließlich der Zahl eins. Psychologisch gesehen markiert dies das Gefühl der Isolation, das von vielen Menschen in der Welt der Vielfalt empfunden wird. Ibn Arabi dagegen erklärt, dass Eins zu den Vielen in keinem wesentlichen »Gegensatz« steht. Eins ist das grundlegende Prinzip dafür, dass die Vielen überhaupt aufgezählt werden. Innerhalb jeder Zahl ist die Eins als einheitliches Prinzip inhärent vorhanden. Wenn die Einheit in der Serie als sie selbst erscheint, als die Zahl »eins«, negiert sie alle anderen Zahlen (eins ist eins, nicht zwei oder drei) und verweist einzig und allein auf Einzigartigkeit (diese »Eins« ist völlig unvergleichlich). Steckt dies vielleicht hinter der Wissbegierde des Kindes, wenn es »noch eins« sagt?

Die Zahlen ihrerseits erscheinen als einzigartige Möglichkeiten oder mögliche Ausdrucksformen innerhalb dieses Einen. Sie können verstanden werden als nichts anderes als die Existenz des Einen in einem abgesonderten Zustand; das Eine erscheint als zwei (eins und eins) oder drei (eins und eins und eins) oder vier und so weiter. Jede Zahl ist eine einzigartige Konfiguration der Einheit, mit speziellen Merkmalen, die sie von anderen Zahlen unterscheiden. Diese Besonderheit ist ihre *raison d'être* einschließlich ihrer Stellung im Verhältnis zu den anderen, da eine Zahl größer zu sein scheint als eine andere. Wenn das Eine wie jede andere Zahl erscheint, sind diese Aspekte gleichzeitig vorhanden: die einzigartige Existenz dieser Möglichkeit (zwei ist einmalig zwei), ihr Platz in der Hierarchie der Zahlen (zwei ist weniger als vier) sowie ihrer Abhängigkeit von dem Prinzip des Einsseins (zwei ist eins plus eins).

Im folgenden Zitat, das beschreibt, was aus diesem Wissen für die betrachtende Anschauung folgt, verdeutlicht Ibn Arabi den Unterschied zwischen dem, was er als das Eine als Essenz (oder als das vereinheitlichende Prinzip) und das Eine als Name (oder als die erste Zahl) beschreibt:

> Wenn das, was niemals war, vergeht, da es vergänglich ist, und das, was immer ist, bleibt, da es andauernd genährt wird, dann wird die Sonne der klaren Beweisführung aufgehen und einleuchtendes Verständnis bringen. Da ereignet sich absolute Transzendenz, verwirklicht in absoluter Schönheit. Es ist die essentielle Wirklichkeit des Zusammenbringens und des Seins[9] und die Station der Ruhe und Stille. Die Zahlen werden als [das Gleiche] wie das Eine (*Wahid*) angesehen – dieses Eine reist durch die [vielen] Grade, und durch dieses Reisen nehmen die Wirklichkeiten der Zahlen Gestalt an. Auf dieser Station geschieht es, dass derjenige, der lediglich Vereinigung bekennt, in Irrtum verfällt. Denn wenn dieser Mensch in seiner Vorstellung das Eine durch die Grade reisen sieht, sieht er keine Zahl außer dem Einzigen Einen (*Ahad*)[10] und beteuert daher seine Identität.

9. Die von Ibn Arabi verwendeten Begriffe sind von vielen Bedeutungen durchtränkt: *ayn* bedeutet Essenz, Quelle und Auge; *jam* bedeutet Sammeln, Synthese oder Vereinigung; und *wujud* bedeutet Sein, Finden oder Erfahrung. Also könnte dies auch leicht mit: »das Auge der Vereinigung und Erfahrung« übersetzt werden.

VON EINHEIT UND EINZIGARTIGKEIT

Wenn Er Sich nun in Seinem Namen [der Eine] manifestiert, dann manifestiert Er Sich nicht gleichzeitig in Seiner Essenz außer in Seinem persönlichen Grad, das heißt der Einheit. In welchem Grad Er Sich in Seiner Essenz auch manifestiert, Er manifestiert nicht Seinen Namen, sondern Er wird nach dem Grad benannt gemäß der Realität, die dieser Grad Ihm gibt. Durch Seinen Namen in diesem Grad gibt es Auslöschung, während es durch Seine Essenz Dasein gibt. Wenn du also »Eins« (*Wahid*) sagst, wird alles andere als Er durch die Realität dieses Namens vernichtet. Wenn du andererseits »zwei« sagst, manifestiert sich die essentielle Realität [der Zweiheit] durch das Dasein Seiner Einen Essenz in jenem Grad und nicht durch Seinen Namen (Eins). Sein Name [Eins] verneint die Existenz dieses Grades, während Seine Essenz dies nicht tut.[11]

Was hier so betont wird, ist die Unterscheidung zwischen zwei Aspekten der Einheit. Im Arabischen heißen sie *Wahid* und *Ahad* (die wir als »der Eine« bzw. »der Einzige« übersetzen könnten), die für viele Diskussionen unter den arabischen Theologen gesorgt haben. Sie sind beide als Gottesnamen im Koran zu finden: Der Name *Ahad* taucht nur einmal auf, schmucklos ohne jede andere Eigenschaft, während der Name *Wahid* dreimal auftaucht, immer in Verbindung mit dem Namen *Qahhar* (der All-Zerstörende). Es liegt auf der Hand, dass Ibn Arabi sich wie immer der koranischen Basis bewusst ist; er vergleicht den »Einzigartigen« (*Ahad*) mit der Essenz, dem Prinzip der Einheit, die das Zahlenwesen transzendiert, und doch leugnet er weder die Existenz jeder anderen Zahl noch des »Einen« (*Wahid*) mit dem Namen, der ersten Zahl, deren eigene Realität alle anderen verneint und »zerstört«. Im Hinblick

---

10. Der Gebrauch des Wortes *ahad* ist hier keineswegs zufällig: Er bezeichnet ein Fehlen aller Unterscheidung, ohne jegliche Verbindung zum Zahlenwesen. Hier gibt es eine implizite Anspielung auf den berühmten Ausspruch von al-Hallaj: »Ich bin die Wahrheit« (*ana'l-haqq*). Die anschließende Erläuterung ist Ibn Arabis Kritik an der Position derjenigen Mystiker, die ihre Identität mit Gott bekannt haben. Er selbst betont immer wieder die wahre Stellung des Menschen als reine Dienerschaft. Vgl. *Futuhat al-Makkiyah* II:581; *The Sufi Path of Knowledge*, Seiten 244–245.
11. *Kitab al-Fana' fi'l-Mushahada*, übersetzt von S. Hirtenstein und L. Shamash in *Journal of the Muhyiddin Ibn Arabi Society* IX, Seite 5ff.

darauf, dass diese Zahlenanalogie vor allem eine kontemplative Wissenschaft beschreibt, fügt er sofort hinzu:

> Diese besondere Art der Einsicht und des Wissens sollte vor den meisten Geschöpfen verborgen werden aufgrund dessen, was es an Erhebung und Erhabenheit enthält. Es ist ein tiefer Abgrund, in dem sofortige Zerstörung droht.[12]

Es ist viel geschrieben worden über die angeblichen Lehrmeinungen Ibn Arabis; allzu häufig ist er als Pantheist, Monist, ja als Häretiker abgestempelt worden von Menschen, die das doppelsinnige Geheimnis der Einheit in etwas Bequemeres verwandeln wollten. Die Einheit in der Weise Ibn Arabis zu würdigen, ist von vereinfachenden Begriffen wie »alle Dinge sind in Wirklichkeit eins« weit entfernt. Für ihn gibt es zwei grundlegende Zweige oder Aspekte der Einheit, die in dem Namen *Wahid al-Ahad* zusammengefasst werden. Sie stellen wahrscheinlich die ursprüngliche Bedeutung von Janus dar, der doppelgesichtigen römischen Gottheit, die am Eingangstor in beide Richtungen schaute. Da er auch der Gott des Anfangs war, hat er dem ersten Monat des Jahres, Januar, seinen Namen gegeben. Ein wahres Verständnis der Einheit hat tiefe Implikationen für unsere Sicht auf uns selbst, denn Ibn Arabis Beschreibung der Zahlen ist eigentlich eine genaue Beschreibung von Selbstbewusstsein und Kontemplation.

Ibn Arabi bringt dieses Wissen in einen unmittelbaren Zusammenhang mit Gottesverehrung, die hier in ihrem umfassendsten Sinn zu verstehen ist:

> Das, was in jeder Sprache verehrt wird, in allen Zuständen und zu allen Zeiten, ist der Eine. Jeder Gläubige, welcher Art auch immer, ist der Eine. Daher gibt es nichts als den Einen (…) und es gibt kein Dasein für einen Anderen außer für den Einen. Es gibt auch nicht so etwas wie Vermehrung: Wenn das Eine Sich klar in zwei Graden manifestiert, wird Es »zwei« genannt, wie diese II; wenn Es Sich in drei Graden manifestiert, ist Es wie diese III. (…) Das ist das Einssein Gottes des Wirklichen: Durch das Einssein des Wirklichen sind wir manifest. Wenn Er nicht wäre, würden wir nicht sein; doch unsere Existenz erfordert es nicht unbedingt, dass Er (Ehre sei Ihm!) nicht ist.[13]

VON EINHEIT UND EINZIGARTIGKEIT

Diese Passagen gestatten uns, einige der Schlüsselbegriffe von Ibn Arabis Darstellung herauszuarbeiten. Die Essenz (*dhat*), der Grund alles Existierenden, ist Eine, sowohl dem Wesen als dem Namen nach, und diese Einheit besitzt zwei Aspekte. Einerseits bezeichnet das Eine den unbeschreiblichen Ursprung und die Essenz jenseits jeder Vorstellung von Numeralität, und vielleicht ist es schon unangemessen, es »Eins« zu nennen oder von »Einssein« zu sprechen. Es ist Einzigartig in sich. Das stärkste Symbol der transzendenten Einzigartigkeit ist das Konzept der Null, das zu Beginn des christlichen Zeitalters zuerst in Indien entwickelt und dann von den arabischen Mathematikern viel benutzt wurde. Der arabische Begriff für Null, *sifr* (wie Sanskrit *sunya*), bedeutet »leer« oder »ohne«, das heißt das völlige Fehlen der Zahl. Das gleiche Prinzip findet sich im Manuskript des Salemer Klosters aus dem 12. Jahrhundert: »Jede Zahl kommt von Eins, und diese wiederum von Null. Darin liegt ein großes und heiliges Mysterium.« Um dies in metaphysischen Begriffen auszudrücken, benutzt Ibn Arabi oft den Begriff *ahadiyat al-ayn,* was mit »die Einzigkeit der Quelle« oder »die Einzigartigkeit der Essenz« übersetzt werden könnte, und er weist nachdrücklich darauf hin, dass dieses Eine Einzige nicht erkannt werden kann.

Andererseits bezeichnet der Name Eins eine Bedeutung, die an und für sich Numeralität impliziert und verlangt – welchen Sinn hätte sonst das Wort oder die Idee von »eins«, wenn es nicht auch »zwei« oder »drei« und so weiter gäbe? Diese ›anderen‹ Zahlen sind innerhalb der Einheit der Essenz selbst begraben, ununterschieden, weil dort die Bedingung der Selbstheit vorherrscht, doch warten sie gewissermaßen im Schwebezustand darauf, zum Ausdruck zu kommen. Sie stellen mögliche Ausdruckformen oder Modalitäten dieser Essenz dar. Das nennt Ibn Arabi dann *al-ayan* oder *al-ayan ath-thabitah* – die in der Einheit etablierten Essenzen oder wesentlichen Realitäten. Diese beiden Aspekte sind zusammengefasst im Doppelnamen *Wahid al-Ahad.*

Wie durch spiegelbildliche Reflexion haben auch diese Essenzen oder möglichen Ausdrucksformen der Gottesnamen zwei Seiten. In gewisser Hinsicht sind diese Möglichkeiten mit der Essenz selbst identisch – die Zahl drei ist eine mögliche Konfiguration der

---

12. *Kitab al-Fand,* Seite 5ff.
13. *Kitab al-Alif,* Seite 3.

Eins und einfach eine Art, dieses vereinheitlichende Prinzip zu sehen. In anderer Hinsicht sind die Möglichkeiten voneinander unterschieden – die Drei ist nicht die Zwei, ebenso wie die besondere Qualität der Gnade nicht identisch mit der Qualität von Rache ist.

Wenn diese Modalitäten in der sichtbaren Welt ausgedrückt werden, sind es «Grade», in denen und denen entsprechend sich das Eine manifestiert. Das Eine, Das immer noch auf Seiner eigenen Ebene im Einssein verbleibt, manifestiert Sich selbst in Graden der Mehrzahl. Das Eine wird dabei nicht vielfach; Es offenbart lediglich Seine inhärenten vielfältigen Möglichkeiten. Wie Ibn Arabi sagt, ergibt ein mal eins eins, während es mit zwei multipliziert zwei ergibt. Jedes »Ding« manifestiert Einssein gemäß seiner Natur, seinem Fassungsvermögen und seiner Möglichkeit. Auch dies hat zwei Aspekte. Insofern das Ding das Eine manifestiert, besitzt es eine ungeheure und unergründliche Würde, nämlich seine eigene wahre Einheit, insofern das Ding als es selbst erscheint, ist es vergänglich, begrenzt und ›anders‹ als das Eine.

Was die Ursache der Göttlichen Selbst-Entäußerung in Formen angeht, zitiert Ibn Arabi gern die Gottesworte: »Ich war ein verborgener Schatz und Ich sehnte Mich danach, erkannt zu werden; also erschuf Ich die Welt, auf dass Ich erkannt werde.«[14] Der verborgene Schatz sind die Namen und die Möglichkeiten des Seins in ihrem undifferenzierten Zustand; Liebe ist die Haupttriebkraft aller Schöpfung, und aus Liebe für diese Möglichkeiten der Selbstentäußerung erschuf Er die Welt, die »Bühne«, damit Er in all diesen verschiedenen Modalitäten erkannt werden könnte. Die Schöpfung ist für Ibn Arabi nicht mehr oder weniger als dieses Sichtbarmachen des Unsichtbaren. Es gibt keine stoffliche oder zeitliche Lücke zwischen Schöpfer und Schöpfung.

Jeder Bereich der Mathematik drückt die gleichen Prinzipien des Einsseins aus. Manchmal verwendet Ibn Arabi die geometrischen Analogien des Kreises oder der Kugel; ein Punkt, der dimensionslos beginnt und sich dann in eine Richtung ausdehnt und eine Linie bildet. Diese Linie dreht sich dann und bildet einen Kreis, der sich wiederum dreht und eine Kugel bildet. Alle Punkte auf der Peripherie des Kreises oder der Kugel sind direkt mit dem Mittelpunkt verbunden, ohne Überschneidung und ohne Durcheinander. Der Mittelpunkt bleibt stets unsichtbar, ebenso wie das

---

14. Hadith *qudsi*.

Wasserloch, um das sich die Tiere versammeln, aus der Erde hervorquillt und daher ein Ort zum Trinken für alle bleibt. Dieses Zentrum ist der Kern unseres Bewusstseins. Indem er den Menschen als einen Thron für Gott beschreibt, und das menschliche Herz oder das innerste Bewusstsein als den Ort der Inthronisierung, zeigt Ibn Arabi an, was der Mystiker in sich selbst verwirklicht:

> Die Offenbarung der Einheit ist das Göttliche, das den menschlichen Thron besetzt. (...) Die Göttliche Inthronisation findet im Mittelpunkt des Kreises statt, und ist [entsprechend] Seinem Ausspruch: »Weder Meine Erde noch Mein Himmel können Mich fassen, doch das Herz Meines treuen Dieners umfasst Mich.«[15]

Manchmal neigt er dazu, das Bild des Kreises umzukehren. Die sichtbare Welt ist dann in der Mitte des Kreises, umgeben von dem Umkreis, der Gott ist, Dessen »Barmherzigkeit alle Dinge umfasst«.[16] Es ist typisch für Ibn Arabi, dass er Analogien auf unzählige verschiedene Weisen verwendet, von denen jede eine Facette ist, die ein anderes Licht oder eine andere Wahrnehmung enthüllt oder sich auf einen anderen Gottesnamen bezieht. Es gibt nicht einen »richtigen« Weg, die Dinge zu sehen, sondern jeder Weg spiegelt die Tatsache, dass das gesamte Universum aus den vielfältigen Offenbarungen eines einzigen Lichts besteht, ständig die Form wechselnd, niemals das Prinzip, wo es immer wieder neue Bedeutungen zu entdecken gibt.

> Es gibt nichts als Sein, reines, pures Sein, nicht *ex nihilo*, und das ist das Dasein Gottes des Allerhöchsten. Das Sein *ex nihilo* ist die Essenz des erschaffenen Dinges selbst, und das ist die Existenz der Welt. Es gibt keinen Unterschied zwischen den beiden Existenzen, und es gibt keine »Ausdehnung« außer in der Imagination, welche die Dinge klassifiziert und durch Wissen reorganisiert wird, so dass nichts übrig bleibt außer Absolutem Sein und relativem Sein, aktiv und passiv. Auf diese Weise sind uns die Realitäten gegeben worden – Frieden durch Vollkommenheit.[17]

---

15. *Kitab al-Jalar na wa'l Jamal*, Seite 11.
16. Koran 7:155.
17. *Futuhat al-Makkiyah*, I:90.

Ibn Arabi spricht von zwei grundsätzlich verschiedenen Präsenzen. Die erste ist unbegrenzt, nicht-manifest und rein. Sie bedarf keiner Manifestation und lässt weder Assoziation noch Vergleich zu. Die zweite ist relativ und begrenzt, in verschiedenen Graden oder Formen oder »Dingen« manifestiert, wo alle Beziehung die Beziehung zwischen zwei Dingen ist. Dieses relative Universum umfasst physische Formen, imaginierte Formen (wie sie beispielsweise in Träumen erscheinen) und begriffliche Formen, bleibt jedoch äußerst abhängig von seiner transzendenten Bedeutung, die das Absolute ist. Jedes manifeste Ding ist ein Hinweis auf das Nicht-Manifeste, ein Hinweis auf Realität, während es als begrenztes Ding eine gewisse eigene substanzielle Realität zu haben scheint. In diesem Zusammenhang zitiert Ibn Arabi manchmal das Couplet:

In jedem Ding hat Er ein Zeichen [gesetzt],
das auf die Tatsache verweist, dass Er Eins ist.[18]

Die Welt der vielfältigen Dinge und die Welt des Einen scheinen grundsätzlich im Widerspruch zueinander zu stehen, und hier verwendet Ibn Arabi das hinreißend schöne Bild des »Ozeans ohne Ufer und eines Ufers ohne Ozean«. Die begrenzten Dinge des Ufers gehören dem Ufer an und kehren nicht in den Ozean zurück, es sei denn in einem transformierten Zustand, der sie in ihre essentielle Wahrheit zurückführt. Eine solche Transformation ist bei den Menschen wahrer Einsicht und wahren Wissens sichtbar, die wissen, dass die beiden Welten eine sind:

Das Universum ist ein Ort der Zeichen,[19] und in ihm ist jede Realität ein Zeichen, das zur Göttlichen Wirklichkeit führt, auf der es bei seinem Werden beruht, und zu der es zurückkehren wird nach seinem Rückzug [aus der Existenz].[20]

---

18. Dieses Gedicht wurde von Abu al-Atahiyyah geschrieben und wird unzählige Male im *Futuhat* und im *Kitab al-Alif* zitiert.
19. Wörtlich: »aus Zeichen abgeleitet«. Es ist unmöglich, im Englischen [oder Deutschen, d.Ü.] die subtile Art zu vermitteln, wie Ibn Arabi hier mit der arabischen Wurzel spielt. Die Wurzel ,-l-m ergibt »Welt« oder »Universum« (*alam*) und »deutliches Zeichen« oder »Merkmal« (*alam*) ebenso wie »Wissen« (*ilm*). Daher ist die »Welt« etymologisch aus »Zeichen« abgeleitet.
20. *Kitab al-Abadilah,* Kairo 1969, Seite 42.

VON EINHEIT UND EINZIGARTIGKEIT

Die Unterscheidung zwischen den beiden Präsenzen wird nirgends besser beschrieben als in der kurzen Sure Ikhlas (112, Reinheit oder Freiheit) im Koran, die zu Beginn dieses Kapitels zitiert wird. Sie wurde offenbart, als die Juden den Propheten Mohammed fragten: »Beschreibe uns deinen Herrn.« Diese Beschreibung bildet die Grundlage des muslimischen Denkens und ist eine vollkommene Bestätigung der im Judaismus und Christentum offenbarten Wahrheiten. Beispielsweise ist die erste Zeile (»Sprich: Er ist der Eine Gott«) eine direkte Bestätigung des jüdischen Glaubensbekenntnisses: »Höre, Israel! Der Herr, dein Gott, ist Einer.«

Die folgende Passage aus einem von Ibn Arabis berühmtesten Werken, den *Fusus al-Hikam* (den »Ringsteinen der Weisheit«), enthält eine tiefschürfende Erläuterung dieser Sure:

Gepriesen sei Derjenige, Der Sich durch nichts anderes zu erkennen gibt als durch Sein eigenes Selbst und Dessen Schöpfung nur in Seiner eigenen Essenz begründet ist! In der geschaffenen Welt ist nur das, was die Einheit (*ahadiyah*) aufzeigt, während in der Einbildung nur das ist, was die Vielfalt aufzeigt. Wer sich also an die Vielfalt hält, ist in der Welt, mit den Göttlichen Namen und den Namen der Welt; und wer sich an die Einheit hält, ist mit Gott im Hinblick auf Seine Essenz, die von den Welten unabhängig ist. Unabhängigkeit von den Welten ist dasselbe wie Unabhängigkeit von den Namensbeziehungen; die Namen bezeichnen nämlich nicht nur die Essenz, sie bezeichnen zugleich die benannten Dinge, und ihre Wirkung bestätigt dies.

»Sprich: Er, Gott, ist der Eine (*Ahad*)« in Bezug auf Seine essenzielle Wirklichkeit (*ayn*); »Gott, die Stütze und Zuflucht der Welt (*Samad*)« im Hinblick auf unsere vollständige Abhängigkeit von Ihm; »Er zeugt nicht« in Bezug auf Sein So-Sein und uns; »Er wird nicht gezeugt« in derselben Hinsicht; »und nichts gibt es, was Ihm ähnlich ist« aus demselben Grund. Dies ist Seine Selbstbeschreibung: Er fasst Seine Essenz in die Aussage »Gott ist einzigartig«, und die Vielfalt wird von Seinen (vielen) uns bekannten Eigenschaften manifestiert. Wir sind es, die zeugen und die gezeugt werden, und wir sind es, die von Ihm abhängig sind, und wir sind es, die einer dem anderen gleichen. Doch der Eine

(*Wahid*) ist transzendent in Bezug auf diese Eigenschaften, denn Er ist genauso unabhängig von diesen, wie Er unabhängig ist von uns. Es gibt keine treffendere Beschreibung für Gott den Wirklichen als diese Sure, die Sure der Reinheit (Ikhlas), und so wurde sie offenbart. Die Einheit Gottes im Hinblick auf die Göttlichen Namen, die unserer bedürfen, ist die Einzigartigkeit der Vielfalt; und die Einheit Gottes, in Bezug auf Seine Unabhängigkeit von uns und den Namen, ist die Einzigartigkeit der Essenz. Sie beide werden mit dem Namen »der Eine Einzige« bezeichnet. Also wisse dies![21]

---

21. Aus dem Kapitel über Joseph, *Fusus al-Hikam*, Seiten 104–105; *The Bezels of Wisdom*, Seiten 125–126; *The Wisdom of the Prophets*, Seiten 65–66 [vgl. auch die auf Titus Burckhardts Übertragung ins Französische basierende deutsche Übersetzung in *Die Weisheit der Propheten*, Seiten 89–90, d.Ü.].

Leben im Westen

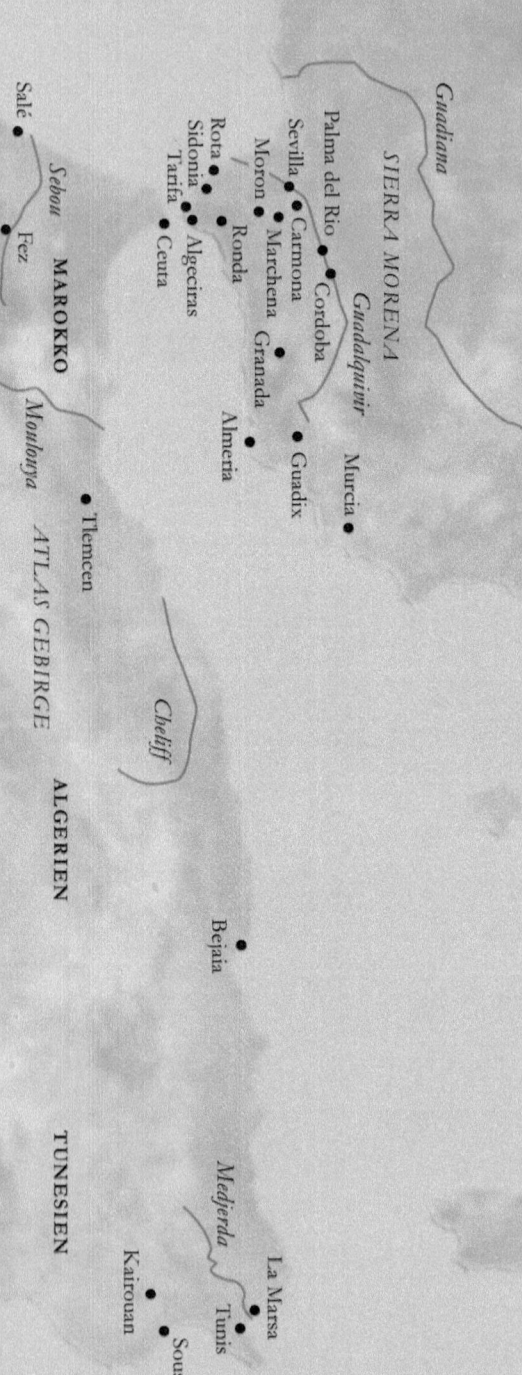

Der Maghreb von Spanien bis Tunis

Kapitel 3

Die frühen Jahre
(1165–1181)

Preis sei Dem, in Dessen Hand die Herrschaft aller Dinge ist! Und zu Ihm kehrt ihr zurück.[1]

Von arabischer Rasse, von edelster Abstammung und Macht.[2]

MUHAMMAD BIN ALI BIN MUHAMMAD AL-ARABI AL-TAI AL-Hatimi, wie er selbst unterzeichnet,[3] wurde während der letzten Blütezeit von al-Andalus in Murcia, Südost-Spanien, geboren. Wie viele Andalusier war er gemischter Abstammung. Der Name des Vaters weist auf eine arabische Familie hin, die wahrscheinlich in den ersten Jahren der arabischen Eroberung nach Andalusien emigriert war, während seine Mutter aus einer sehr vornehmen Berberfamilie zu stammen scheint.[4] Es hat immer einen Hauch von Stolz, wenn er von der Vornehmheit seiner Abstammung spricht, und in mehreren Gedichten preist er die Reinheit seiner arabischen Herkunft – wahrscheinlich ein wichtiger Anspruch in einem Land mit so stark gemischten ethnischen Ursprüngen. Es gab viele Menschen in Andalusien, deren Familien ihre Abstam-

---

1. Koran 36:83.
2. *Futuhat al-Makkiyah* II:49 und 12:121 (OY), Kapitel 73, Frage 13. Ibn Arabis Beschreibung des Siegels der mohammedanischen Heiligkeit.
3. Diese Unterschrift wird von Ibn Arabi in seinem *Fihrist* (Werkverzeichnis) gegeben. Seine Zeitgenossen, insbesondere Sadruddin al-Qunawi, nannten ihn im Allgemeinen Abu Abdallah. Viele Autoren nennen ihn üblicherweise kurz Ibn Arabi, obwohl es genauer wäre, ihn Ibn al-Arabi zu nennen. Die Kurzform wird von westlichen Autoren seit langem benutzt, höchstwahrscheinlich in Anlehnung an den Stil türkischer und iranischer Autoren, doch die Abkürzung hat auch dazu gedient, ihn von einem anderen berühmten Andalusier zu unterscheiden, der einen ähnlichen Namen trug. Abu Bakr Muhammad Ibn al-Arabi (1076–1148), der oberste Richter (*qadi*) von Sevilla. Ibn Arabi studierte später bei dem Vetter dieses Mannes in Sevilla.
4. Sein Onkel mütterlicherseits war Herrscher der Stadt Tlemcen im heutigen Algerien gelegen bis zu seiner Bekehrung zum Sufi-Pfad, aber er starb achtundzwanzig Jahre vor Ibn Arabis Geburt.

mung von der westgotischen Aristokratie herleiteten (zum Beispiel die Banu Qasi, die sich auf einen Grafen namens Cassius zurückführten), die aber in allen Bereichen der arabischen herrschenden Klasse niemals völlig akzeptiert waren. Von größerer unmittelbarer Bedeutung war jedoch die Tatsache, dass Ibn Arabis Vater ein Angehöriger des Militärs war, der im persönlichen Gefolge des Almohaden-Sultans diente. Dies war eine Stellung von Prestige und Macht, die ihm Zugang zu vielen einflussreichen Menschen gab, beispielsweise dem berühmten Philosophen und Richter von Cordoba, Ibn Rushd (Averroes). Obwohl er nicht zur Aristokratie gehörte, scheint Ibn Arabi in einen relativ wohlhabenden Teil der Gesellschaft hineingeboren worden zu sein.

Er legte viel Wert auf die direkte Verbindung zu einem berühmten Ahnen, Hatim, der zu den Banu Tayy gehörte, einem wichtigen arabischen Stamm aus dem Jemen. Hatim al-Tai war ein vorislamischer Dichter, der in der zweiten Hälfte des 6. Jahrhunderts gelebt hatte und in der arabischen Welt als das feinste Beispiel für Ritterlichkeit vor dem Erscheinen des Propheten Mohammed weithin anerkannt war. Sein Name war sprichwörtlich für Großherzigkeit und Gastfreundschaft – offensichtlich kam Hatim nach seiner Mutter, die so freigebig war, dass ihre Verwandten sie für unmündig erklären ließen! Dieses Muster an Selbstlosigkeit und Liberalität, das nicht auf die eigenen Bedürfnisse achtet und großzügig an andere austeilt, wurde zweifellos in Ibn Arabis Familie als nachahmenswert hochgehalten.

Ibn Arabis Geburtstag wird angegeben mit Montag, 17. Ramadan 560, das heißt 27. oder 28. Juli 1165 der christlichen Zeitrechnung.[5] Als erstes und einziges männliches Kind muss sein Erscheinen eine Quelle großen Glücks für seine Eltern gewesen sein. Die ersten sieben Jahre seines Lebens scheinen in einer Atmosphäre lokaler Konflikte und Spannungen verlaufen zu sein. Sein Vater diente in der Armee von Ibn Mardanish, einem lokalen

---

5. Dies ist das Datum im heiligen Monat Ramadan, den Ibn Arabi selbst einem Historiker in Damaskus, Ibn al-Najjar, nannte, der spezifizierte, dass es sich um einen Montag handelte. Diese Datierung hat unter den Gelehrten jedoch einige Verwirrung gestiftet. Nach dem offiziellen Kalender fiel der 17. Ramadan in jenem Jahr auf einen Dienstag, das war der 29. Juli. Wenn wir die Möglichkeit akzeptieren, dass der Ramadan in Andalusien einen Tag früher begann als die offizielle Berechnung, dann wäre der Montag immer noch möglich und würde dem 27. Juli entsprechen. Nach Sadruddin al-Qunawi war es entweder der 17. oder 27.

Kriegsherrn, der sich mit Hilfe christlicher Söldner ein winziges Königreich verschafft hatte. In der Tradition von Rodrigo Dias (»El Cid«), seines berühmten Vorläufers im 11. Jahrhundert, hatte Ibn Mardanish seine Basis in Murcia und Valencia. Bei den Christen hatte er den Spitznamen »König Wolf« (»El Rey Lobo«). Er verbündete sich mit den Königen von Kastilien und Aragon und verteidigte fünfundzwanzig Jahre lang seine Herrschaft gegen die neue Kraft der Almohaden, obwohl seine Macht um die Zeit von Ibn Arabis Geburt rapide abnahm. Die vordringenden Almohaden gingen aus Berberstämmen im Atlas-Gebirge von Marokko hervor. Sie folgten dem religiösen Führer Ibn Tumart und tauchten in Spanien zum ersten Mal im Jahre 1145 auf. Bis 1163 hatten sie Nordafrika bis Tripoli überrannt. In den zwanzig Jahren vor Ibn Arabis Geburt hatten die Almohaden die Einheit der Muslime in Andalusien wiederhergestellt und konsolidiert, indem sie ein wirksames Bollwerk gegen die Übergriffe des christlichen Nordens errichteten. Sie machten Sevilla zu ihrer Hauptstadt und brachten einen gewissen Grad von allgemeiner Stabilität in das gesamte Gebiet Nordafrikas.

Unter den Almohaden, deren Herrschaft über al-Andalus kaum hundert Jahre dauerte, kam es zur letzten großen Blüte der maurischen Macht und Kultur. Ihre ursprüngliche Mission war die Reinigung des Islams von Dekadenz, aber sie waren keine Fundamentalisten wie ihre Berber-Vorgänger, die Almoraviden. Während die puritanischen Almoraviden fanatische Gegner der verfeinerten Kultur von al-Andalus gewesen waren und die Beziehungen zwischen Christen und Muslimen auf der Halbinsel feindseliger gemacht hatten, stützten sich die Almohaden auf eine ganz andere Sicht der islamischen Orthodoxie. Sie bestanden auf dem Islam nicht einfach als einem Regelwerk, sondern als geistiger Unterwerfung; ihr leitendes Prinzip war die Göttliche Einheit, in welche die gesamte Manifestation eintaucht. Ibn Tumart, die

---

Ramadan; jedoch sind die Worte »oder 17.« im Manuskript durchgestrichen, vermutlich von späterer Hand, die zu zeigen versuchte, dass Ibn Arabi in der berühmten Nacht der Macht (*laylat al-qadr*) geboren wurde, in der Mohammed der gesamte Koran enthüllt wurde. Überhaupt nichts in Ibn Arabis Schriften bestätigt dieses spätere Datum. Nichtsdestoweniger mag die Ambiguität in al-Qunawis Bemerkung darauf hinweisen, dass er das genaue Datum nicht kannte. Sie spielt vielleicht auf die Lehre Ibn Arabis an, dass die Nacht der Macht das Herz des Gnostikers ist.

LEBEN IM WESTEN

Die Kathedrale von Murcia, die auf dem Standort der alten Moschee errichtet wurde, in deren Nähe Ibn Arabi geboren sein soll

Inspiration der almohadischen Bewegung, war stark beeinflusst von den Werken des großen Sufis al-Ghazzali und führte dessen Lehren in Spanien ein, wo sie auf fruchtbaren Boden fielen und zu einer großen spirituellen und philosophischen Erneuerung führten.

Im Jahre 1172 starb Ibn Mardanish und damit der letzte Widerstand gegen die Herrschaft der Almohaden. Ibn Arabis Vater scheint gemeinsam mit anderen Edlen des Gefolges von Mardanish seine Loyalität schnell auf den Sultan der Almohaden, Abu Yaqub Yusuf I übertragen zu haben. Er wurde einer seiner Militärberater. Im gleichen Jahr zog die ganze Familie nach Sevilla, in das geschäftige, blühende und kosmopolitische Zentrum, das zum Hauptsitz des Almohadenhofes in Spanien wurde. Die neuen Bauprogramme, die der Sultan finanzierte, zum Beispiel die

DIE FRÜHEN JAHRE

Wiederherstellung des alten römischen Bewässerungssystems, machte Sevilla zur wichtigsten Stadt des Landes. Es war ein Schmelztiegel verschiedener Rassen und Kulturen, wo sich Sänger und Dichter mit Philosophen und Theologen mischten, wo Heilige und Sünder nebeneinander lebten. Daher wuchs Ibn Arabi seit dem Alter von sieben Jahren in einer Atmosphäre auf, die von den wichtigsten Ideen dieser Zeit durchtränkt war – den wissenschaftlichen, religiösen und philosophischen. Zu einer Zeit, als es die uns heute bekannte Art der Massenkommunikation nicht gab, war dies ein wesentliches Element seiner Entwicklung. Vielleicht ist es schwierig sich vorzustellen, welche Bedeutung das Stadtleben im 12. Jahrhundert hatte, denn wir leben in einem ungewöhnlich urbanisierten Zeitalter, wo die Hälfte der Weltbevölkerung in Städten wohnt. Das Sevilla des 12. Jahrhunderts, wo der junge Ibn Arabi lebte, war zweifellos vergleichbar mit dem heutigen London, Paris und New York in einem – eine herrlich aufregende Mischung von Menschen, Bauten und Ereignissen.

Das früheste uns bekannte Ereignis in Ibn Arabis Leben ist die folgende Krankheit, die er in seiner Jugend, vielleicht im Alter von zwölf Jahren, hatte:

Die Altstadt von Sevilla. Die Kirchtürme weisen meistens auf den Standort früherer Moscheen hin, da die Christen ihre Kirchen gewöhnlich auf maurischen Fundamenten bauten

> Eines Tages wurde ich schwer krank und fiel in ein so tiefes Koma, dass ich für tot gehalten wurde. In diesem Zustand sah ich schrecklich aussehende Menschen, die versuchten, mir weh zu tun. Dann bemerkte ich jemanden – freundlich, stark und einen lieblichen Duft ausströmend –, der mich gegen sie verteidigte und dem es gelang, sie zu besiegen. »Wer bist du?« fragte ich. Das Wesen antwortete mir: »Ich bin die Sure Ya Sin. Ich bin dein Beschützer!« An diesem Punkt kam ich wieder zu Bewusstsein und sah meinen Vater (Gott segne ihn!) weinend an meinem Bett stehen; er hatte gerade die Rezitation der Sure Ya Sin beendet.[6]

Diese Sure wird normalerweise über Toten oder Sterbenden gesprochen, und es besteht kein Zweifel, dass der Vater die Krankheit für tödlich hielt. Hierbei fallen besonders zwei Punkte ins Auge: Erstens finden wir die visionäre Gabe bei Ibn Arabi schon in einem sehr frühen Alter. Dieser Zug ist ziemlich außergewöhnlich in seinem ganzen Leben, und immer wieder stoßen wir auf Visionen, in Träumen oder woanders, wo außergewöhnliche Bedeutungen in visueller Form präsentiert werden. Der kriegerische Ton dieser Vision überrascht nicht angesichts der Beziehungen seiner Familie zur Armee und der militärischen Auseinandersetzungen dieser Zeit. Zweitens scheint dieser besondere Vorfall auf eine Art Tod und Wiedergeburt durch Göttliche Gnade hinzuweisen, in Gestalt einer Koransure. Die Erscheinung des Göttlichen Wortes in Gestalt eines Wesens von Stärke und süßem Duft wiederholte sich mindestens zweimal in Ibn Arabis Leben. Denn für Ibn Arabi ist der Koran tatsächlich ein Lebewesen oder besser, mehrere Lebewesen, da jedes Kapitel und jeder Vers eine Welt lebendiger Bedeutungen darstellen. Der Koran ist die Enthüllung transzendenter Bedeutung in einer komprimierten Form, die dem »großen Buch« des Universums entspricht, in dem die gleichen Bedeutungen in ihrer vielfältigen Unterschiedlichkeit offenbart werden.

Diese visionäre Fähigkeit zeigt, wie offen Ibn Arabi in seiner Jugend für geistige Dinge war. Sein Vater Ali al-Arabi scheint diese spirituellen Neigungen akzeptiert zu haben, wenn auch mit wenig Begeisterung oder Unterstützung. Er war schließlich ein bekannter

---

6. *Futuhat al-Makkiyah* IV:648; *Quest for the Red Sulphur*, Seite 20.

Mann der Welt, der im Tross des Sultans diente. Bei der Beschreibung von Abu Muhammad Abdallah al-Qattan, eines ihm bekannten spirituellen Meisters in Andalusien, erwähnt Ibn Arabi ein Treffen, das einige Jahre später in Sevilla stattfand und die große Kluft zwischen den Menschen der Welt und denen des geistigen Wissens zeigt:

> Einmal lud ich ihn [den Scheich] ein, die Nacht in unserem Haus zu verbringen. Nachdem er Platz genommen hatte, trat mein Vater ein. Mein Vater gehörte zu den Männern des Sultans, doch als er hereinkam, grüßte ihn der Scheich, denn er war ein alter Mann. Als wir die Gebete gesprochen hatten, brachte ich dem Scheich Essen und setzte mich hin, um zu essen. Mein Vater setzte sich zu uns, um von der geistigen Huld des Scheichs zu profitieren. Nach einer Weile schaute der Scheich ihn an und sagte: »Oh unglücklicher alter Mann, ist es nicht an der Zeit, dass du dich ein bisschen vor Gott schämtest? Wie lange wirst du noch mit diesen Unterdrückern zusammen sein? Wie wenig Schamgefühl hast du! Wie kannst du sicher sein, dass der Tod dich nicht in diesem üblen Zustand ereilen wird?« Dann zeigte er auf mich und sagte: »Da ist eine Lektion für dich in deinem Sohn, denn hier ist ein junger Mann mit allen körperlichen Säften in voller Blüte, der jedoch seine Lüste bezwungen, seinen Teufel hinausgeworfen und sich Gott zugewandt hat und mit Gottesleuten verkehrt, während du, alter Mann, am Rande des Abgrunds stehst.« Mein Vater weinte bei diesen Worten und gestand seinen Fehler. Ich selbst war von alledem völlig entsetzt.[7]

Sobald sich Ibn Arabi dem geistigen Leben verpflichtet hatte, war er eifrig bestrebt, die diesbezüglichen Neigungen seines Vaters zu unterstützen und nahm ihn zu mindestens einem seiner Lehrer nach Cordoba[8] mit. Am Ende seines Lebens hatte der Vater offenbar Frieden mit seinem Schöpfer geschlossen und bezeugte die geistige Fähigkeit seines geliebten Sohnes:

---

7. *Ruh al-Quds,* Seite 106; *Sufis of Andalusia,* Seite 113f.
8. *Ruh al-Quds,* Seite 115; *Sufis of Andalusia,* Seite 123. Der Name des Scheichs war Abu Muhammad Makhluf.

> An seinem Todestag war er schrecklich krank, schaffte es jedoch, ohne Hilfe aufzusitzen, und sagte zu mir: »Mein Kind, heute ist der Tag des Abschieds und der Begegnung [mit Gott].« Ich antwortete: »Auf dieser Reise hat Gott deine Sicherheit befohlen und bei dieser Begegnung hat Er dich gesegnet.« Er war entzückt über diese Worte und sagte zu mir: »Möge Gott dich belohnen! Mein Kind, alles was ich dich habe sagen hören, jedoch nicht wusste und sogar manchmal ablehnte – dessen bin ich jetzt Zeuge [für mich]!« Dann erschien ein weißer Glanz auf seiner Stirn – im Gegensatz zur Farbe seines übrigen Körpers –, der ihm jedoch keinen Schmerz bereitete; es war ein strahlendes Licht, das mein Vater spüren konnte. Dieser Glanz verbreitet sich dann über sein ganzes Gesicht und schließlich über den gesamten Körper.[9]

Sein Vater hatte einen Bruder, Abu Muhammad Abdallah, der mit seiner Familie in Sevilla lebte. Vielleicht stellte er für den jungen Ibn Arabi mehr als jedes andere Mitglied der Familie ein Muster wahrer Frömmigkeit und Freundschaft dar. Dieser Onkel erlebte in seinen Achtzigern eine plötzliche Bekehrung, das Ergebnis einer Begegnung mit einem Jungen in einer Drogerie:

> Eines Tages kam ein hübscher Junge, der die Merkmale der Frömmigkeit trug, auf ihn zu, da er ihn für den Besitzer des Ladens hielt, und bat ihn um etwas weiße Nigella [Ackerkümmel]. Mein Onkel sagte (in einem scherzhaften Ton): »Und was soll das sein?« Der Junge erzählte, dass er eine gewisse Beschwerde gehabt hätte und dass eine Frau ihm geraten habe, weiße Nigella anzuwenden. Dann sagte mein Onkel: »Als ich merkte, wie unwissend du bist, lachte ich über dich, denn Nigella ist nicht weiß.« Da sagte der Junge: »Oh Onkel, meine Unwissenheit in dieser Sache wird mir bei Gott nicht schaden, während deine Achtlosigkeit gegenüber Gott dir sehr schaden wird, denn ich sehe, dass du trotz deines hohen Alters auf deinem Widerstand gegen Ihn beharrst.« Mein Onkel beherzigte diese Warnung und diente dem Knaben und wurde an dessen Hand auf den Weg geführt. (...) Jeden Tag las er den Koran und widmete die Hälfte seiner Lektüre dem Knaben, der die Ursache dafür gewesen war, dass er auf den Weg kam.[10]

Es ist durchaus möglich, dass dieser Knabe niemand anderer als Ibn Arabi selbst war, da er oft in der dritten Person von sich spricht, wenn er Ereignisse beschreibt, an denen er beteiligt war. Es gibt mehrere Hinweise in dieser Richtung. Beispielsweise sagt er, dass der Knabe »selbst nichts von den Wegen Gottes wusste«, und an anderen Stellen, dass er selbst den Weg erst nach dem Tode des Onkels betrat. Wenn dies zutrifft, wäre diese plötzliche Bekehrung des Onkels der erste dramatische Beweis für die geistigen Gaben Ibn Arabis, obwohl er sich seinerzeit der Wirkung seiner Worte nicht bewusst war. Es besteht kein Zweifel, dass eine starke liebevolle Verbindung zwischen den beiden bestand, was durch das nahe Beieinanderwohnen noch verstärkt wurde. Höchstwahrscheinlich lebte Abdallah als Teil der Familie in einem traditionellen Haus im maurischen Stil, wo Wohnungen um einen zentralen Hof herum angeordnet waren. Durch seinen Onkel traf Ibn Arabi mehrere Sufis, von denen einer, Abu Ali ash-Shakkaz, oft bei ihnen wohnte. Abdallah starb drei Jahre nach dem Nigella-Vorfall, nachdem er, wie Ibn Arabi sagte, viel Zeit in Kontemplation zugebracht und einen hohen Grad der Heiligkeit erreicht hatte.

Ibn Arabi hatte zwei weitere Onkel, entfernte Verwandte mütterlicherseits, doch scheint keiner von beiden zum unmittelbaren Kreis der Familie gehört zu haben. Er spricht von beiden als Männern Gottes: Der erste, ein Berberprinz, der etwa fünfundzwanzig Jahre vor der Geburt Ibn Arabis starb, war Regent der Stadt Tlemcen und hatte plötzlich, nach einer dramatischen Begegnung mit einem berühmten Heiligen in der Nähe der Stadt, alles zugunsten eines spirituellen Lebens aufgegeben.[11] Der andere verbrachte manche Nacht stehend im Gebet und stellte an sich die höchsten Anforderungen geistiger Übungen;[12] falls er während Ibn Arabis Lebenszeit noch am Leben war, bestand zwischen ihnen offenbar kein persönlicher Kontakt.

Wir wissen wenig von dem Rest der Familie, außer dass er zwei vermutlich jüngere Schwestern hatte, die er sehr liebte. Aus den ein

9. *Futuhat al-Makkiyah* I:222; *Quest for the Red Sulphur*, Seite 19.
10. *Sufis of Andalusia*, Seite 99f.
11. *Quest for the Red Sulphur*, Seite 22f. Ibn Arabi beschreibt ihn als einen der Entsagenden (*zuhhad*), derjenigen, die »Gott den Vorzug vor Seinen Geschöpfen gaben« (*Futuhat al-Makkiyah* II:17).
12. *Quest for the Red Sulphur*, Seite 24. Er wird als einer der Frommen (*ubbud*) beschrieben, die »in jedem Moment Belohnung, Auferstehung und die damit verbundenen Schrecken, Himmel und Hölle, betrachten«. (*Futuhat al-Makkiyah* II:18).

oder zwei Erwähnungen seiner Mutter geht deutlich hervor, dass sie Ibn Arabis besondere Qualitäten akzeptierte. Sie besuchte regelmäßig eine seiner geistigen Lehrerinnen, die ihr auftrug, ihn mit besonderem Respekt und besonderer Fürsorge zu behandeln:

> Sie [Fatima bint Ibn al-Muthanna] sagte mir oft: »Ich bin deine Göttliche Mutter und das Licht deiner irdischen Mutter.« Als meine Mutter sie besuchte, sagte Fatima zu ihr: »Oh Licht, das ist mein Sohn, und er ist dein Vater, also behandle ihn mit töchterlichem Respekt und sei ihm nicht ungehorsam.«[13]

Maurisches Wohnhaus des späten 13. Jahrhunderts in Granada, typisch für die Häuser zur Zeit Ibn Arabis

DIE FRÜHEN JAHRE

Den größten Teil seiner frühen Jahre verbrachte er wie jeder normal heranwachsende Junge. Er genoss die übliche Erziehung des Sprösslings einer guten muslimischen Familie. Obwohl er keine der örtlichen Koranschulen besucht zu haben scheint, bekam er höchstwahrscheinlich zuhause Privatunterricht. Der Koran wurde ihm durch einen seiner Nachbarn gelehrt, Abu Abdallah Muhammad al-Khayaht, den er sehr gern hatte und mit dem er viele Jahre lang eng befreundet blieb. Er scheint auch die Jagd geliebt zu haben. Der folgende Vorfall zeigt seine besondere Sensibilität und Weisheit:

> Als ich zur Zeit meines Unwissens [*jahiliyah,* vor seiner geistigen Erweckung] mit meinem Vater zwischen Carmona und Palma [del Rio] unterwegs war, stieß ich auf eine Herde wilder Esel, die grasten. Ich war drauf und dran, sie zu jagen, aber meine Diener waren ziemlich weit von mir entfernt. Ich dachte nach und beschloss in meinem Herzen, keinen von ihnen durch die Jagd zu verletzen. Als der Hengst, den ich ritt, sie erblickte und auf sie losstürmte, zügelte ich ihn mit dem Speer in der Hand, bis ich sie erreichte und mich mitten unter ihnen befand. Die Spitze des Speers, den ich hielt, hätte den Rücken eines der Tiere durchbohren können, während sie grasten, aber bei Gott, sie hoben nicht einmal die Köpfe.
>
> Dann holten mich meine Diener ein, und sobald sie eintrafen, rannten die Esel davon. Ich hatte keine Erklärung dafür, bis ich auf diesen Weg, das heißt den Weg Gottes, zurückkehrte. Erst dann, durch die Beobachtung sozialer Interaktion, erkannte ich die Ursache dafür: dass nämlich das Gefühl von Ruhe und Sicherheit, das ich ihnen gegenüber fühlte, sich ihnen mitgeteilt hatte. Also höre auf, [andere] schlecht zu behandeln, und sei wahrhaft unparteiisch in deinem Urteil; Gott wird dir helfen und die Schöpfung dir gehorchen. Segnungen werden zu dir kommen und Misstrauen wird von dir genommen werden.[14]

---

13. *Futuhat al-Makkiyah* II:348.
14. *Futuhat al-Makkiyah* IV:540. Diese Dominanz des inneren Zustands über das Äußere zeigt sich auch in dem Akt der spirituellen Einsetzung in Form des Mantels (*khirqa*): die Qualität des geistigen Meisters wird dem Studenten direkt »weitergegeben«. Vgl. Kapitel 13 zu den diesbezüglichen Ereignissen in Ibn Arabis Leben.

LEBEN IM WESTEN

Ibn Arabi schien es bestimmt, in die Fußstapfen seines Vaters zu treten. Er diente eine Weile in der Armee des Sultans, und der Posten eines Schreibers beim Gouverneur von Sevilla war ihm zugesagt. Er selbst spricht von dieser ersten Periode seines Lebens als einer Periode des Unwissens. Das Wort (*jahiliyah*), das er dafür verwendet, erinnert an die prä-islamische heidnische Zeit in Mekka, das vor der Offenbarung des Korans ein Zentrum der Götzenanbetung war. Erst als die prophetische Botschaft eintraf, war die Zeit für derlei Praktiken offenkundig vorbei und ein neues religiöses System begann. Ebenso endete bei einem Individuum wie Ibn Arabi diese Periode des Unwissens durch eine Erfahrung der Bekehrung oder Erweckung. Dabei handelt es sich nicht um eine Zeit großer Sünde oder Ausschweifung, sondern einfach um Achtlosigkeit und Zerstreuung inmitten der Attraktionen dieser Welt. Es ist eine Phase, die fast jeder Mensch durchleben muss, um die Bedeutung der Gottesferne und damit auch der Nähe zu begreifen, ein Vorspiel, das Erkenntnis deutlich hervortreten lässt, ein Intervall, das durch Göttliche Intervention beendet wird. Es heißt, dass jeder einzelne Mensch an irgendeinem Punkt seines Lebens direkt eingeladen wird, zu seiner wesentlichen Realität zurückzukehren, selbst wenn es zum Zeitpunkt seines physischen Todes ist. Die Antwort ist jedoch weder (vorher)bestimmt noch bedingt. Wir bleiben völlig frei, ja oder nein zu sagen. Bei seinem Onkel Abdallah trat diese Akzeptanz erst ein, als er ein hohes Alter erreicht hatte; bei Ibn Arabi fand dies schon in der Jugend statt.

---

1. Koran 7:189.
2. Gedicht am Anfang von Kapitel 11 der *Futuhat al-Makkiyah* 1:138 und 2:308.

Kapitel 4

Von Adam und Eva

Er ist's, Der euch erschuf von einem Menschen,
und von ihm machte Er sein Weib.[1]

Ich bin der Sohn von Vätern, reinen Geistern,
   und Müttern, elementaren Seelen.
Zwischen Geist und Körper liegt unser Ort des Erscheinens,
   aus einer Verbindung in Umarmung und gegenseitigem
   Entzücken.
Ich stamme nicht von einem Vater, den ich so nennen könnte,
   sondern von einer ganzen Schar von Vätern und Müttern.
Für Gott sind sie, wenn du ihre Aufgabe erkennst,
   wie die Gerätschaften eines Handwerkers.
Und doch ist hier nicht ein Verhältnis von Werkstück zu
   Zimmermann. Daher hat der Herr der Schöpfung uns
   Existenz gegeben!
Wahr spricht derjenige, der die Einheit seines Schöpfers kennt;
   wahr spricht auch derjenige, der Ursachen setzt.
Wenn du die Werkzeuge betrachtest, dann reicht in der Tat für
   uns die Kette der Überlieferung weit zurück bis zur Essenz.
Wenn du Ihn ansiehst, Der uns Existenz schenkt,
   dann sprich von Seinem Einssein ohne die Scharen.
Ich bin allein das Kind des Einen Einzigen,
   die ganze Menschheit hat einen Vater, doch verschiedene
   Mütter.[2]

DIE MODERNE PALÄONTOLOGIE HAT NEUERDINGS FASZINIE-
rende Einsichten in die Ursprünge der Menschheit hervorgebracht. Durch die Untersuchung fossiler und genetischer Funde sind wir jetzt in der Lage, das Erscheinen des Homo sapiens vorsichtig zu datieren und einige der besonderen Merkmale unserer Spezies zu beschreiben. Danach scheint die Spezies Homo zuerst vor etwa zwei Millionen Jahren aufgetreten zu sein, mit den vier charakteristischen Merkmalen der Zweibeinigkeit, des Werkzeugbaus, sozialen Verhaltens und einer rudimentären Sprache. Doch erst vor 150 000 Jahren trat der Homo sapiens mit allen vier Merk-

malen voll entwickelt in Erscheinung. Offenbar fand diese Transformation von archaischen zu anatomisch modernen Menschen zuerst in Afrika statt, der so genannten »Wiege der Menschheit«. Diese Entdeckung beruht auf genetischen Untersuchungen der DNA und speziell der Mitochondrien, die mütterlicherseits vererbt werden. Dies führte 1986 zu der berühmten Schlagzeile im *San Francisco Chronicle:* »Unser aller Mutter – Theorie eines Wissenschaftlers«, und anschließend zu dem populärwissenschaftlichen Begriff »Mitochondrien-Eva« zur Bezeichnung der afrikanischen Frau, die die uns bekannte Menschheit zur Welt brachte. Natürlich ist eine solche Vereinfachung irreführend, da die Frau, von der wir angeblich unsere DNA haben, nur einem Teil der damaligen Weltbevölkerung angehörte, die damals zweifellos Tausende von Menschen umfasste. Für einen hervorragenden Paläontologen wie Richard Leaky ist »die Vorstellung von Adam und Eva als den buchstäblichen Eltern von uns allen die Laune eines Klatschkolumnisten«.[3]

Freilich mögen solche Definitionen dessen, was die Menschheit ausmacht, vereinfachend und ziemlich ungenau sein. Auf die DNA bezogen beträgt der Unterschied zwischen Menschen, Schimpansen und Gorillas nicht einmal zwei Prozent, und das ist weniger als der Unterschied zwischen einem Zebra und einem Pferd. Es wurde vor kurzem nachgewiesen, dass die vier Merkmale, die bisher lediglich dem Menschen zugeschrieben wurden, auch bei anderen Primaten zu finden sind. Schimpansen sind durchaus fähig, auf zwei Beinen zu gehen, benutzen ziemlich komplizierte Werkzeuge, interagieren auf komplexe Art und Weise und teilen sogar, wenn auch in beschränktem Maße, unser hervorragendstes Merkmal: die Fähigkeit zu sprechen.

Wenn aktuelle Beschreibungen der Menschheit ungültig zu sein scheinen, worauf können wir dann als die wesentlichen Unterscheidungsmerkmale des Menschen verweisen? Menschliche Kräfte sind nicht einfach angeboren; sie alle entwickeln sich durch den Kontakt mit der menschlichen Umwelt. Wie es so schön heißt: *Omne humanum ex homine* – alles, was menschlich ist, kommt vom Menschen. Wenn es kein menschliches Umfeld gibt, gibt es keine Sprache, keinen Werkzeugbau, kein Modell. Bloße Nachahmung reicht für die Entwicklung der Menschheit nicht

---

3. Richard Leakey: *Origins Reconsidered,* Seite 220.

aus. Der Lernprozess beruht auf einem leitenden Prinzip und der Bereitschaft, sich führen zu lassen. Die Natur unseres Geistes ist nicht papageienartig und hätte nicht ohne bewusste Führung erzeugt werden können. Das offensichtliche Beispiel für Anleitung ist ein Elternteil, der das Kind sprechen lehrt. Die Sprache wird erworben durch das Zusammenspiel zweier Faktoren: Imitation, nachahmen, was gehört wird, und einer Verstandestätigkeit, die innerlich Regeln bildet und sie mit dem Vorbild vergleicht. Ohne den Erwachsenen als äußere Quelle und Führung im Lernprozess wäre das unmöglich. Die Führung wird vom Kind nicht bewusst wahrgenommen und vom Erwachsenen selten so ausgeübt. Das verhindert nicht ihre Wirkung: Anders als ein Computer kann der menschliche Geist über das Feld der offensichtlichen Datenerfassung hinausgehen, eben weil er für die Führung außerhalb des Verstandes offen bleibt. Durch bloße Imitation, ohne die Aktivität der absichtlichen Anleitung, werden die schöpferischen Kräfte des Menschen nicht entwickelt, die im Sprechen und im Werkzeugmachen demonstriert werden.

Das hat tief greifende Folgen. Wenn wir die sekundären Ursachen oder Werkzeuge als bestimmende Faktoren betrachten, sind wir in einer unendlichen Abfolge von Ursache und Wirkung gefangen; wir werden dann das richtige Verständnis dafür verlieren, wie Führung geschieht. Im Koran beschreibt Moses den Herrn als Den, »Welcher jedem Ding seine Natur gegeben hat und es leitet«.[4] Das Geschenk der Leitung und Entwicklung sollte im Zusammenhang der Möglichkeiten unserer Menschennatur gesehen werden. Es tritt »von oben« in uns ein, statt »von unten« in uns zu wachsen.

Was ist die Natur des Menschen? Laut Ibn Arabi sind die besten Beschreibungen der Menschheit im Koran enthalten: »Ich erschaffe den Menschen aus trockenem Lehm« und »Ich habe ihn gebildet und ihm von Meinem Geiste eingehaucht.«[5] Es gibt drei grundlegende Aspekte der Existenz: Geist (*ruh*), Körper (*jism*) und Seele (*nafs*). Geist wird in diesem Vers Gott zugeordnet und besitzt alle Merkmale der Realität wie Leuchtkraft, Feinheit und Einssein; er ist reine, wohltuende Aktion und Offenbarung. Der Körper, der als Lehm charakterisiert wird, steht am entgegengesetzten Ende des Spektrums, dunkel, grob und differenziert; seine Qualität ist wie

4. Koran 20:52.   5. Koran 15:28–29.

die der Erde reine Empfänglichkeit, die jedoch fähig zum Gebären der Tat ist. Mit Seele oder Selbst ist das Kind gemeint, das aus der Vereinigung dieser beiden Seiten entsteht, ihrem Zusammentreffen und ihrer Interaktion, und an dieser Stelle kommt es zu einer unbegrenzten Anzahl von Graden der Wahrnehmung und des Ausdrucks.

Wir befinden uns in einem dualen Universum. Eine Seite ist für uns durch unsere Sinne sichtbar: Wir sehen das Äußere einer Person, die Augen, das Gesicht, den Körper, die Bewegung von hier nach da und so weiter. Anderseits sind wir unsichtbar: Unsere Gefühle, Gedanken, Erinnerungen, Erwartungen, kurz, der Ort der tatsächlichen Erfahrung unser selbst und anderer, bleiben grundsätzlich und natürlicherweise verborgen. Die Körper stehen im Sichtbaren, in den drei Dimensionen von Länge, Breite und Höhe, die vom Unsichtbaren begleitet und umhüllt sind. Mit unseren Augen können wir nicht mehr als die Oberfläche der Dinge erkennen; und ganz gleich, wie tief wir in die Erde graben oder Objekte in mikroskopisch kleine Stücke zerlegen, gilt dies *ad infinitum*. Die moderne Physik ist vielleicht fähig, immer kleinere Partikel zu unterscheiden, die jedoch Materie bleiben. Es gibt kein Gerät zur Beobachtung des Unsichtbaren, das an und für sich nicht erscheinen kann; aber das heißt nicht, dass es nicht wichtig wäre. Im Gegenteil, Unsichtbarkeit ist das wesentliche Merkmal, die Quelle und das Prinzip all dessen, was wir sehen!

Für Ibn Arabi müssen diese drei Aspekte – Geist, Körper, Seele – ständig im Blick behalten werden. Wenn wir uns oder andere auf eine Komponente, den Körper, reduzieren, geschieht dies wegen unserer Weltlichkeit und Verhaftung an »Dinge«, an den Lehm. Wenn wir das Physische zugunsten des Geistigen verneinen, vergessen wir unsere wahre Natur ebenso. Mit den Worten des Propheten Mohammed, die Ibn Arabi oft zitiert: «Gott erschuf Adam nach Seinem Bilde» oder »nach dem Bilde des All-Erbarmers«.

Das Göttliche Bild enthält all die positiven Eigenschaften der Existenz, transzendent wie immanent. William Chittick schreibt:

> Das Wachstum der menschlichen Seele, der Prozess, durch den sie vom Dunkel ins Licht geht, ist auch ein Wachsen vom Tod ins Leben, von Unwissenheit ins Wissen, von Lustlosigkeit in Verlangen, von Schwäche in Kraft, von Stummheit in Sprache, von Geiz in Großzügigkeit und von Übeltat

in Gerechtigkeit. Ziel ist in jedem Falle die Verwirklichung eines Göttlichen Attributs, in dessen Gestalt der Mensch geschaffen wurde und das eine relative Potenzialität bleibt, solange der Mensch es nicht völlig erreicht.[6]

Eines der großartigsten Bilder in der äußeren Welt für die Polarität von Geist und Körper und ihre Vereinigung in der Seele ist die Tatsache, dass jeder von uns von zwei Elternteilen stammt, und nicht nur von einem. Unser Vater repräsentiert das aktive Prinzip des Geistes und unsere Mutter das empfängliche Prinzip der Urmaterie. Wir selbst sind das Kind, das aus dieser Vereinigung hervorgeht. Ibn Arabi sieht den aktiven Geist als ein einziges Prinzip, das durch jeden Geist fließt, »einen Vater«, Den er mit dem Höchsten Geist identifiziert.[7] Diese spirituelle Vaterschaft, die singulär ist, darf nicht mit dem physischen Bild des Vaters verwechselt werden, das von Person zu Person wechselt. Tatsächlich stellt Ibn Arabi eine überraschende Verbindung zwischen der Vaterschaft des Geistes und der Mutterschaft des Körpers her: »Der Höchste Geist ist sein wirklicher Vater in der höheren Welt und seine phänomenale Mutter in der unteren Welt«. Während die christliche Doktrin Gott den Vater im Sinne des Sohnes betont hat, bezieht sich Ibn Arabi auf Gott (Allah) als den Ersten Vater, doch in einem völlig anderen Zusammenhang: »Der erste, alles durchdringende Vater ist der allumfassende größte Name, dem alle anderen Namen folgen«.[8]

Manchmal malt er ein detailliertes Bild des gesamten Kosmos, der aus der Vereinigung von Oben und Unten entsteht. Das 11. Kapitel der *Futuhat al-Makkiyah* trägt beispielsweise die Überschrift: »Von dem Wissen unserer Väter, den Oberen, und unsren Müttern, den Unteren«, und Ibn Arabi beginnt mit den folgenden Worten:

Wisse (Möge Gott dir helfen!), dass das wahre Ziel der Welt der Mensch (*insan*) ist, und er ist der Führer (*imam*). Aus diesem Grunde haben wir ihm Väter und Mütter zugeschrieben, und wir sagten: »Unsere Väter, die Oberen, und unsere

---

6. *The Sufi Path of Knowledge,* Seite 17.
7. *The Tarjuman al-Ashwaq,* Seite 77, Nr. 2.
8. *Futuhat al-Makkiyah* 1:139 und 2:312 (OY).

Mütter, die Unteren«. Alles, was eine Wirkung hervorruft, ist ein »Vater«, während alles, worauf eingewirkt wird, eine »Mutter« ist. (...) Was von den beiden aus dieser Wirkung geboren wird, heißt »Sohn« oder »Kind«. (...) Jeder Geist ist Vater, und die Natur ist die Mutter, da Sie der Ort der Transformationen ist. Wenn die Geister sich diesen »Ecken«[9] zuwenden, die die für Veränderung und Transformation empfänglichen Elemente sind, dann nehmen die Kinder in Ihr Gestalt an – Mineralien, Pflanzen, Tiere und Dschinns, und das vollkommenste von ihnen, die Menschheit.[10]

Ibn Arabi gibt viele Beispiele für das gleiche Prinzip, zum Beispiel ist ein Redner »Vater«, ein Zuhörer »Mutter« und ihre Kommunikation »Kind«. Daher ist jemand, dem gesagt wird, er solle aufstehen, eine »Mutter«, falls er hört und dem Befehl gehorcht; wenn sie es nur hören und nicht darauf reagieren, dann sind sie »unfruchtbar« oder »steril« und zur wahren Mutterschaft nicht fähig. Eine Variation findet entsprechend den verschiedenen Reaktionen statt, nicht aufgrund von Differenzen im ursprünglichen Impuls. Die Qualität der Empfänglichkeit durchtränkt alle Variationen des Handelns und Verhaltens. Er sagt dann weiter bei der Erörterung der höchsten Rangstufe dieses Prinzips:

Dieses Kapitel ist durch die Mütter gekennzeichnet. Der erste der hohen Väter ist das Bekannte; die erste der unteren Mütter ist die Dinglichkeit des möglichen Nicht-Existenten; der erste Akt der Vereinigung[11] ist die Absicht durch den Befehl,[12] und das erste Kind ist die Existenz der essentiellen Realität (*ayn*) der erwähnten Dinglichkeit.

Dieser für Ibn Arabi so typische elliptische Satz ist eine deutliche Anspielung auf den Göttlichen Hadith: »Ich war ein verborgener

---

9. Es gibt vier «Ecken« oder Prinzipien der Manifestation: Erde, Luft, Feuer und Wasser. Laut Ibn Arabi sollten wir von der Natur als einem ungeteilten Prinzip oder Konzept sprechen, das sich als Erde oder Luft oder Feuer oder Wasser manifestiert.

10. *Futuhat al-Makkiyah* I:138 und 2:309 (OY).

11. Dieser Begriff *nikah* bedeutet sowohl den Zustand der Ehe als auch den Geschlechtsakt selbst. Hier benutzt ihn Ibn Arabi eindeutig im zweiten Sinne.

12. Dies bezieht sich auf das Göttliche Gebot: »Unser Wort zu einem Ding, so Wir es wollen, ist nur, dass Wir zu ihm sprechen: »Sei!«, und so ist's« (Koran 16:42).

Schatz und Ich sehnte Mich danach, erkannt zu werden; also erschuf Ich die Welt, auf dass Ich erkannt werde.« Das Göttliche »Ich« ist das Bekannte, der erste Vater; der verborgene Schatz, der »war«, in Nicht-Existenz begraben als reine Möglichkeit innerhalb des Göttlichen »Ich«, ist die »Dinglichkeit« oder Bezeichnung des Möglichen, der ersten Mutter; (die Göttliche) Liebe ist die treibende Kraft, die dem Möglichen befiehlt, in die Existenz zu kommen; und das erschaffene Ding oder die Welt ist das Resultat, das Kind. Ebenso wie der Geschlechtsakt eine Vereinigung »des gegenseitigen Umarmens und Entzückens« ist, so durchdringt die Vereinigung Gottes mit unserer Möglichkeit, durch die wir erschaffen werden, uns mit Göttlicher Liebe und Schönheit. Diese hohen und niederen Aspekte gelten global für die ganze Welt – sie wird manifest als Resultat der Vereinigung von Geist (Himmel) und Materie (Erde) – und für individuelle Geschöpfe, die als Ergebnis der Vereinigung ihrer Eltern Gestalt annehmen. Die Weite dieses Bildes von Vater und Mutter ist für Ibn Arabi praktisch unbegrenzt:

> Wenn du die Aufschlüsselung dieser geistigen Station und die Bedeutung dieser Namen, die Göttliche Zeichen sind, gesehen hast, dann hast du eine überaus großartige geistige Ordnung gesehen und bist Zeuge einer unermesslich großen Station bezüglich physischer Angelegenheiten geworden.[13]

Das Bild von Vater, Mutter und Kind ist für Ibn Arabi sehr wichtig, denn es ist Bestandteil der Erfahrung jedes einzelnen Menschen und daher leicht nachzuvollziehen; und gleichzeitig ist der Mensch für ihn auch die Krönung der Schöpfung und das deutlichste Symbol für Gott. Dieses Prinzip der Geburt aus der Vereinigung von zweien erreicht seinen höchsten Grad in dem Erscheinen der Menschheit.

Wenn man über den ersten Menschen kontempliert, wird man von Ehrfurcht ergriffen. Wie bei den Diskussionen über den Urknall am Anfang des Universums ist die Frage: »Was war davor?« sinnlos. Die Evolution kann keine Antwort auf einen solchen Quantensprung geben. Das erste Erscheinen von Etwas, besonders einer neuen Spezies, ist eine Enthüllung des Unbekannten.

---

13. *Futuhat al-Makkiyah* I:140 und 2:312 (OY).

Ein Echo auf das Ehrfurchtgebietende von Adam ist immer zu beobachten, wenn neues menschliches Leben entsteht.

Das Urbild der Menschheit ist Adam, der erste seiner Spezies, ohne Eltern geboren. Man könnte leicht zu der Annahme kommen, dass wir die Bedeutung Adams mindern können, weil er ja nicht buchstäblich existiert haben kann, aber es würde völlig an der Sache vorbeigehen. Adam ist ein großartiges Symbol, der das Erscheinen einer völlig neuen Möglichkeit symbolisiert. Eine Episode aus Ibn Arabis eigener Erfahrung weist auf die Gefahren jedweder fixierten Auffassung des Urmenschen hin:

> Gott zeigte mir im Schlaf, dass ich die Kaaba mit einigen Menschen umkreise, deren Gesichter ich nicht erkannte. Diese Leute rezitierten zwei Gedichtverse, von denen mir einer haften blieb, während ich den anderen vergaß:
>
> > Viele Jahre haben wir dieses Haus umkreist,
> > > so wie du es jetzt tust,
> > Wir haben es gemeinsam umkreist, einer und alle.
>
> Der andere Vers entging mir, und ich wunderte mich darüber. Dann sprach mich einer von ihnen an und nannte mir seinen Namen, den ich nicht kannte. Er sagte: »Ich bin einer deiner Vorfahren.« So fragte ich ihn: »Wie lange ist es her, seit du tot bist?« Er sagte: »Etwa vierzigtausend Jahre.« Also sagte ich: »Aber Adam hat nicht gelebt vor so langer Zeit.« Darauf antwortete er: »Von welchem Adam redest du? Von dem, der dir am nächsten ist, oder einem anderen?« Dann erinnerte ich mich an den Hadith des Propheten, dass Gott 100 000 Adams erschuf, und sagte mir: »Vielleicht ist dieser Vorfahr, der sagte, dass ich mit ihm verwandt sei, einer von ihnen [d.h. einer der Adams].« Die Geschichte weiß nichts davon [von den verschiedenen Adams], genauso wenig wie sie weiß, dass die Welt zweifellos einen Ursprung hatte. Die Welt kann nicht die Position des Urtümlichen haben: das würde den Vorrang ableugnen, denn sie richtet sich nach Gott, Der ihr aus dem Nichts heraus das Dasein gegeben hat. [14]

---

14. *Futuhat al-Makkiyah* III:549. Siehe auch die Übersetzung dieser Stelle in *Reise zum Herrn der Macht*, Chalice Verlag, Zürich 2008, Seite 120.

VON ADAM UND EVA

Spirituell gesehen ist Adam das Bild der Urtümlichkeit des Einen,[15] jenseits aller sekundären Verursachung, aber er ist kein steriles Einzelwesen, ohne die Fähigkeit zu gebären – ganz im Gegenteil, er ist implizit eine mütterliche Figur, die ihren eigenen Gatten zur Welt bringt. Die Erschaffung Evas aus der Rippe Adams ist für Ibn Arabi ein Bild der in dessen Manifestation enthaltenen Mütterlichkeit. Eva vervielfacht Adam. Erst nachdem sie als von ihm getrennt manifestiert ist, wird er Teil eines Paares, und damit entsteht Liebe zwischen ihnen. Daher wird Adam erst väterlich, nachdem er mütterliche Figur war. Eva offenbart die gleiche Ur-Mütterlichkeit, indem sie ausdrücklich die Mutter aller lebenden Menschen wird. Darum erklärt Ibn Arabi, dass der Name Eva (Hawwa) von dem Wort für Leben (*hayy*) kommt. Es ist ziemlich erstaunlich, wie stark er, vielleicht mehr als jeder andere muslimische Schriftsteller, die Weiblichkeit des Menschen betont. So zeigt der erste Mensch eine Dreifaltigkeit von Aspekten: Adam allein, das Bild des Urtümlichen; Adam als »Mutter«, der Eva aus sich selbst gebiert; Adam als »Vater«, der durch seine Beziehung zu Eva den Samen für die gesamte Menschheit in sich trägt.

Die psychologischen Implikationen dieser Beziehung zwischen Adam und Eva sind von einem modernen Gelehrten, Sachiko Murata, herausgearbeitet worden:

> Der Geist befruchtet die Seele, und die Seele gebiert körperliche Aktivitäten in der sichtbaren Welt. Im Hinblick auf diese Beziehung wird der Geist oft »Ehemann«, die Seele »Ehefrau« genannt. Wenn die beiden sich in Harmonie vermählen wie Adam und Eva, machen sie die Erde des Körpers fruchtbar und bringen die Möglichkeit der Rückkehr zur Ur-Einheit zustande, aus der sie kommen. (...) Sobald Geist und Seele in ehelicher Harmonie leben, wobei jeder die der Beziehung entsprechende Funktion ausübt, lebt die innere menschliche Dimension in Frieden mit der innersten Realität (Gott) und mit der äußerlichsten Realität (dem Körper). Wenn ihre Ehe scheitert und Ergänzung nicht erreicht wird, können sie ihre wahren Funktionen nicht erfüllen.[16]

---

15. »Er ist das Abbild des Alten Einen (*surat al-qadim*)«, *Kitab al-Isra,* Seite 192.
16. *The Tao of Islam,* Seite 238.

Die primordiale Qualität von Empfängnis und damit (implizit) Mütterlichkeit spiegelt sich in vielen Sprachen. Die Wurzel des Namens Adam bezieht sich auf Erde oder Boden (*adamah*), während der Mensch (*homo, humanus*) mit Humus (Erde) in Verbindung gebracht wird. Adam als Erde ist beides, reine empfängliche Substanz, die vom Regen von oben abhängig ist, und das, was alle lebenden Wesen gebiert. Wie die Wüste, die dürr unter der brennenden Sonne liegt und doch mit dem Einsetzen des Regens blüht, sind diese beiden Aspekte unauflöslich miteinander verbunden. Auf der Ebene des Potenziellen ist der erste Mensch ohne Geschlecht, einfach das Prinzip des Menschseins, der rohe Lehm, in den der Göttliche Geist eingehaucht wird. Auf der Ebene der körperlichen Gestaltwerdung ist dies der erste der Menschheit, der Ur-Erzeuger, von dem alle Menschen abstammen. Durch seine totale Beziehung zu Gott repräsentiert er Ihn in Beziehung zu allen anderen Geschöpfen. Diese beiden Aspekte spiegeln sich in jedem Menschen, Mann und Frau; wir alle sind nackter Lehm in den Händen des Schöpfers und fähig, Gott in der Schöpfung zu repräsentieren. Die Geschlechterpolarität ist eine Folge dieser Entstehung des (Ur-)Menschen überhaupt.[17]

Für Ibn Arabi ist Adam der erste Prophet, der erste, der Nachrichten aus dem Unsichtbaren brachte. Er repräsentiert den wahren Menschen, den Prototypen des vollkommenen Menschen, der alle Gottesnamen kennt. Er enthält und manifestiert alle existierenden positiven Qualitäten und erkennt jede Rangstufe der Existenz als die Erscheinungsform und das Zusammenspiel der Gottesnamen. Auf die Frage: »Was ist die Qualität Adams?« schreibt er:

Wenn man so will, ist seine Qualität die Göttliche Gegenwart, oder auch die Totalität der Gottesnamen, oder es ist

---

17. Den Ausdruck »Mann« dafür zu verwenden, mag heutigen Lesern pervers vorkommen, aber es gibt keine ideale Übersetzung für die arabischen Wörter *insan* und *bashar*, die beide kein Geschlecht haben. Es gibt im Arabischen Worte für »Mann« und »Frau«, die Ibn Arabi jedoch nicht im Zusammenhang mit der spirituellen Verwirklichung benutzt. Er machte es sehr deutlich, dass diese Männern und Frauen gleichermaßen offensteht, und verwendet oft das Wort *rajul* (Mann, Mensch), um die männlichen oder weiblichen Gottesmenschen zu beschreiben, wegen der Verwirklichung ihrer adamitischen Natur. Dieses Dilemma der Übersetzung weist auf die Armut an unterscheidenden Begriffen in der geschlechtsneutralen englischen Sprache.

auch, wie der Prophet sagte: »Gott schuf Adam nach Seinem Bilde«, und das ist seine Qualität. Bei seiner Erschaffung brachte Gott Seine beiden Hände zusammen, und daher wissen wir, dass Er ihm die Qualität der Vollkommenheit gab (*kamal*). Er erschuf ihn vollkommen und allumfassend, und darum ist er fähig, alle Namen zu empfangen. Er ist die Totalität des Kosmos im Sinne seiner Realitäten, denn er ist eine ganze Welt für sich, während alles andere nur ein Teil des Kosmos ist.[18]

Der Mensch, der Adam ist, besteht aus einem Individuum, in dem der Kosmos sich zusammenfasst, denn er ist der kleine Mensch, ein Auszug des »großen Menschen« (des Kosmos oder Makrokosmos). Der Mensch kann den ganzen Kosmos wegen seiner Größe und ungeheuren Ausmaße nicht erfassen. Im Gegensatz dazu ist der Mensch klein von Gestalt, und die Wahrnehmung umfasst ihn im Hinblick auf seine Form und Anatomie und die geistigen Fähigkeiten, die er in sich trägt. Gott hat in ihm alles angelegt, was außerhalb von ihm anders als Gott ist. Daher ist die Realität des Gottesnamens (Allah), die sein Erscheinen und sein Werden verursachte, mit jedem seiner Teile verbunden. Alle Göttlichen Namen beziehen sich auf ihn, kein einziger entgeht ihm. So erschien Adam entsprechend dem Bild des Namens Allah, da dieser Name alle Göttlichen Namen enthält.[19]

Ibn Arabi trifft eine klare Unterscheidung zwischen der Erschaffung der menschlichen Form (*bashar*) und der Verwirklichung der menschlichen Totalität (*insan*). Eine Person in Menschengestalt könnte die geistige Gestalt eines Esels oder Hundes oder Löwen haben; nur wenige erreichen die Stufe des wahren Menschseins, in dem jede Eigenschaft und jede Qualität manifestiert ist. Unsere Menschlichkeit bleibt eine Möglichkeit, bis wir die Bedeutung der adamitischen Form erkannt haben:

> Die Sprache (*nutq*) durchdringt den Kosmos. Sie ist nicht das spezifische Merkmal des Menschen, wie es sich diejenigen vorstellen, die die Tatsache zu seinem entscheidenden Merk-

---

18. *Futuhat al-Makkiyah* II:67; *The Tao of Islam*, Seite 89.
19. *Futuhat al-Makkiyah* II:123; *The Sufi Path of Knowledge*, Seite 276.

mal machen, dass er »ein sprachbegabtes Tier« ist. Die spirituelle Einsicht akzeptiert es nicht, dass der Mensch ausschließlich dadurch definiert wird. Der Mensch ist wesentlich als Göttliches Abbild definiert, und wer dieser Definition nicht genügt, ist kein Mensch. Er ist vielmehr ein Tier, dessen Form der äußeren Erscheinung des Menschen ähnelt.[20]

Wir könnten hinzufügen, dass die Diskrepanz zwischen Potenzialität und Aktualität, zwischen Realität und Erscheinung, auch ein hervorstechendes Merkmal der Menschheit ist. Kein anderes Geschöpf ist sich der Unterscheidung zwischen den beiden Ebenen bewusst. Für Ibn Arabi ist daher die wirkliche Definition des Menschen die Verwirklichung des Göttlichen Abbildes in Übereinstimmung mit der Aussage des Propheten: »Gott erschuf Adam nach Seinem Bilde.« Das Bild Gottes ist keineswegs das gleiche wie unser Selbstbild. Die Erschaffung Adams ist kein historisches Ereignis, das vor Jahrmillionen in der physischen Welt stattfand – die Tatsache, dass wir in menschlicher Gestalt geboren werden, heißt nicht, dass wir als (wahre) Menschen geboren werden. Diese zweite, die wirkliche Geburt Adams, ist ein geistiger Vorgang, der innerlich stattfinden muss. In Wahrheit beginnt unser Menschsein erst, wenn dies erkannt wird. Wir müssen aber auch verstehen, dass dies nicht einfach ein einmaliges Ereignis ist: Es ist eine ständige Erneuerung unseres Seins, denn wir werden ständig vom Göttlichen Geist befruchtet. In jedem Moment können wir wahrhaft menschlich sein. In jedem Moment haben wir die Möglichkeit, »Mutter« für das, was uns präsentiert wird, zu sein, indem wir das Einströmen der Offenbarung empfangen: Wir wurden erschaffen, um geistige Verwirklichungen zu gebären, und diese sind abhängig von der Qualität der Empfänglichkeit, die wir in uns erzeugen. Wie die Erde können wir ein Ort der reinen Empfänglichkeit und Manifestation sein – oder wir können, und sei es nur für eine gewisse Zeit, uns an die Illusion eines unabhängigen Selbsts klammern. Das ist eine Art Empfängnisverhütung, die unsere implizite Mutterschaft blockiert und die reale Schau unmöglich und uns spirituell steril macht.[21]

Das Göttliche Bild ist auch das Bild des Namens Allah, des Namens, der alle Namen und Eigenschaften enthält und alle widersprüchlichen Realitäten und Wahrheiten zusammenbringt. In ähnlicher Weise trägt und enthält jede menschliche Möglichkeit

Adams Stempel, die gesamte menschliche Rasse vom größten Heiligen bis zum größten Sünder, ganz gleich welcher Farbe oder welchen Glaubensbekenntnisses. Der Unterschied zwischen Heiligem und Sünder besteht einfach darin, dass der eine sein wahres Menschsein verwirklicht hat und der andere nicht; der eine hat das Glück gefunden, während der andere immer noch in einem Gespinst aus Täuschung und Betrübnis gefangen ist.

Als wolle er uns vor jeder Art begrenzten Verständnisses der Unermesslichkeit dieser Angelegenheit warnen, schreibt Ibn Arabi am Ende des Kapitels über Adam in den *Fusus al-Hikam,* das der Heiligen Weisheit gewidmet ist:

> Als Gott, der Glorreiche und Hohe, mir in meinem innersten Sein (*sirri*) dasjenige enthüllte, was Er in diesen Führer,[22] den größten Stammvater, hineingelegt hatte, habe ich in diesem Buch nur jenen Teil niedergeschrieben, der mir zugewiesen wurde – nicht alles, was ich erkannt habe, denn dies vermöchte kein Buch und auch nicht die Welt, wie sie jetzt besteht, zu fassen.[23]

---

20. *Futuhat al-Makkiyah* III:154.

21. Am Ende des Kapitels über Seth in den *Fusus al-Hikam* spricht Ibn Arabi von dem Auftreten des letzten wahren Menschen, dem Siegel der Gezeugten, in den letzten Tagen der Menschheitsgeschichte: »Unfruchtbarkeit (wird) sich bei den Männern und Frauen ausbreiten, so dass es viel Beischlaf ohne Zeugung geben wird. Er [das Siegel] wird die Leute zu Gott rufen, aber keine Antwort erhalten. Nachdem Gott seinen Geist und die letzten Gläubigen jener Zeit hinweggenommen haben wird, werden die Überlebenden wie Rohlinge sein« (*Die Weisheit der Propheten,* Seite 52).

22. Es ist bemerkenswert, dass der Begriff, den er hier für Adam verwendet, *imam,* nicht nur der Leiter des Gebets ist, sondern etymologisch mit dem Wort *umm* (Mutter) verwandt ist. Als Meister der arabischen Sprache verweist Ibn Arabi zweifellos absichtlich auf diese mütterliche Beziehung.

23. *Fusus al-Hikam,* Seite 56; *The Bezels of Wisdom,* Seite 58; *The Wisdom of the Prophets,* Seite 19; [vgl. auch die auf Titus Burckhardts Übertragung ins Französische basierende deutsche Übersetzung in *Die Weisheit der Propheten,* Seite 38, d.Ü.].

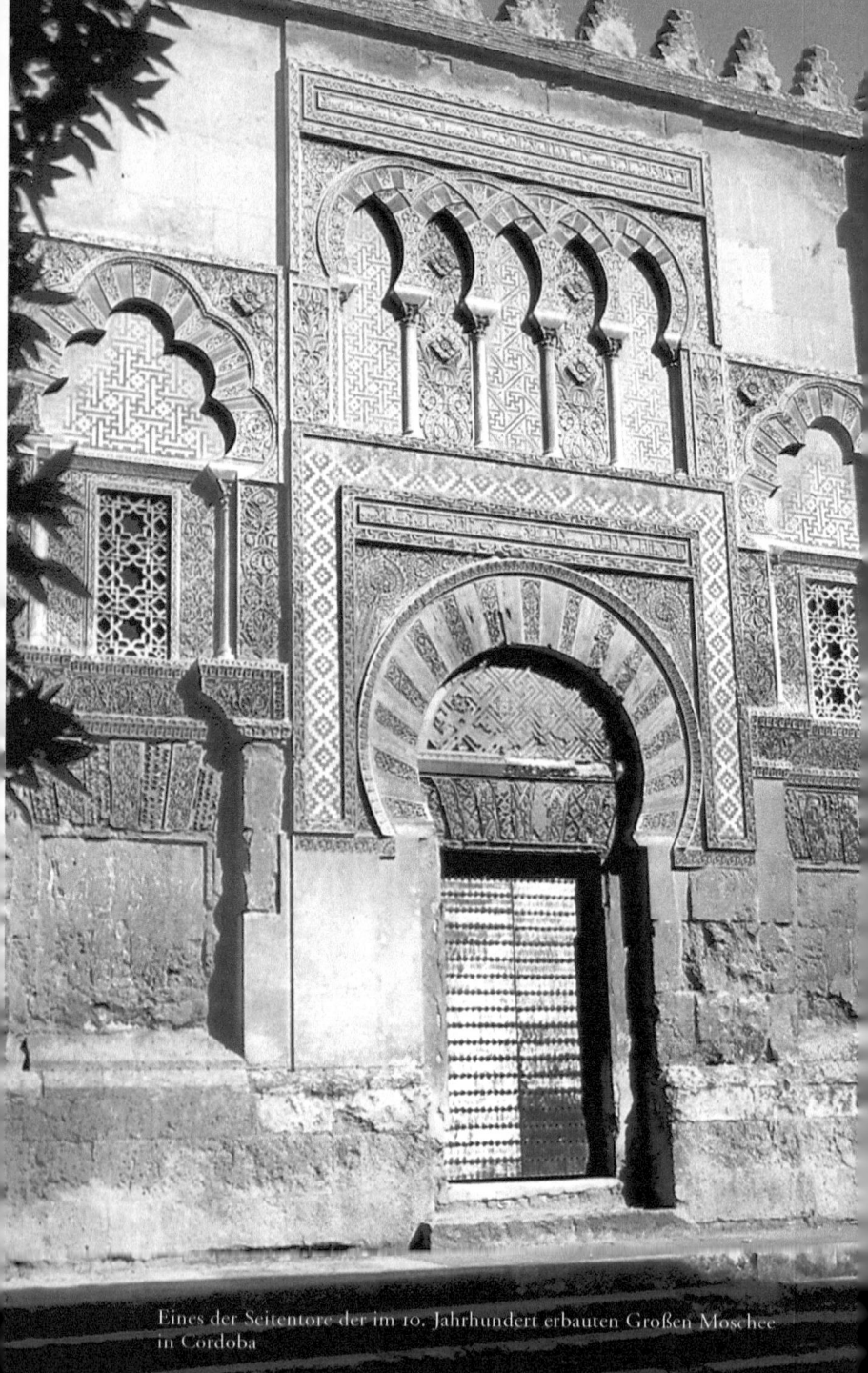

Eines der Seitentore der im 10. Jahrhundert erbauten Großen Moschee in Córdoba

Kapitel 5

Rückkehr zur Gott
(1182–1184)

Er ist's, Der die Winde als Verheißung Seiner Barmherzigkeit voraussendet, bis dass, wenn sie schwere Wolken aufgehoben haben, Wir sie treiben zu einem toten Land und Wasser darauf herniedersenden, womit Wir allerlei Früchte hervorbringen. Also bringen Wir die Toten hervor. Vielleicht lasset ihr euch ermahnen. Und das gute Land bringt seine Pflanzen hervor mit der Erlaubnis seines Herrn.[1]

Entsagung, Akzeptanz, Zufriedenheit und Geduld sind vier essentielle Wirklichkeiten. Wer diese nicht in sich hat, gehört nicht zu den Menschen auf dem Gottespfad. Die wesentliche Realität der Entsagung ist es, Gott die Wahl zu überlassen, wodurch die eigene Entscheidung zum Verschwinden gebracht wird. Akzeptanz ist die gehorsame Unterwerfung unter das, was Er für dich gewählt hat: Glück oder Unglück, ob es dir gefällt oder nicht. Etwas gern zu tun, ist Zufriedenheit, eine der Stufen der Akzeptanz. Die wesentliche Realität der Geduld besteht darin, die Seele am Klagen zu hindern; wer ächzt, ist nicht mehr geduldig; wer jammert, beklagt sich.[2]

VON SEINER ERLEUCHTUNG SCHEINT IBN ARABI IN SEINEN Schriften, soweit sie uns erhalten sind, nicht viel zu sprechen. Allerdings gibt es mehrere Hinweise auf die damit verbundenen Faktoren, die auf eine plötzliche und dramatische Veränderung schließen lassen. Es ist klar, dass es sich um etwas handelte, was als »erhabener Augenblick« bekannt ist, ein Zeitpunkt, in dem das Sehnen eines Menschen mit der Öffnung der Tür zur Schau der Wirklichkeit völlig zusammenfällt. Wie beim Propheten Mohammed oder dem Buddha scheint dies schnell zu gehen, obwohl in der Realität Zeit keine Rolle spielt, und anschließend ist das Leben des Menschen verwandelt.

1. Koran 7:56–57.
2. *Kitab al-Inbah, Journal of the Muhyiddin Ibn Arabi Society* XV, Seite 18.

Ein bemerkenswerter Zug von Ibn Arabis Erleuchtung war das Fehlen jeder normalen Vorbereitung oder des üblichen Studiums. Er war ein junger Mann ohne besondere Ausbildung oder Schulung und scheint damals keine geistigen Lehrer gekannt zu haben. Wir sollten uns jedoch davor hüten, die Bereitschaft dazu nach den Aktivitäten von Reinigung oder Vorbereitung zu beurteilen. Es ist eine Transformation, die uns aus der zeitlichen Aufeinanderfolge des Alltagslebens heraushebt.

Ibn Arabi verwirft nie die Möglichkeit, so selten das auch geschehen mag, dass Menschen unmittelbar zu Gott gezogen werden, ohne alle Vorbereitungen. Alle Macht gehört Ihm, und Erleuchtung ist eine ganz und gar Göttliche Tat. Doch nach einer solchen Gottesgabe zu trachten oder sie zu erwarten, würde sie unerreichbar machen – unser begrenztes Verständnis kann sie nicht erfassen oder zustande bringen. Folglich empWehlt Ibn Arabi denjenigen, die eine Neigung zum spirituellen Weg haben, zunächst einmal ihren Charakter zu läutern und sich einer geistigen Schulung zu unterziehen. Der Boden sollte gut vorbereitet sein, damit der Samen Früchte tragen kann.

Er ging relativ jung, wahrscheinlich im Alter von sechzehn Jahren (obwohl wir das genaue Datum nicht kennen), in Klausur. Was ihm dieses plötzliche Verlangen, Gott zu begegnen, anscheinend wie unter Zwang eingegeben hatte, ist in Ibn Arabis Schriften nicht erwähnt, doch besteht kein Zweifel an dessen überwältigender Intensität. Nach einer Geschichte, die erst über hundertfünfzig Jahre nach seinem Tod aufgeschrieben wurde,[3] scheint Ibn Arabi

---

3. Vgl. *Durr al-thamin fi manaqib al-Shaykh Muhyiddin* von al-Qari al-Baghdadi (gestorben 1418), Seite 22; *Quest for the Red Sulphur*, Seite 36. Wie Gerald Elmore in *On the Road to Santarém* (*Journal of the Muhyiddin Ibn Arabi Society* XXIV) betont, gibt es Anlass, die Echtheit einiger Einzelheiten der Geschichte zu bezweifeln. So hält sie sich viel zu eng an den berühmten Bericht von der Bekehrung des fürstlichen Asketen von Khorasan, Ibrahim Ibn Adham (gestorben im 8. Jahrhundert), die wiederum nach der indischen Legende von Prinz Siddharta, dem Buddha, gestaltet ist. Anderseits lohnt es sich, zwei Faktoren in Betracht zu ziehen: Erstens, die erwähnten Ruinen gehören ziemlich sicher zu der alten römischen Stadt Italica, etwa fünfzig Kilometer westlich von Sevilla gelegen, die offenbar als Ort für den Rückzug benutzt wurden. Zweitens erinnert die Formulierung der Göttlichen Ermahnung (»Dies ist nicht der Grund für deine Schöpfung«) in merkwürdiger Weise an den Vorfall, von dem Ibn Arabi im *Ruh al-Quds* spricht: »Kurz bevor ich ihn [Abdallah al-Khayath] traf, hatte ich Eingebungen bezüglich des Weges bekommen, von denen niemand etwas wusste. Als ich ihn in der Moschee sah, wollte ich daher als sein geistiger Partner erschei-

Hügellandschaft nordwestlich von Sevilla, wo die ausgedehnten Ruinen der antiken römischen Stadt Italica liegen, welche zur Zeit Ibn Arabis ideale Orte für einen meditativen Rückzug gewesen sein müssen

nen. (...) Dann plötzlich fühlte ich mich in seiner Gegenwart wie ein Betrüger. Er sagte zu mir: ›Sei wachsam, denn gesegnet ist der, der weiß, wofür er geschaffen wurde.‹ Dann vollzog er das Nachmittagsgebet mit mir, nahm seine Schuhe, grüßte mich und war fort. (...) Ich habe ihn bis heute nicht mehr gesehen oder von ihm gehört« (*Ruh al-Quds,* Seite 117; *Sufis of Andalusia,* Seite 126).

mit Freunden an einem Abendessen teilgenommen zu haben, und wie es in Andalusien Sitte ist, wurde nach dem Essen Wein serviert. Gerade als er den Becher an die Lippen hob, hörte er eine Stimme rufen: »Oh Muhammad, nicht dafür wurdest du geschaffen!« Verblüfft über diese eindeutige Aussage flüchtete er sich zu einem Friedhof außerhalb von Sevilla, wo er ein zerstörtes Grabmal fand, das einer Grotte ähnelte. Er verbrachte dort vier Tage in Abgeschiedenheit, wo er die Anrufung (*dhikr*) praktizierte und nur zu Zeiten des Gebets hervorkam.

Der zweite wichtige Zug dieser Klausur ist, dass sie aus einer Vision der drei großen geistigen Lehrer der westlichen Tradition bestand: Jesus, Moses und Mohammed. Soweit ich weiß, hat eine solche dreifache Intervention keine Parallele bei anderen Mystikern, und sie kündigt eines der Hauptthemen von Ibn Arabis Werk an, nämlich die einmalige Bedeutung der gesamten prophetischen Tradition. Die drei Komponenten seiner Vision, einzigartig miteinander verschmolzen, sind eine Zusammenfassung der großen semitischen Lehre über die Bedeutung des Monotheismus, die zuerst von Abraham artikuliert wurde.

> Als ich auf diesen Pfad zurückkehrte, geschah dies durch eine Traumvision (*mubashshira*) unter der Führung von Jesus, Moses und Mohammed.[4]

Die gute Nachricht, die diese drei Propheten brachten, wirkte wie ein Regenschauer auf ausgetrocknete Erde; sie belebte und befreite von Beengung. Ibn Arabi sagt, sie brachte ihm »das Licht der Empfänglichkeit, reinen Tat und verzückten Liebe«. Über Jesus schreibt er:

> Ich hatte in Visionen viele Begegnungen mit ihm, und an seinen Händen kehrte ich (zu Gott) zurück. Er betete für mich, dass ich im religiösen Leben (*din*) gefestigt würde, in dieser und der anderen Welt, und nannte mich »Geliebter« (*habib*). Er befahl mir, Entsagung (*zuhd*) und Nicht-Verhaftung (*tajrid*) zu praktizieren.[5]

---

4. *Futuhat al-Makkiyah* IV:172.
5. *Futuhat al-Makkiyah* II:49 und 12:123 (OY).
6. *Futuhat al-Makkiyah* I:196.

RÜCKKEHR ZU GOTT

Diese beiden Faktoren der Entsagung und Nicht-Verhaftung sind für Ibn Arabi die notwendigen Voraussetzungen des spirituellen Lebens, in dem es darum geht, die Dinge an ihren rechtmäßigen Platz zu stellen und nicht noch mehr »Gepäck« anzuhäufen. Einfach auf alle Güter und allen Besitz zu verzichten, äußerlich arm zu werden, würde völlig am Ziel vorbeigehen. Wir haben diese Idee von Besitz und Privateigentum schon so sehr angenommen, dass wir glauben, uns würde etwas gehören. Unser »Gepäck« ist keine Frage des physischen Erwerbs, sondern unserer Einstellung dazu. Ob wir nach außen hin reich oder arm sind, ändert nicht grundsätzlich unsere Wahrnehmung des Eigentums an Dingen. Die wirkliche Veränderung findet statt, wenn wir erkennen, dass das, was wir zu besitzen glauben, uns nicht wirklich gehört, nicht einmal die Existenz selbst. Dann ist es möglich, wie Ibn Arabi seinem Schüler al-Habashi erklärte, »die Entscheidung wieder Gott zu überlassen und seine eigene Entscheidung verschwinden zu lassen«. Entsagung und Nicht-Verhaftung sind tatsächlich Beschreibungen dieser Erkenntnis, bei der jede Tendenz der Seele zur Aneignung von Herrschaft gezügelt wird. Wir sind aufgefordert, die Illusion unserer gesonderten Existenz aufzugeben, unserer scheinbaren Entscheidungsfähigkeit, unserer begrenzten Kräfte, und uns von all diesen Überlegungen ganz und gar zu lösen. Erst dann können wir in unserem ursprünglichen Zustand verbleiben, in der reinen Empfänglichkeit.

Alles, was wir scheinbar besitzen, hat ein gewisses Anrecht: Es erfordert Pflege, und dies unterwirft den Besitzer einer Art von Dienstbarkeit gegenüber dem Ding. Das Ausmaß dieser Ansprüche, wenn wir uns entscheiden, sie auf uns zu nehmen, verringert die essentielle Reinheit der Dienerschaft gegenüber Gott allein. Für Ibn Arabi bedeutete diese Stufe der reinen Dienerschaft buchstäblich eine Enteignung:

> Seitdem diese Rangstufe über mich gekommen ist, habe ich nichts Lebendiges besessen. Nein, nicht einmal die Kleider, die ich trage, denn ich trage nichts, es sei denn, ich habe die besondere Erlaubnis, sie zu gebrauchen. Immer wenn ich dazu komme, etwas zu erwerben, trenne ich mich sofort davon, indem ich es entweder weggebe oder es befreie, wenn es befreit werden kann. Dies wurde mir klar, als mich danach verlangte, die Knechtschaft der ausschließlichen Zugehörigkeit zu Gott zu verwirklichen.[6]

Das Extreme dieses Zustandes wird auch durch die wunderschöne Geschichte von Salomon illustriert, der um die Kraft bat, alle Geschöpfe füttern zu können. Als ein großes Ungeheuer aus dem Meer kam und alles, was man ihm vorsetzte, verschlang, wurde Salomon klar, dass er dessen Hunger niemals würde stillen können und dass nur Gott in einem solchen Maß versorgen könne. Der Verzicht des Dieners auf Macht und Entscheidung erlaubt Gott ein umso vollkommeneres Wirken. Ein Beispiel für die Reinheit dieses Zustandes der wahren Armut und Knechtschaft findet sich in dem Salomon zugeschriebenen Gebet im Koran, wo er nicht um eine besondere Göttliche Gunst bittet, sondern einfach um die Fähigkeit, dafür dankbar zu sein:

> Mein Herr, treibe mich an, Deiner Gnade zu danken, mit der Du mich und meine Eltern begnadet hast, und rechtschaffen zu handeln nach Deinem Wohlgefallen. Und führe mich ein in Deine Barmherzigkeit zu Deinen rechtschaffenen Dienern.[7]

Jesus, der Inbegriff der vollkommenen Entsagung und Nicht-Identifikation, war Ibn Arabis erster Lehrer. Es gibt eine außerordentliche Verbindung zwischen den beiden, die in seinen Schriften immer wieder auftaucht. Sie ist kein Zufall, und ihre Bedeutung kann nicht genug hervorgehoben werden, wenn wir Ibn Arabis Werk wirklich schätzen wollen.

> Er war mein erster Lehrer, durch den ich [zu Gott] zurückkehrte; er ist unendlich freundlich zu mir und lässt mich keinen Augenblick allein.[8]

Die zweite Begegnung in der Vision fand mit Moses statt, der ihm ankündigte, er würde Wissen von Gott direkt erhalten (*ilm laduni*). Das erinnert an die koranische Geschichte,[9] in der Moses einem von Gottes besonderen Dienern begegnet, der in der islamischen Tradition als Khidr oder Khadir, »der Grüne«, bekannt ist. Khidr ist für den Islam, was Elias für die Juden bedeutet: ein geistiger Lehrer, der in der unsichtbaren Welt wirkt jenseits der Beschränkungen des normalen Lebens, der unsterbliche Archetyp

---

7. Koran 27:19.
8. *Futuhat al-Makkiyah* III:341.
9. Koran 18:64ff.

der unmittelbaren Göttlichen Eingebung. Im Allgemeinen identifiziert als ein Offizier Alexanders des Großen, der vom Quell des Lebens trank, wird er im Koran als einer beschrieben, »dem Wir unsere Barmherzigkeit gegeben und den Wir Unser Wissen gelehrt hatten«. Er verkehrt mit denen, die keinen lebenden Lehrer haben, und unterstützt und lehrt all jene, die ohne Vermittler direkt zu Gott kommen. Sein Wissen ist ein Heilmittel gegen die raffsüchtigen, gierigen und bösartigen Tendenzen der menschlichen Selbstsucht, und seine Art der Unterweisung steht in einem völligen Kontrast zu den »weltlichen« Erwartungen und Meinungen, die wir haben. Wir werden in Kapitel 7 sehen, dass ihm Ibn Arabi dreimal unter außergewöhnlichen Umständen begegnen sollte. Wenn einem das Wissen, das Khidr repräsentiert, direkt gegeben wird, bedeutet das die Fähigkeit, über das Reich des spekulativen Denkens hinauszugehen und sich in die Arena der direkten Erfahrung oder des Geschmacks (*dhawq*) zu begeben, wo das Wissen der Geheimnisse geschenkt wird.

> Wenn der richtig vorbereitete Mensch in geistiger Abgeschiedenheit und Gottesgedenken (*dhikr*) verbleibt und den Ort [des Herzens] von reflektierendem Denken leert und wie ein armer Bettler, der nichts hat, vor der Tür seines Herrn sitzt, dann wird Gott ihm etwas Wissen von Sich verleihen und geben, von jenen Göttlichen Geheimnissen und herrlichen Einsichten, welche Er Seinem Diener Khidr gewährte.[10]

Ibn Arabi betont, dass diese Art des Wissens von den Menschen der Welt oft geleugnet und abgelehnt wird, und unterscheidet es von dem durch den Intellekt oder einen bestimmten Zustand erworbenen Wissen. Er sagt, es befände sich jenseits der Stufe des Intellekts (überhaupt) und sei Propheten und Heiligen zu eigen.

Die dritte Figur war der Prophet Mohammed, der ihm im Zusammenhang mit dem Krieg erschien:

> Ich sah mich in einem Traum und befand mich auf einem riesigen Platz. Eine Gruppe von Bewaffneten wollte mich töten, und ich hatte keinerlei Möglichkeit zur Flucht. Da sah

---

10. *Futuhat al-Makkiyah* I:31 und I:138 (OY). Dies stammt aus der langen Einleitung zu den *Futuhat*, von der einige Teile durch James W. Morris unter dem Titel *How to Study the Futuhat: Ibn Arabi's Own Advice* übersetzt wurden in: *Commemorative Volume*, Seite 75.

ich vor mir einen Hügel, auf dem der Gesandte Gottes beobachtend stand. So suchte ich bei ihm Zuflucht. Er öffnete seine Arme, umarmte mich heftig und sagte: »Mein Geliebter, halte dich an mir fest, und du wirst sicher sein.« Dann schaute ich zu meinen Angreifern und entdeckte, dass keiner von ihnen mehr da war. Von diesem Zeitpunkt an beschäftigte ich mich mit dem Studium der Hadithe [der prophetischen Überlieferungen].[11]

Dieses letzte Sich-Auferlegen soll der Nachahmung des Propheten dienen, der am besten das vollkommene Gleichgewicht des geistigen Lebens verkörpert. Er repräsentiert die Vollendung der von Gott verliehenen spirituellen Weisheit und die Frucht aller bisherigen Unterweisungen. Das Studium der Aussprüche des Propheten (Hadithe), das Ibn Arabi seit 1182 aufnahm und das eine lebenslange Leidenschaft blieb, ist ein bewusster Versuch, Mohammed in allen Aspekten zu kennen und ihm nachzueifern. Ebenso wie Mohammed von sich selbst sagte: »Ich wurde gesandt, um die positiven Eigenschaften (*husn al-akhlaq*) zu vollenden«, so deutet Ibn Arabi über sich an, dass sein Charakter durch die völlige Übereinstimmung mit Gott in jedem Zustand geformt war, jenseits aller weltlichen Überlegungen wie Lobpreis oder Klage. Wie viele andere Sufi-Mystiker beherzigte er die koranischen Worte: »So ihr Allah liebet, so folgt mir. Lieben wird euch Allah.«[12] Die Nachfolge des Propheten, als dem Vorbild guten und schönen Benehmens, führt unmittelbar dazu, von Gott geliebt zu werden.

Infolge jener Klausur und der dabei gewährten geistigen Einsichten scheinen zwei Dinge geschehen zu sein: Erstens begann Ibn Arabi, den Koran und die Hadithe bei verschiedenen Lehrern in Sevilla zu studieren. Eine der Personen, die zweifellos einen bedeutenden Einfluss auf ihn hatten, war sein Onkel Abdallah, der ihm möglicherweise seine Lesungen des Korans widmete und ihn vielleicht in seinem eigenen Verlangen nach Zurückgezogenheit unterstützt hat. Sein Tod erfolgte vermutlich ein oder zwei Jahre vor 1184:

[Mein Onkel] verbrachte viel Zeit hinter verschlossenen Türen in dem Zimmer, wohin er sich zurückzuziehen pflegte. Er hatte einen ungeratenen Sohn, dessen Benehmen meinem

---

11. *Kitab al-Mubashshirat*, Seite 5.   12. Koran 3:29.

RÜCKKEHR ZU GOTT

Vater so viel Ärger bereitete, dass er ihn aus dem Lande verbannen wollte. Als mein Onkel davon hörte, rief er mich zu sich und sagte: »Mein Junge, geh und sage meinem Bruder, er solle meinen Sohn in Ruhe lassen, denn dieser wird bald sterben und er wird von ihm erlöst werden. Ich werde ihn um 42 Tage überleben und ihm dann in den Tod folgen; also wird dein Vater von uns beiden erlöst werden.« Genau so geschah es dann.[13]

Zweitens wurde Ibn Arabi von seinem Vater zu dem großen Philosophen Ibn Rushd (Averroes, 1126–1198) geschickt, der aus einer der führenden Familien Cordobas stammte. Ibn Rushd ist in Europa von allen großen Persönlichkeiten des mittelalterlichen Spaniens vielleicht die bekannteste, weil er die Werke des Aristoteles in den Westen zurückbrachte. Der fruchtbare Schriftsteller schrieb Kommentare zu allen Forschungsgebieten, auf denen Aristoteles gearbeitet hatte – Astronomie, Meteorologie, Medizin, Biologie, Ethik, Logik –, und diese Kommentare gewannen einen gewaltigen Einfluss auf die Europäer, als sie ihrerseits Aristoteles

---

13. *Ruh al-Quds,* Seite 96; *Sufis of Andalusia,* Seite 100.

Cordoba mit der Großen Moschee und dem Fluss Guadalquivir im Vordergrund

Calle Averroes, eine von Cordobas Altstadtgassen, die nach Ibn Rushd benannt ist

wiederentdeckten. Averroismus wurde eine *cause célèbre* in den intellektuellen Kreisen von Paris, Neapel und Oxford. Ibn Rushd wird über fünfhundertmal von Thomas von Aquin (gestorben 1274) zitiert, der zeigen wollte, dass Vernunft und Offenbarung in einem christlichen Kontext nebeneinander stehen konnten. Für die Araber war Ibn Rushd das Musterbeispiel der Gelehrtheit, demütig und stets für neues Wissen aufgeschlossen, der mehr über das Denken der alten Griechen wusste als alle seine Zeitgenossen. Er war am Hofe sehr bekannt; er diente als Leibarzt und Berater für zwei Almohaden-Sultane und hatte wie sein Vater und Großvater vor ihm das Amt des Obersten Richters (*qadi*) in Sevilla und Cordoba inne. Er war auch mit Ibn Arabis Vater befreundet.

Das berühmte Treffen zwischen Ibn Rushd und Ibn Arabi – dem älteren Philosophen und dem jungen Mystiker – ist oft zitiert worden,[14] und zu Recht, da es die Unterscheidung zwischen Kopf und Herz zeigt, die die Menschen des Westens zu ihrer eigenen Gefährdung ignoriert haben. Ihr Gespräch hallt über die Jahrhunderte wider als eine Herausforderung für alle Menschen:

> Eines Tages ging ich nach Cordoba, um den *qadi* Abu al-Walid Ibn Rushd zu besuchen. Er wollte mich persönlich treffen aufgrund dessen, was ihm bezüglich der Offenbarungen Gottes in meiner Klausur erzählt worden war, denn er war sehr erstaunt über das Gehörte. Deswegen schickte mein Vater, der mit ihm befreundet war, mich unter dem Vorwand zu ihm, die eine oder andere Besorgung zu machen, aber in Wirklichkeit, um ihn zu treffen. Damals war ich noch ein bartloser Junge. Als ich eintrat, erhob er sich von seinem Platz und begrüßte mich mit großer Wärme und Ehrerbietung. Er umarmte mich und sagte: »Ja!«, worauf ich »Ja!« antwortete. Er fand noch mehr Gefallen an mir, weil ich ihn verstanden hatte. Dann wurde mir bewusst, woran er Gefallen gefunden hatte, und ich sagte: »Nein!« Daraufhin geriet er in Bestürzung, die Farbe wich aus seinem Gesicht, und er schien Zweifel an seinen eigenen Gedanken zu haben. Er fragte

---

14. Vgl. zum Beispiel Henry Corbin: *Creative Imagination*, Seite 41ff. Meine Übersetzung beruht auf der hervorragenden Version von Corbin. Es ist schwierig, dieses Treffen genau zu datieren, aber es hat wahrscheinlich zwischen 1182 und 1184 stattgefunden, nachdem Ibn Rushd zum Leibarzt von Abu Yaqub ernannt worden und oberster Richter von Cordoba geworden war.

mich: »Welche Art der Lösung hast du durch die Göttliche Enthüllung und Erleuchtung gefunden? Ist sie identisch mit dem, was wir durch spekulatives Denken erreicht haben?« Ich antwortete: »Ja–Nein! Zwischen dem Ja und dem Nein breiten die Geister die Flügel aus und verlassen ihre Materie und Hälse werden von ihren Körpern getrennt.« Ibn Rushd wurde bleich und sprach den Satz: »Es gibt keine Macht oder Stärke außer bei Gott.« Denn er wusste, worauf ich angespielt hatte.

Später erkundigte sich Ibn Rushd bei meinem Vater nach dem Treffen mit mir, um herauszufinden, was er von mir hielt, ob es mit seiner eigenen Sicht übereinstimmte oder davon abwich. Er war einer der Meister der Reflexion und des philosophischen Denkens. Er dankte Gott, dass Er ihm erlaubt hatte, in einer Zeit zu leben, in der er jemand sehen konnte, der unwissend in eine geistige Klausur geht und solcherart daraus hervorkam, ohne zu lernen, zu studieren oder irgendetwas zu lesen. Er erklärte: »Ich selbst habe gesagt, dass so etwas möglich sei, doch niemals jemanden getroffen, der das erlebt hatte. Gelobt sei Gott, Der mich in einer Zeit mit einem der Meister darin leben ließ, einem von denen, die die Schlösser ihrer Tore öffnen! Gelobt sei Gott, Der mir die besondere Gnade erwiesen hat, einen von ihnen mit meinen eigenen Augen zu sehen!«

Dann wollte ich eine weitere Begegnung mit ihm haben. Gott brachte ihn dazu, mir in einer Vision dergestalt zu erscheinen, dass ein dünner Schleier zwischen mir und ihm war. Ich sah ihn, aber er konnte mich nicht sehen oder meine Position erkennen und war zu sehr mit sich selbst beschäftigt, um mich zu sehen. Ich sagte [mir]: »Er ist nicht für das erwünscht, womit wir zu tun haben.« Ich habe ihn nie wieder getroffen vor seinem Tode, der im Jahr 595 [1198] in Marrakesch eintrat.[15]

Obwohl die »Ja–Nein«-Unterhaltung sich darum dreht, wie die Auferstehung zu verstehen sei (ob es eine Frage des Körpers oder nur der Seele ist), sticht ein allgemeiner und grundlegender Punkt bei dieser Begegnung zwischen Ibn Rushd und Ibn Arabi hervor:

---

15. *Futuhat al-Makkiyah* 1:153 und 2:372 (OY).

die Kluft zwischen zwei Forschungsmethoden, der philosophischen und der mystischen, zwischen intellektueller Reflexion und geistiger Einkehr. Es ist klar, dass für Ibn Arabi der mystische Weg vollkommener und umfassender ist und eine tiefere Wahrnehmung als das intellektuelle Denken aufweist.

Nach seiner geistigen Erleuchtung und der Begegnung mit Ibn Rushd scheint Ibn Arabis Entschlossenheit durch eine Periode geprüft worden zu sein, die er als »Abkühlen« (*fatra*) bezeichnet: »Dies ist die Zeit des Abkühlens, die bei den Menschen Gottes wohlbekannt ist; unweigerlich befällt sie jeden, der den Weg geht.«[16] Der ursprüngliche Enthusiasmus war verflogen, und die Bande der Welt begannen ihn wieder zu umschlingen. Er hatte immer noch Verpflichtungen für ein weltliches Leben und sollte, wie sein Vater vor ihm, in der Armee des Almohaden-Königs dienen. Es bedurfte wohl einer Göttlichen Gedächtnisstütze, um ihn ein für allemal aus den scheinbar festgelegten Lebensmustern herauszukatapultieren.

Zunächst hatte er eine Vision, in der er die am Anfang dieses Kapitels zitierten Koranverse hörte: »Er ist's, Der die Winde voraussendet...« Er verstand sofort, dass sie sich auf seine Lage bezogen und ihn an seine wirkliche Orientierung erinnerten. Das folgende Zitat, das das Ereignis beschreibt, gibt auch eine sehr klare Vorstellung von Ibn Arabis Gabe, die Bedeutung des Korans zu verstehen:

Als mich der Zustand des Abkühlens überkam und beherrschte, sah ich Gott in einer Vision. Er rezitierte mir die Verse: »Er ist's, Der die Winde als Verheißung Seiner Barmherzigkeit voraussendet, bis dass, wenn sie schwere Wolken aufgehoben haben, Wir sie treiben zu einem toten Lande und Wasser darauf hernieder senden«, und dann den Vers: »Und das gute Land bringt seine Pflanzen hervor mit der Erlaubnis seines Herrn.« Da verstand ich, dass ich mit diesen Versen gemeint war, und sagte mir: »Indem Er sie mir rezitiert, verkündet Er den ersten Erfolg, durch den Gott mich an der Hand von Jesus, Moses und Mohammed führte (Friede sei mit ihnen allen!).« Denn als ich zu diesem Pfad zurückkehrte, geschah dies durch eine Traumvision an der Hand von Jesus,

---

16. *Futuhat al-Makkiyah* IV:172.

Moses und Mohammed. [Das war] »die Verheißung Seiner Barmherzigkeit« (die Göttliche Sorge für mich), »bis dass, wenn sie schwere Wolken aufgehoben haben« (das war der anschließende Erfolg) »Wir sie treiben zu einem toten Land« (das war ich). Er machte es, dass meine Erde nach ihrem Tode lebendig wurde, und das waren jene Lichter der Empfänglichkeit, des reinen Tuns und der verzückten Liebe, die mich überwältigt hatten. Dann sagte Er: »So bringen Wir die Toten hervor, vielleicht erinnerst du dich« – damit verweist Er darauf, was der Prophet antwortete, als er nach der Auferstehung gefragt wurde, bezüglich der Versammlung der Körper, nämlich dass »Gott den Himmel zum Regnen bringen wird, wie den Samen des Menschen«.[17] Dann sagte Er:»Das gute Land bringt seine Pflanzen hervor durch die Erlaubnis des Herrn«, und das ist nichts anderes als Fügsamkeit, Hören und Gehorsam durch die Reinigung des Ortes [der Empfängnis], »während das, was tote [Erde] ist«, das von der [niederen] Seele und der natürlichen Veranlagung dominiert wird, und recht eigentlich nur Selbstsucht ist, »nur wenig hervorbringt«.[18]

Der letzte Akt der Entsagung geschah 1184 in der Großen Moschee von Cordoba.

Der Grund für meinen Rückzug aus der Armee und deren Ablehnung ebenso wie für mein Einschlagen dieses Weges [Gottes] und meiner Neigung dazu, war der folgende: Ich reiste in Gesellschaft meines Herrn, des [Almohaden-]Generals Abu Bakr Yusuf bin Abd al-Mumin bin Ali, zu der Großen Moschee in Cordoba, und ich sah ihn sich verneigen, niederwerfen und sich demütig erniedrigen in Unterwerfung unter Gott. Da regte sich plötzlich ein Gedanke (*khatir*) in mir, [so dass] ich zu mir sagte: »Wenn dieser, der Herrscher des Landes, sich so demütig unterwirft und dies vor Gott tut, dann ist diese Welt nichts wert.« So verließ ich ihn noch am selben Tag und bin ihm nie wieder begegnet.[19] Danach folgte ich diesem Weg.[20]

---

17. Ein Hadith, der in Muslims *Sahih* 110 und 116 erwähnt wird und in einer anderen Variante von Ibn Masdu überliefert wird.

RÜCKKEHR ZU GOTT

Von diesem Tag an, vermutlich im Juni 1184, verpflichtete sich Ibn Arabi unwiderruflich einem Leben der Armut und Knechtschaft, in voller Übereinstimmung mit den Instruktionen, die von Jesus, Moses und Mohammed gegeben worden waren. Er war erst achtzehn Jahre alt.

> Auf diese Weise ließ ich alles hinter mir, was mir gehörte. Zu diesem Zeitpunkt hatte ich keinen [lebenden] Meister, dem ich meine Angelegenheiten anvertrauen und meinen Besitz übergeben konnte. So wandte ich mich an meinen Vater und fragte ihn um Rat, was zu tun sei. Ich gab alles auf, was ich besaß, ohne jemanden anders um Rat zu fragen. Denn ich kehrte nicht an der Hand eines Meisters zu Gott zurück, noch hatte ich zu diesem Zeitpunkt jemanden vom Weg getroffen. Vielmehr trennte ich mich von meinem Besitz, wie ein Toter von seiner Familie und seinem Eigentum getrennt wird. Als ich mich mit meinem Vater beriet, bat er mich um das, was ich hatte, und ich vertraute es ihm an.[21]

Von jetzt an würde Gott allein Sich um ihn und seine Angelegenheiten kümmern, und er war bereit, teilzuhaben an der außerordentlichen Weisheit der geistigen Meister von Andalusien und Nordafrika.

---

18. *Futuhat al-Makkiyah* IV:172.
19. Der Sultan starb am 29. Juli 1184 nach der katastrophalen einmonatigen Belagerung von Santarém, einer portugiesischen Stadt.
20. Wie von Ibn Arabi an al-Sha'ar (1197–1256) mitgeteilt, der ihm 1237 in Aleppo begegnete. Für eine vollständige Übersetzung und Erläuterung vgl. Gerald Elmore: *On the Road.*
21. *Futuhat al-Makkiyah* II:548.

Kapitel 6

Von Prophetentum und Heiligkeit

Gott! Es gibt keinen Gott außer Ihm, dem Lebendigen,
dem Ewigen! Nicht ergreift Ihn Schlummer und nicht Schlaf.
Sein ist, was in den Himmeln und was auf Erden. Wer ist's,
der da Fürsprache einlegt bei Ihm ohne Seine Erlaubnis?
Er weiß, was zwischen ihren Händen ist und was hinter ihnen,
und nicht begreifen sie etwas von Seinem Wissen, außer was
Er will. Weit reicht Sein Thron über die Himmel und die
Erde, und nicht beschwert Ihn beider Hut. Denn Er ist der
Hohe, der Erhabene.[1]

Zwischen Prophetentum und Heiligkeit gibt es einen
  Unterschied; doch hat das Erstere die vollständigere und
  höhere Ehre.
Die allumfassende Sphäre des Himmels kniet davor in ihrem
  tiefsten Geheimnis, so wie es die erhabene Feder tut.
Prophetentum und Gesandtschaft kamen ins Sein; nun ist es
  zu Ende, und dort liegt der gerade Pfad.
Er hat ein festes Haus gebaut für das Heiligsein in Seiner
  Essenz, das immer bleibt.
Suche kein Ende, solange du danach strebst; wenn du es
  erreichtest, würde es zerstört.
Die Qualität der Permanenz gehört allein Seiner Essenz; Er ist
  der Freund und Leiter, Seine Erobernde Macht herrscht.
Sein Gesandter und Sein Prophet suchen Zuflucht bei Ihm,
  und das höchste Universum und das, was noch älter ist.[2]

ES GIBT EINE ALTE GESCHICHTE VON CHUANG TSU, DEM
berühmten chinesischen Weisen, der einmal träumte, er sei ein
Schmetterling. Er erwachte mit einem höchst intensiven Glücksgefühl und doch bestürzt auf. Der Traum war so real und so lebendig gewesen, dass er nicht mehr sicher war, ob er ein Mensch war, der davon geträumt hatte, ein Schmetterling zu sein, oder ob er ein

---

1. Der berühmte Thron-Vers (*ayat al-kursi*), Koran 2:256.
2. *Futuhat al-Makkiyah* I:229 und 3:390 (OY). Gedicht am Anfang von Kapitel 38.

Schmetterling war, der jetzt davon träumte, ein Mensch zu sein. Wie viele Menschen sind schon so aufgewacht, und haben sich gefragt, in welchem Zustand sie wirklich sind? Träumend oder wachend? Nach Ibn Arabi leben wir alle in einer Traumwelt. Wir sind vielleicht glücklich, wir sind vielleicht traurig, aber solange wir uns nicht dieses traumähnlichen Zustands bewusst sind, sind wir dessen Täuschungen ausgeliefert. Unsere Versuche, den Sinn dieses Traums zu verstehen und ihn zu »interpretieren«, sind vielleicht mehr oder weniger erfolgreich, je nach der Methode, die wir anwenden. Wenn wir ein wahres Verständnis der Struktur unserer Erfahrung erreicht haben, werden wir zu erkennen vermögen, dass wir träumen und dieser Traumzustand uns gebunden hat – ein solches Erwachen würde uns von der Fessel der Verblendung befreien und wahres Glück bringen.

> Wenn der Mensch die Leiter des wahren Wissens hinaufsteigt, weiß er durch Glauben und Offenbarung, dass er im Zustand des normalen Wachseins ein Träumer ist und dass die Situation, in der er sich befindet, nur ein Traum ist. (...) Der Prophet sagte: »Die Menschen schlafen, und wenn sie sterben, erwachen sie.« Doch sie sind nicht bewusst, und deswegen haben wir gesagt »durch Glauben«. (...) Die ganze Existenz ist Schlaf, und ihr [Zustand des] Wachseins ist Schlaf. Darum ist die ganze Existenz Behagen, und Behagen ist Mitgefühl, das alle Dinge bis zu ihrem endgültigen Ende umfasst. Wie der Engel über Gott sagte: »Er umfasst alle Dinge in Erbarmen und Wissen.« Hier kommen wir an den wahren Kern dessen, was wir erforschen: Seine Güte und Barmherzigkeit für die schönsten Namen durch die Manifestation ihrer Wirkungen. Das höchste Maß Seines Wissens ist das höchste Maß Seiner Barmherzigkeit (...)[3]
> Der Beweis der Wahrheit zeigt, dass die Formen des Kosmos Gott dank Seines Namens »der Innere« gehören, wie die Formen eines Traumes dem Träumer gehören. Die Interpretation des Traumes ist, dass diese [weltlichen] Formen einfach Seine Zustände sind, nichts anderes, so wie die Formen eines Traumes einfach die Zustände des Träumers und sonst nichts sind. So sieht Er (er) nichts als Sich

---

3. *Futuhat al-Makkiyah* II:379–380.

(sich) selbst. (...) Wer den Traum beachtet und darüber hinaus [zu der Bedeutung] geht, wird etwas Wundersames sehen. Was er anders nicht sehen kann, wird ihm klar werden. Aus diesem Grunde fragte der Prophet seine Gefährten, wenn er sie morgens sah: »Hatte jemand von euch einen Traum?« Denn der Traum ist [eine Art der] Prophezeiung.[4]

Innerhalb dieser Traumwelt stellen wir uns vor, dass die Welt, die wir mit unsren Sinnen wahrnehmen, etwas Substanzielles und Reales ist und dass Gott, Wirklichkeit, Wahrheit weit weg sind. Alles, was wir hören und sehen, findet in diesem sinnlichen Träumen statt, und wir sind uns normalerweise nicht der Notwendigkeit bewusst, über die Formen des Träumenden hinauszugehen. Manchmal empfangen wir klare Informationen über uns in unseren Träumen, manchmal bei unseren täglichen Geschäften, doch ohne Übersetzer werden wir wenig verstehen. Nach Ibn Arabi enthüllen alle Formen dieser Welt Gott und ›führen‹ in gewissem Sinne zu Ihm, doch unsere Fähigkeit zu denken reicht nicht aus, um uns zu einer wahren Interpretation zu führen – das ist es vor allem, was die Begegnung mit Ibn Rushd zeigt. Die klarste Deutung unserer wahren Realität geschieht durch Offenbarung, und diese wurde allen Menschen in Form einer Heiligen Schrift oder eines Propheten gegeben.

> Wisse, mein Freund, dass Gott die Botschafter nicht ohne Grund gesandt hat. Wenn der Verstand von sich aus fähig wäre zu ergreifen, was ihm Glück bringt, würde er keine Botschafter brauchen, und die Existenz von Botschaftern wäre nutzlos. Der, von Dem wir abhängig sind, ist uns nicht ähnlich, noch wir Ihm. (...) Der Mensch ist notwendig unwissend im Hinblick auf sein letztes Ende und den Ort, an den er [nach seinem Tode] gebracht werden wird. Er weiß nicht, was ihn glücklich macht, falls er glücklich ist, oder was ihn unglücklich macht, falls es ihm schlecht geht, im Hinblick auf Ihn, von Dem er abhängig ist, denn er kennt nicht Gottes Wissen von ihm. Er weiß nicht, was Gott von ihm will, noch warum Er ihn erschaffen hat, und notgedrungen ist er darauf angewiesen, dass Gott ihm Wissen darüber

---

4. *Futuhat al-Makkiyah* II:380.

schenkt. Wenn der Allerhöchste es wünschte, würde Er jeden wissen lassen, was ihm Glück bringt, und Er würde jedem den Weg völlig klar machen, den er einzuschlagen hat. Jedoch hat Er das nicht gewollt, sondern [wollte] nur zu jeder Gemeinschaft einen Boten schicken, der von ihrer Art ist und ihnen befiehlt, sich unter seinen Befehl zu stellen und ihm zu folgen. Dies war eine Prüfung von Ihm für sie, damit ein schlüssiger Beweis gegen sie gefunden würde wegen dessen, was Er bereits von ihnen wusste.[5]

Hier betont Ibn Arabi die Kluft zwischen dem Menschlichen und dem Göttlichen. Es gibt keine Ähnlichkeit zwischen Ihm und uns, da wir völlig abhängig von Ihm sind, während Er von uns unabhängig ist. Nur zu oft glauben wir, dass wir es »allein schaffen« können und dass wir wüssten, wie wir uns glücklich machen können. Das ist die Verblendung der Traumwelt, wo wir unsere scheinbare Unabhängigkeit bekräftigen und uns selbst von Ihm absondern, Der die wahre Quelle des Glücks ist. Nur durch die Erkenntnis unserer Armut, unserer Unfähigkeit, den Sinn und Zweck des Lebens selbst zu verwirklichen, können wir überhaupt einen wahren Fortschritt machen. Dabei gibt es keinen Zwang. Wir brauchen vielleicht eine Göttliche Erklärung unserer wahren Lage, aber wir sind nicht verpflichtet, Seine Weisheit zu akzeptieren. Wir sind frei, die Einladung zur Wahrheit anzunehmen oder abzulehnen, und darin liegt die »Prüfung«. Für Ibn Arabi ist die größte Demonstration menschlicher Armut das Erscheinen des Gesandten. Durch einen Gesandten, Propheten oder Heiligen, der seine völlige Abhängigkeit von Gott erkannt hat, wird uns gezeigt, was unser hilfloser Intellekt nicht ergründen kann. Da das, was sie bringen, nicht ihr Machwerk ist, sondern auf einer unmittelbaren Information durch Gott beruht, ist es notwendigerweise die Manifestation einer einzig(artig)en Weisheit. Das Erscheinen (Göttlicher) Weisheit in Gestalt eines Gesandten ist eine genaue Parallele zu dem, was in den Träumen geschieht. Die Weisen der Sinneswelt sind wie die Boten, die uns im Traum besuchen.

Ibn Arabi beschreibt drei Welten: eine hohe und subtile Welt reiner Bedeutung, eine vermittelnde innere Welt von Bildern, und eine niedere äußere Welt der Sinneswahrnehmung. Der Grund dafür,

---

5. *Futuhat al-Makkiyah* III:83.

dass die Träume eine Art Prophezeiung und der Ausgangspunkt für Inspiration sind, liegt, wie er sagt, darin, dass Bedeutung der Welt der Imagination näher ist als der sinnlichen Wahrnehmung.

> Inspiration ist Bedeutung. Wenn Gott wünscht, dass Bedeutung in die Sinneswahrnehmung absteigt, muss sie durch die Gegenwart der Imagination gehen, bevor sie die Sinneswahrnehmung erreichen kann. Die Wirklichkeit der sinnlichen Wahrnehmung erfordert, dass alles, was darin aktualisiert wird, eine sinnliche Form bekommt – das ist ganz unvermeidlich. Wenn die Göttliche Inspiration während des Schlafs eintritt, wird dies »Traumvision« (*ruya*) genannt, und wenn es im Wachen geschieht, wird dies als »Imaginieren« (*takhayyul*) bezeichnet – das heißt, die Person hat es sich eingebildet. Darum beginnt Inspiration mit Imagination. Dann verlagert sich die Imagination in der äußeren Welt auf die [Figur des] Engels. Der Engel nimmt die Gestalt eines Menschen oder einer sinnlich wahrgenommenen Person an. Es kann sein, dass nur derjenige, der Ziel einer Eingebung ist, den Engel wahrnimmt, oder es kann sein, dass die anderen Anwesenden ihn auch wahrnehmen. Dann spricht der Engel die Worte seines Herrn in sein Gehör, und das ist Inspiration.[6]

Das Absteigen der Bedeutung durch Inspiration ist nicht die Weltsicht des Intellekts, die auf eine ganz andere Weise auf Einbildungskraft beruht. Die Spekulation (*wahm*), welche die Berücksichtigung von Möglichkeiten einbezieht, darf nicht mit wahrer Imagination verwechselt werden. Spekulieren ist das endlose Schwelgen in Gedanken, dass es so oder anders sein könnte, wobei Hypothesen über die Realität angestellt und dadurch Dinge erarbeitet werden. Imagination ist für Ibn Arabi vielmehr ein empfänglicherer Prozess. Die vielleicht beste Art, seine Funktionsweise zu verstehen, ist, daran zu denken, wie wir träumen. Bedeutungen werden uns in Formen gezeigt, die unsere Sinneswahrnehmung zur Verfügung stellt. Alles, was wir im Traum tun, ist, ein Bild zu liefern für das (buchstäblich: uns »ein-zu-bilden«), was uns gegeben wird, damit wir es verstehen – wir haben keine bewusste »Kontrolle« über unsere Träume.

---

6. *Futuhat al-Makkiyah* II:375.

Dies hat weit reichende Implikationen, die den Menschen der postmodernen Gesellschaften nicht klar sind. Was außen erscheint, ist als Bedeutung herabgestiegen; und um das zu verstehen, müssen wir in die innere Realität, die es ausdrückt, »hinübergehen«. Es geht nicht darum, eine Bedeutung in irgendetwas »hineinzulesen« und damit seine eigene beschränkte Welt aufzubauen, sondern darum, die Offenheit zu empfangen. Wir brauchen die Bedeutung der Offenbarung nicht zu erarbeiten, da der Verstand sonst die Vorherrschaft über das, was offenbart wurde, übernimmt. Dafür erforderlich ist ein empfindliches Gleichgewicht zwischen aktivem Streben und empfänglichem Akzeptieren, wo die Offenbarung als »Herabsteigen« gesehen wird und unser Gehör sich den Bedeutungen öffnet, wenn sie sich zeigen. Statt nach oben zu langen, um etwas herunterzuholen, nehmen wir eine mehr meditative Haltung ein. Wir bemühen uns zu hören und zuzulassen, dass die Bedeutung erscheint. Eine solche Bedeutung tritt in das ein, was Ibn Arabi »Göttliche Selbst-Offenbarung« (*tajalli*) nennt, und geht über individuelle Unterschiede hinaus. Er spricht ständig von einem Reich, wo die Menschen nicht mehr in den Einzelzellen persönlicher Standpunkte gefangen und mit dem Rest der Welt zerstritten sind – es ist ein Reich, in dem die Menschen mit einer Stimme über die Grundlagen der Erfahrung sprechen, denn sie sehen die Wahrheit als Eins:

> Intellektuelle, die Menschen des reflektierenden Denkens sind, streiten sich wegen der Begrenztheit ihres Denkens in ihren Diskussionen über Gott den Allerhöchsten. Der Gott, der durch den Intellekt verehrt wird, bar jeden wirklichen Glaubens, ist eine Gottheit, die durch das, was das intellektuelle Denken gewährt hat, eingesetzt wurde. (...) Anderseits sprechen alle Gesandten von Adam bis Mohammed (...) mit einer einzigen Stimme. Alle Bücher, die sie brachten, sprechen von der Wahrheit Gottes mit einer einzigen Stimme. Nicht zwei von ihnen widersprechen einander. Einige von ihnen legen Zeugnis für die Wahrheit der anderen ab, obwohl große Zeitabstände [zwischen ihnen] liegen und sie einander nicht begegnet sind.[7]

---

7. *Futuhat al-Makkiyah* I:218 und 3:337 (OY).

VON PROPHETENTUM UND HEILIGKEIT

Ein Prophet oder Botschafter gleicht jemandem, der wach ist und sich bemüht, die Schläfer zu wecken. Es ist eine gefährliche Aufgabe, da die Schlafenden dazu neigen, den Wachenden als eine der vielen Figuren in ihrem Traum zu sehen. Jene Erweckten, die die Wahrheit erkannt haben, sprechen mit der einzigen Stimme der Göttlichen Güte oder Barmherzigkeit. Dies ist nicht nur Barmherzigkeit im qualitativen Sinne der Freundlichkeit oder Güte – für Ibn Arabi ist Barmherzigkeit (*rahma*) das essentielle Merkmal des Seins, es ist unsere Existenz überhaupt. Alle Wirkungen in der Existenz, die so genannten guten wie die so genannten schlechten, sind von Barmherzigkeit durchtränkt. Ibn Arabi spricht von zwei Arten der (Göttlichen) Barmherzigkeit: der universellen, alles umfassenden Barmherzigkeit, und der besonderen, die die Unwissenden zur Erkenntnis zurückführt. Er identifiziert das Göttliche Mitgefühl mit den Menschen durch die Rückführung zur Wahrheit mit dem Mitgefühl, das »Meinem Zorn vorangeht«.[8] Nur beim Menschen sind beide, die allumfassende Barmherzigkeit und die vorangehende Barmherzigkeit, miteinander vereint. Alle Propheten und Heiligen sind Orte der Manifestation der beiden Arten von Barmherzigkeit. Das zeigt ganz offensichtlich die unbegrenzte Qualität des Mitgefühls. Gleichgültig, wie sehr einer Strafe verdient, niemand ist dazu verdammt, in Unkenntnis seiner Realität umherzuirren. Barmherzigkeit geht dem Zorn voraus, kommt vor dem Zorn, die (Göttliche) Führung ist stärker als Verwirrung. Vergebung und Gnade bestimmen das Geschehen.

Die Unterschiede zwischen den Propheten lassen sich an der Verschiedenheit ihrer Völker ablesen. Jeder Prophet muss in dieser Welt bei einem bestimmten Volk einen bestimmten Auftrag erfüllen. Ibn Arabi unterscheidet auch zwischen dem Propheten (*nabi*: jemand, der etwas bekannt macht oder verkündet), der von Göttlicher Inspiration erfüllt ist, und dem Gesandten oder Botschafter (*rasul*, wörtlich: einer, der gesandt wurde), dessen Aufgabe die Verkündung einer Botschaft an sein Volk ist. Der Gesandte ist eine bestimmte Rangstufe des Propheten, so dass alle Gesandten auch Propheten sind, doch nicht umgekehrt.

Für Ibn Arabi war Adam der erste Prophet. Er wurde alle Gottesnamen gelehrt und lehrte (in der koranischen Version) die

---

8. Nach dem Hadith: »Bevor Er die Himmel und die Erde erschuf, schrieb Er mit Seiner eigenen Hand etwas für Sich selbst auf, und legte es unter Seinen Thron. Darin steht: ›Mein Mitgefühl kommt vor Meinem Zorn‹.«

Engel ihre Namen, die sie nicht kannten. Er wird nicht als Gesandter angesehen, denn sein Wissen war innerer, globaler Natur und nicht für ein bestimmtes Volk oder eine bestimmte Tat gedacht. Adams Prophezeiung ist für die ganze Menschheit bestimmt, ohne jedes »du darfst« oder »du darfst nicht«. Anderseits war Noah der erste Gesandte, der eine bestimmte Handlung befahl: Er verkündete seinem Volk, dass es in die Irre gegangen war, und rief es wieder zur Wahrheit zurück. Jeder Prophet oder Gesandte bringt einen einzigartigen Aspekt der Offenbarung mit, der auf eine bestimmte Zeit, einen bestimmten Ort und ein bestimmtes Volk zugeschnitten ist, obwohl die grundlegende Botschaft bei ihnen allen identisch ist.

Die Linie der Propheten und Gesandten wird durch Mohammed beendet, der beides ist: ein Gesandter für ein bestimmtes Volk und, wie Adam, für die ganze Menschheit. Er fasst alles zusammen, was vorangegangen ist, mit allen Vorschriften in all ihren Einzelheiten. Ibn Arabi vergleicht sein Erscheinen mit dem Aufgehen der Sonne unter den Sternen: Die Sonne ist so hell, dass die Sterne in ihrem Licht verborgen sind. Ebenso ist das, was von den Propheten und Gesandten vorher offenbart worden ist, im Lichte der Offenbarung enthalten, die Mohammed gegeben wurde. In Ibn Arabis Sicht ist deshalb niemand außerhalb der mohammedanischen Gemeinschaft, wie es in einem Hadith auch heißt: »Gott hat meine Gemeinschaft gesegnet und ihr die gesamte Erdoberfläche als Heiligtum gegeben.« Das heißt nicht, dass jeder eingeschlossen ist, indem er ein Angehöriger der äußeren Religion des Islams wird – es weist darauf hin, dass jede mögliche Übereinstimmung mit der (Göttlichen) Wahrheit in ihrem wahren Licht sich innerhalb der mohammedanischen Realität befindet. Offenbarung kann nicht der Privatbesitz einer bestimmten Gruppe oder Gemeinschaft sein.

Der Koran und die Überlieferungen des Propheten Mohammed sind für Ibn Arabi Gottes Wort, buchstäblich und im übertragenen Sinne, und das *summum* (die Summe) all dessen, was vorher an Göttlicher Weisheit erschienen war:

Der Koran ist ein Buch unter anderen, außer dass er, anders als alle anderen Bücher, die allumfassende Synthese besitzt.[9]

---

9. *Futuhat al-Makkiyah* III:160; *The Sufi Path of Knowledge*, Seite 239.

Mohammed war der größte Ort der Göttlichen Offenbarung. Daher wurde ihm das Wissen der alten und der kommenden Völker gegeben. Unter den alten befand sich Adam, der über das Wissen der Namen verfügte. Mohammed wurden die allumfassenden Worte gegeben, und die Worte Gottes sind niemals erschöpft.[10]

Die allumfassende Synthese, die das besondere Merkmal des Korans ebenso wie des Propheten Mohammed ist, hat eine zweifache Implikation. Erstens »beinhaltet der Weg Mohammeds alle Wege, die ihm zeitlich vorangegangen waren; und ihnen bleibt in dieser Welt keine andere Autorität als die, die der mohammedanische Weg begründet hatte.«[11] Nichts wurde in der Offenbarung des Mohammed ausgelassen. Aus diesem Grund identifiziert Ibn Arabi die Realität des Menschen insbesondere mit der Realität Mohammeds, und darum schreibt er: »Wir haben uns ihnen [den anderen prophetischen Wegen] nur insoweit gewidmet, als sie von Mohammed begründet sind, nicht insofern sie von einem bestimmten Propheten seinerzeit begründet waren«.[11]

Zweitens, und als Konsequenz des Ersteren, ist keine weitere Offenbarung dieser äußeren Art nötig. Die prophetische Botschaft an die Menschheit als ganze wurde durch Mohammed vollendet, und darum ist er als das Siegel der Propheten bekannt. Die bloße Tatsache, dass das Prophetentum solcher Art beendet ist, impliziert, dass eine neue Möglichkeit sich zeigt oder zum Vorschein kommt. Neu *ist* daran, dass die Erkenntnis dessen, was die Botschaft tatsächlich bedeutet, jedem offen steht. Die Erkenntnis des prophetischen Erbes ist das, was in Ibn Arabis Augen Heiligkeit begründet: ein wacher Mensch zu werden und nicht mehr zu träumen.

Wenn wir Ibn Arabis Sichtweise der Propheten aus dem inneren Aspekt ihrer Heiligkeit oder ihrer reinsten Bedeutung heraus folgen, statt nach ihrer historischen Reihenfolge, gehören die Unterschiede zwischen den Propheten zu einer anderen Ebene. Jeder von ihnen ist in der Relativität ein Bild des verwirklichten universellen Menschen. Aus dieser Perspektive sind sie Manifestationen eines Menschen, der nach dem Bilde Gottes geschaffen wurde, des voll-

---

10. *Futuhat al-Makkiyah* II:171; *The Sufi Path of Knowledge,* Seite 240.
11. *Futuhat al-Makkiyah* I:222 und 3:356 (OY).

kommenen Menschen. Daher ist Adam das Bild des Menschen in seiner *ursprünglichen Totalität,* von den beiden Händen Gottes erschaffen, in den der Geist Gottes geblasen wurde, die Aktualisierung der Vereinigung von Gott und Geschöpf. Das adamitische Erbe gehört allen Menschen. Es liegt im Potenzial eines jeden Menschen, Adam zu sein, Sein Vertreter auf der Erde, mit der Kenntnis der schönsten Namen und Eigenschaften und der Fähigkeit, diese auszudrücken. Joseph, der Traumdeuter, stellt den Menschen dar, der zwischen Wahrheit und Täuschung unterscheidet, zwischen dem ursprünglichen Licht und seinen Spiegelbildern, innerhalb des allumfassenden Reichs der Imagination.

Mohammed ist das Bild des Menschen in seiner *ursprünglichen Singularität,* Geliebter Gottes, verwirklichlicht in der Fülle der Knechtschaft, der niemals davon ablässt, Gottes rechtmäßige Position als Herr der Universen anzuerkennen. Diese Knechtschaft ist vollständige Unterwerfung (*islam*) unter Gott, ohne Vermittler und ohne Bedingung. Sie ist der Ort der reinen Vervollkommnung (*kamal*).

Die prophetischen Offenbarungen sind zu dem Zweck gegeben worden, Menschen zur Wahrheit zu führen, nicht einfach als zu befolgende Formen, sondern als lebendige Mittel, die innere Schau zu transformieren und wahres Glück zu finden. Die Propheten sind äußere Bilder der Inspiration unserer eigenen spirituellen Möglichkeit, ebenso wie die Engel äußere Bilder der Inspiration für einen Propheten sind. Manche Menschen sprechen deswegen davon, den Adam oder den Jesus des eigenen Seins zu verwirklichen. Es sind rein geistige Bedeutungen, deren Wirkungen immer vorhanden sind und deren physische Handlungen besondere Facetten der Weisheit exemplifizieren. In dieser Perspektive reicht die prophetische Tradition, die Ibn Arabi »universelles Prophetentum« nennt, über die Grenzen der Zeit hinaus, und er schreibt, dass Adam der erste und Jesus der letzte dieser Linie ist. So wie Mohammed die Linie des Prophetentums besiegelte und damit den äußeren Zyklus vollendete, so wird Jesus am Ende der Zeit wiederkehren, um den inneren Zyklus zu vollenden, das heißt die Heiligkeit der ganzen Menschheit.

Unser eigenes spirituelles Potenzial zu aktualisieren heißt, in die Fußstapfen der Propheten zu treten. Ibn Arabi beschreibt die unermessliche Landschaft der menschlichen Spiritualität im Sinne des prophetischen Erbes. So beschreibt er seinen ersten Meister in der physischen Welt, al-Uryani, als christlich (*isawi*), oder einen der berühmten Berber-Heiligen von Marokko, Abu Yaza, als mosaisch (*musawi*). Er kann dies tun, weil er die besonderen Modi der Spiritualität in jedem Fall erkennt. Das Merkmal der *isawi*-Heiligen ist beispielsweise ihr reines Mitgefühl für alle und jeden, ungeachtet der Person oder ihres Glaubens. Sie verursachen niemals Kränkung oder Betrübnis durch das, was sie sagen. Was ihren Mund verlässt, ist Schönheit, was sie mit ihren Augen sehen, ist Schönheit, und was sie hören, ist Schönheit. Er beschreibt seinen eigenen Pfad der Erbschaft sehr genau:

Während unser Scheich al-Uryani am Ende seines [physischen] Daseins *isawi* war, war ich zu Beginn meines [geistigen] Lebens auf diesem Weg *isawi*. Ich wurde dann zu der sonnenhaften *musawi*-Erleuchtung gebracht. Dann kam ich zu Hud, und danach zu allen Propheten. Danach wurde ich zu Mohammed gebracht.[12]

Wir werden die biografischen Aspekte dieser Äußerung im nächsten Kapitel besprechen; doch es ist wichtig zu erkennen, dass Ibn Arabis Beschreibung dieser Zustände aus seiner eigenen persönlichen Erfahrung stammt. Er verknüpft die Erscheinungen der Heiligkeit in dieser Welt mit ihren grundlegenden prophetischen Prinzipien, weil er die Propheten selbst gekannt und getroffen hat. Das ist die Grundlage des krönenden Meisterwerks von Ibn Arabis Schaffen, den *Fusus al-Hikam* (was man vielleicht als »die Weisheiten der Propheten« übersetzen kann). Am Ende seines Lebens geschrieben, ist dieses Buch der Höhepunkt seiner Lehren hinsichtlich der geistigen Bedeutung der Propheten. Seine besondere Qualität geht vor allem aus der Tatsache hervor, dass es ihm vom Propheten Mohammed in einem Traum in die Hand gelegt wurde.

Wie geht eine solche Umwandlung der Vision vor sich? Seiten über Seiten wurden von Ibn Arabi zur Erläuterung dieser Fragen beschrieben. Wie Michel Chodkiewicz bemerkte, wäre es »nicht falsch zu sagen, dass Ibn Arabi gewissermaßen von der ersten bis zur letzten Zeile seines Werks immer nur von Heiligkeit gesprochen hat, von deren Wegen und Zielen, und dass das ›Meer ohne

---

12. *Futuhat al-Makkiyah* I:223 und 3:361–362 (OY).

Ufer‹ niemals gänzlich ermessen werden kann.«[13] Hier können wir nur einen kurzen Ausschnitt wiedergeben, der beschreibt, wie er einen wahren Muslim sieht, einen Menschen des Glaubens und der inneren Schau:

> Diejenigen, die entsprechend ihrer inneren Schau an die Botschafter glauben, sind Muslime, Menschen, die sich ergeben haben und sich nicht erlauben zu interpretieren. Es gibt zwei Arten von ihnen: entweder ein Gläubiger, der alles Wissen davon aufgegeben und Ihm übergeben hat, bis er stirbt – er wird als jemanden bezeichnet, der einer fremden Autorität folgt. Oder es ist jemand, der gemäß dem handelt, was er von den Einzelheiten der geoffenbarten Gesetze weiß, und fest daran glaubt, was die Botschafter und die heiligen Schriften gebracht haben. Dann lüftet Gott die Schleier vor seiner inneren Schau und macht ihn zum Eigentümer einer inneren Schau in seinen Angelegenheiten, genau so wie Er es mit Seinem Propheten und Botschafter und den Leuten, um die Er besorgt war, gemacht hat. Er gab ihnen Enthüllung und innere Schau, und sie riefen zu Gott »entsprechend der inneren Schau«, genau wie Gott es von Seinem Propheten sagte, als Er Nachrichten über ihn verbreitete: »Ich rufe zu Gott aufgrund eines Beweises, ich und wer mir folgt.«[14] Die ihm folgen, sind die von Gott Wissenden, die Gnostiker, obwohl sie weder Botschafter noch Propheten sind. Sie folgen dem klaren Beweis für ihren Herrn in ihrem Wissen um Ihn und was von Ihm gekommen ist.[15]

Diese Fähigkeit zur inneren Schau ist der Schlüssel des Verständnisses für das, was Ibn Arabi unter einem Heiligen versteht. Es ist jemand, der die wahren Wirklichkeiten der Dinge direkt sieht, in seiner eigenen Erfahrung, dank der Erkenntnis seiner völligen Abhängigkeit von Ihm. Er folgt dem Propheten nicht als Person, sondern als dem feinsten Bild seines eigenen Potenzials an Menschsein. Er ist innig vertraut mit Ihm, Ihm so nahe, dass seine Schau sich nicht von Gottes Schau unterscheidet. Ibn Arabi zitiert oft Gottes Ausspruch (den Hadith *qudsi*) über den, den Er liebt:

---

13. *Seal of the Saints,* Seite 15.
14. Koran 12:108.
15. *Futuhat al-Makkiyah* I:218 und 3:338 (OY).

Wenn Ich ihn liebe, dann bin Ich sein Gehör, durch das er hört, sein Sehen, durch das er sieht, seine Hand, mit der er nimmt, und sein Fuß, mit dem er geht.[16]

Das arabische Wort, das gewöhnlich mit »Heiliger« übersetzt wird, ist *wali;* es kommt aus einer Wurzel, die »eng« oder »nahe sein« bedeutet. Die erste Bedeutung, die davon abgeleitet wird, ist, ein enger Freund zu sein, während die zweite Bedeutung den aktiven Sinn von »steuern« oder »die Aufsicht übernehmen« hat. Das allgemeine Verständnis von Heiligen bezieht sich auf die zweite Bedeutung, das heißt, eine Quelle der Autorität und Unterstützung zu sein – die Leute besuchen die Schreine oder heilige Menschen, um Wohltaten und Hilfe zu bekommen. Außerdem ist der englische Begriff *saint* etymologisch mit ganz anderen Vorstellungen verwandt, zum Beispiel mit *sanctus* (heilig oder rein). Heiligkeit ist daher oft mit einer Art überirdischer Reinheit verknüpft. Eine solche transzendente Konnotation stimmt nicht ganz mit dem Begriff *wali* überein. Einig moderne Gelehrte haben es vorgezogen, dieses arabische Wort als »Gottesfreund« zu übersetzen, doch für Ibn Arabi ist die Qualität der Nähe viel wichtiger. Er erläutert, dass die wahre Bedeutung in der Endung des Worte *wali* liegt: *li,* was im Arabischen »mein«, »mir gehörig« bedeutet.[17] Mit anderen Worten: Der Heilige ist jemand, der Gott gehört und in Seinem Besitz ist. Michel Chodkiewicz schreibt, dass »der *wali* jemand ist, der gleichzeitig nahe, Geliebter, beschützt und geleitet, und Beschützer, ›Patron‹ (im römischen Sinne), Gouverneur ist.«[18] Er fährt dann mit einem Zitat von Ibn Arabi fort, der Heiligkeit durch eine Form der Wurzel *w-l-y* beschreibt, in der Bedeutung von »etwas in Obhut oder Besitz nehmen«:

> Die *awliya* [Plural von *wali*] sind diejenigen, über die Gott die Aufsicht übernommen hat (*tawalla*), indem Er ihnen in ihren Kämpfen gegen die vier Feinde – die Leidenschaften, das Ego, die Welt und den Teufel – hilft.[19]

Es ist bezeichnend, dass Ibn Arabi jede sich bietende Gelegenheit ergreift, um die empfängliche Qualität des Menschen und die akti-

---

16. *Mishkat al-Anwar,* Nr. 91.
17. *Futuhat al-Makkiyah* II:23.
18. *Seal of the Saints,* Seite 24.
19. *Futuhat al-Makkiyah* II:53.

ve Kraft Gottes zu betonen. Hier zeigen die Worte »unter der Aufsicht stehen« eine Göttliche Aktion, und ein Gouverneur ist einfach jemand, der die Aufsicht übertragen bekommen hat, ein Stellvertreter oder Repräsentant. Dies ist für Ibn Arabi wichtig, weil er den Ort des Menschen von jeder Zuschreibung, außer von Dienerschaft, Empfänglichkeit und Gehorsam, frei halten will und jede Handlung und Qualität von Macht Gott überlässt.

In dieser abschließenden Passage erörtert er den Gottesnamen *Wali*, einen der Namen, mit dem Gott Sich selbst im Koran beschreibt, und wie seine Anwendung auf den Menschen die reine Dienerschaft beeinträchtigt:

> Wisse, dass Heiligkeit die alles einschließende und universelle Sphäre ist, die darum unendlich und eine [Göttliche] Ankündigung für jedermann ist. Andererseits haben das gesetzgebende Prophetentum und die Gesandtschaft ein Ende. Sie fanden in Mohammed (Friede sei mit ihm!) ein Ende, denn es gibt keinen Propheten nach ihm – das heißt jemanden, der ein neues Gesetz bringt oder dem ein neues Gesetz gegeben wird, noch gibt es einen Gesandten mit einem neuen Gesetz. Dieser Hadith[20] ist ein tödlicher Schlag für die Heiligen, denn das schließt auch das Ende des Geschmacks der perfekten und vollkommenen essentiellen Dienerschaft (*ubuda*) mit ein. (...) Der Diener wünscht sich nicht, irgendeinen Namen mit Gott, seinem Herrn, zu teilen. Nun wird Gott nicht »Prophet« oder »Gesandter« genannt, sondern Er nennt Sich *Wali* und wird durch diesen Namen gekennzeichnet. Er sagt: »Gott ist der *Wali* [Beschützer] der Gläubigen«[21] und »Er ist der *Wali*, der *Hamid* [Rühmenswerte]«.[22] Dieser [Göttliche] Name bleibt und herrscht über die Gottesdiener in dieser und der nächsten Welt. Seit dem Ende des Prophetentums und der Gesandtschaft bleibt kein Name, bei dem der Diener von Gott unterschieden werden kann, und doch ist Gott Seinen Dienern gnädig. Was ihnen bleibt, ist das universelle Prophetentum, wo es keine Gesetzgebung gibt.[23]

---

20. Mohammed sagte: »Es gibt keinen Propheten oder Gesandten nach mir.«
21. Koran 2:258.
22. Koran 42:27.
23. *Fusus al-Hikam*, Seiten 134–135; *The Bezels of Wisdom*, Seite 168.

VON PROPHETENTUM UND HEILIGKEIT

Im Hinblick auf die Erkenntnis der Wahrheit und das Empfangen von Inspiration im Herzen sind die Heiligen in der gleichen Lage wie die Propheten und Gesandten – die Letzteren beiden sind jedenfalls auch Heilige, womit ihr Grad der Verwirklichung und Entwerdung in Gott beschrieben ist. Da es nun nach Mohammed keine Propheten oder Gesandten mehr gibt, wie soll ein solcher Mensch denn genannt werden? Sie können nicht »Propheten« genannt werden, da diese Linie zu Ende ist; noch können sie genau genommen »Heilige« (*wali*) genannt werden, da dies einer der Gottesnamen ist. Obwohl er den Begriff »Diener« benutzt, erwähnt Ibn Arabi ihn in diesem Zusammenhang nicht, da er wissentlich oder unwissentlich für jeden gilt. Dies ist vielleicht eine Erklärung dafür, warum Ibn Arabi den Begriff »universelles Prophetentum« für Heiligkeit benutzt, ohne jemals irgendjemanden einen »universellen Propheten« zu nennen!

Kapitel 7

In der Ausbildung
(1184–1194)

Sprich: »So eure Väter und eure Söhne und eure Brüder und eure Weiber und eure Sippe und das Gut, das ihr erworben, und die Waren, deren Unverkäuflichkeit ihr befürchtet, und die Wohnungen, die euch wohlgefallen, euch lieber sind als Allah und Sein Gesandter und das Eifern in Seinem Weg, so wartet, bis Allah mit Seinem Befehl kommt.«[1]

Der Gott, Den du durch mystische Enthüllung direkt wahrnimmst
Ist nicht der Gott, den du durch verstandesmäßiges Denken begreifst –
Denn dein Denken geht nicht über seine eigene Stufe hinaus;
Vielleicht könnte es das tun, aber ihn ihm ist nur, was darin ist.
Die Urteile des Denkens bezüglich der Dinge sind zwiespältig;
Die Urteile der mystischen Enthüllung haben eine unergründliche Basis.
Du siehst Ihn in Seiner Offenbarung in jedem Glaubensartikel;
Keine einzige Bedeutung ist zu leugnen unter Seinen Bedeutungen.
Groß ist die Gottheit, Die kein Intellekt erfassen kann!
Es gibt keinen anderen als Ihn zu verstehen, so beobachte Ihn.
Groß ist die Gottheit, Die keine Enthüllung umfangen kann!
Es gibt nichts in der Schöpfung, das Ihn fassen kann.
Er ist es, Den du in der ganzen Schöpfung wahrnimmst,
und Er kann nur durch Seine Offenbarung wahrgenommen werden.[2]

1. Koran 9:24.
2. Gedicht am Anfang von Kapitel 516 der *Futuhat al-Makkiyah* IV:156.

Die Giralda in Sevilla, das Minarett der Freitagsmoschee der Almohaden, die in Ibn Arabis Jugend erbaut wurde, ist noch heute das Wahrzeichen der Stadt. Die ursprüngliche Struktur ist bis zu den blinden Arkaden erhalten

LEBEN IM WESTEN

IBN ARABIS KONTAKT MIT GEISTIGEN MEISTERN BEGANN IN

Sevilla. In jenen Tagen gab es noch keine etablierten Sufi-Orden (*tariqat*) in der islamischen Welt, und ein spirituelles Leben wurde normalerweise im Zusammensein mit verschiedenen Menschen statt mit nur mit einem Meister geführt. Der formalisierte Gehorsam späterer Generationen, wo ein Aspirant nur einen Lehrer haben konnte, gehörte nicht in diese Welt. In Ibn Arabis Fall gab es offenbar einen großen Kreis von Lehrern, und er hatte viele Begleiter auf dem spirituellen Weg. Wenn wir sein Buch *Ruh al-Quds* lesen, in dem er von seinen Erfahrungen mit den Sufis des Maghreb berichtet, bekommen wir den überwältigenden Eindruck einer Gemeinschaft von Menschen, die ernsthafte spirituelle Anstrengungen unternahmen, und von einer Gesellschaft, in der das von allen Schichten akzeptiert war, besonders von der herrschenden Klasse. Die Tatsache, dass die Almohaden-Herrscher selbst Rat bei spirituellen Lehrern (Scheichs) suchten, zeigt ein ungewöhnlich offenes Klima.

Der erste Meister, von dem Ibn Arabi Unterweisungen erhielt, war al-Uryani, der um 1184 nach Sevilla kam. Ibn Arabi berichtet mit bezeichnender Deutlichkeit von ihrer ersten Begegnung:

> Die erste Person, die ich auf dem Wege traf, war Abu Jafar Ahmad al-Uryani. Er war zu einem Zeitpunkt nach Sevilla gekommen, als ich gerade die erste Bekanntschaft mit diesem edlen Pfad machte. Ich war der Erste, der zu ihm eilte. Ich fand einen Mann, der völlig dem Gottgedenken ergeben war. Ich stellte mich ihm vor, und er erkannte sofort das geistige Bedürfnis, das mich zu ihm gebracht hatte. Er fragte mich: »Hast du dich für den Weg Gottes entschlossen?« Ich antwortete ihm: »Der Diener Gottes entschließt sich aktiv, doch der Eine, Der es festsetzt, ist Gott!« Er sagte dann zu mir: »Schließe die Tür, zerbrich die Verstrickungen und begib dich in die Gesellschaft des Einen, Der freigebig ist. Er wird ohne Schleier zu dir sprechen.« Ich praktizierte dies bis zur Erleuchtung.[3]

Diese kurze Episode enthält für den aufmerksamen Leser eine Fülle von Hinweisen über das weitere Vorgehen auf dem Weg. Sie

---

3. *Ruh al-Quds*, Seite 76; *Sufis of Andalusia*, Seite 63.

IN DER AUSBILDUNG

zeigt das sofortige, unmittelbare Erkennen zwischen Schüler und Meister, und das sofortige Vertrauen, das für eine fruchtbare Beziehung nötig ist. Tatsächlich fasst sie die Prinzipien der Spiritualität gemäß Ibn Arabi zusammen. Die erste Frage, die gestellt wird: »Hast du dich fest entschlossen, den Weg Gottes zu gehen?«, ist grundlegend. Ist der Suchende bereit, alles andere für die geistige Suche aufzugeben? Alle Vorstellungen von einem spirituellen »Weg« (dieser Weg, jener Weg, dein Weg, mein Weg und so weiter) aufzugeben, um sich unter die Leitung der allumfassenden Realität zu begeben, die mit dem Namen Allah benannt ist? Kurz: Ist es dein Ziel, Gott ganz und gar zu dienen? Ibn Arabis Antwort ist klar und deutlich: »Der Diener trifft die Entscheidung« und bemüht sich, sich vor der Göttlichen Gegenwart unverhüllt zu zeigen; »wer aber« beides, das Streben und dessen Ergebnis, »endgültig festsetzt, ist Gott«, denn Er ist der allein Handelnde.

Wie also vorgehen, wenn wir von Ihm völlig abhängig sind? »Schließe die Tür« zur Außenwelt der erschaffenen Bilder und Dinge, »durchschneide die Stricke« der Bindung an alle Formen, die als Schranke zwischen dir und Ihm stehen, die Stricke, die das Zelt der Trennung aufrecht halten, und »halte Umgang mit dem Einen freigebig Schenkenden«, Dem, Der aus reiner Fülle (*al-Wahhab*) gibt, ohne eine Gegenleistung zu erwarten. »Er spricht zu dir ohne Schleier«, ohne Vermittler, durch die wirkliche Verbindung, die direkt von Ihm zu dir geht. Ibn Arabi nennt dies das »persönliche Gesicht« (*wajh al-khass*).

Es ist bemerkenswert, dass dies ein grundlegendes Beispiel für den christlichen (*isawi*) Weg geistigen Lebens ist. Es ist eine Bekräftigung des Ratschlags, der ihm von Jesus gegeben worden war, »Entsagung und Nicht-Verhaftung zu praktizieren«.

Während unser Scheich al-Uryani am Ende seines Lebens *isawi* war, war ich es zu Anfang meines Lebens auf diesem Weg. Ich wurde dann zu der *musawi* (mosaischen) Sonnenerleuchtung gebracht. Dann wurde ich zu Hud gebracht, und danach zu allen Propheten. Danach wurde ich zu Mohammed geführt. Das war für mich die Reihenfolge auf dem Pfad – Gott hat es für mich festgesetzt und ich habe mich niemals vom Weg abgewandt. Durch die Ausbildung, durch die Gott mich für diesen Weg erzogen hat, hat Gott mich mit dem

Angesicht der Wirklichkeit in allem begnadet. Für mich in meiner Vision existiert nichts in der Welt, sondern ich bezeuge die essentielle Wirklichkeit Gottes darin und verherrliche Ihn dort. Daher vergessen [*oder:* tadeln] wir nichts in der Welt der Existenz.[4]

Diese Reihenfolge lässt sich in den Ereignissen von Ibn Arabis jungen Jahren sehr deutlich erkennen. Entsagung war die erste Vorbedingung: in Form der Konzentration auf Gott allein und der alleinigen Verantwortung Ihm gegenüber. Die Gruppe, die er in Sevilla besuchte, bestand aus Männern großer Askese. Einer der einflussreichsten und berühmtesten Sufis dieser Zeit war Ibn Mujahid, dessen Glaube auf einem Hadith des Propheten beruhte: »Rechne mit dir selbst ab, bevor du vor den Rechnenden gebracht wirst.«

> Er notierte alle seine Gedanken, Taten, Worte, was er gehört hatte und Ähnliches. Nach dem Nachtgebet zog er sich in sein Zimmer zurück und ging alle Handlungen des Tages durch, die der Reue bedurften, und bereute sie. Das Gleiche tat er mit allem, was seine Dankbarkeit hervorrief. Dann verglich er seine Handlungen mit dem, was durch das heilige Gesetz von ihm verlangt war.[5]

Ibn Arabi zufolge wurde dieser Scheich eines Tages von dem Almohaden-Herrscher Abu Yaqub besucht. Der Sultan fragte ihn, ob er sich jemals einsam fühle, da er allein lebte. Dieser antwortete: »Die Intimität mit Gott beseitigt jede Einsamkeit; denn wie kann ich einsam sein, wenn Er die ganze Zeit bei mir ist?« Ibn Mujahid starb im Jahr 1178, als Ibn Arabi erst dreizehn Jahre alt war, so dass er wahrscheinlich keine Gelegenheit zu einem persönlichen Kontakt mit ihm hatte. Jedoch profitierte er ganz bestimmt von dem geistigen Weg, den Ibn Mujahid lehrte. Er selbst ging so weit, nicht nur für seine Taten und Worte, sondern auch für seine Gedanken Rechenschaft abzulegen. Er verbrachte viel Zeit mit einigen Menschen, die mit Ibn Mujahid Umgang hatten, von denen drei einer besonderen Erwähnung bedürfen.

---

4. *Futuhat al-Makkiyah* I:223 und 3:361–362 (OY).
5. *Sufis of Andalusia*, Seite 146.

IN DER AUSBILDUNG

Abu al-Hajjaj von Shubarbul [ein Dorf bei Sevilla] war eine Gnade für die Welt. Wenn die Beamten der Obrigkeit bei ihm eintraten, pflegte er zu mir zu sagen: »Oh mein Sohn, diese sind Helfer Gottes, beschäftigt mit den Händeln der Welt. Es ist angebracht, dass die Menschen sich dem Gebet für sie widmen, dass Gott durch ihre Hände das Rechte zustande kommen lässt und ihnen beisteht.« (...)

Er hatte eine schwarze Katze, die niemand berühren durfte, auf die niemand seine Hand legen durfte. Sie pflegte in seinem Schoß zu schlafen. Er sagte immer zur mir: »Diese Katze besitzt ein Unterscheidungsvermögen im Hinblick auf die Freunde Gottes, und diese Scheu, die du in ihr siehst, ist kein durchgehendes Charakteristikum. Vielmehr hat Gott sie freundlich gemacht für die Freunde Gottes.« Ich sah mehrfach, wenn sie bei ihm war, dass ein Mensch eintrat und sie ihre Wange an seinem Fuß rieb und sich eng an ihn hielt. Und dass dann einer anderer eintrat und sie vor ihm floh. Unser Meister war zum ersten Mal bei ihm eingetreten, ich meine Abu Jafar al-Uryani (Gott, der Erhabene, möge ihm gnädig sein!), den ich als Ersten erwähnt habe, während die Katze in einem anderen Raum war. Da kam sie aus dem Raum heraus, schaute auf unseren Meister, öffnete ihre Pfoten um seinen Hals, umarmte ihn und rieb ihr Gesicht in seinem Bart. Dann stand Abu il-Hajjaj auf, um ihm einen Platz anzubieten, doch er sagte nichts. Danach erzählte mir Abu il-Hajjaj, dass er nie gesehen habe, dass sie dieses Verhalten einem anderen gegenüber gezeigt habe.[6]

Der zweite dieser Gefährten von Ibn Mujahid war ein Hutmacher namens Abu Abdallah Ibn Qassum. Ibn Arabi studierte die Regeln der rituellen Reinheit und des Gebets bei ihm und blieb fast siebzehn Jahre lang in seiner Gesellschaft.

Seine persönliche Anrufung am Ende einer Sitzung war immer: »Oh Gott, lass uns Gutes hören und zeige uns Gutes! Beschere uns, oh Gott, Wohlbefinden und lass es für uns andauern! Versammle, oh Gott, unsere Herzen zur Gottesfurcht und lass uns Erfolg haben bei dem, was Dir lieb ist und

---

6. *Ruh al-Quds*, Seite 84; *Sufis of Andalusia*, Seite 81.

womit Du zufrieden bist!« (...) Eines Nachts sah ich in Mekka den Propheten im Traum, (...) der dieses selbe Gebet [sprach]. Da widmete ich mich dieser Praxis umso eifriger.7

Der dritte war der Imam einer Moschee in Sevilla, Musa bin Imran al-Mirtuli. Er genoss zu seinen Lebzeiten soviel Respekt, dass selbst Sultan al-Mansur, der Sohn von Abu Yaqub, ihn aufsuchte.

> Wir erfreuten uns vieler geistiger Erfahrungen mit ihm. Seine Kraft des geistigen Strebens (*himma*) wurde verstärkt von Gott, Der uns vor Versuchung und Abkehr von dem Weg bewahrte. Bei dieser Aufgabe war er erfolgreich. Eines Tages besuchte ich diesen Scheich, und er sagte zu mir: »Kümmere dich um deine Seele, mein Sohn.« Ich antwortete, dass mir Scheich Ahmad [al-Uryani] bei einem Besuch gesagt hatte, ich solle mich mit Gott beschäftigen. Daher fragte ich ihn, welchen von beiden ich folgen solle. Er sagte: »Mein Sohn, ich bin mit meiner Seele beschäftigt, während er mit seinem Herrn beschäftigt ist. Jeder von uns leitet dich entsprechend seinem geistigen Stand. Möge Gott Ibn Abbas segnen und mich seine erhabene Stufe erreichen lassen.« So unparteiisch war er.8

Das Prinzip der *isawi*-Spiritualität kommt am deutlichsten in der Anweisung, die al-Uryani hinsichtlich der Dienerschaft erteilte, zum Ausdruck: »Sei ein reiner Diener.« Dies Bestreben setzte Ibn Arabi an die vorderste Stelle seiner geistigen Lehre. Ein Diener sein heißt in seinen Augen, zur wahren Natur der Menschheit zurückzukehren und ein klarer Spiegel zu werden, der die Wahrheit in keiner Weise verdunkelt, indem man sich mit Gott als Dem allein Existierenden beschäftigt. Es bedeutet die Aufgabe aller Vorurteile, aller persönlichen Meinungen, jedes Eigenwillens und die Akzeptanz Seiner Weisheit und Seines Willens in allen Dingen. Dieser Verzicht sollte nicht mit äußeren Formen der Askese verwechselt werden, obwohl zu verschiedenen Zeiten verschiedene dieser

---

7. *Ruh al-Quds*, Seite 85; *Sufis of Andalusia*, Seite 84.
8. *Ruh al-Quds*, Seiten 88–90; *Sufis of Andalusia*, Seiten 88–89. Al-Mirtuali war auch bekannt für ein Buch spiritueller Gedichte, das Ibn Arabi mit ihm studierte.
9. *Futuhat al-Makkiyah* I:226 und 3:378 (OY).

Praktiken vorgeschrieben werden können als Hilfe auf dem Weg zur Erkenntnis. Es ist ein spontaner Verzicht auf Verblendung, weil gesehen wird, was real ist.

Gleichzeitig impliziert es die Erkenntnis des Guten und Schönen in allen Dingen, wie es sich in dem Gebet von Ibn Qassum zeigt. Ibn Arabi schreibt:

> Was die *isawis* als einen [ureigenen] Teil ihres Seins besitzen, ist [die Fähigkeit] zu sagen, was schön und gut ist (*husn*), zu sehen, was schön und gut ist, und zu hören, was schön und gut ist.[9]

Das beinhaltet eine Neigung, das Gute in allen Dingen zu sehen, und spricht nichts seinen rechtmäßigen Platz in der Existenz ab. Die außerordentlich praktische Natur dieser Erkenntnis ist bei dem folgenden Ereignis zu sehen, das sich auf dem Marktplatz von Sevilla ereignete:

> Ich trug einmal etwas in meiner Hand, was die Menschen normalerweise [zu berühren] ablehnen würden und was nicht

Der Hof für die Waschungen in der Adabbas-Moschee in Sevilla (9. Jahrhundert), heute der Patio der Kirche San Salvador. Dies war zur Zeit Ibn Arabis die Hauptmoschee, wo sich die Gemeinschaft am Freitag versammelte. Er erwähnt sie oft, wenn er seine andalusischen Meister beschreibt

meiner gesellschaftlichen Stellung entsprach. Von diesem Salzfisch ging ein fauliger Gestank aus. Meine Gefährten dachten, ich müsste ihn wohl zur Erniedrigung meiner Seele tragen, da mein gesellschaftlicher Rang in ihren Augen mich [normalerweise] davon abgehalten hätte, so etwas zu tragen. Sie sagten zu meinem Scheich: »Soundso war sehr eifrig in seinen Bemühungen, sich selbst zu erniedrigen.« Der Scheich antwortete: »Fragen wir ihn doch selbst, welchen Grund er hatte, so etwas zu tragen.« Also fragte mich der Scheich, als alle dabei waren, und teilte mir mit, was sie gesagt hatten. Ich antwortete ihnen: »Ihr liegt ganz falsch mit der Interpretation meiner Handlung; bei Gott, daran dachte ich überhaupt nicht, als ich es tat! Es war einfach so, dass ich sah, dass Gott, in Seiner Größe, Sich nicht gescheut hatte, ein solches Ding zu erschaffen. Wie könnte ich dann unterlassen, es zu tragen?« Der Scheich dankte mir, und meine Gefährten waren verblüfft.[10]

Ibn Arabi war versprochen worden, dass, wenn er »mit dem Einen Umgang hat, Der freigebig ist, Er mit dir ohne Schleier sprechen wird«. Das ist eine Anspielung auf die *musawi*-Erleuchtung, da Moses dafür bekannt ist, dass Gott mit ihm sprach (wie auf dem Berg Sinai). Sein eigenes Zeugnis: »Ich praktizierte das, bis ich Erleuchtung fand«, ist unter diesen Umständen eine, gelinde gesagt, lakonische Bemerkung! Die mosaische Verbindung, die bereits in seinem ersten Treffen mit al-Uryani im Jahre 1184 vorweggenommen war, wird in einem weiteren, späteren Ereignis verstärkt:

Ich hatte einst eine Diskussion mit meinem Scheich Abu al-Abbas al-Uryani über die Identität eines gewissen Individuums, dessen Erscheinung der Gesandte als eine frohe Botschaft angekündigt hatte. Er sagte zu mir: »Er ist der und der, der Sohn von dem und dem«, und erwähnte jemanden, den ich nur dem Namen nach kannte, aber dem ich noch nicht begegnet war, obwohl ich seinen Cousin getroffen hatte. Ich äußerte meinen Zweifel und wollte dem, was der Scheich sagte, nicht zustimmen, weil ich eine direkte Einsicht in diese

---

10. *Futuhat al-Makkiyah* I:506.

Sache hatte. Er litt innerlich [meinetwegen], obwohl ich mir dessen damals nicht bewusst war, denn ich war nur ein Anfänger [auf diesem Weg]. Ich verließ ihn und traf auf dem Heimweg einen Fremden, der mich zuallererst mit Liebe und Zuneigung begrüßte. Er sagte: »Oh Muhammad, akzeptiere das, was Scheich Abu al-Abbas zu dir über Denundden gesagt hat, als Wahrheit«, und nannte die Person, die al-Uryani erwähnt hatte. Ich sagte: »Ja« und wusste, worauf er hinaus wollte. Ich kehrte sofort zum Scheich zurück. Sobald ich eingetroffen war, sagte er: »Oh Abu Abdallah, wenn etwas gesagt wird, was mit deinen Gedanken über eine Sache nicht übereinstimmt, muss dann wirklich Khidr kommen und dir sagen, du solltest als wahr akzeptieren, was der und der zu dir gesagt hat?«[11]

Das Erscheinen Khidrs, der Moses in die inneren Mysterien einweihte, ist ebenfalls bedeutsam. Khidr ist der mysteriöse, unsterbliche Führer, der die Erziehung der Heiligen übernimmt. Sich spirituellen Lehrern zu überlassen, ist ein Erfordernis guten Benehmens und richtigen Taktgefühls (*adab*), insofern der Lehrer ein Bild des wahren Meisters, Gott, ist. Hier wusste Ibn Arabi, dass er eine direkte Intuition besaß, die seinem Lehrer überlegen war, und die Rollen schienen vertauscht zu sein. Nichtsdestoweniger war die äußerliche Unterwerfung immer noch erforderlich. Was für ein exquisites Stück Erziehung nun, dass Khidr, der Lehrer des Esoterischen, Ibn Arabi die wirkliche Bedeutung des Exoterischen aufzeigt! Die geistige Stufe Khidrs erlaubt keinen Widerspruch, da der Heilige auf dieser Ebene die Göttliche Realität in jedem Antlitz sieht. Khidr demonstriert hier dem jungen Ibn Arabi einen Aspekt des reinen Dienens, den er sonst vielleicht übersehen hätte: den notwendigen Respekt für das Äußere und scheinbar Reale, das nichts als eine der Facetten der (Göttlichen) Wirklichkeit ist.

Im Jahre 1190, im Alter von vierundzwanzig Jahren und etwa sechs Jahre nach dem Beginn seiner Lehrzeit unter al-Uryani, nahm Ibn Arabis Leben eine dramatische Wendung. Zunächst, vielleicht infolge des Todes seines ersten Meisters, begann er mit vielen anderen Lehrern, Männern wie Frauen, Zeit zu verbringen. Eine der bemerkenswertesten Lehrerinnen war eine alte Frau in

---

11. *Futuhat al-Makkiyah* I:186.

den Neunzigern, die in extremer Armut lebte, Fatima bint Ibn al-Muthanna:

> Zusammen mit zwei Gefährten baute ich ihr ein Schilfhaus, wo sie wohnen konnte. Sie pflegte zu sagen: »Mir gefällt von denen, die zu mir kommen, niemand so wie Soundso« – sie meinte mich. Da sagte jemand zu ihr: »Warum das?« »Jeder von euch«, antwortete sie, »kommt zu mir mit nur einem Teil von sich, während er seinen anderen Teil bei seinen Interessen in Haus und Familie lässt – außer Muhammad Ibn al-Arabi, mein Sohn und der Trost meines Auges. Denn wenn er zu mir hereinkommt, kommt er mit seinem ganzen Selbst. Wenn er aufsteht, steht er mit seinem ganzen Selbst auf, und wenn er sich hinsetzt, setzt er sich mit seinem ganzen Selbst. Nichts von seinem Selbst lässt er aus. Das ist es, was sich für den Weg gebührt.«[12]

Ibn Arabi kam auch zum ersten Mal in Kontakt mit dem geistigen Erbe des großen nordafrikanischen Heiligen Abu Madyan. Der stärkste Einfluss war Abu Yaqub Yusuf al-Kumi, der ein Gefährte Madyans gewesen war und dem Ibn Arabi den zweiten Rang in seinem Buch *Ruh al-Quds* gibt. Es ist interessant, in dem folgenden Bericht den deutlichen Unterschied zwischen der sanften Natur des al-Uryani und dem ziemlich distanzierten und Ehrfurcht einflößenden Wesen des al-Kumi zu sehen, das eher der *musawi*-Spiritualität entspricht.[13]

> Die erste Frage, die er mir vorlegte, als ich ihn zum ersten Mal sah, wobei er sich mir mit seinem ganzen Selbst zugewandt hatte, war: »Was ist die Sünde, die derjenige begeht, der vor einem Betenden vorbeigeht, so dass er wünscht (wegen der Schwere des Vergehens), er hätte vierzig Jahre stillgestanden?« Ich gab ihm die korrekte Antwort, und er war

---

12. *Ruh al-Quds,* Seite 132; *Sufis of Andalusia,* Seite 143.

13. Es ist sicher kein Zufall, dass die *musawi*-Phase seines Lebens begann, als er diese Schüler von Abu Madyan traf. Abu Madyan, dessen voller Name Abu Madyan Shuayb bin al-Huasayn al-Ansari lautete, spürte offenbar deutlich eine geistige Verbindung mit dem Land Midian: Dieses Land stand außerhalb der Kontrolle der großen irdischen Macht Ägypten. Dort verbrachte Moses einige Jahre im Dienst von Jethro (im Arabischen als Shu'ayb [Schoeib] bekannt).

mit mir zufrieden. Ich pflegte, wenn ich vor ihm und auch vor anderen meiner Meister saß, vor Schreck zu zittern wie ein Blatt an einem Tag mit heftigem Wind; meine Sprache veränderte sich, und meine Glieder waren wie betäubt. Sobald er dies bemerkte, behandelte er mich freundlich und trachtete danach, mich zu entspannen. Das aber vermehrte nur meine Ehrfurcht und meine Achtung vor ihm. Er liebte mich, doch er zeigte es mir nicht, sondern ließ vielmehr andere nahe kommen, und war mir gegenüber zurückhaltend. (...) Meine Gefährten begannen, meinen geistigen Fortschritt geringzuschätzen, doch (Lob sei Gott!) war ich der Einzige in dieser ganzen Gruppe, der wirklichen Erfolg in seinen Studien bei ihm hatte. Das gab der Scheich später auch zu.[14]

Zu diesem Zeitpunkt kannte Ibn Arabi noch immer keine Bücher über den Sufismus. Über eine andere Erfahrung mit al-Kumi schreibt er:

Damals hatte ich noch nicht das *Risala* des al-Qushayri oder irgendeines anderen Meisters gesehen und wusste nicht, dass irgendeiner unseres Weges etwas geschrieben hatte, noch war ich mit der Sprache der Sufis vertraut. Eines Tages bestieg der Scheich sein Pferd und gebot mir und einem anderen seiner Schüler, ihm nach al-Muntiyar zu folgen. Dies ist ein hoher Berg, ungefähr drei Meilen von Sevilla entfernt. Als das Stadttor [am Morgen] geöffnet wurde, machte ich mich mit meinem Gefährten auf den Weg, der ein Exemplar des *Risala* von al-Qushayri bei sich hatte. Wir stiegen den Berg hinauf und fanden auf dem Gipfel den Scheich und seinen Diener, der dessen Pferd hielt. Dann betraten wir die Moschee auf dem Gipfel des Berges und verrichteten das rituelle Gebet. Er wandte sich darauf mit dem Rücken zur Mihrab [der Gebetsnische], gab mir das *Risala* und befahl mir, daraus zu lesen. Meine Ehrfurcht vor ihm war so groß, dass ich nicht imstande war, ein Wort an das andere zu fügen, und das

---

14. *Ruh al-Quds,* Seiten 73–75; *Sufis of Andalusia,* Seite 70.
15. *Ruh al-Quds,* Seiten 73–75; *Sufis of Andalusia,* Seite 71. Der Hügel von al-Monteber liegt westliche von Sevilla, in der Nähe der modernen Dörfer Camas und Santiponce.

Buch fiel mir aus der Hand. Da befahl er meinem Gefährten zu lesen und erläuterte das Gelesene, bis die Zeit für das Nachmittagsgebet gekommen war, das wir verrichteten.[15]

Auf ihrem Rückweg nach Sevilla lief Ibn Arabi neben dem Pferd des Scheichs, während sie über die Tugenden und Wunder des Abu Madyan sprachen. Sie durchquerten ein Dickicht von Dornbüschen, ohne einen einzigen Kratzer abzubekommen, und al-Kumi bemerkte: »Dies gehört zur Segenskraft, die durch unsere Erwähnung von Abu Madyan hervorgerufen wurde. Halte dich an den Weg, mein Sohn, und du wirst Rettung finden.«[16]

Die Rettung, die ihm versprochen wurde, ließ, wie wir sehen werden, nicht lange auf sich warten. Ibn Arabi blieb in der Gesellschaft anderer Gefährten von Abu Madyan, besonders Abu Muhammad al-Mawruri, dem eine »sehr aktive geistige Kraft und erstaunliche Wahrhaftigkeit zu eigen« war.[17] Durch Ibn al-Mawruri sollte Ibn Arabi viele Geschichten von Abu Madyan und seinem Kreis hören:

Ich hörte folgende Geschichte über Abu al-Abbas al-Khashshab, einen der Gefährten von Abu Madyan in der Stadt Fez. Ein Mann kam zu jenem, in der Hand ein Buch über den Weg. Er las ihm einen Abschnitt vor und Abu al-Abbas blieb still. Der Mann sagte zu ihm: »Meister, warum sagst du mir nichts dazu?«»Lies in mir!« antwortete Abu al-Abbas.

Diese Worte waren für den Mann schwer erträglich, also ging er zu unserem Scheich, Abu Madyan, und sagte: »Oh unser Meister, ich war bei Abu al-Abbas al-Khashshab und las ihm aus einem Buch geistiger Unterweisung vor, damit er mir etwas darüber sage. Aber er sagte lediglich: »Lies in mir!«

»Abu al-Abbas sprach die Wahrheit«, sagte der Scheich, »wovon handelte das Buch?« »Von Entsagung, Verzicht, Vertrauen, Gott die Autorität geben und von allem, was der Weg zu Gott erfordert.« Der Scheich fragte ihn: »War es eine Frage der geistigen Rangstufe, die Abu al-Abbas nicht besitzt?« »Nein«, antwortete er. »Wenn die geistigen Stationen

---

16. *Sufis of Andalusia*, Seite 72.
17. *Sufis of Andalusia*, Seite 108.

Dornbüsche auf den Hügeln nordwestlich von Sevilla. Wahrscheinlich die Stelle von al-Monteber, wo die Tugenden des Abu Madyan von al-Kumi gepriesen wurden

von al-Khashshab all dem entsprechen, was das Buch enthält, und du nicht zuließest, einen Rat von seinen Stationen zu empfangen, noch irgendetwas von seinen positiven Qualitäten angenommen hast, was hat es dann für einen Sinn, ihm vorzulesen und ihn darum zu bitten, dir etwas darüber zu sagen? Er hat dir durch seinen spirituellen Rang geraten und sehr klar und ermutigend gesprochen!«

Der Mann ging, überaus beschämt. Diese Geschichte wurde mir von Haji Abdallah al-Mawruri bei einer Versammlung in Sevilla berichtet.[18]

---

18. *Kitab al-Isfar*, Seiten 68–69. Diese Episode ist ein schönes Beispiel dafür, was Ibn Arabi meinte, als er schrieb: »Wenn die Scheichs gefragt wurden, was etwas war, antworteten sie nicht mit wesentlichen Definitionen. Stattdessen antworteten sie mit der sich daraus ergebenden Wirkung der Station auf denjenigen, der dadurch näher bestimmt ist. Durch die Antwort selbst wurde bewiesen, dass sie die Station durch Geschmack und Verfassung erreicht hatten. Wie viele [Menschen] gibt es, die die wesentliche Definition kennen, aber nichts von ihrem Duft haben!« (*Futuhat al-Makkiyah* II:143).

Das Amphitheater von Italica. Einst eine der Metropolen des Römischen Reiches, wurden die Ruinen von Italica als Steinbruch für Sevilla benutzt und wahrscheinlich als Ort der Einkehr

Ein anderer Gefährte des Abu Madyan besuchte Ibn Arabi im gleichen Jahr unter ungewöhnlichen Umständen. Nach dem Sonnenuntergangsgebet wünschte Ibn Arabi sich plötzlich, Abu Madyan zu sehen, der etwa sechs Wochen Reisezeit entfernt lebte. Kurze Zeit später stand ein Mann an der Tür, der sich als Abu Imran al-Sadrani vorstellte. Als Ibn Arabi ihn fragte, woher er käme, antwortete er, dass er aus Bejaia (oder Bougie im heutigen Algerien) käme, wo sie gerade das Sonnenuntergangsgebet gesprochen hätten. Offenbar hatte Abu Madyan die tiefe Sehnsucht Ibn Arabis, ihn zu sehen, gespürt.

> Abu Imran erwähnte den Wunsch, den ich gehabt hatte, Abu Madyan zu sehen, und sagte mir, dass Abu Madyan gesagt habe: »Sage Ibn Arabi, dass unsere Begegnung im geistigen Bereich völlig in Ordnung ist, aber eine körperliche Begegnung in dieser Welt wird Gott nicht erlauben. Er möge jedoch ruhig sein, denn die Zeit, die ihm und mir gegeben ist, steht unter dem Schutz von Gottes Mitgefühl.«[19]

IN DER AUSBILDUNG

Schon begann Ibn Arabi, unter seinen Mitschülern herauszuragen. Seine geistige Schau war so stark, dass, selbst wenn er nicht in al-Kumis Gegenwart war, er ihn in der Welt der Vorstellungskraft treffen und ihm Fragen stellen konnte. Sein geistiger Hunger war so intensiv, dass er viel Zeit zwischen den Gräbern und Ruinen Sevillas verbrachte, in Einkehr und Kontemplation. Ein von ihm häufig gebrauchter Ausdruck zur Beschreibung geistiger Erfahrung ist *fath* (wörtlich: »Öffnung« oder »Erleuchtung«). Es ist diese Rückzugsperiode, die er später einem seiner Schüler gegenüber erwähnt:

> Meine Einkehr begann vor der Morgendämmerung, und meine Erleuchtung trat vor Sonnenaufgang ein. Nach der Erleuchtung empfing ich »die Anordnung der Grade bei den Jungfrauen« (*tartib fil-abkar*)[20] und andere Stationen. Ich blieb vierzehn Monate lang an meinem Platz, durch den ich die Geheimnisse erlangte, die ich nach der Erleuchtung niederschrieb. Meine Öffnung war ein [Zustand von] ekstatischer Ergriffenheit in jenem Moment. Das große Geschenk von Gott dem Allerhöchsten war ein besonderes Wissen aus dem Wissen der Gesegneten.[21]

An anderer Stelle beschreibt er einen Teil dieser Klausur in außergewöhnlicher Sprache, als eine Erweckung zu den Bedeutungen, die in dem am Anfang dieses Kapitels zitierten Koranvers enthalten sind.

---

19. *Ruh al-Quds,* Seite 113; *Sufis of Andalusia,* Seite 121.

20. Dieser ungewöhnliche Ausdruck wird noch einmal in Kapitel 516 der *Futuhat* erwähnt, wo er von seiner Klausur im Jahr 586 [1190] spricht und von der »Deflorierung der Jungfrauen, die weder von Männern noch von den Dschinns berührt wurden« (*Futuhat al-Makkiyah* IV:157). Er verweist auch auf »jungfräuliche Geheimnisse«, die von den Gnostikern im Harem des inneren Westens defloriert wurden, bevor sie am östlichen Horizont der Manifestation als »Geschiedene« auftauchten (vgl. *Risalat al-Intisar,* Seiten 4–5; *Rasa'il,* Band II). Das Wort im Arabischen bedeutet sowohl »erstgeboren« als auch »Jungfrau« und steht im Koran (56:37) in Verbindung mit den Gefährten der Rechten im Paradies. Für Ibn Arabi ist dies eine Anspielung auf den reinsten Ort der Empfängnis für das Göttliche Wissen.

21. Die Worte Ibn Arabis laut seinem Schüler Ibn Sawdakin in: *Kitab Wasa'il al-sa'il,* Seite 21.

Teil des unterirdischen Netzwerks von Gängen in Italica

IN DER AUSBILDUNG

> Dieser Vers wurde mir an einem Freitag nach dem Gebet gegeben, auf dem Friedhof in Sevilla im Jahr 586 [1190]. Ich blieb trunken davon, unfähig zum Rezitieren von Gebeten, entweder wach oder schlafend, außer mit diesem Vers, und [dies dauerte] drei Jahre lang. In dieser Zeit erfuhr ich unermessliche Süße und Freude.[22]

Dieser Zustand der Freude scheint Gegenstand einer Warnung gewesen zu sein, die er von einem seiner größten Lehrer, Salih al-Adawi, erhielt, einem Berber, der eine der Moscheen in Sevilla besuchte.

> Eines Tages kam ich zu ihm, als er die rituellen Waschungen vornahm. (...) Als er seine Waschung beendet hatte, schaute er auf und sah mich dort stehen. Er saß auf einer Bank und bereitete sich vor, sich abzutrocknen, und rief mich zu sich. Damals hatte ich gerade damit begonnen, dem Weg zu folgen, und bestimmte Hinweise spiritueller Art erhalten, von denen ich niemandem erzählt hatte. Er sagte zu mir: »Mein Sohn, wenn du den Honig gekostet hast, koste nicht mehr den Essig. Gott hat dir den Weg geöffnet, also bleibe standhaft.«[23]

Kein Wunder, dass Ibn Arabi von jener Erleuchtung als »sonnenhaft« spricht, denn im Sonnenlicht können alle Dinge dieser Welt in ihrer ganzen Herrlichkeit gesehen werden. Dies war eine Zeit der intensivsten Enthüllungen, in denen »Gott zu ihm sprach«, so wie es dem Vernehmen nach auch Moses erlebte. Er beschreibt, wie er dadurch, dass »Gott Seinen Befehl brachte«, die wirkliche Bedeutung von »Vater«, »Sohn« und so weiter verstehen lernte. Die Göttliche Rede nahm bei Ibn Arabi oft die Form von Koranversen an, die über ihn kamen wie »ein Sternenschauer«, so dass er ihre Bedeutung unmittelbar in seinem Herzen erlebte. So etwas geschieht nur, wenn das Herz klar und wolkenlos ist.

> Das Herabsteigen des Korans in das Herz des Dieners ist das Herabsteigen Gottes in ihn. Gott spricht dann zu ihm aus seinem tiefinnersten Sein.[24]

---

22. *Futuhat al-Makkiyah* IV:156.
23. *Sufis of Andalusia*, Seiten 74–75.
24. *Futuhat al-Makkiyah* III:94.

LEBEN IM WESTEN

> Das Herz des Dieners ist wie der nächste Himmel, in den der Koran als Ganzes herabsteigt. Er wird deutlich entsprechend denen, an die er sich wendet – das Auge empfängt ganz anders als das Ohr. Wir sagen, dass er auf einmal in dein Herz hinabsteigt, doch das heißt nicht, dass du ihn dort behältst oder auswendig weißt; er besteht [auf der Ebene der rein] spirituellen Bedeutung, und er ist ohne dein Wissen in dir. (…) Dann steigt er zu dir hinab als [das deutliche Licht der] Sterne in dir, dadurch, dass deine Bedeckung [von deiner Sicht] entfernt wird. Ich habe dies am Anfang meines Weges selbst gesehen.[25]

Daher ist das Licht, das das Auge kontemplieren kann, nicht die Sonne selbst, denn sie würde den Schauenden blenden. Es geschieht in Form der Sterne am Nachthimmel, deren Konstellationen unzählige Arten der Erleuchtung repräsentieren. Er sagt uns beispielsweise, dass er während seiner Klausur in Sevilla die Stufe der Schau Abrahams erreicht habe. Er erkannte, was mit dem Gebet von Abraham gemeint ist, dass alle seine Kinder Muslime sein sollten: dass sie sich dem Wahren Gott unterwerfen. Die abrahamitische Schau Gottes steht fest zum Einssein Gottes, über alle Bilder des Glaubens und alle Pluralität hinaus.

> Ich wusste, dass ich von diesem Zeitpunkt an der Erbe des Glaubens war, den Gott uns und Seinen Botschafter zu befolgen hieß in Seinem Ausspruch: »[Folge] dem Glauben deines Vaters Abraham, denn er hat euch ›Muslime‹ genannt.« Ich erkannte seine Qualität der Vaterschaft und meine Qualität der Sohnschaft.[26]

Vielleicht hatte er zu dieser Zeit auch den wunderbaren Traum über das Lesen des Korans und den Propheten Abraham:

> Ich sah in einem Traum, als hätte die Auferstehung begonnen, und die Menschen wogten wie der Ozean. Ich hörte die Rezitation des Korans in *Illiyun* und rief aus: »Wer sind diese Leute, die den Koran zum jetzigen Zeitpunkt rezitieren, ohne

---

25. *Kitab al-Isfar*, Seiten 20–21.
26. *Futuhat al-Makkiyah* III:488; *Quest for the Red Sulphur*, Seite 124.

dass sie Furcht überkommt?« »Es sind die Träger des
Korans«, wurde mir gesagt. »Dann bin ich einer von ihnen«,
behauptete ich. Mir wurde eine Leiter gebracht, und ich kletterte nach oben in einen Raum im *Illiyun*, wo Jung und Alt
den Koran vor dem Propheten Gottes, Abraham, dem innigsten Freund, rezitierten. Ich saß vor ihm und begann, den
Koran voller Vertrauen zu rezitieren, ohne Angst oder Beunruhigung oder Befangenheit zu spüren. Tatsächlich weiß ich
nicht, welche Befürchtung die Menschen am Jüngsten Tag
[des Gerichts] so betrübt.[27]

Später in diesem außerordentlichen Jahr 1190 hatte er eine große
Vision in Cordoba, bei der er allen Propheten, von der Zeit Adams
bis zu Mohammed, in ihrer spirituellen Realität begegnete. Diese
Vision ereignete sich am Ende jenes Jahres, wahrscheinlich im
November, nachdem Ibn Arabi angewiesen worden war, seine vollständige Klausur zu beenden.[28] Hier in Cordoba fand die dritte
Stufe seiner spirituellen Entwicklung durch eine Begegnung mit
dem vorislamischen Propheten Hud statt.

Wisse, als Gott mir die wesentlichen Realitäten Seiner Botschafter und Propheten (Frieden sei mit ihnen!), jedes einzelnen der Menschenart von Adam bis Mohammed, zusammen
in einer Vision, die ich im Jahre 586 in Cordoba hatte,
offenbarte und mich bezeugen ließ, sprach keiner von diesen
Leuten mit mir außer Hud. Er erklärte mir den Grund für
ihre Versammlung. Ich sah ihn als großen Mann lieblichen
Angesichts mit einer feinen und angenehmen Sprechweise,
als einen Mann der Gnosis und der Einsicht in jede Angelegenheit. Was mir zeigte, dass er diese Einsicht besaß, war

---

27. Der achte Traum in: *Kitab al-Mubashshirat*. Vgl. Koran 83:18–21 für
Illijun, eine der Stätten des Paradieses.
28. Nach dem Zeugnis eines seiner späteren Schüler, Muayyiddin Jandi: »Er
zog sich zu Beginn seiner Ferien in Sevilla, Andalusien, von der Welt zurück, für
eine Dauer von neuen Monaten, und brach sein Fasten in dieser Zeit nicht. Er
ging zu Beginn des [Monats] Muharram in Klausur und wurde angewiesen, sie
am Tag *Id al-fitr* [wenn das Fasten des Ramadans beendet wird] zu beenden«
(*Quest for the Red Sulphur*, Seite 38). Angenommen, dass es die gleiche Klausur
wie die Ibn Sawdahin gegenüber erwähnte ist, ging Ibn Arabi am 8. Februar 1190
in Klausur und beendete sie neun Monate später am 1. November.

sein Zitat [des Koranverses]: »Kein Tier ist auf Erden, das Er nicht an seiner Stirnlocke hielte. Siehe, mein Herr ist auf dem rechten Wege.«[29] Welche besseren Nachrichten für die Schöpfung könnte es geben?[30]

Diese Ankündigung von Hud ist doppelt wichtig. Erstens zeigt sie, dass alle Dinge in der Schöpfung unwiderruflich an Gottes Führung gebunden sind. Bei der Stirnlocke gehalten zu werden, ist das Bild, von jemandem geführt, von einem Führer gelenkt zu werden, der selbst auf dem geraden Weg ist. Es bezieht sich auf den folgenden Koranvers in der Fatiha (der ersten Sure): »Leite uns auf dem rechten Pfad, den Pfad derer, denen Du gnädig bist, nicht derer, denen Du zürnst, und nicht der Irrenden.« Für Ibn Arabi bedeutet dies:

> Jedes Lebewesen, das schreitet, geht auf dem geraden Pfad des Herrn. In diesem Sinne gehören sie nicht »zu denen, denen Du zürnst, und nicht den Irrenden«, denn beides, das Irren und der Göttliche Zorn sind akzidentiell. Alle führen zum Erbarmen Gottes zurück, das alles umfasst und das [vor Seinem Ärger] Vorrang hat.[31]

Dieses doppelte Mitgefühl findet sein großartigstes Bild, wie wir im letzten Kapitel gesehen haben, im Prophetentum des Menschen, denn die Propheten und Botschafter sind die höchste Verkörperung der Führung. Dies ist das große Mitgefühl, das jedem Geschöpf manifest und bekannt gegeben ist, während das allergrößte Mitgefühl in der Erkenntnis der geistigen Bedeutung jenes prophetischen Bildes besteht, dass »Er die essentielle Wirklichkeit des Hörens (des Dieners) ist, das Sehen, die Hand, der Fuß und die Zunge«.[32]

Die zweite Bedeutung dieser Ankündigung betrifft den Hörenden, Ibn Arabi, selbst. Die Kontemplation aller Propheten, die Ebenbilder der Göttlichen Führung sind, impliziert eine sehr spezielle Position und verweist auf den einzigartigen Status des

---

29. Koran 11:59.
30. *Fusus al-Hikam*, Seite 110; *The Bezels of Wisdom*, Seite 134.
31. *Fusus al-Hikam*, Seite 106; *The Bezels of Wisdom*, Seite 130. Vgl. Koran 1:5–6.
32. Dieser Hadith des Propheten Mohammed wird von Ibn Arabi in dem Kapitel über Hud zitiert, in: *Fusus al-Hikam*, Seite 110; *The Bezels of Wisdom*, Seite 134.

Zeugen. Nach einer Tradition der direkten Schüler Ibn Arabis erklärte Hud, dass der wahre Grund für jenes Treffen war, ihn als das Siegel der mohammedanischen Heiligkeit zu begrüßen. Das Siegel ist derjenige, der die Bedeutungen des Weges Mohammeds darstellt, indem er sie unter dem Aspekt ihrer Spiritualität synthetisiert und integriert, in der gleichen Art und Weise, wie Mohammed alle prophetischen Wege vor sich synthetisiert und integriert hat. Die Bedeutung und das Erleben dieser Vision und der Ankündigung Huds brauchte zwölf Jahre zum Reifen und den Rest seines Lebens zur Umsetzung.

Über seinen Kontakt mit allen anderen Propheten wissen wir nicht viel, außer den wenigen Einzelheiten, die in dem folgenden Bericht geliefert werden:

> Ich blieb in der Gesellschaft der Gesandten und hatte neben Mohammed großen Nutzen durch eine Gruppe von ihnen, nämlich Abraham, den innigsten Freund [Gottes] (*khalil*), dem ich den Koran rezitierte, Jesus, an dessen Hand ich [zu Gott] zurückkehrte, und Moses, der mir das Wissen der Offenbarung und Erleuchtung und das Wissen der Transformation von Tag und Nacht gab. Als mir das geschah, verschwand die Nacht und es blieb die ganze Zeit Tag! Die Sonne ging für mich weder auf noch unter, und diese Enthüllung war für mich eines von Gottes entscheidenden Zeichen – so werde ich überhaupt nicht leiden in der nächsten Welt. Immer wenn ich Hud zu etwas befragte, informierte er mich auf eine Art und Weise, dass ich es genau so erleben konnte, wie es ist, [und dies ist so geblieben] bis zum heutigen Tag. Ich wurde vertraut mit [einigen] Propheten, Mohammed, Abraham, Moses, Jesus, Hud und David, während die übrigen zu meinen Visionen gehörten, nicht zu meiner Gesellschaft.[33]

Wahrscheinlich war es um diese Zeit herum, Anfang der neunziger Jahre, dass Salih al-Adawi, einer seiner liebsten Lehrer und Gefährten, in Sevilla starb. Der folgende Bericht vermittelt ein sehr klares Bild von dem Respekt, der diesen Gottesmännern von der einfachen Muslimgemeinde dieser Zeit gezollt wurde.

---

33. *Futuhat al-Makkiyah* IV:77. Ich konnte keinen weiteren Hinweis auf die besondere Nähe Ibn Arabis zu dem Propheten David finden.

Dieser Mann war ein wahrer Gnostiker, ständig bei Gott, bei allem, was er tat. Er rezitierte das Buch Gottes des Allmächtigen zu allen Tages- und Nachtzeiten. (…) Er hob niemals etwas für den nächsten Tag auf und nahm nichts an, was er nicht brauchte, nicht für sich selbst und nicht für andere. (…) Ich hielt mich einige Jahre lang in seiner Gesellschaft auf, und während dieser Zeit richtete er so wenige Worte an mich, dass ich sie fast zählen konnte. (…) Als er starb, wuschen wir heimlich nachts die Leiche und trugen ihn auf unseren Schultern zu seinem Grab, wo wir ihn liegen ließen [so dass die Leute über ihm beten und ihn begraben konnten.] Am Morgen hatte sich die Nachricht von seinem Tod überall herumgesprochen. Binnen kurzem blieb niemand außer dem Türhüter bei dem Herrscher der Gläubigen [dem Sultan]. Als dieser fragte, was los sei, erfuhr er von dem Tod des Scheichs und auch, was wir getan hatten, und er erkannte, was seine Männer unter der Menge taten. Dann ging der Sultan hinaus und nahm an dem Begräbnis teil, wurde aber nicht von ihnen erkannt, bis er aufhörte, verächtlich auf sie herabzusehen.[34]

Im Jahre 1193 verließ Ibn Arabi die Iberische Halbinsel für einen Besuch in Nordafrika, vor allem Tunis. Es sieht so aus, als wäre es vor allem seine Absicht gewesen, einige der großen Schüler des Abu Madyan zu besuchen, insbesondere Abd al-Aziz al-Mahdawi und den betagten Abu Muhammad Abdallah al-Kinani. Obwohl Abu Madyan selbst noch am Leben war, wusste Ibn Arabi schon, dass sie sich auf der physischen Ebene nicht begegnen würden, und so versuchte er nicht, ihn zu besuchen. In der Tat war das offenbar auch nicht nötig, da sie in der Lage waren, sich geistig zu treffen. Er verbrachte ein ganzes Jahr in Tunis, in der Gesellschaft dieser beiden Scheichs. Während dieser Zeit verwirklichte er die Station der reinen Dienerschaft und das mohammedanische Erbe.

> Ohne jeden Zweifel bin ich der Erbe Mohammeds, seines Wissens
> Und seiner Station, verborgen und manifest.
> Dies erfuhr ich erfuhr in der Stadt Tunis
> Durch einen Göttlichen Befehl, den ich während der Anrufung (*dhikr*) erhielt.[35]

IN DER AUSBILDUNG

Ibn Arabi war jetzt erst achtundzwanzig Jahre alt, aber das erste Stadium seiner geistigen Ausbildung war vollendet. Dies war der Höhepunkt des Prozesses der Entsagung, auf den er sich neun Jahre früher, 1184, eingelassen hatte. Es war die Frucht der »unermesslichen Süße«, die er seit seiner Klausur in Sevilla erlebt hatte. In dieser Versammlung in Tunis wurde er inspiriert, die folgenden berühmten Verse zu sprechen:

> Ich bin der Koran und die sieben [oft] wiederholten [Verse];[36]
> ich bin der Geist des Geistes, nicht der Geist der Zeit.
> Mein Herz, so wie ich es kenne, ist stets
> in geheimer Zwiesprache mit Ihm, während es für dich
> [die Rede] meiner Zunge ist.
> Du da drüben, schau nicht auf meinen physischen Körper
> – betrachte mich nur wegen der Freuden des Lobpreises,
> Ertrinke im Meer der Essenz der Essenz, so dass du die Wunder
> zu sehen vermagst, die dir vor Augen geführt werden,
> Und die Mysterien, die verborgen schienen,
> verhüllt vom Geist der Bedeutungen.[37]

Als er diese Zeilen sprach, sagt er, seien sie von ihm ausgegangen wie von einem Toten, und kaum einer, der sie hörte, verstand sie. Es war Gottes Sprache, eine Identifikation mit Mohammed, die in dem Koranvers impliziert ist: »Und wahrlich, schon gaben Wir dir sieben von den zu wiederholenden [Versen] und den erhabenen Koran.«[38]

> Bei Gott, ich habe jede dieser Zeilen zitiert, als würde ich sie wie ein Toter hören. Der Grund dafür ist eine Weisheit, die ich wahrhaft erfüllen möchte, und ein Bedürfnis in der Seele Jakobs, das er erfüllte.[39]

---

34. *Sufis of Andalusia,* Seiten 74–76ff.
35. *Diwan,* Seite 332; *Quest for the Red Sulphur,* Seite 119.
36. Dies ist ein Verweis auf die sieben Verse der Fatiha, der eröffnenden Sure des Korans, die im täglichen Gebet wiederholt wird. Diese Verse sind angeblich ein Resümee des gesamten Korans. Der Koran und die Fatiha zu sein, bedeutet, dass der Mensch gleichzeitig Existenz als Ganzes und ein das Ganze zusammenfassender Teil davon ist.
37. *Futuhat al-Makkiyah* 1:9 und 1:70 (OY). Das Gedicht steht auch im *Kitab al-Isra,* Seite 58, wo in Zeile 4 eine andere Lesart steht: »mein Herz ist (...) in Seiner Anschauung«.
38. Koran 15:87.
39. *Futuhat al-Makkiyah* 1:9.

IN DER AUSBILDUNG

Diese Gedichtzeilen waren der Hinweis auf den Ausdruck, den Ibn Arabi dem Erbe Mohammeds verleihen sollte. Erst vier Jahre später in Fez erkannte er als die wahre Quelle dieser Verse die ewige Jugend (*fata*), die verkörperte Inspiration für seine Schriften.

Die gewaltige Größe dessen, was passierte, reichte aus, um bei al-Mahdawi und seinen Gefährten Bestürzung und Ungläubigkeit hervorzurufen, die wohl die offenbare Frühreife dieses jungen Mannes skeptisch beurteilt hatten. Obwohl Ibn Arabi sich mit ihnen eng verbunden fühlte, verbarg er seine wahre Natur, und al-Mahdawi akzeptierte Ibn Arabis Rang erst später. Die einzige Person, die damals schon zu wissen schien, was geschah, war der betagte al-Kinani.

Links: Ein Almohaden-Minarett, heute der Glockenturm der Kirche der Heiligen Catalina in Sevilla. *Unten:* Die Zaituna-Moschee von Tunis, erbaut im 9. Jahrhundert. Die Arkaden führen zur Gebetshalle

> Er war einer der Scheichs des Abd al-Aziz al-Mahdawi, der dennoch nicht dessen wahren Wert erkannte, da der Scheich viel von sich vor ihm verbarg. (...) Als ich ihn besuchte, machte ich die Reise barfuss trotz der großen Hitze. Damit folgte ich dem Beispiel meiner beiden Scheichs Abu Yaqub [al-Kumi] und Abu Muhammad al-Mawruri. (...) Als wir die Hälfte des Weges zurückgelegt hatten, kam uns ein Mann entgegen, der zu mir sagte: »Im Namen Gottes, der Scheich sagt, ich solle dich treffen und dir sagen, dass du deine Sandalen wieder anziehst, denn er kennt deine Absicht und hat dir ein Essen bereitet.« Als ich eintraf, kam er heraus und empfing mich in einiger Entfernung von seinem Haus. Er zeigte großes Vergnügen, mich zu sehen. Ich saß viele Tage mit ihm und diskutierte die Wissenschaften der Gnosis. Während ich dort war, sah ich, dank der Güte des Scheichs, einen Mann übers Meer gehen, ohne seine Beine zu benetzen.[40]

Trotz seiner Jugend war Ibn Arabi für jene Menschen mit klarer Sicht zu erkennen, und der gegenseitige Respekt in der obigen Begebenheit ist offensichtlich. Der Mann, der auf dem Wasser ging, war niemand anders als Khidr, der wieder in Verbindung mit einem von Ibn Arabis Lehrern auftritt. Bei seiner Rückkehr von einem Besuch bei al-Kinani, der außerhalb von Tunis lebte, reiste Ibn Arabi nachts in einem Schiff. Er erwachte von Magenschmerzen. Es war eine helle Vollmondnacht, und alles schlief. Als er aufs Meer blickte, sah er, wie Khidr über das Wasser auf ihn zukam. Als Khidr das Schiff erreichte, stand er auf dem Wasser und zeigte ihm, dass die Füße trocken waren.

> Er stand auf einem Bein und hob das andere an, so dass ich sehen konnte, dass sein Fuß nicht nass war. Dann hob er das andere Bein und ich sah dasselbe. Danach sprach er mit mir in einer ihm eigenen Sprache, dann verabschiedete er sich und entfernte sich in Richtung des Leuchtturms, der auf einem Hügel in gut zwei Meilen Entfernung stand. Er überwand diese Strecke in nur zwei bis drei Schritten. Ich konnte hören, wie er auf dem Gipfel des Hügels Gott lobte. Er besuchte manchmal Scheich Ibn Khamis al-Kinani.[41]

---

40. *Sufis of Andalusia*, Seite 141.
41. *Futuhat al-Makkiyah* I:186 und 3:182 (OY).

IN DER AUSBILDUNG

Bei seiner Rückkehr nach Andalusien Ende 1194 hatte Ibn Arabi sein drittes Treffen mit Khidr, wiederum in Gegenwart eines großen spirituellen Meisters (diesmal nicht namentlich erwähnt). Er reiste in der Gesellschaft von jemandem, der leugnete, dass von den Rechtgläubigen Wunder vollbracht werden könnten. Sie hielten an einer Moschee an der Küste, um die Gebete zu sprechen:

> Eine Gruppe von wandernden Pilgern, die sich abseits halten, traf ein, ebenfalls in der Absicht zu beten. Unter ihnen befand sich der, der auf dem Meer zu mir gesprochen hatte, der, wie ich hörte, Khidr sein sollte. Unter ihnen war auch ein sehr vermögender Mann, der einen höheren Rang als er hatte. Ich hatte ihn schon vorher getroffen und mich mit ihm angefreundet. Ich stand auf und begrüßte ihn, er begrüßte mich und freute sich, mich zu sehen. Dann ging er nach vorne, um zu beten. Am Ende des Gebets (...) stand ich im Gespräch mit ihm an der Tür der Moschee, als der Mann, den ich als Khidr bezeichnet hatte, den Gebetsteppich von der Mihrab der Mosche nahm, ihn sieben Ellen über der Erde ausbreitete und auf ihn stieg, um die Fürbittegebete zu sprechen. Ich fragte meinen Freund: »Hast du das gesehen, was macht dieser Mann?« Er sagte, ich solle zu ihm gehen und ihn danach fragen. Daher verließ ich meinen Freund und ging zu ihm. Als Khidr seine Gebete beendet hatte, begrüßte ich ihn und rezitierte ihm einige Verse. Er sagte zu mir: »Ich habe das, was du gesehen hast, nur getan wegen des Leugners da drüben«, und wies auf meinen Reisegefährten, der Wunder geleugnet hatte und im Hof der Moschee saß und ihn beobachtete, »damit er merkt, dass Gott tut, was Er will, mit wem Er will«. Ich wendete mich dem Leugner zu und fragte ihn, was er zu sagen hätte, und er antwortete: »Was ist da zu sagen, wenn man das gesehen hat?« Dann kehrte ich zu meinem Freund zurück, der an der Tür der Moschee auf mich wartete, und redete eine Zeitlang mit ihm. Ich sagte ihm, wer der Mann war, der sein Gebet in der Luft verrichtet hatte, und erwähnte ihm gegenüber, was mir vorher mit ihm passiert war. Er antwortete: »In der Tat, das war Khidr.«[42]

---

42. *Futuhat al-Makkiyah* 1:186 und 3:182 (OY).

Es lohnt sich, zwei Aspekte dieser Begegnungen mit Khidr festzuhalten. Erstens sind Meister hohen geistigen Rangs anwesend, von denen jeder die besondere Natur Ibn Arabis erkennt und eine wichtige Rolle in seiner Ausbildung spielt. Auch sie scheinen mit Khidr vertraut zu sein. Zweitens weist Khidr selbst auf drei verschiedene Grade hin, die in der physischen Welt repräsentiert sind. Die erste Begegnung fand auf dem Lande statt, in einer städtischen Straße bei hellem Tageslicht, wo er die äußere Unterwerfung unter einen irdischen Meister betont; die zweite auf dem Wasser, eine persönliche Begegnung im vollen Mondlicht; die dritte demonstriert die Beherrschung der Luft, ein wundersames Gebet innerhalb des heiligen Bezirks einer Moschee (diese Beherrschung der Luft ist dem größten Scheich zufolge ein Unterscheidungsmerkmal für die Erben Mohammeds). Es gibt einen deutlichen Fortschritt bei Khidrs Belehrung »in einer ihm besonderen eigenen Sprache«, durch die er Ibn Arabi in das Wissen der Göttlichen Geheimnisse einweiht und uns einlädt, über die Qualität einer solchen Erziehung zu meditieren. Wie Ibn Arabi in dem Khidr gewidmeten Kapitel[43] in den *Futuhat* zu verstehen gibt, hat dessen Wissen verschiedene Grade und schließt die Macht zu Göttlichen Handlungen mit ein.

Von diesem Zeitpunkt an finden wir die ersten Zeugnisse für Ibn Arabis Schreiben. Dies gleicht einer Widerspiegelung der Art und Weise, wie der Koran zum Propheten herabstieg. Wie Mohammed begonnen hatte, seine engsten Gefährten die Verse zu lehren, so begann Ibn Arabi die Eingebungen, die er empfangen hatte, zu Papier zu bringen, damit seine Gefährten sie lesen konnten. Es sieht so aus, als ob der ursprüngliche Impuls von außen in Form einer Bitte ausging. Ende des Jahres 1194, nach seiner Rückkehr nach Andalusien, schrieb er eines seiner ersten großen Werke, *Mashahid al-Asrar* (Kontemplationen der Mysterien), für die Gefährten von al-Mahdawi. Dieses Werk verdankt seine Form dem berühmten *Kitab al-Mawaqif* des al-Niffari.[44] Etwa um die gleiche Zeit, innerhalb von vier Tagen, verfasste er die umfangreiche *Tadbirat al-Ilahiyah* (Göttliche Lenkung) für al-Mawruri.

---

43. Dies ist Kapitel 25, mit dem Titel: »Über das Wissen von der Säule, die zu den Auserwählten gehört und der ein langes Leben gewährt ist.«

44. Sein voller Name lautete Muhammad bin Abd al-Jabbar al-Niffari, ein irakischer Heiliger, der im Jahr 965 in Ägypten starb. Vgl. A.J. Arberry's Übersetzung von Niffaris [Werken] *Mawaqif* und *Mukhatabat*.

IN DER AUSBILDUNG

Als ich Scheich Abu Muhammad [al-Mawruri] in der Stadt Moron besuchte, stieß ich in seinem Hause auf ein Buch mit dem Titel *Geheimnis der Geheimnisse*, das der Philosoph [ein Pseudo-Aristoteles aus dem 10. Jahrhundert] für Alexander den Großen geschrieben hatte, als er zu schwach geworden war, ihn auf seinen Expeditionen zu begleiten. Abu Muhammad sagte zu mir: »Dieser Autor beschreibt die politische Regierung dieses weltlichen Reiches, und ich würde mich sehr freuen, wenn du versuchen könntest, es zu verbessern und über die Regierung des menschlichen Reiches zu schreiben, in dem unser wahres Glück liegt.« Ich befolgte seine Bitte und bin in diesem Buch sogar noch weiter gegangen als der Philosoph bei der Erklärung von Ideen der politischen Herrschaft, zusätzlich zur Erläuterung einer Reihe von Dingen, die der Philosoph ausgelassen hatte in Bezug auf die Regierung des Großen Reiches oder Makrokosmos. Ich vollendete es in weniger als vier Tagen in der Stadt Moron.[45]

Diese zehnjährige Periode, in der Ibn Arabi dem Pfad folgte, »den Gott für mich festgelegt hatte, und ich wich von diesem Pfad niemals ab«, markiert die Zeit der Unterweisung in den prophetischen Weisheiten. Er begann als *isawi*, wurde dann *musawi*, und nachdem er zu dem Treffen mit Hud und all den anderen Propheten gebracht worden war, kam er schließlich zu dem Erbe Mohammeds. Manchmal lag dieser Vorgang in den Händen verschiedener geistiger Lehrer, die weitergaben, was sie von diesen Weisheiten geerbt hatten; manchmal geschah es durch eine direkte Intervention der Propheten selbst. Einige Lehrer erkannten die Besonderheit Ibn Arabis, doch wohl keiner mehr als sein erster Lehrer, al-Uryani.

Eines Tages betete ich mit ihm. (...) Der Imam rezitierte den Vers, wo Gott sagt: »Machten Wir nicht die Erde zu einem Bett und die Berge zu Pflöcken?«[46] Ich sah [vor meinem inneren Auge] unseren Meister Abu Ghafar [al-Uryani], wie er zu mir sagte: »Die Ruhestätte ist die Welt, und die Zeltpflöcke sind die Gläubigen; die Ruhestätte ist die Gemein-

---

45. *Al-Tadbirat al-Ilahiyah,* Seite 120.
46. Koran 78:6–7.

schaft der Gläubigen, und die Zeltpflöcke die Gnostiker (*arifun*); die Ruhestätte sind die Gnostiker, und die Zeltpflöcke sind die Propheten; die Ruhestätte sind die Propheten und die Zeltpflöcke die Gesandten; die Gesandten sind die Ruhestätte – und was kommt dann?« (...) Als wir das Gebet beendet hatten, befragte ich ihn dazu, und ich fand, dass ihm bei diesem Vers die Gedanken so gekommen waren, wie ich sie in meiner Vision gesehen hatte.[47]

Ibn Arabi sah deutlich den ganzen Prozess der spirituellen Entwicklung und Heiligkeit im Zusammenhang mit den vereinzelten Weisheiten der Propheten und Gesandten. Für ihn waren diese Weisheiten lediglich der Ausdruck der integralen und integrierenden Weisheit Mohammeds. Er erfuhr davon in Tunis, und es wurde bestätigt in der großen Himmelfahrt, die vier Jahre später in Fez stattfand. Dieses prophetische Erbe bildet die wahre Basis für sein ganzes Schreiben. Er begann als Anhänger von Jesus mit der Betonung auf Entsagung, kam dann unter den Einfluss des geistigen Erbes von Moses, als die Lichter der Enthüllung herabstiegen. Er durchlief die Orte der Offenbarung, die jeder dieser Propheten repräsentiert, und erreichte schließlich das allumfassende Erbe von Mohammed. Hier ist es, als sei er in das Herz der Sonne vorgestoßen. Dieses Licht ist so intensiv, dass es durch sein Erscheinen das Licht der Sterne zum Erlöschen bringt, während es ihnen bei seinem Untergang zu leuchten gestattet. Die Reise, die er so genau beschreibt, ist das exemplarische Modell eines völlig ausgeglichenen geistigen Lebens. Dieses Leben lebte er unerschrocken, es ständig erweiternd. Durch diese Erbschaft an Licht und Liebe können wir vielleicht die Bedeutungen der Weisheit Seiner Propheten in unserem eigenen Sein erkennen.

---

47. *Ruh al-Quds*, Seiten 70–71; *Sufis of Andalusia*, Seite 67.

Kapitel 8

Von Vermittlern und deren Entfernung

Gott hat jedem Barmherzigkeit gewährt, der gehört hat, was ich gesagt habe, sich dessen bewusst ist und es genauso wiedergibt, wie er es gehört hat.[1]

Oh, mein Gott, Du bist der Eine, Der umfasst, was von jedem Sehenden ungesehen bleibt, und der Eine, Der das Innere von jedem Äußeren besetzt und beeinflusst. Ich bitte von Dir beim Licht Deines Angesichts, von welchem sich alle Stirnen niederwerfen, welchem sich alle Gesichter hingeben, und bei Deinem Licht, auf welches alle Augen gerichtet sind, dass Du mich auf Deinem persönlichen Pfad führst und dass ich mein Gesicht Dir zuwende, weg von was immer anders ist als Du.[2]

DAS ERSTE DER BEIDEN OBEREN ZITATE, EIN HADITH DES
Propheten, drückt eines der großen Geheimnisse des Menschseins aus und fasst ein Dilemma zusammen, mit dem wir alle zu tun haben. Ganz gleich, welche spirituelle Bindung uns übertragen wurde, jüdisch, christlich oder muslimisch, schamanistisch, hinduistisch oder buddhistisch: Haben wir wirklich gehört, was der Prophet gesagt hat? Sind wir uns dessen voll und ganz bewusst? Haben wir es genau so wiedergegeben, wie wir es gehört haben?

Die Probleme der spirituellen Übertragung sind immer vorhanden, je nach den verschiedenen Graden unserer Empfänglichkeit. Jeder, der schon Stille Post gespielt hat oder »Arabisches Telefon«, wie es im Nahen Osten genannt wird, weiß, wie schwierig wirkliches Zuhören ist. Bei diesem Spiel wird eine Phrase oder ein Satz

---

1. Ein Hadith, der in den *Futuhat al-Makkiyah* 1:229 und 3:392 (OY) zitiert wird. Ibn Arabi besteht darauf, dass der Prophet dies ganz wörtlich meinte, Wort für Wort. »Er sagte zu den Gefährten: ›Der Zeuge möge den, der abwesend ist, ermahnen.‹ Er befahl ihnen, zu mahnen, so wie Gott ihm zu mahnen befohlen hatte, so dass sie den Namen ›Gesandter‹ bekommen könnten, was eine Besonderheit von Gottesdienern ist.«
2. *Wird*, Sonntagabend-Gebet; *Tages- und Nachtgebete*, Seite 9.

von einer Person der neben ihr sitzenden Person zugeflüstert, die das wiederum der nächsten zuflüstert und so weiter, bis die Worte jeden erreicht haben. Wenn du das Spiel gespielt hast, wirst du dich vielleicht daran erinnern, dass es fast unmöglich zu sein scheint, dass der ursprüngliche Satz oder Ausdruck unterwegs unverändert bleibt. Oft werden die Worte sehr schnell verändert (sogar sofort!). Es ist ein Spiel von außerordentlicher Komik und voller gegenseitiger Beschuldigungen, das grundlegende Wahrheiten aufdeckt.

Allgemein gesagt, können zwei Arten von Dingen auftreten, die das Original verändern. Entweder verhört sich eine Person und wiederholt, ohne es zu merken, etwas, was nie gesagt wurde; oder eine Person hört, was gesagt wird, ist sich aber unsicher und versucht deshalb, durch Spekulation oder Erraten sich einen Reim drauf zu machen. In beiden Fällen kommt es zu einer Entstellung, wenn auch aus verschiedenen Gründen. Im ersten Fall hat die Person nicht gehört, was gesagt wurde, obwohl sie anscheinend zuhörte, und ist davon überzeugt, etwas anderes gehört zu haben. In ihrem Verstand besteht kein Zweifel, ob sie vielleicht nicht richtig gehört hätte. Schwerhörige verhalten sich oft so, aber hier ist es eher eine innere Taubheit, in der die Person unfähig zu sein scheint, das Neue zu hören oder zu akzeptieren. Im zweiten Fall gibt es einen Zweifel über das Gehörte. Das mag daran liegen, wie es ausgesprochen wurde (Akzent oder Intonation), weil die Worte oder Ideen selbst ungewöhnlich oder unvertraut klingen, weil zuviel andere Geräusche da sind, die ablenken, oder vielleicht aus Mangel an Konzentration. Der Zweifel ruft dann verschiedene Reaktionen hervor. Manche Leute versuchen zu wiederholen, was sie gehört haben, obwohl sie es nicht verstanden haben. Andere erarbeiten eine Version, die plausibel klingt, wobei sie die ganze Zeit wissen, dass sie ungenau gehört haben und dass sie es wahrscheinlich verändern. Wenn diese Leute das Richtige treffen, dann ist es geraten oder dem Glück statt einem Quäntchen Intelligenz geschuldet.

Ganz gleich, wie groß der Grad der individuellen Empfänglichkeit ist – Korrektheit, das heißt Treue gegenüber dem Original, hängt im weiteren Sinne davon ab, *wie weit* der Hörende vom ursprünglichen Sprecher entfernt ist. Mit anderen Worten, wir können »getreu« sein im Sinne dessen, was wir gehört haben, aber »ungetreu« im Sinne des ursprünglich Gesagten.

VON VERMITTLERN UND DEREN ENTFERNUNG

Wie können wir dem Pfad der religiösen Tradition gegenüber wahrhaft treu sein? Die Tatsache, dass bestimmte Praktiken über viele Jahre eingehalten wurden, gibt ihnen keinen Wert im Hinblick auf die ursprüngliche Absicht. Andere vor uns mögen sich geirrt haben, und eine treue Gefolgschaft ist wenig verdienstvoll, außer wir sind uns der Reinheit dessen sicher, was wir gehört haben. Je größer der körperliche oder zeitliche Abstand von der Präsenz des Propheten oder des Gottesmenschen ist, desto größer die inhärente Möglichkeit der Abweichung, und desto mehr Vorsicht sollte walten. Ibn Arabi sagt: »Die berichtende Person muss von den Zuhörern für wahrhaftig und vor Irrtum gefeit (*masum*) gehalten werden.«[3] In der heutigen Zeit gibt es viele Menschen, die es schwierig finden, die Gültigkeit einer prophetischen Botschaft zu akzeptieren, die vor rund zweitausend Jahren gegeben wurde. Sie bezweifeln entweder die moderne Relevanz der Botschaft oder ihre Genauigkeit im Sinne der Überlieferung.

Die »Distanz«, die zur Ablehnung der Botschaft führt, ist nicht bloß eine physische oder zeitliche Angelegenheit. Sie hat auch eine innere Dimension. Schon die erste Person, zu der gesprochen wurde, mag in irgendeiner Hinsicht als nicht empfänglich gelten. Beispielsweise werden selbst die engsten Jünger Jesu oft als missverstehend oder vor der Wahrheit zurückschreckend dargestellt, trotz seiner physischen Anwesenheit unter ihnen. Für uns bedeutet dies eine eindringliche Warnung, uns vor der Ansicht zu hüten, dass wir verstanden hätten, oder uns im Nachhinein vorzustellen, dass es uns bei einer solchen Unterweisung besser ergangen wäre. Ibn Arabi beschreibt die Anwesenheit des Gesandten oder Propheten als »Prüfung« für sein Volk: Dieser zwingt sie dazu, sich ihren inneren Überzeugungen zu stellen, Verborgenes ans Licht zu bringen und es zu klären. Was eine Unfähigkeit zu sein scheint, die Botschaft zu empfangen, ist tatsächlich die Ausweichhaltung gegenüber Führung und Unterweisung. Als Gabriel dem Propheten erschien und ihn befragte, war keiner der Anwesenden fähig, ihn zu erkennen. Mohammed sagte dann: »Das war Gabriel, der euch lehren wollte, ohne dass ihr darum gebeten habt«. In einer anderen Version heißt es, »der gekommen ist, euch eure Religion zu lehren«.

---

3. *Futuhat al-Makkiyah* 1:31 und 1:140 (OY).

Wie anders ist es für denjenigen, der genau hört, was gesagt wird, und genau sagt, was gehört wird! Hier besteht völlige Sicherheit über das, was gehört wird, und es kann zu einer völligen Entsprechung zwischen den gehörten und den gesprochenen Worten kommen. Alle Religionen sind durch das gesprochene Wort übermittelt worden. Deswegen wurde immer so viel Wert auf die Klarheit der mündlichen Überlieferung gelegt, auf die Notwendigkeit, dass derjenige, der hört und übermittelt, absolut klar und rein ist. Der erste Sprecher, ob nun Prophet oder Engel, ist die Aktion der Göttlichen Gnade selbst, ein reiner Diener, der die Botschaft seines Herrn weitergibt.[4] Ibn Arabi betont, dass der Prophet der Offenbarung in jeder Hinsicht treu blieb, ohne sich in irgendeiner Weise einzumischen.

> Ihm [Mohammed] wurde gesagt: »Gib weiter, was dir offenbart wurde!« Er wich nicht ab von der Form, in der es ihm offenbart worden war, sondern übermittelte uns genau das, was ihm gesagt worden war; denn die Bedeutungen, die ins sein Herz herabkamen, kamen in Form einer bestimmten Kombination von Buchstaben, einer bestimmten Kombination von Wörtern, einer bestimmten Reihenfolge von Versen, einer bestimmten Komposition der Suren, deren Gesamtheit den Koran bildet. Von diesem Moment an gab Gott dem Koran eine Form. Dies ist die Form, die der Prophet zeigte, so wie er sie selbst betrachtet hatte. (...) Wenn er etwas geändert hätte, wäre das, was er uns brachte, die Form seines eigenen Verständnisses gewesen und nicht die Offenbarung, die er empfangen hatte. Es wäre nicht der ihm übergebene Koran gewesen, den er uns weitergab.[5]

So wie der Prophet das Muster der Empfänglichkeit ist, ist es derjenige, der ihm folgt und getreu weitergibt, was er von ihm gehört hat. Eines der besten Beispiele für eine solche Empfänglichkeit ist Abu Bakr, dem der Titel *al-Siddiq* (der Getreue) gegeben wurde. Seine Treue zum Propheten war ohnegleichen; als die Leute von

---

4. Im Koran wird dieser Aspekt des Mahnens (*balagha*) immer wieder betont. Siehe zum Beispiel die siebte Sure, wo Noah, Hud, Sali und Schoeib alle ihr Volk auffordern, die Einheit Gottes zu verehren, und sagen, dass sie nur eine Botschaft ausrichten.

5. *Futuhat al-Makkiyah* III:158.

der außerordentlichen Nachtreise (*miraj*) hörten, in der Mohammed nach Jerusalem gebracht und dann durch die sieben Himmel geführt wurde, waren fast alle zutiefst skeptisch, selbst die engsten Gefährten des Propheten. Doch als Abu Bakr darüber informiert wurde, was Mohammed beschrieben hatte, bemerkte er ohne zu zögern: »Wenn er das sagt, dann ist es wahr.« Der einzige Beweis, den er brauchte, war, dass die Geschichte vom Propheten selbst gekommen war. Wie Ibn Arabi im 38. Kapitel der *Futuhat* schreibt, wo er die Frage der Vermittler und die ehrenhafte Stellung derjenigen, die den Koran und die Hadithe vermitteln, erörtert:

> Wenn die Gefährten die Eingebung genau so berichten, wie sie ausgedrückt wurde, sind sie die Botschafter des Botschafters Gottes (Friede sei mit ihm!). Die Anhänger sind die Botschafter der Gefährten. So geht es weiter, von Generation zu Generation, bis zum Tag des Gerichts.[6]

Also empfängt der Prophet direkt von Gott, die »Gefährten« sind diejenigen, die direkt vom Propheten empfangen, und die »Anhänger« sind diejenigen, die direkt von den Gefährten empfangen. Der Pfad der Überlieferung kommt äußerlich zu uns, durch Vermittler: ein gut gebahnter Pfad (*tariq*), den andere vor uns gegangen sind.[7] Was der Kette der Überlieferung durch Vermittler ihren Wert gibt, ist das direkte Empfangen.

> Wenn wir wollen, könnten wir also sagen, dass derjenige, der uns etwas übermittelt, der Botschafter Gottes ist; oder anders können wir ihn [auch] mit Demjenigen in Verbindung bringen, von Dem er übermittelt. Wir dürfen die Vermittler entfernen, denn obwohl der Prophet Gottes von Gabriel informiert wurde, der ein Engel ist, sagen wir nicht, dass er der Botschafter Gabriels war. Vielmehr sagen wir von ihm, dass er der Botschafter Gottes sei, so wie Gott der Allerhöchste sagte: »Mohammed, der Gesandte Gottes, und seine Anhänger«. Und Er sagte: »Mohammed ist nicht der Vater eines

---

6. *Futuhat al-Makkiyah* 1:229 und 3:393 (OY).
7. Es ist interessant, dass die Wurzel t-r-q »schlagen« oder »treffen« bedeutet, und der (spirituelle) Pfad (*tariq*) das ist, was mit den Füßen »getroffen« wird.

eurer Männer, sondern Allahs Gesandter«, und »Hinab kam mit ihm der getreue Geist auf dein Herz.« Damit hat Gott ihn keinem andern als Sich selbst zugeordnet.[8]

Die Entfernung von Vermittlern ist daher nur möglich, wenn der Empfänger der Botschaft sich selbst in keiner Weise dazwischenstellt. Er mischt sich nicht ein, weder durch mangelhaftes Hören noch durch die Benutzung seiner eigenen Intelligenz. Der Prophet selbst ist vor Irrtum geschützt, doch dieser Zustand der Gnade ist auch für andere möglich. Obwohl wir im Zustand der ursprünglichen Natur (*al-fitra*) in diese Welt kommen, in der wir uns der Existenz Gottes bewusst sind, bleiben wir nicht in einem solchen Zustand des unmittelbaren Gewahrseins. Bei der Kommentierung des Hadith: »Jedes Kind wird nach seiner ursprünglichen Natur geboren, dann machen es die Eltern zu einem Juden, einem Christen oder einem Zoroastrer«, schreibt Ibn Arabi:

> Ursprünglicher Glaube ist die ursprüngliche Natur, mit deren Übereinstimmung Gott die Menschheit schuf. Er ist ihr Bezeugen des Einsseins (*wahdaniyah*) beim Schließen des Bundes. Jedes Kind wird im Einklang mit diesem Bund geboren. Wenn es jedoch durch den Körper in die Schranken der Natur fällt, an den Ort des Vergessens, wird es unwissend und vergisst den Zustand, den es mit seinem Herrn hatte.[9]

Wir sind all den Bildern unserer Vorfahren ausgesetzt – Eltern, Lehrer, Helden, Gurus, Bücher, Geschichten. In vielen Fällen assimilieren wir diese äußeren Bezugspunkte in einem solchen Maß, dass wir nicht länger eine bewusste Verbindung mit unserem wahren Sein haben. Wir vergessen unseren Ursprung, es sei denn, irgendetwas schlägt eine tiefe Saite in uns an. Den Weg zu gehen, bedeutet, an den Weg zu glauben, den Gott uns offenbart hat, und an diejenigen, die ihn gegangen sind. Michel Chodkiewicz hat sehr richtig darauf hingewiesen, dass Ibn Arabi dem Koran und den prophetischen Überlieferungen (Hadith) in all seinen Schriften überaus genau folgt, und zwar aus dem Grunde, weil er zutiefst

---

8. *Futuhat al-Makkiyah* I:229. Die drei Zitate stammen aus dem Koran, und zwar aus den Suren 48:29, 33:40 und 26:193f.
9. *Futuhat al-Makkiyah* II:616.

daran glaubt, dass beide das Göttliche Wort selbst sind. Glauben bedeutet hier nicht eine Überzeugung, die durch logisches Denken oder Nachahmung zustande gekommen ist, sondern ein selbstverständliches Wissen oder die Akzeptanz, dass »Gott *ist* und es kein Ding neben Ihm gibt«.[10] Dieses Wissen, das in unserem Herzen zu finden ist und nicht geleugnet werden kann, ist der einzige wahre Prüfstein, durch den wir die Tradition erkennen können. Es ist die erste Ahnung von unserer ursprünglichen Natur, wenn sie wieder erwacht. Ibn Arabi beschreibt Glauben mit den Worten des Hadith »als ein Licht, das Gott in das Herz eines Seiner Diener, den Er auswählt, sendet«. Während wir dies als Erwachen fühlen mögen, kann niemand diese Herzenswahrnehmung jemals ganz leugnen, da sie ein integraler Bestandteil des Menschseins ist. Daher ist Ibn Arabis Rat sonnenklar:

> Wenn eine Person *glaubt und vertraut,* dass der Koran Gottes Wort ist, und sich dessen völlig sicher ist, lasst sie ihr Glaubensbekenntnis direkt aus dem Koran beziehen, unbefangen ohne jede Interpretation.[11]

Die prophetische Botschaft bekräftigt das Bezeugen des Einsseins, das im Herzen jedes Menschen stattfindet. Sie beinhaltet jedoch noch eine weitere Entwicklung. Ibn Arabi ist der Ansicht, dass der Weg der prophetischen Vermittler einen Anfang und ein Ende habe. Er ist durch den Propheten Mohammed zu Ende gekommen: »Botschafter- und Prophetentum sind abgeschnitten, und es gibt keinen Gesandten oder Propheten nach mir.« Das Ende einer Ära impliziert den Beginn einer neuen. Ibn Arabi betont, wie sein Leben und seine Schriften so deutlich zeigen, dass das Ende der gesetzgebenden Prophezeiung nicht das Ende der Offenbarung bedeutet. Es impliziert im Gegenteil einen gewaltigen globalen Wandel, den Beginn eines neuen Kapitels in der Geschichte der Menschheit, den Beginn der direkten Offenbarung ohne Vermittler. Was in der Vergangenheit für ›besondere Menschen‹ galt, ist (und war von jeher) offen für alle, dank der ›Besonderheit‹, die in der Menschheit selbst angelegt ist.

---

10. Dieser Hadith wird oft von Ibn Arabi zitiert, obwohl er nicht genau in dieser Form in den Standardwerken zu finden ist.
11. *Futuhat al-Makkiyah* I:35 und I:157 (OY).

So gesehen ist es der Kern der gesamten prophetischen Tradition, die Menschen in den Zustand der unmittelbaren Wahrnehmung zu bringen, der Selbsterkenntnis ohne Vermittler. Während die äußere Tradition Regeln und Bestimmungen bringt, nach denen eine Person oder Gemeinschaft sich richtet, betrifft der innere Weg das innerste Bewusstsein des Menschen. Es wird als esoterisch betrachtet, weil es sich nicht manifestieren kann, und nicht, weil es verborgen wäre. Es gibt keinen Konflikt mit den exoterischen Wegen, insofern sie die Prinzipien der (Göttlichen) Wahrheit manifestieren. Beispielsweise betrachtet Ibn Arabi ein prophetisches Wort wie »Wer sich selbst kennt, kennt seinen Herrn« nur deshalb als gültig, weil es durch die Offenbarung bestätigt wird, nicht weil es durch Vermittler überliefert worden wäre.

Intellektuelle Beweise und standhafter Glaube, so lobenswert sie auch sein mögen, sind in Ibn Arabis Augen unzureichend. Die esoterische Schau ist eine direkte Wahrnehmung, die auf Offenbarung oder Enthüllung (*kashf*) beruht. Gemäß der inneren, esoterischen Bedeutung besagt der Hadith »Gott hat Mitgefühl geschenkt...«, dass Er selbst diese Worte durch den Mund des Propheten spricht. »Ich [Gott] habe Mitgefühl für jede Person, die gehört hat, was Ich sage, sich dessen bewusst ist und es genauso wiedergibt, wie sie es gehört hat.« Dies ist die direkte Rede des Göttlichen »Ich« zum Individuum. Wenn ein Mensch derart unmittelbar hört, hat er seinen Sinai erstiegen; es gibt keine Vermittler, und alle scheinbaren Unzulänglichkeiten des Relativen sind aufgehoben. Das Spiel Stille Post, wo man den Irrtümern der vorhergehenden Interpretation ausgeliefert ist, ist schließlich nicht das Spiel des Lebens. Das Göttliche Spiel ist sehr viel intimer und ausgedehnter, da es stets eine direkte Beziehung zwischen einem Wesen und seiner Wirklichkeit gibt. Diese Beziehung nennt Ibn Arabi »das persönliche Gesicht« (*wajh al-khass*). Im Hinblick auf direkte Empfänglichkeit und reine Dienerschaft für die Göttliche Realität steht der Prophet an höchster Stelle. Ibn Arabi schreibt:

> Wenn er [Mohammed] sagt: »Ich bin der Führer (*imam*)«, verweist dies auf sein Zeugnis für Gott vom persönlichen Gesicht her, das »von Ihm zu mir« geht, und er besitzt den höchsten Rang.[12]

---

12. *Futuhat al-Makkiyah* 1:178 und 3:139 (OY).

VON VERMITTLERN UND DEREN ENTFERNUNG

Gott der Allerhöchste hat in allem Existenten ein persönliches Gesicht. Er verteilt davon, was Er will, was nicht für irgendein anderes Gesicht bestimmt ist, und durch dieses [persönliche] Gesicht ist alles Existente Seiner bedürftig.[13]

Jedes Ding hat seine unmittelbare Verbindung mit Gott; es empfängt seine Existenz und einzigartige Qualität ohne Vermittler. Ob sich jemand nun dessen bewusst ist oder nicht, wir empfangen die Ausgießung Seines Seins unmittelbar in jedem Augenblick, und durch dieses Gesicht erkennen wir unsere Abhängigkeit von Gott. Ebenso empfangen wir das Potenzial der Menschheit als Göttliches Abbild, denn obwohl wir in Menschengestalt geboren werden, sind wir noch nicht als Menschen verwirklicht. Als Mensch verwirklicht zu sein, heißt, in unserem persönlichen Gesicht verwirklicht zu sein, das ständig Ihm zugewendet ist und durch das Er Sich uns zuwendet.

Wie kann diese unmittelbare Verbindung, dieses wahre Menschsein, verwirklicht werden? In gewisser Hinsicht gibt es auf diese Frage keine Antwort, da das persönliche Gesicht bei jedem Menschen anders und einzigartig ist. Die Wege, wie Sich Gott den Geschöpfen gegenüber manifestiert, sind unendlich und unergründlich. Wir können nur auf die Bedeutung verweisen, denn das persönliche Gesicht ist dem Begreifen durch den Intellekt entzogen und kann nur durch unmittelbare Erfahrung erkannt werden. Man kann es so sehen, dass Ibn Arabis Werk nichts Geringeres als die Enthüllung dieses persönlichen Gesichts ist; er erläutert die innere Bedeutung der prophetischen Tradition und ermahnt den Leser zu ihrer Erkenntnis.

Am Anfang der *Futuhat* spricht Ibn Arabi von drei Stufen des menschlichen Verständnisses: dem Weg des gemeinen Volkes, dem Weg der Elite, und dem Weg der Elite der Elite. Der Begriff *amm* (gemein, allgemein oder gewöhnlich) wird *khass* (Elite, persönlich oder besonders) gegenüber gestellt. Diese drei Begriffe entsprechen dem Gläubigen, dem Gnostiker und dem, der das innere Wissen überprüfen kann.

Wie wir bereits beim Spiel Stille Post gesehen haben, gibt es zwei kennzeichnende Merkmale, die den gewöhnlichen Weg charakterisieren: jemand anderem zu folgen, andere zu kopieren, sich

---

13. *Futuhat al-Makkiyah* II:423.

der äußeren Disziplin eines Lehrers zu unterwerfen, Schüler zu sein – und andererseits, dem eigenen Verstand zu folgen, logische Argumente zu benutzen, zu folgern und abzuleiten. Keines von beiden wird uns in den Bereich des persönlichen Gesichts führen oder zum Weg der Elite. Wenn dieser durch das Kopieren anderer, die vorangegangen sind, erkannt werden könnte, und somit durch das Befolgen einer äußeren Tradition, wäre er für uns nicht einzigartig und könnte nicht »persönlich« genannt werden. Wenn es vorgeschriebene Handlungen gäbe, deren Ausführung eine solche Erkenntnis gewährleistete, dann wäre vielleicht die Erfolgsrate auf dem spirituellen Weg größer. Wenn das persönliche Gesicht durch intellektuelle Beweise oder Erklärungen erkannt werden könnte, dann wäre es objektiv selbstverständlich und nicht mehr »persönlich«. Es gibt keinen Weg zu dieser Erkenntnis außer über den Weg selbst, über unsere unmittelbare Erfahrung und Enthüllung (*kashf*). Doch scheint dieser nächstliegende Ort paradoxer Weise auch der letzte zu sein, auf den wir schauen – »wir sind wie Vögel, die auf der Suche nach Luft umherfliegen«, wie es der große türkische Mystiker Jalaluddin Rumi beschrieb.

Ibn Arabi fasst den gesamten spirituellen Pfad gemäß den drei Graden oder Sphären der Verwirklichung zusammen: Hingabe (*islam*), der äußere Gehorsam; Glauben (*iman*), der innere Gehorsam; und wahre Güte (*ihsan*), die aus Gottesverehrung entsprechend der inneren Schau besteht. Jeder Grad wirkt auf drei verschiedenen Ebenen: Körper, Seele und Geist. Die vollkommene Praxis der Hingabe ist unmittelbare Unterwerfung unter Gott, einschließlich der Befolgung all dessen, was von der Göttlichen Offenbarung im Koran und vom Propheten angeordnet wurde, im äußeren ebenso wie im inneren Gehorsam. Letzten Endes ist es die Hingabe gegenüber dem Propheten im eigenen Sein statt der äußeren Form gegenüber, eine Hingabe gegenüber der Realität des Propheten statt der historischen Form, die er annahm, obwohl es keine Diskrepanz zwischen beidem gibt. Dies macht das wahre Erbe aus, wie wir in Kapitel 10 sehen werden. Die Praxis des Glaubens ist die vollkommene und unerschütterliche Sicherheit in Gott, gleichgültig, in welchem Zustand oder in welcher Lage man sich befindet. Die Praxis der Güte liegt in der Schau von Gott an jedem Ort des Bezeugens.

Der Ausgangspunkt der unmittelbaren Erfahrung ist der Glaube (*iman*) – der einzige Weg, es zu wagen, dem Unergründlichen ins

Auge zu sehen. Dies ist kein auf Vernunft beruhender Glaube, sondern eine unerschütterliche Überzeugung, die tief empfunden und wesentlich ist. Zwischen dem Weg der Vernunft und dem Weg des Glaubens oder des Folgens (*taqlid*) besteht eine grundlegende Kluft, und auf dem spirituellen Pfad erzielen sie nicht die gleichen Ergebnisse.

> Die beiden Männer bzw. die beiden Leute, weil es auch zwei Frauen oder ein Mann und eine Frau sein könnten, gehen den gleichen Weg. Nun steht einer von ihnen unter dem Diktat der Vernunft (*nazar*) und der andere unter dem des Folgens (*taqlid*). Beide machen Übungen zur Verfeinerung ihres Charakters: körperliche Entbehrungen wie Hunger, lange Zeit stehend beten, fasten und so weiter. Der Mann der Vernunft macht dies alles durch Vernunft, und der Anhänger durch das, was sein Lehrer vorschreibt. (…) Der Anhänger erfährt im ersten Himmel von Adams Weisheit gemäß dem persönlichen Gesicht Gottes, das für alles Existente außer Gott besteht, da das Existierende vor dem Umstand, in Seinem Ursprung und Ziel zu stehen, verschleiert ist. Der Mann der Vernunft hat keine Kenntnis von diesem persönlichen Gesicht. Die Kenntnis des persönlichen Gesichts gleicht dem Elixier in der Chemie, und es ist das Elixier der Gnostiker. Niemand außer mir hat davon gesprochen, da ich den Auftrag habe, dieses Volk und in der Tat alle Gottesdiener zu beraten.[14]

Ibn Arabi beschreibt die wahre Kenntnis des persönlichen Gesichts höchst prägnant in seinen *Mashahid al-Asrar* (Kontemplationen der heiligen Mysterien). Das erste Kapitel mit dem Titel »Kontemplation des Lichtes des Seins (*wujud*) über das Aufgehen des Sterns der direkten Schau« enthält einen bemerkenswerten Wortwechsel mit dem Göttlichen.

> Er fragte mich: »Bist du Gott ergeben (*muslim*), weil du einem Anderem folgst (*taqlid*) oder deinem eigenen Verstand (*dalil*)?«

---

14. *Futuhat al-Makkiyah* II:270. Diese Beschreibung des eigenen Gesichts als »Elixier« zeigt die transformierende Kraft dessen, was dadurch enthüllt wird.

Ich antwortete: »Ich folge weder einem Anderen noch meinem denkenden Verstand.«
Er sagte zu mir: »Dann bist du nichts.«
Ich antwortete: »Ich bin etwas ohne Ähnlichkeit, und Du bist etwas mit Ähnlichkeit.«[15]
Er sagte: »Du hast die Wahrheit gesprochen.«[16]

Die *Mashahid*, wahrscheinlich Ibn Arabis erstes größeres Werk, wurden nach seinem ersten Aufenthalt in Tunis 1194 geschrieben, als er zuerst »Gottes weites Land« betrat. Dieser wunderschöne koranische Ausdruck bezieht sich auf die unsagbar erhabenen Kontemplationen, die durch das persönliche Gesicht gewährt werden.[17] Solche Kontemplationen, die eine Gottesgabe sind, werden beschrieben als »herabsteigend« aus dem Reich der Reinheit und Heiligkeit zu dem Bedürftigen. In seiner Einleitung macht Ibn Arabi dies deutlich:

Die Göttliche Ansprache erreichte mich aus der Präsenz der Selbstheit (*al-huwiyah*) und bewirkte, dass dieses Schreiben erblühte und in der sinnlichen Welt Gestalt annahm. Damit möchte ich bekannt geben, dass dieses Buch aus der Präsenz der Heiligung herabgestiegen ist, um sich als kostbares Juwel in der materiellen Welt zu manifestieren. (...) Mir wurde gesagt: »Nimm es kraftvoll auf und gib es jedem bekannt, dem du begegnest; prüfe es, untersuche es gründlich und sei genau [in der Vermittlung]. Wenn jemand dich fragen sollte: ›Wie kannst du behaupten, es sei ein offenbartes Werk, das vom

---

15. Dies bezieht auf die berühmte Zeile im Koran *laysa ka-mithlihi shay'un* (42:9), die gewöhnlich übersetzt wird mit: »Nichts ist gleich Ihm«, die aber wörtlich bedeutet: »Es gibt nichts, das Seiner Gleichheit gleicht.« Ibn Arabi zufolge bedeutet dies, dass nichts gleich dem vollkommenen Menschen ist, der ein Abbild Gottes ist.

16. *Mashahid al-Asrar,* herausgegeben und ins Spanische übersetzt von Pablo Beneito und S. Hakim als *Las Contemplaciones de los Misterios,* Seite 6 des arabischen Textes. Eine englische Übersetzung von Cecilia Twinch und Pablo Beneito ist 1999 bei Anqa Publishing erschienen.

17. »Oh Meine Diener, die ihr geglaubt habt, siehe, weit ist Mein Land, so verehret Mich!« (Koran 29:56). Die Erwähnung von Dienern, die glauben, ist wichtig, da der Mensch nur durch die Stärke des Glaubens, das heißt das Göttliche Licht im Herzen, in das weite Land gelangt und Ihn verehrt. Dank des Gottesnamens *al-Mumin* (der Glauben und Sicherheit Gewährende) erfüllt der reine Diener diesen Göttlichen Befehl.

Göttlichen Wort inspiriert ist, wo es doch nach Mohammed keine Inspiration (*wahy*) mehr geben kann?‹, dann antworte: ›Obwohl Gabriel, der Engel der Offenbarung, nicht mehr herabsteigt, seitdem der Zyklus des Prophetentums abgeschnitten ist, heißt das nicht, dass die Göttliche Offenbarung (*ilham*) aufgehört hätte, in die Herzen der Heiligen hinabzusteigen (...), denn die Göttliche Realität hat nicht aufgehört und wird nicht aufhören, sie mit Seinen Mysterien zu inspirieren und die Sonnen und Monde Seiner Weisheit am Himmel ihrer Herzen aufgehen lassen. Die plötzlichen Erleuchtungen, die Gott in ihren Herzen ankommen lässt, sind unendlich und unbegrenzt, wie Ozeane ohne Ufer.‹«[18]

Der Name *Hu* (»Er«, wie in *huwiyah*) bezeichnet jemanden, der zur Zeit des Sprechens abwesend ist. Doch hier, am Ort des persönlichen Gesichts, befinden wir uns in der Gegenwart des *Hu,* des Abwesenden Einen, des Unsichtbaren.[19] Dies ist nur möglich, wenn die Anwesenheit aller Vermittler abgelehnt wird, so dass wir unser ganzes Bedürfnis unmittelbar erkennen: Wir sind von Seiner Gegenwart umfangen, statt selbst zu umfangen; Er offenbart Sich und bleibt doch unsichtbar.

Diese Gegenwart beseitigt alle Pluralität. Es gibt kein »wir« beim Anblick Seiner durch das persönliche Gesicht. Alle Erscheinungsformen, Aspekte und Verstrickungen bleiben zurück. Selbst wenn jemand dies nicht in diesem Leben erkennt, es ist das Gesicht, das nach dem Tode gezeigt wird. Es ist eine »Eins-zu-eins«-Situation, von der niemand anders etwas weiß. Da die Göttliche Offenbarung sich nie wiederholt, weder demselben Menschen noch verschiedenen Menschen gegenüber, spricht Ibn Arabi von Gnostikern, die im Zustand des Koranverses »Nichts ist gleich Ihm« bleiben:

> Nicht einmal die Engel wissen, wohin sie gegangen sind. In welchem Zustand sie auch sind, diese [Gnostiker] sind solche, die von Gott durch das persönliche Gesicht annehmen. Daher bleibt ihr wahrer Zustand unbekannt, und andere ta-

---

18. *Mashahid al-Asrar,* Seite 6.
19. Diesen Namen nennt Ibn Arabi auch »Siegel der Gottesnamen« (*Futuhat al-Makkiyah* III:514).

deln sie für das, was sie aus diesem Gesicht hervorbringen. Auf diese Weise hat Khidr sein Wissen genommen.[20]

Manchmal wird darauf in Form der Himmelfahrt (*miraj*) Bezug genommen, der Reise zu dem »Göttlichen Geheimnis, das das persönliche Gesicht ist, das von Gott zu ihm [dem Gnostiker] reicht; und wenn [er] allein bleibt, wird der Schleier des Geheimnisses von ihm genommen und er bleibt bei Gott dem Allerhöchsten«.[21]

Der Grad, in dem dieses persönliche Antlitz erkannt wird, ist der Maßstab für unsere wahre Realität, das Maß, in dem wir unsere Göttliche Besonderheit akzeptiert haben:

> Jeder, der von Gott selbst durch sein persönliches Gesicht in Obhut genommen wurde, in der einen oder anderen Rangstufe, wird eine gewisse Transparenz und Auszeichnung gegenüber dem aufweisen, der diese persönliche Besonderheit und Einkleidung nicht hat.[22]

Alles und jedes Existente besitzt dieses persönliche Gesicht und deshalb potenziell eine unergründliche Würde. In Ibn Arabis Fall gehörten zu diesem Gesicht innere Schau und Gespräch ebenso wie Rat und Beratung für andere:

> Wir [das heißt Ibn Arabi] besitzen ein persönliches Gesicht für Gott (Ehre und Preis sei Ihm!), und wir sprechen zu Ihm und Er spricht zu uns. Jedes Geschöpf hat ein persönliches Gesicht für seinen Herrn.[23]

Es sei darauf hingewiesen, dass Ibn Arabis Bestehen darauf, dass seine Schriften aus der Eingebung, durch das Diktat Gottes, hervorgegangen sind, ein klares Beispiel für das Wirken des persönlichen Gesichts ist:

> Die Bücher, die wir geschrieben haben, dieses [die *Futuhat*] und andere, folgen nicht dem Weg gewöhnlicher Schriften, ebenso wenig wie wir dem Weg gewöhnlicher Autoren folgen. (…) Mein Herz klammert sich an die Tür der Göttli-

---

20. *Futuhat al-Makkiyah* III:385.
21. *Futuhat* III:343.
22. *Futuhat* III:436.
23. *Futuhat* I:319 und 5:73 (OY).

chen Gegenwart und wartet aufmerksam auf das, was kommt, wenn die Tür sich öffnet. Mein Herz ist arm und bedürftig, bar jeden Wissens. (...) Wenn dem Herzen etwas hinter dem Vorhang erscheint, beeilt sich das Herz zu gehorchen und zeichnet es auf, in Übereinstimmung mit den befohlenen Grenzen.[24]

In manchen Fällen werden vom persönlichen Gesicht Wunder verursacht. Bei der Diskussion über jene, die in der Luft gehen können, sagt Ibn Arabi, dies sei ebenso ein prophetisches Erbe:

Wir wissen genau, dass das In-der-Luft-Gehen dank aufrichtiger Nachfolge geschieht. Dass wir [in der Luft] gehen, weil wir ein Jünger Mohammeds sind, stammt vom persönlichen Gesicht, zu dem diese Station [der Wunder] gehört.[25]

Er erwähnt, dass diese Wunder äußere Manifestationen, in der sinnlichen Welt, von einer inneren geistigen Verfassung sind. So ist beispielsweise das wirkliche »In-der-Luft-Gehen« die Beherrschung der Leidenschaften.[26] Mit anderen Worten: Die außergewöhnlichen Kräfte, die in der Vergangenheit als Wunder und in der Moderne als Früchte des wissenschaftlichen Wissens vorgezeigt wurden, sind lediglich Hinweise auf die unsichtbare Welt der Bedeutung – sie haben ihren natürlichen und rechtmäßigen Platz, weil sie geistige Prinzipien aufzeigen. Für den, der wirklich weiß, haben sie ihren Nutzen allein im Einklang mit dem Göttlichen Befehl. Eine solche Person sieht die ganze Welt als ein Wunder und ein Geschenk, und überlässt alle Ausübung der Macht dem Einen, Der »Macht über alle Dinge hat«.[27]

Vor allem findet das Wirken des persönlichen Gesichts auf der Ebene der inneren und verborgenen Schau statt, ohne notwendigerweise anderen ein äußeres Zeichen davon zu geben:

Das Interesse und die ständige Beschäftigung dieses Gnostikers gilt dem persönlichen Göttlichen Gesicht, das in allem Existenten vorhanden ist. Durch das Auge des persönlichen

---

24. *Futuhat al-Makkiyah* I:59 und 1:264 (OY).
25. *Futuhat al-Makkiyah* I:226 und 3:373 (OY).
26. *Mawaqi al-Nujum*, Seite 126.
27. Koran 2:19, und vielfach im Koran wiederholt.

Göttlichen Gesichts, das dieser Gnostiker besitzt, betrachtet er die Angelegenheit entsprechend der ursprünglichen Göttlichen Form (*sura*) und lässt die Vermittler weg. (...) Er betrachtet jede Form nur entsprechend ihrem persönlichen Gesicht, durch sein eigenes Gesicht, das für ihn persönlich ist.[28]

Vor allem ist das persönliche Gesicht ein Ausdruck für das, weswegen der Heilige ein Heiliger ist. Denn er oder sie hat seine oder ihre intime Beziehung zu Gott verwirklicht. Doch der Heilige befindet sich auch in der relativen Welt und deswegen in Übereinstimmung mit den relativen Ausdrucksformen. Dank des persönlichen Gesichts trinkt der Gnostiker das Wissen direkt von Gott, ohne Vermittler. Dank des öffentlichen Gesichts trinkt der Heilige direkt durch die Vermittlung und Transmission des Propheten oder seiner Stellvertreter, und dieses Erbe wird manchmal die Präsenz der Nachfolge genannt. Wie Ibn Arabi in der folgenden Passage verdeutlicht, gibt es jedoch keinen Unterschied zwischen diesen beiden Aspekten, denn die Realität des Menschen liegt jenseits der augenscheinlichen Trennung:

Wisse, dass Gott den Menschen in seiner Gänze angesprochen hat, ohne seinem Äußeren gegenüber seinem Inneren den Vorrang zu geben, oder umgekehrt. Es gibt viele Fälle, wo Leute behaupten, die Art und Weise zu kennen, welche das heilige Gesetz für ihr Äußeres vorschreibt, während sie unwissend in Bezug auf das bleiben, was für ihr Inneres vorgeschrieben ist – nur wenige sind nicht so, und das sind die Menschen des Gottesweges. Sie erforschen das Äußere und das Innere. (...) So verehren sie Gott durch das, was Er ihnen vorgeschrieben hat, äußerlich wie innerlich. Sie gewinnen, während die große Mehrheit verliert! (...) Völliges Glück besteht darin, das Äußere und das Innere zusammenzubringen, und dies wird von denjenigen erreicht, die Gott kennen und das, was Er befiehlt.[29]

Was zuvor als inneres Wissen oder äußeres Wissen angesehen wurde, ist nunmehr deutlich die Erkenntnis Gottes, Der beides ist,

28. *Futuhat al-Makkiyah* III:30.
29. *Futuhat al-Makkiyah* I:334 und 5:158 (OY).

der Äußere und der Innere. Diese abschließende Beschreibung umreißt klar die fundamentale Dienerschaft, die zum Menschen gehört, durch die universelles Mitgefühl verliehen wird. Die geheime Kammer,[30] die Ibn Arabi erwähnt, ist die »Schatzkammer des Beschenkten«, wo die Person unmittelbar von dem verborgenen Göttlichen Schatz empfängt:

Wenn er nicht in der Präsenz der Nachfolge steht und von der rechten Seite des Pfades verwiesen wird – zwischen Kammer und Pfad –, wird er keinerlei Fußstapfen vor sich sehen. Dies ist der Pfad des persönlichen Gesichts, das von Gott (*al-Haqq*) für jede Kreatur da ist. Von diesem persönlichen Gesicht wird den Heiligen jenes Wissen enthüllt, das für unmöglich gehalten wird, und weswegen sie als Hochstapler [beschimpft werden]. Sie werden als Hochstapler und Verdecker der Wahrheit bezeichnet, von denjenigen, die [nichtsdestoweniger] an es glauben, sobald es von dem Gesandten überbracht wird. Und doch ist es genau das gleiche Wissen. (...)

Die Menschen dieser Station (...) überlassen die spirituelle Kontrolle und Verfügung (*tasaruff*) Gott in Seiner Schöpfung, auch wenn sie dazu die Fähigkeit besitzen und von Gott zu dieser Fähigkeit berufen wurden, nicht als Befehl [über sie], sondern [einfach] als Vorschlag oder Einladung. Sie haben sich selbst in Verborgenheit gehüllt und die Zelte des Unsichtbaren betreten. Sie haben sich mit dem Schleier der Gewöhnlichkeit verhüllt und sich an die essentielle Dienerschaft (*ubuda*) und Armut gehalten. Darunter sind edle Jünglinge (*fityan*), Menschen der Schönheit und Beredsamkeit, Menschen des Tadels (*malamatiyah*), die Unbemerkten, die Befreiten. (...)

Wir nennen sie Pole, weil sie fest auf dem Boden stehen, und weil die Station – ich meine die Station der Dienerschaft (*ubudiyah*) – sich um sie dreht. Mit »Pol« meine ich nicht, dass eine Gruppe von Leuten unter ihrem Kommando steht, deren Führer und Pol sie sind. *Sie sind größer und höher als*

---

30. Das arabische Wort *mikhda* bedeutet eine »Kammer« oder ein »kleines Zimmer«, das etwas enthält, und die Wurzel *kh-d-*, bedeutet ursprünglich »verbergen« oder »verstecken«.

das! Sie haben keinerlei Führerschaft an sich, weil sie in ihrer Dienerschaft verwirklicht sind. Eine Anordnung geht von Gott aus, so dass sie dem gehorchen müssen, was sie in sich empfangen, weil sie in ihrer Dienerschaft verwirklicht sind; und sie stehen fest in ihrer Station der Dienerschaft, in [vollkommenem] Gehorsam gegenüber dem Befehl ihres Meisters.[31]

---

31. *Futuhat al-Makkiyah* I:201 und 3:256 (OY).

Der Weg ins Zentrum

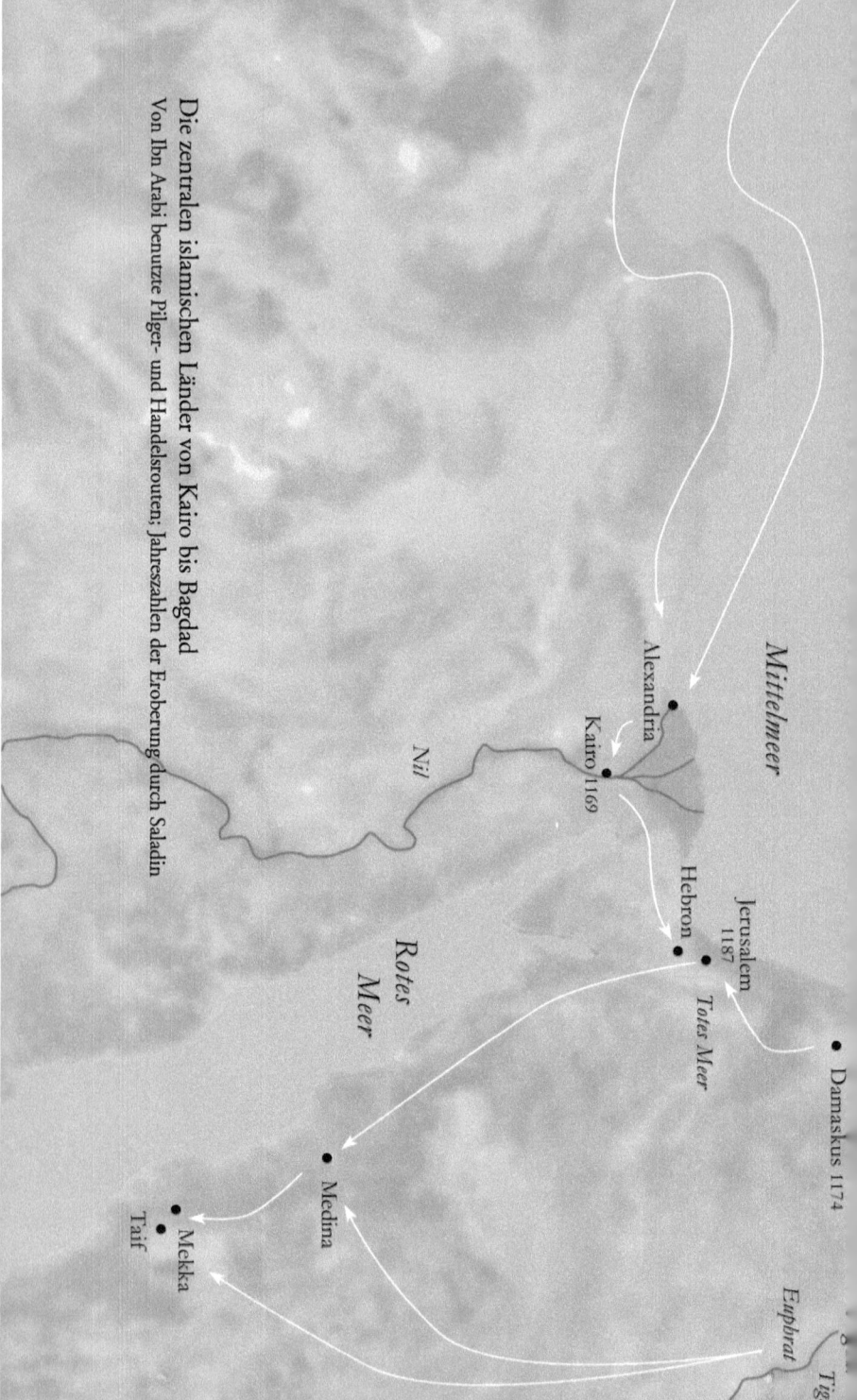

Die zentralen islamischen Länder von Kairo bis Bagdad
Von Ibn Arabi benutzte Pilger- und Handelsrouten; Jahreszahlen der Eroberung durch Saladin

Kapitel 9

Das Licht jenseits des Ufers
(1194–1200)

Sprich: »Wir glauben an Allah und was auf uns herabgesandt ward, und was herabgesandt ward auf Abraham und Ismael und Isaak und Jakob und die Stämme, und was gegeben ward Moses und Jesus und den Propheten von ihrem Herrn. Wir machen keinen Unterschied zwischen einem von ihnen, und Ihm sind wir ergeben.«[1]

Oh mein Herr, gewähre mir das Geschenk der vollkommensten Fähigkeit, Dein heiliges Ergießen zu empfangen, so dass ich Dein ernannter Regent in Deinen Ländern sein möge und dadurch Dein Missfallen von Deinen Dienern fernhalte.[2]

DIE NÄCHSTEN FÜNF JAHRE WAREN EINE ZEIT, IN DER IBN Arabi eine andere Welt betrat und sich darin einrichtete. Nachdem er von verschiedenen spirituellen Meistern des Westens ausgebildet worden war, fand er nun seine eigene Rolle als Erbe Mohammeds und tatsächlich als *der* Erbe Mohammeds. Von diesem Punkt aus beginnt sich der wahre Genius von Ibn Arabi zu zeigen, außerhalb der Begrenzungen eines bestimmten Raumes oder einer bestimmten Zeit. Bis zu diesem Moment hätte er ein Bewohner Andalusiens oder des Maghreb genannt werden können, von nun an wurde er universell. Er ließ all das äußerliche Beiwerk seiner Erziehung hinter sich, obwohl er körperlich immer noch im Westen blieb, und erforschte die Bedeutung des mohammedanischen Erbes, das in seinem Aufsteigen ins Licht und als reines Licht gipfelte.

Dem ging eine achtzehnmonatige Periode mit einigen Aufregungen voraus, wozu auch einige Trennungen gehörten. Kurz nach seiner Rückkehr nach Andalusien aus Nordafrika im Jahre 1194 starb Ibn Arabis Vater. Nun entstand eine deutliche Span-

---

1. Koran 3:78.
2. *Wird*, Freitagabend-Gebet; *Tages- und Nachtgebete*, Seite 54.

nung zwischen seinen offenkundigen Verpflichtungen gegenüber seiner engeren Familie und seiner erklärten Weihung für den Weg. Er war der einzige Mann der Familie, und es wurde erwartet, dass er sich um seine Mutter und die beiden jüngeren Schwestern kümmerte. Auch zwei seiner engsten Freunde und Nachbarn aus der Kindheit waren gegangen. Muhammad al-Khayaht, der ihn den Koran gelehrt hatte, und dessen Bruder Ahmed al-Hariri hatten sich auf die Pilgerreise nach Mekka gemacht. Sie sollten sich erst sieben Jahre später wiedersehen.

Innerhalb weniger Monate starb auch seine Mutter, und der familiäre Druck erreichte seinen Höhepunkt. Wäre es nicht besser, er würde sein spirituelles Leben zugunsten seiner Familie aufgeben? Zuerst kam Ibn Arabis Vetter zu ihm und bat ihn, in die Welt zurückzukehren und sich um seine beiden Schwestern zu kümmern. Er lehnte es rundweg ab – er war einige Monate zuvor von einem seiner Lehrer, Salih al-Adawi, gewarnt worden, der zu ihm gesagt hatte:

> Deine Familie wird versuchen, dich zu überreden, in die Welt zurückzukehren und für deine Mutter und deine Schwestern zu sorgen. Tue nicht, worum sie dich bitten, und achte nicht auf ihre Worte, sondern zitiere ihnen Gottes Wort: »Und gebiete deinem Haus das Gebet und verharre in ihm. Wir fordern nicht von dir, dass du dich versorgst, Wir wollen dich versorgen, und der Ausgang ist Frömmigkeit.«[3] Lass es dabei bewenden, denn Gott hat einen Ausweg für dich vorbereitet.[4]

Auch äußere Ereignisse machten sich nach fünf Jahren Waffenstillstand bemerkbar. König Alfons VIII von Kastilien griff das Königreich der Almohaden an, insbesondere das Gebiet um Sevilla, und es war eine Zeit großer Unsicherheit für die Provinzhauptstadt. Der dritte Sultan der Almohaden, Abu Yusuf Yaqub al-Mansur, gab dem Drängen seiner Untertanen in Sevilla nach, indem er in Marrakesch ein Heer zusammenstellte und am 1. Juni 1195 nach Spanien übersetzte. Inmitten der Vorbereitungen für diesen Feldzug scheint der weltliche Druck auf Ibn Arabi sich wie-

---

3. Koran 20:132.
4. *Sufis of Andalusia*, Seite 75.

der verstärkt zu haben. Der Sultan bot ihm einen Posten in seinem Gefolge an, vielleicht aus Wertschätzung der jahrelangen Dienste seines Vaters, vielleicht um für seine Mission gegen die Christen Unterstützung zusammenzutrommeln. Eingedenk der Worte des Berberscheichs Salih al-Adawi lehnte Ibn Arabi beides ab: den Posten und das Angebot, seine Schwestern zu verheiraten. Innerhalb weniger Tage verließ er den Schlachtenlärm von Sevilla und brachte seine Schwestern in die friedliche marokkanische Stadt Fez, wo sie sich niederließen. Es dauerte nicht lange, bis er Ehemänner für sie gefunden hatte, und seine Lösung von den Verpflichtungen gegenüber der Welt war abgeschlossen.

Am 18. Juli 1195 verwickelten die Almohaden die kastilische Armee in die Schlacht von Alarcos. Die christlichen Truppen wurden vernichtend geschlagen, und Andalusien war einige Jahre lang vor Angriffen aus dem Norden sicher. Dies führte zwar zur Blüte des Almohaden-Reichs, doch von diesem Zeitpunkt an begannen die langsame Auflösung und der Niedergang des muslimischen Spaniens angesichts des christlichen Aufstiegs. Nach fünfunddreißig Jahren war die Herrschaft der Almohaden verschwunden, und nie wieder sollte es eine arabische Herrschaft über die iberische Halbinsel geben. Als ob er die Luftveränderung in al-Andalus spürte, sollte Ibn Arabi nur noch fünf weitere Jahre im Maghreb verbringen, zwei davon in der schönen Umgebung von Fez.

Ibn Arabi verbrachte zwei getrennte Perioden in Fez. Während des ersten sechsmonatigen Aufenthalts im Jahre 1195, als die Kriegswirren in Andalusien ausbrachen, ging seine innere Reise unbeeinträchtigt weiter. Er begann Stadien der Offenbarung zu erleben, die den inneren Zuständen des Propheten entsprachen. Er spricht zum Beispiel von der »Erleuchtung des Ausdrucks«, die er zu dieser Zeit empfing. Wie aus der folgenden Beschreibung ersichtlich, stellt dies einen Zustand der vollkommenen Armut angesichts des Enthüllten dar, ähnlich der kindlichen Unschuld und Spontaneität:

Dies wird nur dem vollkommenen [Nachfolger] Mohammeds gegeben, auch wenn er in anderer Hinsicht Erbe eines anderen Propheten ist. Die machtvollste Station, die von dem Menschen erreicht wird, der diese Offenbarung bekommen hat, ist die Station der Wahrhaftigkeit (*sidq*) in allem, was er sagt, in all seinen Bewegungen und in seinem Ruhe-

> zustand. (...) Ein solcher Mensch ist nicht fähig, das, was er sagen will, innerlich zu planen, dann mithilfe der Reflexion zu ordnen und schließlich zu äußern. Für ihn ist der Moment, in dem er spricht, derselbe Moment, in dem er die Rede empfängt, durch die er seine Gedanken zum Ausdruck bringt. (...) Von allen Männern, die ich in meinem Leben getroffen habe, bin ich keinem begegnet, der eine Spur dieser Form von Erleuchtung gehabt hätte. Möglicherweise gibt es solche Menschen, aber ich habe einfach keine getroffen; ich bin mir jedoch einer Sache gewiss, dass ich [nämlich] einer von ihnen bin.[5]

Nachdem seine Schwestern verheiratet waren und der Friede in Andalusien wieder hergestellt war, kehrte Ibn Arabi nach Sevilla zurück. Er hatte gewissermaßen das Wasser auf der anderen Seite der Strasse von Gibraltar gekostet. Vielleicht spürte er, dass seine Zeit in Andalusien sich dem Ende zuneigte. Inzwischen widmete er sich der Erforschung der inneren und äußeren Verästelungen des mohammedanischen Erbes. Er legte zum Beispiel Wert darauf, die Prophetenüberlieferungen (Hadith) bei einem bekannten Gelehrten zu studieren, dem Vetter des Obersten Richters von Sevilla, Abu Bakr Muhammad Ibn al-Arabi (die Familien waren nicht miteinander verwandt). Ibn Arabis eindrucksvolle Präsenz und sein Ruf, der sich in Nah und Fern zu verbreiten begann, muss andere Menschen oft veranlasst haben, allzu respektvoll mit ihm umzugehen. Im Jahre 1196 verbrachte er in Sevilla einmal einen Abend mit vier Freunden, die sich ihm gegenüber so ergeben benahmen, dass die Atmosphäre ziemlich angespannt war.

> Unser Gastgeber bat mich, ihnen ein wenig Unterweisung zu geben, und ich sah, dass dies die Gelegenheit war, sie aufzulockern. Ich antwortete: »Soll ich euch etwas über eine Arbeit von mir erzählen, die den Titel trägt ›Anleitung zur Missachtung der üblichen Höflichkeiten‹? Wenn ihr wollt, kann ich ein Kapitel daraus erläutern.« Er sagte, er würde sich freuen. Ich schob dann meinen Fuß in seinen Schoß und sagte ihm, er solle ihn massieren. Er verstand, was ich meinte, und das taten auch die anderen. Danach waren sie viel entspannter und verloren ihr Gefühl von Beklemmung und

5. *Futuhat al-Makkiyah* II:506.

Unbehagen. Und so waren wir in der Lage, einen wirklich angenehmen Abend miteinander zu verbringen.[6]

Nach diesem kurzen Zwischenspiel kehrte Ibn Arabi nach Fez zurück, wo er in den nächsten zwei Jahren wohnte, von 1197 bis 1198. Hier sollte er das ganze Erbe Mohammeds antreten, das in der größten aller Reisen, der spirituellen Himmelfahrt, gipfelte.

Zwei Männer, denen er schon frühzeitig in Fez begegnet war, waren von hoher Spiritualität, doch ihr Rang war nur ihm und sonst niemandem bekannt. Wir werden in Kapitel 10 sehen, dass diese Fähigkeit, den Blicken der Leute verborgen zu sein, ein Merkmal für einige der größten Heiligen ist. Ibn Arabis Begegnungen mit ihnen offenbaren eine Innenwelt, die nur Menschen mit einer anderen Sichtweise zugänglich ist. Die erste Begegnung fand mit einem Mann namens Ibn Jadun statt.

Ich war in Fez angekommen, wo die Leute schon von mir gehört hatten und hofften, mich treffen zu können. Um ihnen aus dem Wege zu gehen, verließ ich das Haus, in dem ich mich befand, und ging zur Großen Moschee. Da sie mich zuhause nicht finden konnten, suchten sie in der Moschee nach mir. Ich sah sie auf mich zukommen, und als sie fragten, wo Ibn Arabi sei, wies ich sie an, weiter nach ihm zu suchen, bis sie ihn gefunden hätten. Als ich dort gut gekleidet saß, kam der Scheich [Ibn Jadun] und setzte sich vor mich hin. Ich hatte ihn nie zuvor getroffen. Er grüßte mich und ich grüßte ihn. Dann öffnete er al-Muhasibis Buch *Über die Darlegung des Wissens,* las ein paar Worte daraus vor und bat mich, sie ihm auszulegen. Durch Göttliche Eingebung wurde ich mir seines Ranges, seiner geistigen Station und der Tatsache bewusst, dass er eine der vier Säulen (*awtad*) war und dass sein Sohn seine Station erben würde. So sagte ich ihm, dass ich wisse, wer er sei, und sagte seinen Namen. Er schlug das Buch zu und erhob sich mit den Worten: »Schweige darüber, denn ich mag dich und würde dich gern besser kennenlernen. Dein Ziel ist tadellos.« Dann verließ er mich. Von da an saß ich nur mit ihm zusammen, wenn niemand anders dabei war.[7]

6. *Futuhat al-Makkiyah* IV:539; *Sufis of Andalusia*, Seite 30.
7. *Ruh al-Quds,* Seite 107; *Sufis of Andalusia*, Seite 115.

Die andere Person, die er im Jahre 1197 traf, hieß al-Ashall (wörtlich: der Verwelkte, weil er eine verkrüppelte Hand hatte).

Einer der hervorragendsten Kenner des Korans und der Pol seiner Zeit besuchte uns oft, sprach aber nur über den Koran. Damals wusste ich nichts von seiner Station.[8]

Der Pol (*qutb*), um den sich die ganze Welt dreht, stellt die höchste Autorität in der spirituellen Welt dar und bleibt im Allgemeinen völlig unbekannt, außer für Gott. Eines Nachts hatte Ibn Arabi einen Traum, in dem er von der geistigen Station dieses Mannes unterrichtet wurde. Am nächsten Tag wurde er in jemandes Garten eingeladen, um eine Gruppe von Meistern zu treffen, unter denen sich al-Ashall befand.

All diese Männer erwiesen mir großen Respekt. Das Treffen war nur meinetwegen einberufen, und außer mir sprach niemand über das Wissen vom Weg. Wenn sie untereinander darüber sprachen, legten sie mir anschließend die Ergebnisse ihrer Diskussion vor. Es geschah, dass der Pol erwähnt wurde, während er selbst anwesend war. Ich sagte zu ihnen: »Meine Brüder, lasst mich euch etwas Wunderbares über den Pol eurer Zeit erzählen.« Dann wandte ich mich zu dem Mann, der mir in meinem Schlaf von Gott als Pol der Zeit gezeigt worden war, und der sich auch in meiner Gesellschaft aufhielt und mich sehr liebte. Er sagte zu mir: »Sag, was Gott dir enthüllt hat, aber enthülle nicht seine Identität.« Dann lächelte er und sagte: »Gelobt sei Gott!« Dann erzählte ich der Gruppe, was Gott mir bezüglich dieses Mannes aufgezeigt hatte, und sie waren erstaunt über das, was sie hörten. Jedoch nannte ich ihn nicht und zeigte auch nicht auf ihn. Ich blieb bei diesem wunderbaren Treffen mit den edelsten Brüdern bis zum Nachmittagsgebet, ohne ein einziges Mal zu erwähnen, wer er war. Nachdem alle gegangen waren, kam der Pol zu mir und sagte: »Möge Gott dich belohnen! Du

---

8. *Sufis of Andalusia*, Seite 152.

Eingang zur Qarawiyyin-Moschee in Fez. Ursprünglich 859 errichtet, wurde die Moschee von den Almoraviden 1135 als Große Moschee der Stadt neu errichtet

hast gut daran getan, dich nicht namentlich auf ihn zu beziehen. Friede sei mit dir und die Gnade Gottes!« Er sagte mir Lebwohl, obwohl ich das damals nicht wusste. Ich traf ihn nie wieder in der Stadt, noch habe ich ihn seither getroffen.[9]

Bei beiden Begegnungen scheint Ibn Arabi der Einzige zu sein, der die Fähigkeit besitzt zu sehen, wer diese Menschen wirklich sind. Doch seine Begegnungen mit dem Pol sind nur so lange fruchtbar, wie er ihn nicht als Pol kennt. Sobald er auf den geistigen Rang dieses Mannes aufmerksam gemacht worden ist, ist ihre Beziehung beendet. Obwohl er diesen Bericht erst einige Jahre später aufschrieb, achtete er sorgfältig darauf, die Anonymität der betroffenen Person zu wahren. Der Name al-Ashall (der Verwelkte) ist eindeutig ein Pseudonym.

Fez scheint kennzeichnend für eine bemerkenswert glückliche Zeit seines Lebens gewesen zu sein. Ibn Arabi war in der Lage, sich völlig der geistigen Arbeit zu widmen, und war umgeben von Gleichgesinnten mit denselben Bestrebungen. Die folgende Geschichte darüber, wie er und seine Gefährten den Koran täglich rezitierten, stammt wahrscheinlich aus dieser Zeit.

Der wahre spirituelle Meister hat immer eine Gruppe von Leuten um sich, die die Verse Gottes Tag und Nacht rezitieren. Als wir in Fez, im Land des Maghreb, waren, befolgten wir selbst diese Übung dank der Zustimmung von Gottbegnadeten Gefährten, die uns zuhörten und unserem Rat bereitwillig folgten. Aber als wir sie nicht länger [bei uns] hatten, verloren wir diese reine [geistige] Arbeit, die die edelste und höchste Form der [geistigen] Nahrung ist.[10]

Er traf nicht nur Heilige, die Erben Mohammeds waren – auch er selbst drang tiefer in dieses Erbe ein. In der al-Azhar-Moschee in

---

9. *Futuhat al-Makkiyah* IV:76; *Quest for the Red Sulphur*, Seite 151.
10. *Futuhat al-Makkiyah* III:334; Michael Chodkiewicz et al.: *The Meccan Illuminations*, Seite 134.
11. Koran 12:108.
12. *Futuhat al-Makkiyah* II:486. In einer anderen Passage, in der es um die gleiche Vision geht (*Futuhat al-Makkiyah* I:491), erklärt Ibn Arabi auch, dass der Prophet nur Gesicht ist und deswegen sagt: »Ich sehe dich hinter mir.«

Fez erreichte er eine neue Stufe der inneren Schau in Form von Licht.

> Gott sagte [zum Propheten]: »[Sprich:] Ich rufe zu Allah aufgrund [sicherer Kenntnis,] ich und wer mir folgt.«[11] Durch das Licht, das vor ihm [leuchtet], lädt [der Prophet] gemäß innerer Schau zu Gott ein, während der, der als ein Nachfolger einlädt, dies durch das Licht tut, das hinter [dem Propheten leuchtet]. Dieser Nachfolger folgt dann ebenfalls einer inneren Schau, insofern er zu Ihm einlädt ebenso wie die, die ihm folgen. Durch dieses Licht kann er sehen, was hinter ihm ist, ebenso wie er sehen kann, was vor ihm ist. Ich selbst erreichte diese Station im Jahr 593 [1196] in Fez während des Nachmittagsgebets. Ich leitete in der al-Azhar-Moschee eine Gruppe im Gebet, als ich es als Licht sah, das fast stärker zu sehen war als das, was vor mir war. Nur hatte ich jedes Gefühl von vorne [und hinten] verloren, ich hatte weder Rücken noch Nacken. Während der Dauer der ganzen Vision hatte ich keinen Orientierungssinn, als ob ich vollkommen ätherisch geworden wäre. Jedes Gefühl von Richtung wäre völlig hypothetisch und keine wirkliche Erfahrung gewesen.[12]

Der Orangengarten von Dar-al-Maqri, einem der schönen Häuser in dem alten Viertel von Fez. Zur Zeit von Ibn Arabi galt Fez als »Bagdad des Maghreb« mit seinen 89 000 Haushalten und 780 Moscheen

Die Lichtvision ist eine Art Vorgeschmack auf seine große Lichtreise. Im folgenden Jahr,[13] im Alter von dreiunddreißig Jahren, wurde er auf eine der außergewöhnlichsten Reisen überhaupt mitgenommen: auf die Himmelfahrt (*miraj*), die die berühmte Nachtreise des Propheten Mohammed widerspiegelte. Ein ganzes Buch, oder gar mehrere davon, wären nötig, um der Bedeutung dieser Auffahrt gerecht zu werden. Ibn Arabi schrieb selbst des Öfteren darüber. Der erste Bericht steht in dem *Kitab al-Isra* (Buch der Nachtreise), das sofort nach der Erfahrung geschrieben wurde; dies ist der längste und anspielungsreichste Bericht. Mindestens drei weitere Berichte beschreiben diese Reise auf verschiedene Art: als autobiografische Erfahrung (*Futuhat*, Kapitel 367), die mit der inneren Bedeutung der 17. Sure im Koran, der Sure »Die Nachtfahrt«, in Verbindung gebracht wird; als Reise der Transformation in ein Dasein vollkommenen Glücks, wo die mystische Enthüllung der Vernunft gegenübergestellt wird (*Futuhat*, Kapitel 167); und als Ratschlag für jemanden, der in Klausur geht, im *Risalat al-Anwar* (Brief über das Licht). Hier können wir nur einen kurzen Überblick über die autobiografischen Züge geben, wobei wir besonders auf den Anfang und das Ende der Auffahrt achten, und einige allgemeine Betrachtungen anschließen.[14]

Zum Verständnis von Ibn Arabis Reise ist es nötig, sich mit der Reise vertraut zu machen, die vom Propheten Mohammed beschrieben wurde, als er nachts in Gottes Gegenwart selbst gebracht wurde. Mohammed wurde auf dem himmlischen Pferd Buraq von Gabriel von der Heiligen Moschee in Mekka zur der »Entferntesten Moschee«, al-Aqsa, das heißt dem Tempelberg in Jerusalem, gebracht. Dort betete er mit den irdischen Formen der Propheten, die hinter ihm beteten; von dort aus wurde er durch die sieben Himmel getragen, wo er der geistigen Wirklichkeit jedes der sieben

---

13. Das genaue Datum dieser Himmelfahrt ist nicht bekannt. Doch nach einem Hinweis in einem Gedicht seines *Diwan* und dem Kommentar eines späteren Schülers erfahren wir, dass er die Gewissheit, das Siegel der Heiligen zu sein, Mitte November 1197 bekam (dem Anfang des Muharram 594). Siehe *Quest for the Red Sulphur*, Seite 158.

14. Die *Risalat al-Anwar* erschien 2008 unter dem Titel *Reise zum Herrn der Macht* beim Chalice Verlag, Zürich. Die Ausgabe enthält zudem unter dem Titel *Meine Reise verlief nur in mir selbst* die erste deutsche Übersetzung von Auszügen aus dem Kapitel 367 der *Futuhat* sowie einen längeren Kommentar von James W. Morris, der auch auf Ibn Arabis weitere Berichte über seine Lichtreise eingeht (Anmerkung des Herausgebers).

großen Propheten begegnete (Adam, Jesus, Joseph, Enoch, Aaron, Moses und Abraham). Dann reiste er weiter, weiter als der Engel Gabriel gelangen konnte, bis er den Grad erreichte, der als »oder näher« (*aw adna*) bekannt ist.

In einer genauen und getreulichen Wiederholung im Geiste reiste Ibn Arabi, der mohammedanische Erbe *par excellence,* den gleichen Pfad. Während die Himmelfahrt des Propheten körperlich stattfand, sind die Himmelfahrten der Heiligen »die Auffahrten ihres Geistes und die Vision ihrer Herzen, die Vision von Formen in der Zwischenwelt und verkörperten geistigen Realitäten. (...) Sie unternehmen eine geistige Reise auf der Erde und in der Luft, ohne jemals einen Fuß in die [physischen] Himmel zu setzen.«[15] Auch Ibn Arabis Reise fand im Schutze der Nacht statt. Er bemerkt: »Die Himmelfahrten der Propheten fanden immer nachts statt, denn die Nacht ist die Zeit des Mysteriums und des Verbergens«,[16] und: »Die Nacht ist die beste Zeit für Liebende, denn dann vereinigen sie sich, und Zurückgezogenheit mit dem Geliebten findet des Nachts statt.«[17] Ibn Arabi achtete auch darauf, den Rahmen dieser Erfahrung zu erläutern.

Gott transportiert Seinen Diener nicht, damit er Ihn sehen kann, sondern um ihm einige Seiner Zeichen zu zeigen, diejenigen, die er noch nicht gesehen hat. Er hat gesagt: »Preis Dem, Der Seinen Diener des Nachts entführte von der heiligen Moschee zur fernsten Moschee, deren Umgebung Wir gesegnet haben, um ihm einige Unserer Zeichen zu zeigen«[18] (...) Ich habe ihn nur transportiert, damit er die Zeichen sieht, nicht zu Mir, da kein Ort Mich fassen kann, und die Beziehungen von ›Orten‹ zu Mir ist identisch. Ich bin der Eine, Der im Herzen Meines treuen Dieners enthalten ist; also wie könnte Ich ihn denn zu Mir bringen, wenn Ich ihm nahe und bei ihm bin, wo immer er ist?«[19]

Ganz zu Beginn dieser Reise traf er die Personifikation der geistigen Offenbarung, den Jüngling (*fata*), der das Gegenstück zu Gabriel ist.

15. *Futuhat al-Makkiyah* III:342.
16. *The Tarjuman al-Ashwaq,* Seite 57.
17. *Kitab al-Isfar,* Seite 24.
18. Koran 17:1.
19. *Futuhat al-Makkiyah* III:340.

> Ich machte mich auf aus dem Land al-Andalus, auf der Suche nach dem Haus der Heiligkeit [Jerusalem], und nahm Hingabe (*islam*) als mein Pferd, Streben (*mujahada*) als mein Bett und Vertrauen (*tawakkul*) als meinen Proviant. Ich nahm diesen Weg auf der Suche nach den Menschen des Seins und der Erkenntnis in der Hoffnung, dass ich im Schoß dieser Gesellschaft ankommen würde. Daher begegnete ich am Strom der Myriaden von Quellen und dem Brunnen von Arin einem Jüngling, dessen Essenz geistig ist, dessen Eigenschaften edel und dessen Neigungen engelhaft sind.[20]

Diese Begegnung, die der Auffahrt selbst vorangeht, ereignet sich am geheimnisvollen »Brunnen von Arin«. Ein Ort des vollkommenen Gleichgewichts, von dem gesagt wird, dass er in gleicher Entfernung von den vier Kardinalpunkten des Kompasses gelegen ist und daher im Mittelpunkt aller Dinge. Es ist ein Ort, wo Wissen direkt und klar gegeben wird, ohne jede Verzerrung oder Abweichung. Im Laufe der sich entfaltenden Unterhaltung beschreibt der Jüngling sich selbst als »einen, der zum Sein einlädt«. Als Ibn Arabi ihn bittet, die Geheimnisse des Korans und der Fatiha bekannt zu geben, antwortet der Jüngling:

> »Du bist eine Wolke vor deiner eigenen Sonne. Zuerst musst du deine eigene Realität kennen. Niemand kann Meine Worte verstehen außer einem, der Meine Station erreicht; und niemand erreicht sie außer Mir! Wie kommt es also, dass du die Realität Meiner Namen kennen willst? Trotzdem sollst du zu Meinem Himmel gebracht werden!«[21]

Das theophane Wesen zitiert dann diese Verse: »Ich bin der Koran und die sieben Wiederholungen«, die in Tunis aus Ibn Arabis Mund gekommen waren. Er offenbart Sich selbst als die letzte Quelle und das Geheimnis der Eingebung, das wahre Bild, nach Dem alle Bilder gemacht werden, »der Schreiber, Der alle Seiten des Intellekts beschreibt«. Wie Michel Chodkiewicz betont: »Die Quelle der Eingebung kommt von dem Namen *al-Mutakallim*

---

20. *Kitab al-Isra,* Seite 57.
21. *Kitab al-Isra,* Seite 57.

(der Sprecher), des heiligen Verbs.«[22] Nachdem Er Ibn Arabi seine wahre Realität genannt hat, verschwindet der Jüngling aus dem Blickfeld, denn insofern Er Form ist, muss Er bei dieser Reise über alle Form hinaus transzendiert werden. Es bleiben nur Seine Eigenschaften, die im Zuge der Auffahrt enthüllt werden.

So wie Mohammed zunächst auf der Erde von Mekka nach Jerusalem gebracht wurde, ist der erste Teil der Reise, die Ibn Arabi unternimmt, »horizontal«, auf der Erde, und durchläuft das, was den Königreichen der Mineralien, Pflanzen und Tiere entspricht. Der erste Teil der Reise hat nichts mit der Verherrlichung Gottes zu tun, die in diesen drei Königreichen ständig stattfindet, es ist das Abstreifen aller Verstrickungen mit dieser Welt und ihren Formen, eine Ablösung der Hüllen, die den Menschen seit seinem Absteigen in die relative Existenz bedeckt haben. Dieses Stadium erfordert eine totale Anstrengung und zielgerichtete Konzentration. Wir könnten das mit der explosiven Kraft vergleichen, die eine Rakete in den Weltraum schießt; der schwerelose Zustand des Raums kann nicht erreicht werden, solange die Schwerkraft der Erde vorherrscht.

Auf dieser Reise verwandelt sich die physikalische Geografie in spirituelle Topografie. Jeder Ort auf der Erde wird entsprechend seiner ursprünglichen Bedeutung enthüllt. Wie ein Astronaut, der auf die Erde schaut, beschreibt Ibn Arabi alle Merkmale der Erde in einem anderen Licht. Aus der menschlichen Perspektive beginnt die geistige Reise im Glauben, der tiefempfundenen Gewissheit, und erreicht ihre Erfüllung in der völligen Verwirklichung der Dienerschaft oder Armut vor Gott. Die Moschee (*masjid*) ist buchstäblich ein Ort der Niederwerfung (*sujud*), und Niederwerfung ist Dienerschaft. Die Moschee in Mekka, der Ausgangspunkt der Reise, repräsentiert das Herz des Dieners, der völligen Glauben besitzt und sich in Niederwerfung befindet, das »vollkommene Herz, das die Wahrheit enthält«. Jerusalem, das im Arabischen al-Quds (die heilige Stadt) heißt, repräsentiert die Station der Heiligkeit und Reinheit, die durch völlige Erniedrigung und Dienerschaft charakterisiert ist – es ist die endgültige Niederwerfung vor Gott. Ibn Arabi nennt diese Station auch die Stadt Yathrib; das ist der alte Name für Medina, wo die irdische Hülle des Propheten begraben liegt und wo die erste Gemeinschaft von Muslimen entstand.

---

22. *An Ocean without Shore*, Seite 79.

Er zitiert oft den Koranvers: »Ihr Leute von Yathrib, hier ist kein Platz für euch, kehret drum zurück!«,[23] im Zusammenhang mit der höchsten Station des Wissens von Gott. Er erklärt, dass die Leute von Yathrib die mohammedanische »Station der Nicht-Station« erreicht haben, wo die Reise in Gott dem Reisen auf einem ewigen Ozean ohne Ufer gleicht. Die Reisenden haben bemerkt, dass Gott in allen Dingen manifest ist, an allen Orten, in allen Zuständen, und deswegen nie erreicht werden kann. Er ist wahrhaftig das Unsichtbare und das Unbekannte. Unter den Leuten von Yathrib erwähnt Ibn Arabi große Heilige wie Abu Yazid al-Bistami und beschreibt Yathrib als »die Station, von der sie zurückkehren, völlig darin gescheitert, die wahre Kenntnis von Gott dem Allerherrlichsten zu erreichen. Dazu gehört, Gott in allem zu sehen.«[24] So scheinen diese beiden Städte, Jerusalem und Medina, in der Auffahrt von den beiden Blickpunkten der vollkommenen Heiligkeit oder der unendlichen Reise aus das gleiche Prinzip zu repräsentieren.

Die Auffahrt selbst beginnt in Yathrib/Jerusalem. Ibn Arabi fährt in den Himmel auf, um die Propheten in ihrer geistigen Wirklichkeit zu treffen. Der erste von ihnen ist Adam, der sich im ersten Himmel der übertragenen Verantwortung (*wizara*) befindet. Die folgenden Auszüge geben einen Geschmack von dieser ersten Begegnung und einigen (damit verbundenen) Verästelungen.

> Ich verließ das Land des Westens auf der Suche nach der Stadt Yathrib und reiste vierzig Nächte. (...) Als ich [die Stadt Yathrib] erreichte und die Bestrebungen, die mich dorthin gebracht hatten, verschwunden waren, fragte ich einige meiner Gefährten und engsten Freunde: »Gibt es in eurem Land einen Priester, zu dem man Zuflucht nehmen, oder einen Lehrer, mit dem man zusammensitzen kann?« Mir wurde gesagt: »Hier ist ein Lehrer, der ungemein klar in seinem Forschen und seiner Vision ist, der gut und informativ kommuniziert. Er wird Vater der Menschheit genannt und lehrt im Tempel des Mondes. Unter seinem Einfluss gibt es Wunder. Es gibt keinen Schleier zwischen dir und ihm.«

23. Koran 33:13.
24. *The Tarjuman al-Ashwaq*, Seite 122f.
25. *Kitab al-Isra*, Seite 77. Unter anderem bedeutet die Zahl 40 »Tod« (*mawi*).

> Ich fuhr auf, als wäre ich von einer Fessel befreit und würde eine schwere Last abschütteln, und traf ihn [Adam] mitten bei der Arbeit. Ich kam zu seiner Spiritualität und sah eine Person mit lichtem Angesicht und von klarer Rede. Er stand respektvoll auf und ehrte mich mit einem großherzigen ›Willkommen‹, indem er zu seinen Leuten sagte: »Er ist von meinem Volk.« Sie sahen mich an und nahmen mich unter ihre Brüder und Anhänger auf. Ich fühlte mich eher schüchtern, und mein Herz war voller Ehrfurcht und Angst.[25]

Adams Kommentar »Er ist einer von meinem Volk« ist die Bestätigung, dass Ibn Arabi die Station des Menschen erreicht hat, der nach dem Göttlichen Bild geschaffen ist. Unmittelbar davor beschreibt Ibn Arabi, wie er Adam mit vielen Menschen zu seiner beiden Seiten sieht.

> Und auf seiner Rechten sah ich die »Schwarzen der alten Herkunft« (*aswidat al-qidam*), und auf seiner Linken sah ich die »Schwarzen der Nicht-Existenz« (*aswidat al-adam*).

Diese Versammlung wird als »schwarz« beschrieben, weil sie weit entfernt und daher in sich nicht zu unterscheiden ist. Was am meisten ins Auge fällt, ist das Bild von links und rechts. Das ist ein tiefsinniges und starkes Bild der beiden Aspekte der Menschheit. Die rechte Seite wird mit dem Alten, dem Ursprünglichen assoziiert, mit dem, was wahr und wirklich ist. Die linke Seite ist mit Nicht-Existenz assoziiert, dem Nicht-Originalen, mit dem, was irreal oder unwahr ist.

Wir sollten bedenken, dass die mittelalterlichen arabischen Kartografen Mekka in die Mitte setzten und den Süden auf der rechten und den Norden auf der linken Seite sahen. Dem Osten wurde als oben liegend der Vorrang gegeben. So beschreibt Ibn Arabi beispielsweise die Ostwinde als »die geistigen Einflüsse der Göttlichen Manifestationen, die das Wissen schenken, dass Gott Adam nach Seinem Bilde schuf.«

Hier sind drei Aspekte genannt: die Rechte und die Linke, die irdisch und einander entgegengesetzt sind (wie unser Nord- und unser Südpol), und die allumfassende Gestalt Adams, der vom Himmel ist. Dies erinnert an die Bilder der folgenden Koranverse:

> Wenn die Eintreffende eintrifft,
> Wird keiner ihr Eintreffen leugnen;
> Eine Erniedrigende, Erhöhende!
> Wenn die Erde in Beben erbebt,
> Und die Berge in Staub zerstieben,
> Und gleich zerstreuten Atomen werden,
> Werdet ihr drei Arten sein:
> Die Gefährten der Rechten – was sind die Gefährten
>   der Rechten? Selig! –
> Und die Gefährten der Linken – was sind die Gefährten
>   der Linken? Unselig! –
> Und die Vordersten [auf Erden], die Vordersten auch
>   im Paradiese).
> Sie sind die (Allah) Nahegebrachten,
> In Gärten der Wonne.[26]

Dieses wahre Geschehen (*waqia*) ist die Manifestation der Wirklichkeit von Himmel und Hölle, was beim Tod geschieht, »dessen Kommen nicht geleugnet werden kann«, da der Tod uns alle einholen wird; seine Bedeutung und Wichtigkeit wird jedoch von den Gnostikern, den »Vordersten« (oder Vorläufern), schon in dieser Welt erkannt. Die Gnostiker, diejenigen, die »nahe gebracht wurden«, die schon die Station des Naheseins (*maqam al-qurba*) erreicht haben, haben die irdischen Polaritäten bereits hinter sich gelassen und den Himmel ihres Seins verwirklicht. Sie sind vor ihrem physischen Tod ›sich selbst gestorben‹. Diese Verwirklichung ist die Aktualisierung unseres adamitischen Erbes.

Die beiden Seiten Adams, rechts und links, werden auch als die Stätte der Seligkeit, der Himmel, und die Stätte des Leidens, die Hölle, beschrieben. Sich selbst zur Rechten von Adam zu sehen, bedeutet die Vision ewigen Glücks.

> Dann drehte ich mich um, und da stand ich vor ihm und zu seiner Rechten unter seinen Kindern. Also sagte ich zu ihm: »Hier bin ich«, und er lachte.
> Ich sagte: »Ich stehe vor dir und zu deiner Rechten.«
> Er antwortete: »Ja, so sah ich mich selbst vor Gott. Als Er Seine Hand öffnete, hättest du mich und meine Kinder in der Hand gesehen, und du hättest mich auch vor Ihm gesehen.«[27]

Dieser Akt des Bezeugens ist denjenigen eigen, die nahe gebracht wurden. Sie kennen den reinen Himmel des ewigen Glücks, während sie sich noch in dieser niederen Welt der Gegensätze aufhalten. Nach dem Verlassen der Erde haben sie erkannt, dass der Himmel hier auf Erden ist. Sie sehen ihr wahres Selbst als die ewige Möglichkeit, die sie sind, und wissen, dass sie die Bedeutung der gesamten Erscheinungswelt sind.

Ich fragte ihn: »Was war in der anderen Hand, die geschlossen blieb?«

»Die Welt«, antwortete er.

Ich sagte: »Bedeutet die rechte Hand Gottes nicht die Erennung zur Glückseligkeit?«

»Ja«, sagte er. »Sie bedeutet Glückseligkeit.«

Und ich sagte zu ihm: »Und hat Gott nicht unterschieden zwischen den Leuten zur Rechten und denen zur Linken?«

»Mein Sohn«, antwortete er, »das sind die rechte und die linke Hand deines Vaters. Siehst du nicht meine Kinder zu *meiner* Rechten und zu *meiner* Linken? Denn beide Hände meines Herrn sind rechts und Gesegnet. Meine Kinder sind rechts und links von mir, und [gleichzeitig] sind ich und meine Kinder in der rechten Hand Gottes. Der Rest der Welt ist in der anderen Gotteshand.«

So sind Adams Hände rechts und links, im Gegensatz zueinander, während Gottes Hände beide rechts und damit identisch sind. Adams Hände enthalten alle seine Kinder, alle Menschen: diejenigen, die im Paradies sind und die Glückseligkeit des Seins gefunden haben, und links diejenigen, die in der Hölle sind und das Unglück des Nicht-Seins gefunden haben. Das Göttliche enthält Adam und die ganze Menschheit in einer Hand und die Welt in der anderen, doch in diesem Fall sind beide Hände rechts und voller Segen: »Deines Herrn Gaben sollen nicht versagt werden.«[28] Wir können also ein Gleichgewicht zwischen den Händen Adams und den Händen Gottes sehen: beide enthalten den gesamten möglichen Selbst-Ausdruck ihrer Realität, doch während Gottes

---

26. Koran 56:1ff.
27. *Futuhat al-Makkiyah* III:345.
28. Koran 17:21.

Realität in Bezug auf Ihn reiner, grenzenloser Segen ist, ist die Wirklichkeit des Menschen in Bezug auf sich selbst existent und nicht-existent, glücklich und unglücklich, wirklich und illusorisch. Gott offenbart Sich in den beiden Bildern der Welt und des Menschen, als Makrokosmos und Mikrokosmos; der Mensch offenbart sich selbst in den beiden Bildern von Gott und Nicht-Gott, einem unvereinbaren Gegensatz.

Der bedingungslose Segen des [Göttlichen] Mitgefühls ist es, den Ibn Arabi in den Lehren Adams findet. So wie die Welt durch ihre bloße Existenz diesen reinen Segen widerspiegelt, gilt dies auch für den vollkommenen Menschen, den Heiligen, der für die Wirklichkeit des Selbsts erwacht ist. Die Vision des universellen Mitgefühls, das im Geburtsrecht des Menschen vorhanden ist, schließt von vornherein jede Möglichkeit aus, dass die Hölle ewige Verdammnis bedeutet. Für Ibn Arabi ist allen Menschen das Glück bestimmt, da dies die Voraussetzung des Daseins überhaupt ist. Unglücklich zu sein, bedeutet, von seiner Wirklichkeit entfernt zu sein, und dies kann kein Dauerzustand sein. Jeder, der Ibn Arabis Lehren studiert, wird – wie er – hier und jetzt feststellen, dass »ich in der nächsten Welt vollständig jenseits allen Leidens bin.«[29]

Von diesem ersten Himmel wird Ibn Arabi zu einem Treffen mit anderen Propheten gebracht, mit denen er spricht. Im zweiten Himmel des Merkurs sind es Jesus und Johannes, im dritten Himmel der Venus Joseph, im vierten Himmel der Sonne ist es Idris (Enoch), im fünften Himmel des Mars Aaron, im sechsten Himmel des Jupiters Moses, und im siebten Himmel des Saturns Abraham. Jeder übermittelt Ibn Arabi eine bestimmte Weisheit, entsprechend seiner Rangstufe. So erläutert Aaron beispielsweise, dass »der wahre Gnostiker, der Gott wirklich kennt, die ganze Welt als Theophanie sieht, als Selbstoffenbarung Gottes.«[30]

---

29. *Futuhat al-Makkiyah* IV:77.

30. *Futuhat al-Makkiyah* III:349. Wenn Ibn Arabi die Geschichte über die Anbetung des Goldenen Kalbes im *Fusus al-Hikam* erörtert, erklärt er, dass Aaron große Weisheit zeigte, als er dem Volk diese Anbetung erlaubte. Obwohl das Kalb oberflächlich gesehen die Form eines Idols hat, ist selbst dies das »Angesicht« Gottes, durch das Er angebetet werden kann.

31. Vgl. Koran 53:13-16: »Und wahrlich, er sah ihn ein andermal bei dem Lotosbaum der äußersten Grenze, neben dem Garten der Wohnung, da den Lotosbaum bedeckte, was da bedeckte.«

DAS LICHT JENSEITS DES UFERS

Das Endstadium seiner Auffahrt liegt jenseits der Erscheinung von Propheten, am »Lotusbaum der äußersten Grenze«.[31] Bei der Himmelfahrt des Propheten war dies die Grenze, die selbst Gabriel nicht überschreiten konnte. Sie wird als der Punkt beschrieben, wo alle frommen Taten der erschaffenen Wesen jeden Tag von den Engeln zu Gott gebracht werden. Hier finden wir eine der herrlichsten und poetischsten Beschreibungen von Ibn Arabis Ankunft am Ziel, seiner geistigen Heimat und dem wirklichen Ort der Einzigartigkeit.

Als ich [das Haus Abrahams im siebten Himmel] verließ, kam ich zum Lotusbaum der Fernsten Grenze und hielt zwischen den tiefsten und höchsten Ästen inne. Er wurde »eingehüllt« vom Licht der guten Taten, und die Vögel der Geister all derer, die diese Taten vollbringen, sangen auf dem Dach

Die sieben Himmel

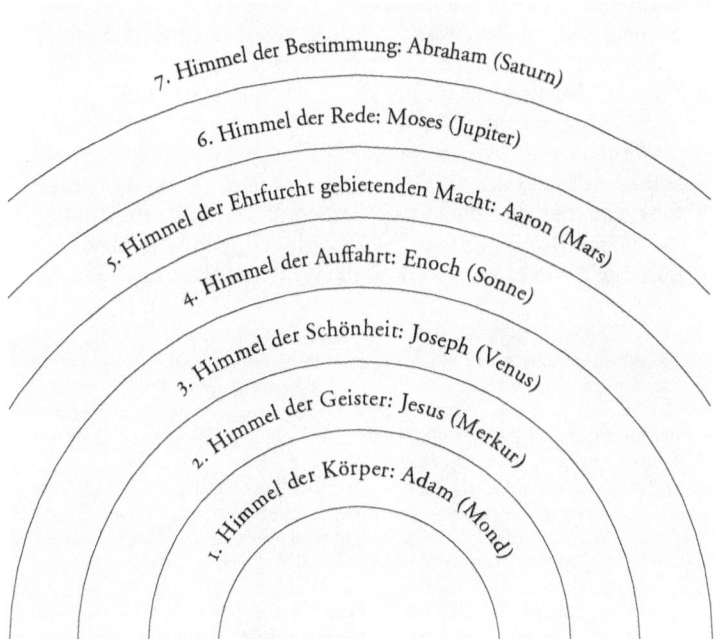

seiner Zweige, denn der Baum ist nach der Gestalt des Menschen (*insan*) beschaffen. Was die vier Flüsse angeht [die aus seinen Wurzeln entspringen],[32] so sind es die vier Arten der Kenntnis vom reinen Schenken Gottes.

Dann sah ich die Kissen der Sänften[33] der [wahren] Wissenden, und ich war umhüllt von Licht und wurde ganz Licht. Mir wurde eine Ehrenrobe verliehen, wie ich noch keine gesehen hatte. Ich rief: »Oh mein Gott, die Zeichen/ Verse (*ayat*) sind mannigfach!«, und dann sandte Er den folgenden Vers auf mich herab:

»Sprich: ›Wir glauben an Allah und was auf uns herabgesandt ward, und was herabgesandt ward auf Abraham und Ismael und Isaak und Jakob und die Stämme, und was gegeben ward Moses und Jesus und den Propheten von ihrem Herrn; wir machen keinen Unterschied zwischen einem von ihnen, und Ihm sind wir ergeben.‹«

In diesem einen Vers gab Er mir alle Verse und erhellte die Sache für mich und machte ihn [den obigen Vers] zum Schlüssel allen Wissens. Daher wusste ich, dass ich die Summe dessen bin, was Er mir gegenüber erwähnte, und daher war es für mich die frohe Botschaft, dass ich in der Station Mohammeds weilte, als einer der Erben von Mohammeds allumfassender Weite.

Denn er war der letzte, der als Gesandter geschickt werden sollte, der letzte, dem [die Offenbarung] gegeben wurde. Gott gab ihm die »kollektive Universalität der Worte« (*jawami al-kalim*), und er wurde von sechs Dingen besonders begünstigt, von denen keiner der anderen Botschafter der

---

32. Nach dem Hadith: »Er sah vier Flüsse aus seinen Wurzeln entspringen, zwei äußere und zwei innere Flüsse«. Und Gabriel erklärt, dass »die beiden inneren der Garten sind, während die beiden äußeren Nil und Euphrat sind.« Ibn Arabi ergänzt, dass die beiden äußeren nach der Auferstehung auch zu inneren werden und dadurch die vier Flüsse (aus Milch, Honig, Wasser und Wein) bilden, die den Seligen versprochen sind.

33. Der Begriff *rafraf* wird im Koran 55:76 zur Beschreibung der grünen Kissen für die Bewohner des Paradieses verwendet. Für Ibn Arabi bezieht es sich auf das ›Gefährt‹, das den Propheten trug, nachdem er (das himmlische Pferd) Buraq und Gabriel am Lotusbaum zurückgelassen hatte: »Es ist wie eine Trage oder Sänfte zwischen uns.«

34. Diese Einbeziehung der sechs Richtungen erinnert an die Vision des Lichts in der Moschee, wo jedes Gefühl von vereinzelten Richtungen verloren ging.

Gemeinschaften begünstigt war. Durch seine Gesandtschaft hat er [alles] umfasst, weil er die sechs Richtungen umfasst hat.³⁴ Aus welcher Richtung du auch kommst, du wirst nur das Licht Mohammeds finden, dass dich überströmt. Niemand nimmt, außer von ihm [dem Licht]/Ihm, und kein Botschafter informiert [über etwas anderes als das, was er von ihm/Ihm] empfangen hat.

Als mir das geschah, rief ich: »Genug, genug! Meine Teile [des Körpers] sind aufgefüllt, und mein Ort fasst mich nicht!« Bei diesen Worten entfernte Er die Dimension meiner Bedingtheit. Während dieser Nachtreise erwarb ich die wahren Bedeutungen aller Namen, und sah sie alle zu der Einen Benannten und Wesentlichen Wirklichkeit (*ayn*) zurückkehren. Dieses Benannte war genau der Gegenstand meiner Kontemplation (*mashhudi*); diese Essenz war mein eigentliches Sein (*wujudi*). Meine Reise verlief nur in mir selbst, und ich zeigte nur auf mich. Dadurch erfuhr ich, dass ich ein bloßer Diener bin, ohne irgendeine Spur von Herrschaft in mir.³⁵

Nachdem er »ganz Licht« geworden war, erkannte Ibn Arabi die universelle Bedeutung des Lichtes Mohammeds voll und ganz. Er beschreibt, wie »die Schätze dieser Heimstatt geöffnet wurden«, und er sah Myriaden von Wissen in ihrer wahren Farbe. Ein Beispiel:

> Ich sah das Wissen von »Eintritt und Kreisförmigkeit«, wodurch Gott nicht in Aktion ist außer durch die Form des Geschöpfes, und das Geschöpf nicht in Aktion ist außer durch die Form Gottes – diese Kreisförmigkeit ist nicht eine Frage des Nichtstuns, sondern genau das, was wirklich passiert.³⁶

Jedes dieser besonderen »Lichter« ist eine Brechung des einzigen Lichts Mohammeds, eine der Facetten des Juwels der Heiligkeit.

Es könnte so aussehen, als ob diese Auffahrt Ibn Arabi zur höchsten Rangstufe gebracht hätte, doch für ihn und die größten Heili-

---

35. *Futuhat al-Makkiyah* III:350. Der Koranvers, der auf ihn herabkam, ist Koran 3:84.
36. *Futuhat al-Makkiyah* III:352.

gen ist dies lediglich der Anfang einer weiten Reise, der Reise der Rückkehr zur Schöpfung als reiner Diener, um anderen zu helfen. Wie wir später sehen werden, ist die Reise der Rückkehr genau das, was die Vollkommenheit der mohammedanischen Erbes ausmacht.

Zusätzlich zu dieser höchsten Vision wurde Ibn Arabi ein weiterer Hinweis auf seine Bestimmung als Siegel der Heiligen gegeben. Obwohl er sich in seinen späteren Schriften über die genaue Natur dieser Offenbarung[37] ziemlich bedeckt hielt, spezifiziert er, dass er in seiner Zeit in Fez »das Zeichen seiner Funktion« kennenlernte. Möglicherweise war dies das Göttliche Geheimnis, das er versehentlich einigen Gefährten anvertraute, kurz bevor er die Stadt verließ. Nachdem er vom Geliebten dafür getadelt worden war, dass er es enthüllt hatte, antwortete er: »Regele Du dieses Problem mit denen, denen ich dieses Geheimnis anvertraute, denn Du bist es, Der eifersüchtig ist. Du hast die Macht, es zu tun, nicht ich.«[38] Nach einem Besuch in Ceuta kehrte er – wie er sagt – mit seinem Gefährten zurück und stellte fest, dass von den achtzehn Leuten, die davon gehört hatten, sich keiner mehr daran erinnern konnte.

Der hier erwähnte Gefährte wurde einer seiner engsten Vertrauten; es war ein Äthiopier namens Abdallah Badr al-Habashi.[39] Für den Rest seines Lebens sollte Habashi ihm dienen und an seiner Seite bleiben, er akzeptierte ihn als seinen Meister und Führer. Sie reisten gemeinsam durch die islamische Welt des 13. Jahrhunderts, offenbar unzertrennliche Gefährten und Freunde für über zwanzig Jahre. Al-Habashi hatte schon viel Zeit mit anderen Meistern einschließlich Abu Yaqub al-Kumi verbracht.

> Er ist [ein Mann] von unverwässerter Klarheit, ein reines Licht, ein Äthiopier namens Abdallah, und wie der Vollmond (*badr*) ohne Finsternis. Er erkennt das Recht jedes Menschen an und gibt es ihm, er gibt jedem sein Recht, ohne darüber hinauszugehen. Er hat den Grad wahren Unterscheidungsvermögens erreicht. Er wurde zur Zeit der Vereinigung

---

37. Vgl. *Diwan*, Seite 333; *Quest for the Red Sulphur*, Seite 167.
38. *Futuhat al-Makkiyah* II:348; *Quest for the Red Sulphur*, Seite 167.
39. Der Eintritt von al-Habashi in Ibn Arabis Leben scheint mit dem Tod von Abu Madyan zusammenzufallen. Die Vorgeschichte dieses Mannes ist uns nicht bekannt, außer den wenigen Bemerkungen, die Ibn Arabi im *Durrat al-Fakhira* macht. Vgl. *Sufis of Andalusia*, Seite 158.

geläutert wie reines Gold. Sein Wort ist wahr, sein Versprechen ehrlich.[40]

Nachdem ihm diese überaus herrliche Vision seiner Bestimmung gewährt worden war, kehrte Ibn Arabi im Jahre 1198 zum letzten Mal auf die iberische Halbinsel zurück. Es scheint klar zu sein, dass er zwei Absichten verfolgte: al-Habashi seinen dortigen Freunden und Meistern vorzustellen und endgültig Abschied vom Land seiner Geburt zu nehmen. Im Dezember jenes Jahres befand sich Ibn Arabi in Cordoba, beim Begräbnis von Ibn Rushd. Er hatte keine Gelegenheit gehabt, ihn seit ihrer dramatischen Begegnung vor über achtzehn Jahren noch einmal zu sehen.

> Ich traf ihn [Ibn Rushd] nicht wieder, bevor er starb. Das war 595 [1198] in Marrakesch. Seine sterblichen Überreste wurden nach Cordoba gebracht, wo er begraben wurde. Als der Sarg, der seine Asche enthielt, auf ein Tragetier gebunden wurde, wurden seine Werke als Gegengewicht auf die andere Seite gehängt. Ich war zugegen. Bei mir waren der Jurist und Gelehrte Abu al-Husayn Muhammad Ibn Jubayr, der Schreiber des [Almohaden-]Fürsten Abu Said und mein Gefährte Abu al-Hakam Ibn al-Sarraj, der Kopierer. Abu al-Hakam drehte sich zu uns um und sagte: »Habt ihr gesehen, was als Gegengewicht für den Meister Ibn Rushd auf seinem Esel dient? Auf der einen Seite der Meister, auf der anderen Seite seine Werke, die Bücher, die er geschrieben hat!« Ibn Jubayr antwortete: »Mein Sohn, in der Tat beobachte ich das – wie wohl du gesprochen hast!« Ich merkte mir dies alles als eine Warnung und Gedächtnisstütze. Möge Gott sich ihrer erbarmen, ich bin als Einziger von dieser Gruppe übriggeblieben. Ich schrieb den folgenden Vers darüber:
>
> > Hier der Meister, dort seine Werke –
> > Wüsste ich doch nur, ob sich seine Hoffnungen erfüllt haben![41]

Von Cordoba aus reisten sie nach Granada und trafen sich mit Abdallah al-Mawruri und einem von Ibn Arabis Meistern, Abu Muhammad al-Shakkaz.

40. *Futuhat al-Makkiyah* 1:10 und 1:72 (OY).
41. *Futuhat al-Makkiyah* 1:153 und 2:372 (OY); *Sufis of Andalusia*, Seite 32ff.

Er hatte die Station des Bewahrens erreicht und war frei von jeder Art Sünde (...) Dieser Scheich verbrachte die Nächte im Gebet und die Tage mit Fasten. Bittsteller konnten nicht in seiner Gesellschaft bleiben, weil er von ihnen den gleichen Standard der geistigen Anstrengung verlangte, die er sich selbst auferlegte, was sie in die Flucht schlug.[42]

Im Januar 1199, möglicherweise während seines Aufenthalts in Granada, hatte Ibn Arabi eine Vision, die die Bedeutung des Siegels der Heiligen noch weiter vertiefte. Durch die Intervention von Jesus während einer Versammlung der Anhänger des Propheten erfuhr er Einzelheiten über die Rolle von Jesus als dem Siegel der universellen Heiligkeit im Unterschied zu seiner eigenen Rolle als Siegel der mohammedanischen Heiligkeit. Genau dies bildete die Grundlage und Inspiration für ein Werk mit dem Titel *Anqa Mughrib* (Der [sagenhafte] Greifvogel des Westens), das er in den nächsten beiden Jahren schrieb.

Etwa um die gleiche Zeit hörte er wahrscheinlich von dem Tod des Sultans Abu Yusuf Yaqub al-Mansur, der am 22. Januar 1199 nach fünfzehnjähriger Herrschaft starb. Für alle Andalusier bedeutete dies einen wichtigen Wandel in der politischen Landschaft, denn al-Mansur war der letzte der großen Almohaden-Dynastie, der die Macht in al-Andalus wirksam ausübte. Sein Tod wurde von vielen Menschen als das Ende eines Zeitalters angesehen. Ibn Arabi hatte sein ganzes Leben als Erwachsener unter seiner Herrschaft verbracht, und obwohl er sich wenig um Politik kümmerte, war er sich vermutlich der Luftveränderungen seines Heimatlandes völlig bewusst.

Von Granada aus reisten Ibn Arabi und al-Habashi nach seiner Geburtsstadt Murcia. Hier wohnten sie bei einem weiteren alten Freund, Abu Ahmad Ibn Saydabun, der damals eine Periode schwerer geistiger Prüfung durchmachte im Bewusstsein seiner eigenen Sünde und des Missfallens Gottes. Wie zu seinem Trost oder zum Trost für jeden, der vom Gewicht einer Schuld niedergedrückt war, hatte Ibn Arabi eine Vision, die seine Lehren über die Universalität des Mitgefühls zum Ausdruck brachte.

---

42. *Ruh al-Quds,* Seite 103; *Sufis of Andalusia,* Seite 110ff.

Das aus dem 11. Jahrhundert stammende Thermalbad im Albaicin-Viertel von Granada

DAS LICHT JENSEITS DES UFERS

Ich war im Jahre 595 [1199] in Murcia, wo ich Gott in meinem Innersten in einer Vision sah. Er sagte zu mir: »Sage Meinen Dienern, was du von Meiner Großmut für die wahren Gläubigen gesehen hast. Eine gute Tat wird gleich zehn [gerechnet] werden und dann siebenhundertfach, während eine schlechte Tat [nur] als eine gerechnet wird. Eine schlechte Tat zu begehen, ist nicht gewichtiger als der [wahrhafte] Glauben, dass sie schlecht ist. Wie sollten also Meine Diener an Meinem Erbarmen verzweifeln, wo doch Mein Erbarmen alles umfasst? Ich bin so, wie Meine Diener von Mir denken, also lass sie gut von Mir denken!«[43]

Getreu dem Göttlichen Befehl enthielt Ibn Arabi dies seinen Gefährten auf dem Weg nicht vor. Nachdem er nach Almeria weitergereist war, wo er den Monat des Ramadans (Juli 1199) verlebte, brachte er zu Papier, was ihm gezeigt worden war. Für al-Habashi schrieb er elf Nächte lang eine größere Arbeit, mit dem Titel *Mawaqi al-Nujum* (Der Untergang der Sterne). Das Werk beschreibt die drei Grade der Hingabe (*islam*), des Glaubens (*iman*) und der wahren Güte (*ihsan*) und in welchem Verhältnis diese zum äußeren Gehorsam stehen, zum inneren Gehorsam und zur Gottesverehrung entsprechend einer geistigen Vision. Insbesondere beschreibt er die Wege, wie die sieben äußeren Teile des Körpers (Augen, Ohren, Zunge, Hände, Bauch, Genitalien, Füße) und das zentrale Organ, das Herz, sich am Lob Gottes beteiligen. Er schreibt: »Das Wissen von den Pflichten dieser Teile [des

---

43. *Futuhat al-Makkiyah* I:708. Diese Göttliche Ansprache enthält (oder spielt an auf) verschiedene Passagen aus dem Koran und den Hadithen: (a) »Wer mit Gutem kommt, dem soll das Zehnfache werden, und wer mit Bösem kommt, der soll nur das Gleiche als Lohn empfangen; und es soll ihnen nicht Unrecht geschehen« (Koran 6:161), ebenso wie einen Hadith (*Muslim* 13), der beginnt mit: »Jede Tat des Sohnes Adams soll vervielfacht werden«; (b) »Meine Strafe, Ich treffe mit ihr, wen Ich will, und Meine Barmherzigkeit umfasst alle Dinge« (Koran 7:155); und (c) den Hadith: »Ich entspreche dem, was Mein Diener von Mir denkt« (Bukhari 97:15).

Ein Almohaden-Minarett, das einzige Relikt der Abu-Bakr-Moschee von Ronda. Diese kleine Bergstadt war der Wohnort von einem der Lehrer Ibn Arabis, Muhammad Ibn Ashraf al-Rundi, den er und al-Habashi in diesem letzten Jahr besuchten

Körpers] ist das Wissen von Taten, die zum [Zustand des] wahren Glücks führen.«[44]

Möglicherweise begann er ebenfalls in Almeria, an dem *Anqa Mughrib* zu schreiben, in dem die erste vollständige Erläuterung des Siegels der Heiligen zu finden ist.

> Im Hinblick auf den Ausdruck »Siegel der Heiligen« ist dies, auf den Menschen bezogen, eigentlich ein Ausdruck für die Station, bei der du enden und vor der du zum Stehen gebracht wirst. Es ist die Station, die jeden mystischen Reisenden ausmacht, wo immer er ankommen, wo immer er sich niederlassen mag. Denn [die Station des Siegels in Bezug auf einen beliebigen Mystiker] wird ihm nicht besonders aufgedrängt, sondern ist einfach der Ort, den er erreicht. Der Gnostiker selbst enthüllt uns dessen Begrenzung. Doch das Siegel aller Stationen ist das Bezeugen, dass Gott Eins ist, während zugleich die Geheimnisse der Existenz im Überfluss vorhanden sind.[45]

Ungefähr über das letzte Jahr, das Ibn Arabi in Andalusien verbrachte, haben wir keine Informationen, doch können wir annehmen, dass es ziemlich sicher eine Zeit des Schreibens war. Er stellte

Das Hochland der Sierra bei Ronda

nicht nur die beiden oben erwähnten Werke zusammen, sondern überarbeitete möglicherweise auch andere Schriften. Er scheint eine bewusste Anstrengung gemacht zu haben, seine Schriften zu sammeln und dafür zu sorgen, dass Abschriften in Umlauf kamen. Da er wusste, dass er im Begriffe war, für immer zu gehen, muss er wohl darauf geachtet haben, Abschriften mit in den Osten zu nehmen. In einem Zeitalter, als Bücher noch mühsam von Hand abgeschrieben wurden, waren solche Vorsichtsmaßnahmen von entscheidender Bedeutung. Zweifellos nahm er auch Abschied von seiner Heimat, die er so liebte. Vielleicht besuchte er die fruchtbaren Täler und hohen Gebirgszüge, vielleicht war er in Klausur. Als er Andalusien zum letzten Mal verließ, scheint er eine Vision seiner künftigen Bestimmung gehabt zu haben. Wie er später seinem Stiefsohn Sadruddin al-Qunawi erzählte, als er an der Küste des Mittelmeeres ankam,

> wendete ich mich Gott zu, in voller Konzentration und in einem Zustand der Kontemplation und vollkommener Wachsamkeit. Gott zeigte mir dann all meine künftigen Zustände, äußere wie innere, bis zum Ende meiner Tage. Ich sah, dass dein Vater, Ishaq bin Muhammad, mein Gefährte sein würde und du auch. (...) Dann schiffte ich mich ein, im Besitz von Einsicht und Gewissheit. Was geschehen ist, ist geschehen, und was geschehen wird, wird geschehen, ohne jeden Mangel oder Fehler.[46]

Als nächstes finden wir Ibn Arabi im Jahre 1200 in Marokko, wo er sich endgültig von al-Kumi verabschiedete, der in dem Dorf Salé lebte. Dieser Abschied bedeutete, dass er die Ausbildung bei den Lehrern seiner frühen Jahre endgültig abgeschlossen hatte. All das lag nun hinter ihm. Die Tatsache, auf sich gestellt zu sein in einer neuen Welt, wurde sofort durch eine dramatische innere Entwicklung bestätigt. Auf seinem Weg nach Marrakesch, im Oktober oder November dieses Jahres, betrat er eine neue Dimension, die Station des Naheseins (*maqam al-qurba*). Wie er erklärt, ist dies die höchste Stufe, die ein Heiliger erreichen kann. Sie ist auch bekannt als die Station des universellen Prophetentums.

---

44. *Mawaqi' al-nujum*, Seite 34.
45. *Anqa Mughrib*; Gerald Elmore, *Islamic Sainthood in the Fullness of Time*.
46. Jandi, *Sharh*; *Quest for the Red Sulphur*, Seite 111.

Die Küste bei Tarifa, wo Mittelmeer und Atlantik aufeinander treffen. Diese Strände waren für Ibn Arabi und seine Gefährten beliebte Orte der Kontemplation

DAS LICHT JENSEITS DES UFERS

Ich trat in diese Station im Jahre 597 [1200] im Monat Muharram ein, als ich auf Reisen war. (...) Freudig begann ich sie zu erforschen, doch da ich dort durchaus niemand anderen vorfand, hatte ich angesichts dieser Einsamkeit Angst. Ich erinnerte mich daran, dass Abu Yazid diese Station in Niedrigkeit und Armut betreten hatte, und dort niemand anderen gefunden hatte. Da dies mein Aufenthaltsort war, fühlte ich mich nicht allein, weil doch Heimweh zu allen Geschöpfen gehört und Isolation zu jedem Fremdling. (...) Obwohl ich in [dieser Station] und den besonderen Geschenken, die Gott ihr zuweist, verwirklicht war, wusste ich noch nicht, wie sie heißt. Ich sah die Gebote Gottes, eines nach dem anderen, über mich [kommen] und Seine Botschafter auf mich zugehen, die meine Nähe suchten und meine Gesellschaft wünschten. (...) Ich beklagte mich [bei einem Freund von mir] über die Isolation in einer Station, die mich in anderer Hinsicht doch auch entzückte. Während er mich tröstete, sah ich jemandes Schatten. Ich erhob mich von meinem Bett und ging zu ihm in der Hoffnung auf Trost. Er umarmte mich, und ich sah ihn genau an und stellte fest, dass es Abu Abd ar-Rahman al-Sulami[47] war, dessen Geist für mich eine körperliche Form angenommen hatte. Gott hatte ihn mir aus Mitgefühl geschickt. Ich sagte zu ihm: »Ich sehe dich in dieser Station.« Er sagte: »Ich war in dieser Station, als ich starb, und werde sie nie verlassen.« Dann erwähnte ich ihm gegenüber mein Gefühl des Alleinseins und das Fehlen jedes nahen Freundes. Er antwortete: »Der Fremde fühlt sich immer allein. Nun, da dich die Göttliche Vorsehung zu dieser Station gebracht hat, lobe Gott. Wem geschieht dies schon, oh mein Bruder? Bist du denn [nicht] damit zufrieden, dass Khidr auf dieser Station dein Gefährte ist?« »Oh Abu Abd ar-Rahman,« sagte ich, »ich weiß nicht, wie ich diese Station nennen soll.« Er antwortete: »Sie heißt die Station des Naheseins. Sei in ihr verwirklicht, sei in ihr verwirklicht.«[48]

---

47. Ein großer Heiliger und Autor, der Lehrer von al-Quhayri war und das einflussreiche Werk *Risalat al-Malamiyah* verfasste. Er starb 1030, fast 200 Jahre vor diesem Treffen.
48. *Futuhat al-Makkiyah* II:261; *Quest for the Red Sulphur*, Seite 175.

Kapitel 10

Von den Erben und Siegeln

Wir hätten (...) für ihre Häuser Dächer von Silber gemacht und Stufen, auf denen sie hinaufsteigen.[1]

Es gibt keine Macht oder Kraft außer durch Gott, den Höchsten, den Prachtvollsten, ein Schatz, mit welchem Er uns speziell auserwählt hat aus den Schätzen des Unsichtbaren in all Seiner Großzügigkeit. Möge ich dadurch alles Gute anrufen herabzusteigen, möge ich dadurch alles Böse und Schädliche abstoßen und möge ich dadurch all das, was zusammengefügt und verschlossen ist, auftrennen![2]

STELLEN SIE SICH VOR, IN EINEM HAUS ZU SEIN. WIR SIND uns mehr oder weniger des Raumes bewusst, in dem wir sind, und kennen möglicherweise den Blick aus dem Fenster. Wir kennen die Räume, die wir in dem Haus bereits gesehen haben, und wissen vielleicht auch, wie wir sie wieder finden können. Wir wissen nicht, wie groß das ganze Haus ist oder ob der Rest Räume hat, die den bereits gesehenen Räumen ähnlich sind. Wie viele Räume es gibt, welche Art und Größe sie haben, bleibt ein Geheimnis, ist noch unbekannt. Der Raum, in dem wir uns befinden, ist wie das Selbst, mit dem wir vertraut sind. Im Laufe unseres Lebens gehen wir von einem Teil des Raums zum anderen, von einem Raum zum anderen, wir entdecken und erforschen. Während jeder Raum einen besonderen Blickpunkt oder Aspekt des Ganzen darstellt, mag das übergeordnete Muster oder der Plan des Gebäudes recht mysteriös sein. Nur jemand, der die gesamte Struktur kennt, weiß, wie die Räume zueinander und zum Ganzen liegen, auf welchem Stockwerk sie sind, welche Funktion sie haben und was darinnen ist.

Einige leben in kleinen Häusern, manche in großen Palästen, doch nichts hat die Größe unseres eigenen Hauses festgelegt außer wir selbst. Einzutauchen in die Ursachen des Reichtums oder die

---

1. Koran 43:32.
2. *Wird*, Sonntagmorgen-Gebet; *Tages- und Nachtgebete*, Seite 12f.

Armut einer bestimmten Wohnung, hieße, in das Geheimnis der Bestimmung einzutauchen, und das ist, wie Ibn Arabi erklärt, ein besonderes Wissen, das nur einigen Seiner Heiligen gegeben wird. Innerhalb der Gemeinschaft der Menschen gibt es einige Leute, deren Wohnungen Stätten des Lichts werden. Sie verwirklichen das Geheimnis ihrer wahren Menschlichkeit, indem sie die »silbernen Dächer« entdecken, die das Befolgen der Weisheit bezeichnen, und die »Stufen«, die immer höher ins Licht führen, wie es in dem oben zitierten Koranvers erwähnt wird. Ein Heiliger oder Gnostiker, ein »Mann Gottes« (*rajul Allah*), ist einer, der den wahren Hausbesitzer kennt. Er hat »das feste Haus in Seiner Essenz«[3] entdeckt, welches Heiligkeit ist, und bezeugt dies durch sein Leben. Für ihn steigt alles Leben in jedem Augenblick vom Schöpfer herab und wieder hinauf, und das Leben des Mystikers besteht darin, dies zu erkennen und zu schätzen, soweit es menschenmöglich ist. Die Formen, die diese Erkenntnis und Gnosis annehmen können, werden als die »Grade« der Heiligkeit bezeichnet.

Jeder, der das Werk Ibn Arabis liest, kann nur betroffen sein von der Genauigkeit, mit der er die verschiedenen Grade der Heiligkeit beschreibt. Die Darstellung der geistigen Architektur ist atemberaubend. Seite um Seite der *Futuhat* beschreiben Kategorien von Heiligen aller Art, von denen jede benannt und charakterisiert wird. Wie die Klassifikation der Pflanzen und Tiere, die von Botanikern und Biologen sorgfältig zusammengestellt worden ist, hat Ibn Arabi ein Lexikon der Spiritualität verfasst, welches es uns ermöglicht, die unendliche Vielfalt der menschlichen Erfahrung auf ihrer höchsten Stufe zu erkennen und zu schätzen.

> Die Gottesmänner (...) finden sich in vielen Gruppen und in verschiedenen Zuständen. Einige von ihnen schließen alle Bedingungen und Gruppen in sich ein, während andere [nur den Anteil] empfangen, den Gott für sie wünscht. Jede Gruppe hat einen besonderen Namen, demzufolge die Menschen der Zustände und Stationen aufsteigen (oder: sich manifestieren) wie in Seinem Wort: »Stufen, die sie hinaufsteigen«. So gehört jeder zu einer bestimmten Kategorie. Zu manchen Kategorien gehört in jedem Zeitalter nur eine beschränkte Anzahl, während andere keine solchen Einschrän-

---

3. Vgl. das Gedicht, das am Anfang von Kapitel 6, Seite 99, zitiert wird.

kungen aufweisen, so dass nur wenige zu ihnen gehören können oder viele.⁴

Er beschreibt in der Folge vierundachtzig Kategorien oder Klassen geistiger Menschen, von denen die Anzahl der ersten fünfunddreißig in jedem beliebigen Moment eingeschränkt ist. Die erste Kategorie, die er erwähnt, ist beispielsweise der Pol (*qutb*), der nach seiner Definition alle Zustände und Stationen in sich vereinigt oder versammelt. Er ist die Achse, um die herum das äußere und innere Universum kreist, und natürlich gibt es in jedem Augenblick nur einen. Gelegentlich, sagt er, wird einigen von ihnen äußere politische Autorität über die gesamte islamische Gemeinschaft verliehen, wie den ersten Kalifen des Islams (Abu Bakr, Umar, Uthman und Ali), doch die meisten besitzen nur die innere Autorität, die unsichtbar ist (zum Beispiel Ahmad al-Sabti, der Sohn des Kalifen Harun ar-Rashid, oder der große iranische Heilige Abu Yazid al-Bistami). Es heißt, dass der Pol der mächtigste Mann der Welt ist, weil er keinen eigenen Willen besitzt. Als Ibn Arabi den Pol seiner Zeit traf, wurde er eigens darum gebeten, dessen Identität geheim zu halten.⁵ Manchmal spricht Ibn Arabi auch von dem Pol einer bestimmten Station – beispielsweise hatte er einmal eine Vision, in der er seinen Gefährten und Freund al-Mawruri als den Pol des Gottvertrauens sah (*tawakkul*), um den die Verfassung der ganzen Menschheit kreiste. Mit anderen Worten: dieser Mann war zu jener Zeit der höchste Ort der Manifestation dieses Prinzips. Alle Pole sind als *abd Allah* (wörtlich: Diener Gottes) verwirklicht, da sie die Rangstufe des vollkommenen Menschen, des Ebenbildes Gottes, erreicht haben.

Unter die Zuständigkeit des Pols fallen viele Kategorien von Helfern, die bestimmte Aufgaben innerhalb dieser geistigen »Regierung« übernehmen. Es gibt zwei Imame, den Imam der Rechten und den Imam der Linken, von denen jeder sich um eine der beiden Welten kümmert, der inneren und äußeren. Es gibt vier Säulen (*awtad*), sieben Stellvertreter (*abdal*) und so weiter. Jeder dieser ›Posten‹ entspricht einem Grad der Verwirklichung, einer Fähigkeit, die Göttlichen Befehle zu empfangen und auszuführen. Am Ende dieser ersten Liste erwähnt Ibn Arabi das Siegel:

4. *Futuhat al-Makkiyah* II:6 und II:274 (OY).
5. Vgl. Kapitel 9.

> Einer der (Gottesmänner) ist das Siegel, und da ist nur eines, nicht [einfach] in jedem Zeitalter, sondern in dem Sinne, dass es nur ein [einziges] in der ganzen Welt gibt. Damit versiegelt Gott die mohammedanische Heiligkeit, und unter den mohammedanischen Heiligen gibt es keinen größeren. Dann gibt es ein anderes Siegel, mit dem Gott die universelle Heiligkeit besiegeln wird, die von Adam bis zum letzten Heiligen reicht, und das ist Jesus, das Siegel der Heiligen, der den Zyklus des Königreichs besiegelt.[6]

Diese Lehre vom Siegel ist eines der berühmtesten Themen von Ibn Arabi und wird an vielen anderen Stellen vertieft. Um sie jedoch richtig verstehen zu können, müssen wir die wichtige Unterscheidung zwischen prophetischen Erben und mohammedanischen Erben ins Licht rücken. Nach der oben zitierten Passage über das Siegel fährt Ibn Arabi mit einer ausführlichen Beschreibung der Kategorien von Heiligen fort, die Erben verschiedener Propheten und Engel sind, wie zum Beispiel Adam, Noah, Abraham oder Gabriel. In jedem Fall beschreibt er sie als dem Propheten »am Herzen liegend«, das heißt, sie werden nach Art des jeweiligen Propheten innerhalb des Göttlichen Wissens bewegt. Manchmal benutzt er den Ausdruck »in den Fußstapfen von«, um die Nachfolge eines Propheten zu beschreiben. In Ibn Arabis eigenem Leben ist klar, dass er der Spiritualität mehrerer verschiedener Propheten nachfolgte, als er noch in Andalusien lebte. Erst nach seiner Vision in Tunis im Jahre 1194 begann er zu begreifen, was es bedeutete, ein Erbe Mohammeds zu sein. Seine anschließende Erfahrung war die Erkundung des direkten Erbes von Mohammed, zu dessen Begriff es gehört, auch von allen anderen Propheten zu erben.

Jeder Heilige ist für Ibn Arabi ganz besonders mit dem einen oder anderen Propheten verbunden, von dem er erbt.

> Wenn du ein Heiliger (*wali*) wirst, dann bist du ein Erbe eines Propheten, und nichts wird zu dir kommen außer deinem Stück und Anteil des Erbes. Achte also darauf, was dein Teil ist und was dir zugeteilt wurde, und das ist dein Wissen. Führe keine Regeln und Vorschriften ein – sage einfach: »Herr, mehre mein Wissen.«[7]

Der Heilige erbt nicht alles, was der Prophet in seiner Spiritualität umfasst, hat aber Teil daran und drückt einen Teil davon aus. Wie Ibn Arabi in den nächsten Zeilen betont, erbt der Heilige, der mosaisches oder christliches Wissen erbt, in Wirklichkeit nur vom mohammedanischen Wissen, aus dem der jeweilige Prophet selbst trinkt.

> Denn [Mohammed] besitzt die allumfassende Totalität der (Göttlichen) Worte, die von diesen Namen benannt sind. Während die Namen zu Adam gehören, gehört zu Mohammed der Name und das Benannte sowie die Vereinigung der beiden [Seiten].[8]

Der jeweilige Prophet, von dem der Heilige erbt, ist die beherrschende Kraft seines Wesens. Wie bereits erwähnt, wird der Prophet nicht nur als eine historische Figur gesehen, sondern als die Bedeutung, die sich im Inneren zeigt. Dieser »innere Prophet« ist es, der den Teilen des Menschen die Wahrheit verkündet, ebenso wie die historische Figur seinem jeweiligen Volk die Göttliche Botschaft verkündete. Die Bedeutung steigt zunächst hinab ins Herz, dann in die Imagination, dann in die sinnliche Existenz. Als Reaktion darauf akzeptieren einige Teile der Person sie und einige lehnen sie ab, genau so wie einige Angehörige des Volkes des Propheten an ihn glaubten und andere nicht. Ein Gläubiger kann also beschrieben werden als ein Mensch, der den Ruf Gottes in seiner Seele hört und so gut wie möglich darauf antwortet, während ein Heiliger oder ein Gnostiker jemand ist, dessen ganzes Wesen mit der Göttlichen Botschaft im Einklang ist, die er hört.

Welche Unterscheidung trifft Ibn Arabi zwischen den Heiligen, die mohammedanisch sind, und denen, die von anderen Propheten erben? Das wesentliche Merkmal der Ersteren ist, wie oben angedeutet, die direkte Beteiligung an der synthetischen Qualität, die von Mohammed beispielhaft verwirklicht wurde. Diese besteht in der Einbeziehung jeder einzelnen möglichen Modalität von Spiritualität an ihrer Wurzel, indem man ein »reiner Diener« wird. In den *Futuhat* erklärt Ibn Arabi:

6. *Futuhat al-Makkiyah* II:9 und II:290 (OY).
7. *Futuhat al-Makkiyah* IV:398.
8. *Futuhat al-Makkiyah* IV:398.

DER WEG INS ZENTRUM

> Von keinem der Menschen dieses Weges wird gesagt, dass er mohammedanisch sei, ausgenommen von zwei [Kategorien von] Leuten: entweder jemand, dem ein besonderes Erbe an Wissen gegeben wurde, das zu einer bestimmten Ebene gehört, die im heiligen Gesetz zuvor noch nicht aufgetaucht war; oder jemand, der die Stationen in sich versammelt hat und über sie hinaus in die »Nicht-Station« gegangen ist, wie Abu Yazid und andere gleich ihm, und auch der wird als mohammedanisch bezeichnet.[9]

Die erste Kategorie bezieht sich eindeutig auf den historischen Propheten Mohammed, der eine neue Göttliche Anweisung brachte und die Wahrheiten jener Lehren bestätigte, die ihm vorangegangen waren. Die zweite Kategorie ist nicht länger durch irgendeinen Standpunkt oder eine Stufe begrenzt – es sind »die Leute von Yathrib, die keine Station haben«, die endlos in der spurlosen Wüste der Kontemplation reisen. Dies ist die Verkörperung der höchsten Stufe des geistigen Weges, die Vervollkommnung aller menschlichen und Göttlichen Qualitäten, die aller begrenzten Beschreibung spottet. Es ist das ständige Bekenntnis zu Seiner Offenbarung in jedem Augenblick und zur essentiellen Dienerschaft Gottes.

> Die Menschen von Vollkommenheit sind diejenigen, die in den Stationen und Zuständen verwirklicht sind und darüber hinausgegangen sind in die Station, welche jenseits von Majestät und Schönheit liegt. Sie werden von keinem [besonderen] Attribut oder Merkmal beschrieben. Abu Yazid wurde gefragt: »Wie geht es dir heute morgen?« Darauf antwortete er: »Ich habe keinen Morgen und keinen Abend; Morgen und Abend gehören [allein] zu denen, die durch eine Eigenschaft eingeschränkt sind, aber ich bin ohne Eigenschaft.«[10]

Der mohammedanische [Erbe] zeichnet sich nur durch die Tatsache aus, dass er keine Station in ihrer Besonderheit hat. Seine Station ist die Nicht-Station, und das heißt Folgendes: Wenn ein Mensch von seinem jeweiligen Zustand beherrscht

---

9. *Futuhat al-Makkiyah* I:223 und 3:358 (OY).
10. *Futuhat al-Makkiyah* II:133.

ist, dann wird er nur dadurch erkannt, damit in Beziehung gebracht und davon bestimmt. Doch die Beziehung des mohammedanischen Erben zu den Stationen ist wie die Beziehung Gottes zu den Namen – er ist nicht durch irgendeine Station definiert, die mit ihm verbunden ist. Im Gegenteil, bei jedem Atemzug, in jedem Moment, in jedem Zustand ist er in der Form, die von diesem Atemzug, Moment, Zustand benötigt wird, seine Begrenzung hat keine zeitliche Kontinuität. Die Göttlichen Bestimmungen variieren in jedem Moment, und daher ist er veränderlich mit ihrer Veränderlichkeit. Gott ist »jeden Tag an der Arbeit«, und das gilt auch für den mohammedanischen Erben.[11]

Die grenzenlose Flexibilität und Geschmeidigkeit dieses Heiligen verdankt sich der Tatsache, dass er oder sie sich der ständigen Bewegung und der Veränderungen der Göttlichen Offenbarung in jedem Moment bewusst ist; dieses Gewahrsein kommt nur im Herzen vor. Manchmal verweist Ibn Arabi auf diesen Grad, wenn er einen Koranvers zitiert, zum Beispiel: »der, der ein Herz hat«.[12] In den *Fusus al-Hikam* erklärt er dieses besondere Wissen im Einzelnen und stellt es der Begrenzung gegenüber, welche von jeder Art des Glaubens auferlegt wird.

Derjenige, der Ihn [auf einen Glauben] begrenzt, verleugnet Ihn [wenn Er sich manifestiert] in etwas anderem als er glaubt, und akzeptiert Nähe zu Ihm nur in dem, worauf er Ihn eingrenzt, wenn Er Sich offenbart. Derjenige, der von dieser einschränkenden Bedingung frei ist, verneint Ihn nicht, sondern akzeptiert Nähe zu Ihm in jeder Form, in die Er Sich wandelt. (...) Die Formen der Offenbarung haben kein Ende, wo sie anhalten müssten. Das Gleiche gilt für das Wissen von Gott. Es gibt kein Ende, an dem der Gnostiker aufhören kann. Im Gegenteil, der Gnostiker sucht eine Vermehrung an Kenntnis von Ihm in jedem Moment, wenn er wiederholt: »Herr, mehre mich im Wissen.«[13]

11. *Futuhat al-Makkiyah* IV:76; *The Sufi Path of Knowledge*, Seite 377. Das Zitat stammt aus Koran 55:29.
12. Koran 50:36.
13. Aus *Wisdom of the Heart in the Word of Shu'ayb* in: *Fusus al-Hikam*, Seite 121; *The Bezels of Wisdom*, Seiten 149–150.

Dies bedeutet keinesfalls, ohne jede Art von Glauben zu sein. Die Ansicht, dass alle Glaubensrichtungen beschränkt sind und deswegen aufgegeben werden sollten, wird ihrerseits zu einem weiteren Glaubenssatz und einem Dogma, das gleichermaßen, und vielleicht sogar noch stärker, einschränkt und eingeschränkt ist. Von der einschränkenden Bedingung frei zu sein, heißt, frei zu sein von der Vorherrschaft intellektuellen Denkens. Dies erfordert eine höchst gründliche Einsicht in die eigentliche Struktur und Wurzel des Glaubens, der von Natur aus gleichzeitig akzeptiert und ablehnt. Diese Einsicht besteht im Sehen des Herzens. Erst dann wird es möglich, nicht an irgendeine Form des Glaubens gebunden zu sein. Es bedeutet, die Dinge so zu akzeptieren, wie sie wirklich sind, ohne die Verzerrung eines bestimmten Standpunktes oder »Raumes«. In diesem Licht sind alle »Dinge« gleich, da sie Seine Offenbarung sind, und jede Hierarchie ist in der Göttlichen Ordnung aufgehoben. Der eingenommene Standpunkt ist daher Sein Standpunkt, und genau dies wird von Ibn Arabi in all seinen Schriften betont.

Das Göttliche selbst ist unveränderlich, während Seine Formen der Offenbarung sich ständig verändern. Das Wissen darüber wird von Ibn Arabi mit der wahren Bedeutung des Koranverses »Nichts ist gleich Ihm«[14] in Verbindung gebracht. Alle Dinge haben bestimmte Eigenschaften gemeinsam, insbesondere die unaufhörliche Bewegung, während Er der Ruhepunkt in der Mitte ist. Wie Ibn Arabi erklärt, können wir dies ganz direkt auf unsere eigene Erfahrung beziehen. Wir finden unaufhörlichen Wechsel in uns selbst, einen beständigen Strom von Gedanken und Gefühlen, in dem unser Denken nie innehält. Selbst unsere Erinnerungen, die wir für einen festen Punkt halten, sind Veränderungen und Korrekturen unterworfen. Andersits verändert sich unser äußerer Körper nicht substanziell – es wächst nicht plötzlich ein neuer Arm oder ein neues Organ. Der Mensch besitzt also Veränderlichkeit im Inneren und Nicht-Veränderlichkeit im Äußeren. Dies ist die vollkommene Umkehrung zu Gott, Der Sich in Seinem Äußeren verändert und in Seinem Inneren unveränderlich ist.

> Dein Äußeres, oh du geschaffenes Wesen, ist nach dem Bilde Seines Namens »der Innere«, und dein Inneres ist Sein Name »der Äußere«. (...) So bist du Seine Umkehrung [im Spiegel]: Du bist Sein Herz und Er ist dein Herz![15]

Ibn Arabi sieht die Unterschiede zwischen den Erben und ihrer Erbschaft manchmal aus einer anderen Perspektive. Während die äußere Welt schlicht multipel ist (symbolisiert durch die verschiedenen Körperteile), ist die innere Welt eindeutig singulär (symbolisiert durch das Herz). Er erweitert dies dann auf den Unterschied zwischen den Wundern der Tat und dem Wunder des Wissens.

Die vielen Propheten, die Mohammed vorangingen, manifestierten in der äußeren Welt wunderbare Taten (wie Elias, der zum Himmel erhoben wurde, oder Moses, der das Rote Meer teilte). Mohammed andererseits brauchte keine Demonstrationen übernatürlicher Kräfte zu geben und betonte offen seine ›Normalität‹. Wenn es denn ein Wunder gab, so war es die Gabe des Wissens, das im Koran verkörpert ist. Die Erben anderer Propheten haben gleichermaßen an dieser für jedermann sichtbaren Äußerung wunderbarer Kraft Anteil, während Mohammeds Erben verborgen bleiben und nur mit dem inneren Auge erkannt werden.

> Die Zeichen der Kinder Israels waren äußerlich sichtbar, während für uns die Zeichen im Herzen sind. Dies ist der Unterschied zwischen den mohammedanischen Erben und denen, die von [anderen] Propheten erben. Das prophetische Erbe wird dem gewöhnlichen Menschen kenntlich durch das, was von ihnen manifest ist, im Sinne des Durchbrechens der [natürlichen] Ordnung, während der mohammedanische Erbe dem gewöhnlichen Menschen nicht sichtbar ist und nur der Elite bekannt ist, denn bei ihm geschieht das Durchbrechen der [gewöhnlichen] Ordnung nur im Herzen, als geistiger Zustand und mystische Erkenntnis. Bei jedem Atemzug nimmt er zu an Erkenntnis von seinem Herrn, das heißt an einem Wissen, das durch den geistigen Zustand und Geschmack erworben wird.[16]

Diese Verborgenheit ist eines der Merkmale der mohammedanischen Erben. Ibn Arabi gibt uns zahlreiche Beispiele von Zeitgenossen, deren wirklicher Wert ihren Mitmenschen ganz unbekannt war, die jedoch für seine Augen sichtbar waren – wie zum

---

14. Koran 42:9.
15. *Futuhat al-Makkiyah* IV:136.
16. *Futuhat al-Makkiyah* IV:50; *Seal of the Saints*, Seite 73.

Beispiel al-Kinani oder Ibn Jadun.[17] Es ist interessant, über seine Begegnungen mit Khidr zu reflektieren, den er als mohammedanisch betrachtet. Die wunderbaren Taten Khidrs, wie das Laufen auf dem Wasser und das Beten in der Luft, fanden unter ziemlich privaten Umständen statt, verborgen vor den Augen der Welt. Es gehört zum Genie Ibn Arabis, dass er solche Figuren ans Licht holte, denn sonst wären sie verborgen geblieben. Viele der bemerkenswerten Männer und Frauen Andalusiens, die im *Ruh al-Quds* so lebendig beschrieben sind, sind nur durch seine Schriften bekannt. Dieser Blick in eine private, haremsartige Welt ist bemerkenswert, weniger wegen der dort porträtierten Menschen als wegen des visionären Scharfblicks des Verfassers. Doch Ibn Arabi selbst war diese Anonymität nicht gestattet. Er wurde von Gott des Öfteren beauftragt, »Meine Diener zu beraten«, und war verpflichtet, ein in vieler Hinsicht sehr öffentliches Leben zu führen.

Letztlich sind alle Beschreibungen geistiger Menschen, die Ibn Arabi uns so genau gibt, nichts anderes als Zustände oder Stationen des vollkommenen Menschen. Auf der höchsten Stufe des Menschen nennt er sie »Menschen des Tadels« (*malami*). Die folgende Beschreibung gibt einen Hinweis darauf, wie sie sich selbst sehen und wie sie von anderen gesehen werden.

> [Die Menschen des Tadels] sind die Fürsten und Führer der Menschen, die dem Weg Gottes folgen. Einer von ihnen ist der Meister der Welt, und das ist Mohammed, der Gesandte Gottes. Es sind die Wissenden, die jedes Ding an seinen richtigen Platz stellen.[18] (...) Sie sind nicht dafür bekannt, dass sie außergewöhnliche Dinge tun, und werden auch nicht für wichtig gehalten. Sie werden von anderen nicht für Vorbilder an Rechtschaffenheit gehalten, obwohl nichts Korruptes an ihnen ist. Es sind die Verborgenen, die Freien, die Hüter der Welt, die vor der Menschheit verborgen sind.[19] (...) Wenn sie sitzen, sitzen sie mit Gott zusammen. Wenn sie rezitieren, rezitieren sie mit Gott. Wenn sie aufstehen, stehen sie durch Gott auf. Auf Gott bewegen sie sich zu und Ihm sind sie zugewandt. Von Gott haben sie die Rede. Von Gott nehmen

---

17. Vgl. *Sufis of Andalusia,* Seiten 114–116 und 140–141.
18. *Futuhat al-Makkiyah* II:16 und II:340 (OY).
19. *Futuhat al-Makkiyah* I:181 und 3:154 (OY).

sie. Sie setzen ihr Vertrauen auf Gott und kreisen um Gott. Sie kennen nur Ihn und bezeugen nichts anderes als Ihn![20]

Vielleicht ist der Grund für diesen Beinamen »des Tadels« am besten durch die folgende Erklärung zu verstehen:

> Eines der Merkmale der Menschen des Tadels ist es, dass sie entgegen dem Impuls ihrer Seele handeln werden (...), und wenn die Seele sie zu Gutem und Gehorsam drängt, werden sie dies in ein anderes Gutes und einen anderen Gehorsam verwandeln.[21]

Manchmal beschreibt er sie unter dem Aspekt der Armut, als Menschen, die ihren Zustand des völligen Bedürfnisses nach Gott erkennen, manchmal unter dem Aspekt des Erwerbs von edlen Charaktereigenschaften und positiven Qualitäten, manchmal unter dem Aspekt des Gottesdienstes, manchmal unter dem Aspekt der Entsagung. Eine der Gefahren beim Lesen solcher langen Listen ist, dass wir dazu verleitet werden könnten zu denken, dass diese Kategorien die Definition bestimmter Menschen oder begrenzte Bedingungen sind, wo einige Rangstufen »besser« als andere sind. Für Ibn Arabi mag dies aus einer Perspektive zutreffen, und er nennt oft Beispiele von Personen, denen er begegnete oder von denen er gehört hatte, die zu einer dieser Kategorien gehörten. Doch auf einer tieferen Ebene sind es Beschreibungen möglicher Stufen des geistigen Lebens. Jede (Stufe) ist ein Modus der Nähe zu Ihm, eine Art und Weise, von Gott in die Pflicht genommen zu werden – und wir sollten bedenken, dass beide Bedeutungen in dem arabischen Wort für »Heiliger« (*wali*) enthalten sind. Die größten Seiner Heiligen können sich in jedem dieser Zustände befinden, da sie über jeden bestimmten Zustand hinausgegangen sind – Abu Madyan beispielsweise wird im Zusammenhang mit mehreren dieser Kategorien erwähnt.

Die vielen Grade von Nähe kommen am tiefsten und vollkommensten in derjenigen Station zum Ausdruck, welche sie alle umfasst, die Station des Naheseins (*maqam al-qurba*). Die Gruppe, die diese Station verwirklicht hat, wird bezeichnet als »die nahe ge-

---

20. *Futuhat al-Makkiyah* I:182 und 3:158 (OY).
21. *Kitab al-Wasa'il*, Seite 53.

bracht wurden« (*muqarrabun*) oder als »die Einsamen« (*afrad*). Diese höchste Stufe der Heiligkeit wird charakterisiert durch die völlige Freiheit von Handeln aus eigenem Antrieb oder, in den Worten des berühmten chinesischen Weisen Lao Tse, durch »Nicht-Handeln«. Handeln ist einfach die Ausführung der Befehle des Meisters, da der reine Diener weiß, dass er keine Macht hat, in sich selbst zu handeln. Der Weg der reinen Loslösung und Dienerschaft ist mühsam und wie Ödland, und Ibn Arabi nennt die dort Reisenden »Kamelreiter« (*rukban*). Das Kamel ist in erster Linie ein arabisches Reittier, da es den harten Anforderungen der Wüste gewachsen ist; und der Kamelreiter ist deshalb eine perfekte Analogie für den mohammedanischen Zustand.

> Die [Kamelreiter] sitzen unbeweglich auf ihren Reittieren, und jede ihrer Bewegungen geschieht nur durch die Bewegungen des Reittieres. Sie durchqueren, was ihnen zu durchqueren befohlen wurde, durch [die Stärke eines] Anderen, nicht durch ihre eigene [Stärke]. Sie kommen an, unberührt durch die Plackerei, welche die Bewegung mit sich bringt, frei von dem Dünkel [auf das Handeln], welchen Bewegung mit sich bringt. Selbst wenn sie darauf stolz sind, weit entfernte Gegenden in kurzer Zeit zu durchqueren, bezieht sich dieser Stolz nur auf das Tier, das sie trägt, nicht auf sie selbst. Sie sind durch Unschuld charakterisiert, nicht durch Dünkel. Ihre ständige Anrufung ist: »Es gibt keine Macht oder Stärke, außer in Gott«. (...) Sie sind diejenigen, die transportiert werden – denn der Diener handelt allein auf den Befehl seines Meisters, und in ihm sind nur Demut, Unfähigkeit, Erniedrigung und Schwäche. (...) Sie machen ein Kamel aus [dem Ausspruch]: »Es gibt keine Macht oder Stärke, außer in Gott«, denn das Kamel ist eher fähig, auf Wasser und Futter zu verzichten als ein Pferd oder ein anderes Reittier. Da der Pfad ausgedörrt und wasserlos ist, würde er jedes Reittier vernichten, das nicht so unverwüstlich wie das Kamel ist. (...)
> Die Deutlichkeit des [Ausspruchs]: »Es gibt keine Macht oder Stärke, außer in Gott« liegt darin, dass er sich speziell auf Handlungen bezieht, in Wort und Tat, innerlich und äußerlich. Denn sie stehen unter dem Befehl zu handeln, und die mystische Reise ist Handlung, von Herz und Körper, von geistiger Bedeutung und sinnlicher Wahrnehmung. (...) Sie

haben Nicht-Bewegung der Bewegung vorgezogen, da dieser [Zustand der Ruhe] übereinstimmt mit ihrem wahren und ursprünglichen Zustand. (...) Es sind diejenigen, nach denen verlangt wird, [nicht diejenigen, die verlangen], diejenigen, die erbarmungslos angezogen werden, [nicht diejenigen, die streben], und ihre Geheimnisse bleiben dennoch völlig unangetastet.[22]

Diese schöne Schilderung der wahren Verfassung des Menschen, unbeweglich in seinem Ursprung, nur durch den Befehl Gottes bewegt, spiegelt sich in der Welt wider. Die drei Königreiche der Tiere, Pflanzen und Mineralien drücken das Prinzip der Bewegung in verschiedenen Graden aus. Es ist sicherlich wahr, dass die Evolution von Lebensformen in der Welt immer größere äußere Komplexität aufweist und dass der Mensch mit den größten Fähigkeiten und Kräften privilegiert ist. Doch von einem ergänzenden Standpunkt aus gesehen, ist diese Hierarchie in der sinnlich wahrnehmbaren Welt die tatsächliche Umkehrung der spirituellen Realitäten. Tiere sind mit den größten körperlichen Fähigkeiten ausgestattet und können ihre Körper von selbst bewegen: daher sind sie geistig auf der untersten Stufe, da sie eine scheinbare Unabhängigkeit des Willens, der Wahl und des Verlangens zeigen. Die Tierseele wird als die niedrigste und gröbste Stufe des Menschen angesehen.

Pflanzen sind die Zwischenstufe. Sie sind unbeweglich und können sich nur als Reaktion auf das Sonnenlicht von oben und das Wasser von unten bewegen und sind den Kräften von Wind und Regen und so weiter ausgesetzt. Ibn Arabi verwendet ein ganzes Kapitel in den *Futuhat*[23] auf die Erklärung der Arten des mystischen Wissens, die dem Pflanzenreich entsprechen, die sich durch die Verwirklichung der Niederwerfung vor dem Lebendig-Einen öffnen, so wie die Pflanzen sich vor der Sonne ›niederwerfen‹. In mancher Hinsicht ließen sich die unzähligen Grade der Spiritualität mit allen Arten innerhalb dieses Pflanzenreichs verglei-

---

22. Vgl. Kapitel 31 der *Futuhat al-Makkiyah*, I:202–5 und 3:260–76 (OY). Der letzte Satz lautet wörtlich: »Ihre Geheimnisse sind in einem Ei verborgen und daher undurchdringlich für die Luft«, eine Anspielung auf Koran 37:29.
23. Kapitel 336 der *Futuhat al-Makkiyah*, das der Koransure »Der Sieg« entspricht.

chen. Die Pflanzenform, die dem vollkommenen Menschen am ehesten entspricht, ist der Baum.

Die Vervollkommnung des spirituellen Lebens findet sich jedoch im Mineralreich. Die Mineralien habe keinerlei Möglichkeit, sich aus eigener Kraft zu bewegen. Jede ihrer Bewegungen wird durch eine andere ausgelöst, und sie bleiben unbeweglich, bis sie bewegt werden. Dies beinhaltet, dass Menschen, die auf der Stufe ihrer Animalität handeln, eigentlich überhaupt nicht menschlich sind. Um wirklich menschlich zu werden, ist es nötig, das ›Mineralische‹ unseres Wesens zu verwirklichen. In seinen Gedichten bezieht sich Ibn Arabi zum Beispiel auf Bilder von Marmorstatuen, die er als »die Arten des Wissens« beschreibt, »mit denen weder Vernunft noch Lust verbunden wird, daher sind sie unbeseelt«.[24] Wenn wir die außerordentlichen Reichtümer betrachten, die im Mineralreich in Gestalt von Edel- und Halbedelsteinen vorhanden sind, ist leicht zu sehen, warum Ibn Arabi die Metapher des Schatzes, der Siegel und Ringfassungen benutzt, um die Bedeutung von Prophetentum und Heiligkeit zu erläutern.

Zu guter Letzt wollen wir uns den Schlussstein der Heiligkeit anschauen, das Siegel. Die Bildwelt wird in der folgenden Passage aus dem Kapitel über Adam in den *Fusus al-Hikam* beschrieben, in dem Ibn Arabi die Bedeutung des vollkommenen Menschen erörtert.

> [Der Mensch] ist für die Welt, was die Fassung eines Siegelringes für den Ring ist, und er ist der Ort der Eingravierung und das deutliche Zeichen, mit dem der König Seine Schatztruhen versiegelt. (...) Durch ihn bewahrt der Allerhöchste Seine Schöpfung, so wie das Siegel den Schatz bewahrt. Solange das Siegel des Königs darauf ist, wagt niemand, ihn zu öffnen ohne Seine Zustimmung.[25]

Was bedeutet es, ein Siegel zu sein? Das Wort wird vor allem in Bezug auf Mohammed benutzt, dem Siegel der Propheten und Gesandten. Dies weist darauf hin, dass er zeitlich der letzte von ihnen ist (nach ihm wird kein Prophet oder Botschafter ein heiliges Gesetz mehr bringen) und dass er ihre Zusammenfassung darstellt.

---

24. *The Tarjuman al-Ashwaq*, Seite 71.
25. *Fusus al-Hikam*, Seite 50; *The Bezels of Wisdom*, Seite 51; *The Wisdom of the Prophets*, Seite 12; *Die Weisheit der Propheten*, Seite 25f.

Es gibt dann also zwei Aspekte darin, ein Siegel zu sein: Der erste ist zeitlich zu sehen, als Abschluss einer Serie, während der zweite zeitlos ist, als Vollendung und Erfüllung der Serie. Das entspricht genau der Frucht eines Baumes, die zeitlich zuletzt erscheint, doch der wahre Grund dafür ist, dass der Baum überhaupt gepflanzt wurde.

Wenn wir jedoch Heiligkeit (*walaya*) betrachten, betrachten wir die Manifestation eines ewigen Prinzips, des Göttlichen Namens *al-Wali*, der eindeutig kein Ende hat, solange es einen ›Ort‹ für seine Manifestation gibt. Hier also scheinen die zeitlichen Aspekte irrelevant zu sein, und doch gibt es ohne Manifestation kein Siegel. Die Schwierigkeit zu verstehen, was mit »Siegel der Heiligkeit« gemeint ist, brachte Ibn Arabi dazu, viele verschiedene Beschreibungen zu verfassen, darunter ein komplettes Buch, das *Anqa Mughrib* (Der [sagenhafte] Greifvogel des Westens), in dem es um die Erklärung der Bedeutung des Siegels geht. Er schreibt dort:

> Das Siegel wird nicht wegen des Augenblicks, in dem er erscheint, Siegel genannt, sondern weil er derjenige ist, der die Station der unmittelbaren Schau (*maqam al-iyan*) am vollkommensten verwirklicht.[26]

In einer anderen Passage verknüpft Ibn Arabi die Funktion des Siegels mit der Existenz des geistigen Lebens.

> Der Grund für das Siegel ist die Vervollkommnung der Station, um sie abzusichern und den Zugang zu ihrer [vollen] Bedeutung zu versagen. Das liegt daran, dass diese Welt einen Anfang hat und ein Ende, das deren Besiegelung ist. Es ist von Gott bestimmt, dass alles, was in ihr ist, im Hinblick auf die nähere Bestimmung einen Anfang und eine Besiegelung haben soll. Wegen all der Dinge, die in ihr sind, wurden die heiligen Gesetze auf die Erde gebracht, und Gott hat dieses Herabsenden der Religion mit der Religion Mohammeds besiegelt. Er war »das Siegel der Propheten, und Gott weiß alle Dinge«. Aus all diesen Gründen beginnt auch die universelle Heiligkeit mit Adam, und Gott besiegelt sie mit Jesus.[27]

26. *Anqa Mughrib*, Seite 71; *Seal of the Saints*, Seite 122.
27. *Futuhat al-Makkiyah* II:50 und 12:126 (OY). Das Zitat ist aus Koran 33:40.

Die Welt hat zwei Aspekte: Ihr Äußeres erforderte das heilige Gesetz und Vorschriften, während ihr Inneres die Erkenntnis von deren heiligem Sinn erfordert. Daher muss das äußere Versiegeln, das Mohammed im Sinne des heiligen Gesetzes vollzog, seine Entsprechung im Inneren haben. Und die universelle Heiligkeit, die mit Adam begann, wird mit Jesus enden. Doch wie wir gesehen haben, gibt es zwei Arten des Siegels für die Heiligkeit, das Siegel der universellen Heiligkeit und das Siegel der mohammedanischen Heiligkeit, die der Unterscheidung entsprechen zwischen denjenigen Heiligen, die von den Propheten, und jenen Heiligen, die von Mohammed erben.

> Das Siegel sind [eigentlich] zwei Siegel: ein Siegel, durch das Gott die Heiligkeit universell versiegelt, und das andere, durch das Gott die mohammedanische Heiligkeit besiegelt. Das Siegel der Heiligkeit ist Jesus, denn er ist der Heilige mit grenzenlosem Prophetentum (*nubawwa mutlaqa*) zur Zeit der Gemeinschaft [Mohammeds], nachdem er von dem gesetzgebenden Prophetentum und der Gesandtschaft getrennt worden war. Er wird am Ende der Zeit als Erbe und Siegel wiederkommen, und nach ihm wird es keinen Heiligen mit grenzenlosem Prophetentum mehr geben. Mohammed ist das Siegel des Prophetentums, und nach ihm wird es kein gesetzgebendes Prophetentum mehr geben. Und obwohl Jesus ein Gesandter von großer Entschlossenheit und einer der führenden Propheten ist, endet seine Autorität [in seiner Eigenschaft als Gesandter und Prophet] hier. (...) Also wird er [Jesus] herabsteigen als Heiliger im Besitz grenzenlosen Prophetentums, das er mit den mohammedanischen Heiligen teilen wird – denn er ist einer von uns, und er ist unser Meister! Der erste in dieser Reihe von Propheten war Adam, und der letzte wird Jesus sein – und damit meine ich das Prophetentum der persönlichen Auszeichnung (*ikhtisas*).[28]

Der Begriff »grenzenloses Prophetentum« gleicht für Ibn Arabi dem Ausdruck »universelles Prophetentum« (*nubawwa amma*), in dem Sinne, dass Prophetentum nicht länger mit der Verbreitung eines neuen heiligen Gesetzes zu tun hat. Seine einzige Funktion besteht darin, Erklärungen zu bieten und selbst die lebendige Verkörperung der Tradition zu sein – dies ist verwandt mit dem, was im Buddhismus als »die lebendige Linie« bezeichnet wird. Er nennt es auch »das Prophetentum der persönlichen Auszeichnung«, wobei er sich auf die Heiligkeit des persönlichen Gesichts bezieht, und die Große Heiligkeit, die sich auf die Heiligkeit aller Propheten und ihrer Erben bezieht. Jesus ist die Vollendung der universellen Heiligkeit, die alle Heiligen einschließt, doch gibt es darüber hinaus eine weitere Stufe.

Was das Siegel der mohammedanischen Heiligkeit angeht, ist er ein Mann von arabischer Rasse, einer der vornehmsten von Herkunft und Macht. Er lebt in unserer Zeit, und ich erfuhr von ihm [oder: begegnete ihm] im Jahre 595 [1199].[29] Ich sah das deutliche Zeichen, das er besitzt, das Gott in ihm vor den Blicken Seiner Diener verborgen hat, das Er mir jedoch in der Stadt Fez enthüllte, damit ich in ihm das Siegel der Heiligkeit erkennen konnte. Er ist das Siegel des grenzenlosen Prophetentums, aber die meisten Menschen kennen ihn nicht. Gott hat ihn geprüft, indem Leute ihn im Hinblick auf das, was er von der Wahrheit [Gottes] in seinem innersten Sein in seinem Wissen von Ihm bezeugt hat, verleugneten. So wie Gott das gesetzgebende Prophetentum durch Mohammed besiegelt hat, hat Gott durch das mohammedanische Siegel in der gleichen Weise die Heiligkeit besiegelt, die aus dem mohammedanischen Erbe stammt, und nicht aus dem Erbe der anderen Propheten. Denn unter den Heiligen gibt es einige, die von Abraham erben, einige von Moses, einige von Jesus, und diese können auch nach dem mohammedanischen Siegel gefunden werden. Doch nach ihm wird es keinen Heiligen auf dem Herzen Mohammeds geben. Dies ist die Bedeutung des mohammedanischen Siegels.[30]

---

28. *Futuhat al-Makkiyah* II:49 und 12:119–120 (OY).

29. Es ist nicht ungewöhnlich, eine solche Mehrdeutigkeit in Ibn Arabis Beschreibung des mohammedanischen Siegels zu finden; und in dieser Passage gibt es weder eine Bestätigung noch eine Verneinung dafür, dass er von sich selbst spricht. Doch gibt es keinen Zweifel daran, dass er sich selbst als dieses Siegel sah. Das Datum, das er hier nennt, ist vielleicht ein Schreibfehler, wie Michel Chodkiewicz bemerkte, da er diese Vision im Jahre 594 [1198] in Fez hatte. Allerdings hatte er auch im Jahre 595 eine Vision des Siegels, wie es in seinem Buch *Anqa Mughrib* (Seite 74) beschrieben ist.

30. *Futuhat al-Makkiyah* II:49 und 12:121 (OY).

Aus diesen Passagen entnehmen wir die höchst subtile Unterscheidung, die Ibn Arabi zwischen diesen beiden Siegeln trifft: Das eine ist das Siegel des universellen Prophetentums, das heißt ein Heiliger mit grenzenlosem Prophetentum, während der zweite das Siegel des grenzenlosen Prophetentums selbst ist. Daher sagt Ibn Arabi sogar:

> Obwohl Jesus selbst ein Siegel ist, wird er durch das mohammedanische Siegel besiegelt werden.[31]

Natürlich sprechen wir nicht mehr von normaler linearer Zeit, da Jesu Wiederkehr lange nach dem Erscheinen des mohammedanischen Siegels stattfinden wird. Der Schlüssel zum Verständnis dieses kryptischen Kommentars liegt in Ibn Arabis Darstellung der [Göttlichen] Weisheit. Das mohammedanische Siegel ist derjenige, der die esoterischen Bedeutungen des mohammedanischen Erbes in ihrer Vollkommenheit erläutert, ein Erbe, das sowohl die koranische Offenbarung als auch deren einzelne Ausführungen in den Weisheiten aller Propheten umfasst. Diese Fülle des Wissens ist mit dem Ausdruck »auf dem Herzen Mohammeds« gemeint.

> Das Siegel der mohammedanischen Heiligkeit ist von allen Geschöpfen dasjenige, das am meisten von Gott weiß. Weder in seiner Zeit noch in irgendeiner Zeit nach ihm hat jemand größeres Wissen von Gott und den Orten, von denen die Weisheiten herabgekommen sind (*mawaqi al-hikam*), als er. Er und der Koran sind Brüder.[32]

Anderseits wird das mohammedanische Siegel, insofern es als eines der Heiligen Gestalt angenommen hat, von Jesus zur Zeit der Wiederkunft besiegelt. Der Unterscheidung zwischen den beiden sind wir schon vorher in Ibn Arabis Werken begegnet, dem Wissen von der Einheit in Vielfalt und der Einheit in Einzigartigkeit. Universalität bedeutet das Sammeln aller Farben des Spektrums, während Einzigartigkeit die einzigartige Natur von »all« jenen bedeutet, die Vollkommenheit, in der alle Farben das Licht selbst sind. Man sollte sich daran erinnern, dass beide Siegel unter dem Einfluss des Siegels der Propheten bleiben, und dass beide die

---

31. *Futuhat al-Makkiyah* III:514.
32. *Futuhat* III:329
33. *Futuhat* I:244 und 4:71 (OY).
34. *Diwan*, Seite 259.

Bedeutung seiner prophetischen Botschaft in ihren universellsten Aspekten erklären. Mohammed ist der Eine, von dem die anderen beiden erben, und daher ist sein Rang unübertroffen.

Schließlich besteht kein Zweifel, dass Ibn Arabi wusste, dass er das Siegel der mohammedanischen Heiligkeit war. Er spielt an vielen Stellen darauf an, doch ganz klar ist er in seinen Gedichten, wo die lyrische Form ihm erlaubte, deutlicher zu werden, ohne die unvermeidliche Zensur zu riskieren:

> Ich bin das Siegel der Heiligkeit, ohne jeden Zweifel,
> denn ich bin der Erbe des Haschimiten und des Messias.[33]

Der Prophet Mohammed war vom Stamm der Haschimiten, und Jesus wird im Koran als Messias bezeichnet (»der Gesalbte«, ein aus dem Aramäischen stammender Begriff ohne jeden messianischen Beiklang). Die Wichtigkeit dieses doppelten Erbes, das in seinen Schriften einzigartig zusammenfließt, lässt sich an der Intimität erkennen, mit der Ibn Arabi von diesen beiden Propheten spricht – dem einen, der ihn fest umarmte, und dem anderen, »der mich keinen Moment aus dem Auge lässt«. Beide nannten ihn »Geliebter«.

Über seine wahre Funktion und Beziehung zu Jesus und Mohammed spricht Ibn Arabi am klarsten in einem Gedicht aus seinem Diwan:

> Ich wurde geschaffen als Hilfe für die Religion Gottes,
> doch die Hilfe kommt von Ihm, wie es in der Schrift steht.
> Daher bin ich Hatimit der Abstammung nach, ein vornehmer
> und großzügiger Herr vom Stamme der Taiyy, Araber seit
> vielen Generationen.
> Meine Stufe des Wissens von Göttlichen Dingen
> hat kein Araber vor mir erreicht,
> Außer dem Propheten, dem Gesandten, unserem Meister –
> Eine Erbschaft, die mir aus spiritueller Gefälligkeit zukam.
> Ich bin das Siegel all derer, die [Mohammed] folgen,
> und damit einer Stufe jenseits aller Stufen folgen.
> Von allen Menschen ist Jesus das Siegel derer,
> die vorangegangen sind – und das ist keine Lüge.
> Er wird unserer Religion angehören, ein Heiliger, der kein
> Prophet ist, dessentwegen, was am Ende sein wird.[34]

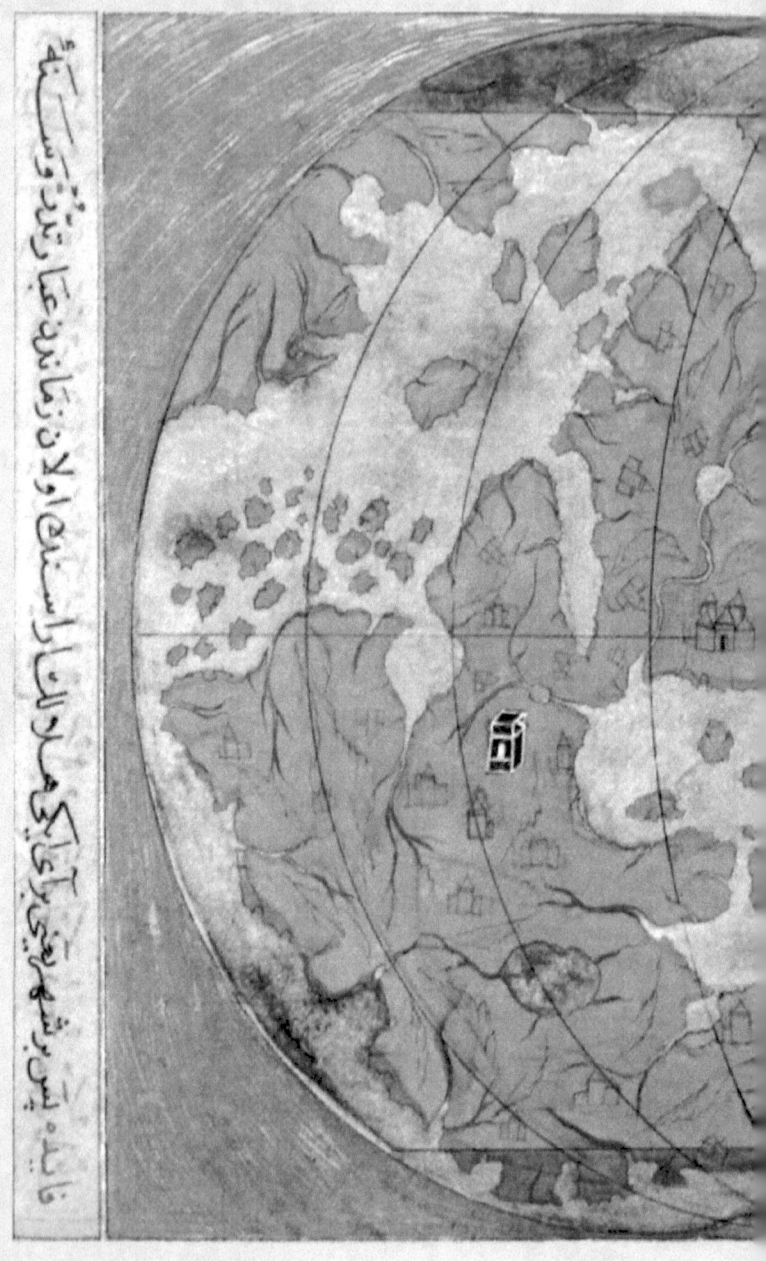

Kapitel 11

Als Pilger in Mekka
(1201–1204)

Diejenigen, die einander in Gott lieben, sollen auf Leitern des Lichts im Schatten des Throns stehen an einem Tag, an dem es keinen Schatten außer dem Seinen geben wird.[1]

Oh mein Gott, bringe mich nahe zu Dir mit der Nähe derjenigen, die Dich wahrlich kennen. Reinige mich von den Verhaftungen der natürlichen Veranlagung. Eliminiere das Blutgerinnsel des Tadelnswerten von meinem Herzen, so dass ich einer der vollständig Gereinigten sein möge.[2]

NACHDEM ER ALLE SPUREN SEINER VERGANGENHEIT GE-
löscht hatte, begann Ibn Arabi von Marrakesch aus, der Hauptstadt des Almohaden-Reiches, seine lange Reise nach Osten. Hier hatte er eine wunderbare Vision des Göttlichen Throns, der die gesamte Schöpfung umfasst und in dessen Schatten die geistigen Wirklichkeiten der Menschheit wohnen, die als Schätze und Vögel beschrieben werden.

Wisse, dass Gott diesen Thron[3] auf unzähligen Lichtsäulen errichtet hat; ich selbst habe dies bezeugt und ihr Licht gesehen, welches dem Blitz gleicht. Ungeachtet dessen war ich fähig zu sehen, dass er einen Schatten warf, in dem die unermesslichste Ruhe herrschte. Dieser Schatten kam aus der hohlen Tiefe des Throns, so dass er das Licht des Einen ver-

---

1. Hadith des Propheten, zitiert im *Mishkat al-Anwar,* Nr. 33.
2. *Wird,* Sonntagabend-Gebet; *Tages- und Nachtgebete,* Seite 11.
3. Diese Passage ist eine Meditation über die folgenden Zeilen des Korans: »Weit reicht Sein Thron über die Himmel und die Erde, und nicht beschwert Ihn beider Hut« (2:256) sowie: »Allah ist der Schützer der Gläubigen; Er führt sie aus den Finsternissen zum Licht« (2:258). Wir können wohl feststellen, dass Ibn Arabi hier erneut seine visionäre Treue zum Koran höchst subtil aber unmissverständlich demonstriert.

hüllte, Der auf dem Thron sitzt, des All-Erbarmers. Ich sah den Schatz, der unter dem Thron ist. Von dem Thron gingen die Worte aus: »Es gibt keine Macht oder Stärke, außer bei Gott, dem Allerhöchsten, dem Allerherrlichsten.« Dieser Schatz war Adam, Gott segne ihn. Ich sah unter ihm viele andere Schätze, die ich wiedererkannte, und konnte auch die allerschönsten Vögel sehen, die in ihm herumflogen. Dann beobachtete ich einen dieser schönen Vögel, der mich begrüßte und sagte, dass ich ihn als meinen Gefährten mit in den Osten mitnehmen sollte – als mir dies alles enthüllt wurde, war ich in der Stadt Marrakesch. Als ich fragte, wer mein Gefährte sein sollte, bekam ich zur Antwort: »Muhammad al-Hassar von Fez, der gebeten hat, mit in den Osten genommen zu werden, also nimm ihn mit«, und ich sagte: »Ich höre und gehorche.« Dann sagte ich zu ihm, der der Vogel war: »Du sollst mein Gefährte sein, so Gott will!«

Als ich Fez erreichte, fragte ich nach ihm, und er suchte mich auf. Ich fragte ihn, ob er für irgendetwas gebetet hätte, und er antwortete: »Ja, ich bat Ihn, in den Osten gebracht zu werden, und wurde unterrichtet: ›Der und der wird dich mitnehmen.‹ Seither habe ich auf dich gewartet.« So nahm ich ihn im Jahre 597 [1201] als Gefährten an und brachte ihn nach Ägypten, wo er starb.[4]

Wie wir wissen, hatte Ibn Arabi bereits die bewusste Entscheidung getroffen, in den Osten zu reisen, und sich von allen Freunden in

4. *Futuhat al-Makkiyah* II:436, bei der Erörterung des Heiligen Namens *al-Muhit* (der Allumfassende). Nach dieser Passage scheinen die Schätze, die er sah, geistige Formen der Propheten repräsentiert zu haben, während die Vögel die Heiligen repräsentieren.

5. Dieser »Onkel« Yahya Ibn Yughan war ein entfernter Verwandter mütterlicherseits. Er war ein Berberfürst und Herrscher von Tlemcen, erlebte dann aber eine dramatische Bekehrung durch einen lokalen Scheich und entsagte allem zugunsten Gottes. Vgl. *Futuhat al-Makkiyah* II:18 und *Quest for the Red Sulphur*, Seite 22.

6. Abu Madyan starb 1198 im Alter von 85 Jahren, und der Besuch seines Grabes wurde, wie Vincent Cornell in *The Way of Abu Madyan* (Seiten 15 und 34) bemerkt, »praktisch eine Pflicht für jeden, der sich einen erfolgreichen Abschluss der Pilgerreise nach Mekka« wünschte. Höchstwahrscheinlich hat Ibn Arabi sein Grab auf dem Weg nach Osten aufgesucht und reiste dann weiter nach Bougia, wo Abu Madyan den größten Teil seines Lebens verbracht hatte.

7. *Kitab al-Ba*, Seite 11.

ALS PILGER IN MEKKA

Andalusien verabschiedet. Zu Beginn des Jahres 1201 setzte er seine Reise von Marrakesch quer durch Nordafrika fort, in der Gesellschaft von al-Habashi. In Fez traf er al-Hassar, wie oben beschrieben. Nach dem Besuch der Grabstätten seines Onkels Yahya[5] und Abu Madyans[6] in Ubbad bei Tlemcen machte er während des Ramadans in Bejaia (Bougie) Halt. Hier hatte er einen bemerkenswerten Traum.

> Eines Nachts sah ich mich ehelich vereinigt mit allen Sternen des Himmels, und ich war mit jedem einzelnen in einer unglaublichen geistigen Freude vermählt. Nachdem ich mit den Sternen vereinigt worden war, wurden mir die Buchstaben [des Alphabets] gegeben und ich wurde mit ihnen allen vermählt, den einzelnen Buchstaben und in ihrer Verbindung mit den anderen. (...) Ich übergab diese Vision jemandem, der sie zu einem Mann bringen konnte, der sich in Träumen und ihrer Interpretation auskannte, und wies ihn an, meinen Namen geheim zu halten. Als er diesem Mann meinen Traum erzählte, hielt dieser ihn für höchst bedeutungsvoll und sagte: »Dies ist der grenzenlose Ozean – derjenige, der diesen Traum hatte, dem werden die höchsten Dinge enthüllt werden, von den Mysterien und den besonderen Eigenschaften der Sterne und der Buchstaben, die zu seinen Lebzeiten niemand anderem gegeben werden.« Er schwieg eine Weile und sagte dann: »Wenn derjenige, der dies geträumt hat, sich in der Stadt aufhält, kann es nur der junge Mann sein, der gerade angekommen ist«, und er nannte meinen Namen.[7]

Ibn Arabi reiste dann weiter und erreichte Mitte 1201 Tunis; dort wohnte er bei seinem Freund, Scheich Abd al-Aziz al-Mahdawi, den er sechs Jahre zuvor besucht hatte. Es sollte ein langer Aufenthalt von neun Monaten werden, zum Teil weil sein Weg durch eine furchtbare Hungersnot in Ägypten versperrt war. Ibn Arabi hatte höchste Achtung für al-Mahdawi, obwohl er gelegentlich ein ziemlich anspruchsvoller Gast gewesen sein muss.

> Ich war während meines Aufenthalts bei dir allein auf der Grundlage von Aufrichtigkeit mit dir zusammen. Einmal hast du mir während des Abendessens rundheraus erklärt,

dass ich zu kritisch gewesen sei. Du hast diese Bemerkung mit einem Zitat von Ibrahim Adham bekräftigt [, der sagte:]

Das zufriedene Auge nimmt keinen Mangel wahr, während das unzufriedene Auge Fehler herausstellt.

Wie ich erklärte, drückt dieser Vers die Haltung von jemandem aus, der dich um *seiner* selbst willen liebt, während eine Person, die dich um *deiner* selbst willen liebt, nicht so sprechen würde. Da Gottes Liebe für uns um unserer selbst willen ist, nicht um Seinetwillen, lenkt Er unsere Aufmerksamkeit auf unsere Unvollkommenheiten und stellt unsere Mängel heraus. Gott führt uns auch zu edlen Manieren und Taten und zeigt uns den Weg dorthin. Und da wir Ihn um unsretwillen lieben – denn tatsächlich waren wir nicht fähig, Ihn um Seiner selbst willen zu lieben –, sollten wir akzeptieren, was von Ihm kommt, auch wenn es zu unseren Wünschen und Neigungen in Widerspruch steht.[8]

Er setzte das Schreiben fort, vor allem die Arbeit an dem Buch *Insha al-Dawair* (Beschreibung der umfassenden Kreise), das verfasst wurde, »um die Initiation meines Gefährten al-Habashi zu erleichtern.« Das Werk betrifft die Stellung des Menschen im Universum und die Art seiner Schöpfung und beschreibt die Grade der Existenz und des Wissens. Für al-Habashi kopierte er auch einen großen Teil des *Sahih* von Bukhari,[9] eine gewaltige Arbeit, die deutlich zeigt, wie hoch er seinen Gefährten schätzte. Diese Monate in Tunis scheinen eine sehr besondere Zeit für ihn gewesen zu sein, denn er bezeichnet sich selbst, al-Habashi, al-Mahdawi und dessen Diener Ibn al-Murabit als »die vier Ecksteine, auf denen der Aufbau des Universums und des Menschen ruht. Das war der Zustand, in dem wir uns trennten.«[10]

Er setzte seine Reise fort und erreichte Kairo im April 1202, wo er seine Freunde aus der Kindheit wieder traf, die Brüder Abu Abdallah Muhammad al-Khayaht und Abu al-Abbas Ahmad al-

---

8. *Ruh al-Quds,* Seiten 10–11; *Commemorative Volume,* Seiten 46–47.
9. Das eigenhändig unterschriebene Manuskript, das sich in der Staatlichen Bibliothek von Tunis befindet, ist al-Habashi gewidmet und umfasst 340 Seiten.
10. *Futuhat al-Makkiyah* I:10 und I:72 (OY).
11. *Ruh al-Quds,* Seite 93; *Sufis of Andalusia,* Seiten 92–94.

Harrar (oder: al-Hariri). Er wohnte bei ihnen und fastete mit ihnen während des Ramadans.

> Wir vier, er [al-Khayaht] und sein Bruder, ein Gefährte und ich, versammelten uns für gewöhnlich und teilten gleichermaßen die geistigen Einsichten, die uns bei diesen Gelegenheiten gegeben wurden. Ich habe keine schöneren Tage erlebt. (...) [Abu al-Abbas al-Harrar] hätte uns gern nach Mekka begleitet, wenn sein Bruder nicht krank gewesen wäre; in der Tat, wäre er bei guter Gesundheit gewesen, wären wir alle zusammen dorthin gereist.[11]

Diese Krankheit von al-Khayaht kann sehr wohl im Zusammenhang mit der furchtbaren Hungersnot und anschließenden Pest gestanden haben, die Ägypten in den Jahren 1201–02 entvölkerte. Sie

Das Ribat von Sousse, eine der Leuchtturm-Festungen an der Küste Nordafrikas. Sie wurde im 8. Jahrhundert errichtet zum Schutz gegen die christliche Invasion vom Meer her. Al-Mahdawi war der Vogt eines ähnlichen Ribat auf einer Landzunge nördlich von Tunis, wo eine spirituelle Gemeinschaft von Männern die Küste bewachte und einen Leuchtturm unterhielt

DER WEG INS ZENTRUM

war so schwer, dass einige Beobachter die Zahl der Toten auf nahezu drei Viertel der Bevölkerung schätzten (zweifellos eine Übertreibung), und offenbar fielen einige Menschen sogar wieder in den Kannibalismus zurück. Vielleicht ist auch der Tod seines Gefährten Muhammad al-Hassar auf die Pest zurückzuführen. Ibn Arabi selbst sah überall die Spuren der Verwüstung.

> Ungefähr um diese Zeit suchten Hungersnot und Pest die Bevölkerung von Ägypten heim. Eines Tages ging unser Scheich [Abu al-Abbas] die Straße entlang und sah kleine Babys verhungern. Bei diesem Anblick sagte er: »Oh mein Gott, was mag das alles bedeuten?«. Dann versank er in Kontemplation, in der eine Stimme zu ihm sagte: »Oh Mein Diener, habe Ich dir irgendeinen Verlust zugefügt?« Er antwortete: »Nein, keinen.« Die Stimme fuhr fort: »Misch dich nicht ein, denn die Kinder, die du vor dir siehst, sind das Resultat der Sünde. Dies sind Menschen, die Meine Vorschriften nicht ernst genommen haben, so dass Ich die Härte Meines Gesetzes auf sie gelegt habe. So verfahre Ich mit allen, die Meine Vorschriften nicht ernst nehmen. Bekümmere dich nicht um sie.« Als er wieder zu sich kam, stellte er fest, dass er von dem, was er sah, nicht länger betrübt war.[12]

Ibn Arabi verließ Kairo nach dem Ende des Ramadans, Ende Juni 1202, und reiste zunächst nach Palästina.

> Es war meine Absicht, die Große und die Kleine Pilgerfahrt zu machen (*hajj wal-umra*). (…) Auf meinem Weg zur Mutter aller Städte [Mekka] besuchte ich unseren Vater Abraham, der die Gastlichkeit begründete, dann betete ich in der Moschee von Umar [der Felsenkirche] und al-Aqsa, dann besuchte ich unseren Meister [Mohammed], den Meister aller Kinder Adams, dessen Ratszimmer alle aufnimmt und allen ihren Anteil gibt.[13]

---

12. *Sufis of Andalusia*, Seite 94.
13. *Futuhat al-Makkiyah* I:10 und I:72 (OY).

Das Grabmal von al-Mahdawi in La Marsa bei Tunis. Er starb 1224 und wurde neben seinem Lehrer Ibn Khamis al-Kinani beigesetzt

DER WEG INS ZENTRUM

So schloss seine Route alle bedeutenden Grabstätten der großen Propheten ein: Hebron, wo Abraham und die anderen Patriarchen begraben sind, Jerusalem, die Stadt Davids und der späteren Propheten, und dann Medina, die letzte Ruhestätte des Propheten Mohammed. Es war eine körperliche Wiederholung der Himmelfahrt, die er innerlich bereits unternommen hatte.

Am Ende seiner langen Reise aus dem Westen erreichte er im Juli oder August 1202 schließlich Mekka, die »Mutter aller Städte«. Innerhalb kürzester Zeit, in weniger als zwei Monaten, drängten drei dramatische Episoden Ibn Arabi in neue Dimensionen. Wir sind uns ihrer Reihenfolge nicht sicher, doch ist das vielleicht auch unwichtig, da jede von ihnen das Licht der Essenz auf ihre eigene Weise bricht. Als er »das Herz der Welt« umkreiste, wurden ihm diese neuen Dimensionen seiner Bestimmung enthüllt.

Die erste Episode ereignete sich nachts während seiner Umkreisung der Kaaba. Er trat in einen Zustand großen Glücks und großer Klarheit ein und entfernte sich von der Menge, während er seinen Umlauf fortsetzte.

Der Felsendom in Jerusalem

Plötzlich kamen mir ein paar Zeilen in den Sinn, und ich rezitierte sie laut genug, um nicht nur von mir, sondern auch von jemandem gehört zu werden, der mir folgte, wenn mir denn jemand gefolgt wäre:

> Wüsste ich doch, ob sie wissen, welches Herz sie besitzen!
> Und wüsste mein Herz doch nur, welchen Bergpfad sie gezogen sind!
> Glaubst du, sie sind in Sicherheit, oder hältst du sie für tot?
> Liebende verirren sich in der Liebe und verstricken sich.

Kaum hatte ich diese Verse rezitiert, als ich auf meiner Schulter die seidenleichte Berührung einer Hand spürte. Ich drehte mich um und befand mich in der Gegenwart eines jungen Mädchens, einer griechischen Prinzessin. Ich hatte noch keine Frau mit schöneren Zügen gesehen, spiritueller in ihren Ideen, feinsinniger in ihren symbolischen Anspielungen. (...) Sie übertraf alle Menschen ihrer Zeit an der Feinheit von Geist und Bildung, an Schönheit und Wissen. Sie sagte: »Wie kannst du sagen, mein Herr: ›Wüsste ich doch nur, ob sie wissen, welches Herz sie besitzen?‹ Ich bin erstaunt, so etwas von dir, dem Gnostiker seiner Zeit, zu hören! Ist nicht alles bereits bekannt, was besessen wird? Wie kann jemand von Besitz sprechen, außer nachdem er weiß? Was ich wünsche, ist wirkliches Bewusstsein, das durch Nicht-Sein kundgegeben wird, und der Weg, der aus wahrhaftiger Rede besteht. Wie kann jemand wie du so etwas zulassen?«[14]

Das Mädchen fährt fort, ihn für jede Zeile zu tadeln, die er gesagt hatte, und erinnert ihn an den wahren Stand der Dinge. Wie Henri Corbin beobachtete, »hatte er sich einen Moment dem Zweifel des Philosophen überlassen. (...) Einen Augenblick lang hatte er vergessen, dass für einen Mystiker die Realität der Theophanien nicht auf dem Glauben an die Gesetze der Logik beruht, sondern auf der Treue zum Dienst an der Liebe [Gottes].«[15] Als Ibn Arabi sie schließlich nach ihrem Namen fragt, antwortet sie: »Frische der Augen« (*qurrat al-ayn*). Diese rätselhafte Auskunft

---

14. *The Tarjuman al-Ashwaq*, Seite 14; in: *Creative Imagination*, Seite 140.
15. *The Tarjuman al-Ashwaq*, Seite 10; *Creative Imagination*, Seite 143. Vgl. auch *Urwolke und Welt*, Seite 227ff.

erinnert an einen Ausspruch des Propheten Mohammed, dass »die Frische der Augen im Gebet gegeben wird.«[16] Ist es vielleicht eine Anspielung darauf, dass Ibn Arabis Gedicht eine Art Gebet war, nicht nur eine Verirrung oder momentane Abwesenheit von Anbetung? War es nicht eigentlich eine Hymne des Lobpreises des Allmächtigen, belohnt mit einem Blick auf die Göttliche Schönheit, deren Unterweisung ihm einen weiteren Grad des Wissens enthüllt? Was es auch mit dem Geheimnis der Antwort des Mädchens auf sich hat, sie verabschiedet sich dann von ihm, damit er weiter über ihr Treffen nachsinnen kann. Sie sollten sich innerhalb weniger Tage wieder treffen, und dieses Mal lernt er sie als Nizam (Harmonie) kennen.

> Als mein Aufenthalt in Mekka im Jahre 598 [1202] begann, traf ich dort [auf] eine Gruppe überaus hervorragender Männer und Frauen, auf eine Elite guten Benehmens und der Gelehrsamkeit. Zwar waren sie alle ganz ausgezeichnete Menschen, doch war keiner von ihnen mehr mit Selbsterkenntnis beschäftigt, mehr verliebt in die Beobachtung der täglichen Veränderungen seines Zustandes als der gelehrte Scheich, ein Imam der Gebetsstation von Abraham (*maqam Ibrahim*).[17] Er stammte aus Isfahan und hatte sich in Mekka niedergelassen, Abu Shuja Zahir bin Rustem, mit seiner betagten und gelehrten Schwester, einer Frau aus dem Hedschas, Fakhr al-Nisa bint Rustem. (...) Nun hatte dieser Scheich eine Tochter, ein sanftes, zierliches Mädchen von jungfräulicher Reinheit, die den Blick aller auf sich zog, die sie sahen. Ihre Anwesenheit bedeutete eine Zierde unserer Treffen und bereitete allen Anwesenden Vergnügen und verwirrte alle, die sie betrachteten. Ihr Name war Nizam, und ihr war der Titel »die Sonne und strahlende Herrlichkeit selbst« (*Ayn al-Shams wal-Baha*) verliehen. Sie war eine von denen, die Ihn kennen und verehren, eine spirituelle Reisende und Entsagende [von allem, was nicht Gott ist],

---

16. Vgl. *Fusus al-Hikam,* Seite 222; *The Bezels of Wisdom,* Seite 279; *The Wisdom of the Prophets,* Seite 127; *Die Weisheit der Propheten,* Seite 159, wo Ibn Arabi die Bedeutung dieses Hadith bespricht.

17. Die Station des Abraham ist eine Gebetsstation im Nordwesten der Kaaba, wo der Prophet gestanden haben soll, nachdem das Gebäude errichtet worden war.

Herrin an heiligen Orten und Lehrerin im Lande des Propheten.[18]

Die Liebe, die Nizam im Herzen Ibn Arabis erweckte, führte zu überströmendem Sehnen. Für ihn wurde Nizam die Verkörperung der Weisheit und das Bild der Schönheit selbst. Zwölf Jahre später sollte er diese Gefühle in einer Gedichtsammlung unter dem Titel *Tarjuman al-Ashwaq* (Dolmetsch der Sehnsüchte) feiern. Es ist bemerkenswert, dass dies das erste Mal in seinem Leben war, dass er von der Liebe zu Frauen berührt wurde. Er erkannte dies als die natürliche Folge Göttlicher Liebe, nicht, wie viele Leute gedacht haben, als ein erotisches Erwachen sinnlicher Liebe. Hierbei handelte er wie bei allem anderen, was er tat, in strikter Übereinstimmung mit der Norm des Propheten Mohammed. Er äußert sich dazu sehr deutlich in der folgenden Passage:

> Als ich diesen Weg zuerst betrat, war ich in Gottes ganzer Schöpfung einer der größten Verächter von Frauen und Geschlechtsverkehr. In dieser Verfassung blieb ich etwa achtzehn [Mond]jahre lang, bis ich diese Station bezeugte. Diese Ablehnung verließ mich, als ich das überlieferte prophetische Wort kennenlernte, dass Gott die Frauen der Liebe Seines Propheten würdig gemacht habe.[19]

Aus dieser Stelle geht klar hervor, dass Ibn Arabi bis zu seiner Ankunft in Mekka höchstwahrscheinlich noch unverheiratet war. Er betrat den Weg zuerst im Juni 1184 und war achtzehn Jahre später, im Juli oder August 1202 in Mekka. Er war damals 36 Jahre alt, und ein Hingezogensein zu Frauen zeigte sich erst, nachdem er dieses Hadith empfangen hatte. Tatsächlich heiratete er daraufhin. Wir wissen von seiner Frau lediglich, dass sie Fatima bint Yunus Amir al-Haramayn hieß, eine Name, der darauf hinweist, dass sie einer ziemlich bedeutenden Familie entstammte. Der Titel ihres Vaters, Amir al-Haramayn, zeigt, dass er für die beiden Städte

---

18. *The Tarjuman al-Ashwaq*, Seiten 10–11; *Creative Imagination*, Seiten 136–137. Dieses Attribut ist eine Anspielung auf den Koranvers, der die ideale Gottesfrau beschreibt (66:5): »(...) muslimische, gläubige, demütige, reuevolle, anbetende, fastende, nicht mehr Jungfräuliche und Jungfrauen.«
19. *Futuhat al-Makkiyah* IV:84.

Mekka und Medina zuständig war und dafür zu sorgen hatte, dass die Pilgerreise sicher war. Innerhalb eines Jahres wurde Ibn Arabi Vater; sein erster Sohn, Muhammad Imaduddin (dem er den ersten Entwurf der *Futuhat* widmen sollte) wurde vermutlich während seines Aufenthalts in Mekka im Jahre 1203 geboren.[20]

Die Erwähnung prophetischer Traditionen ist bezeichnend, weil Ibn Arabi von Nizams Vater, Abu Shuja, eine Hadith-Sammlung erhielt und sich dann an die Zusammenstellung einer der ersten Sammlungen von Hadith *qudsi* machte (»heiliger Sprüche«, in denen Gott durch den Mund des Propheten zu den Menschen spricht). Diese Sammlung wurde Ende 1202 unter dem Titel *Mishkat al-Anwar* (Nische des Lichts) abgeschlossen. In diesem Werk erläutert Ibn Arabi, dass er drei Arten von Aussprüchen des Propheten gesammelt hat, die ersten 40 mit einer Linie der Überlieferung, die bis zum Propheten zurückführt, die zweiten 40, die dem Propheten ohne diese Linie zugeschrieben werden, und die restlichen 21, die Gott direkt zugeschrieben werden ohne die Vermittlung des Propheten, alles in allem 101 Aussprüche. Der Grund für eine derartige Sammlung entsprach nach seiner Aussage zwei Aussprüchen: »Wenn jemand vierzig Aussprüche der Sunna[21] für meine Gemeinschaft aufbewahrt, will ich sein Fürsprecher am Tag der Auferstehung sein« und »Wenn jemand für meine Gemeinde vierzig Aussprüche rettet, die sie benötigt, wird Gott ihn als Wissenden eintragen.« Die erste Sammlung von 40 Aussprüchen nennt die Namen derjenigen, von denen Ibn Arabi sie hörte. Und die beiden Namen, die am häufigsten auftauchen, sind Badr al-Habashi (neunmal) und Yunus bin Yahya al-Hashimi (siebzehn mal). Letzterer war eindeutig einer der »ausgezeichneten Männer«, die Ibn Arabi in Mekka traf; er war Schüler des großen Abd al-Qadir al-Gilani in Bagdad gewesen und ein bekannter und geachteter Überlieferer von prophetischen Aussprüchen (er starb

---

20. Dieser Sohn war 1220 bei einer Lesung des *Kitab al-Mim* in Aleppo anwesend und muss mindestens fünfzehn oder sechzehn Jahre alt gewesen sein, vielleicht älter. Zu dieser Zeit wäre er als erwachsenes Mitglied gezählt worden.

21. Die Sunna, wörtlich: »der Weg« oder »die Regel«, bezieht sich auf die Gesamtheit der von Mohammed selbst vollbrachten Taten. Zusammen mit dem Koran bilden diese traditionellen Gebräuche und Aussprüche die Norm des spirituellen und religiösen Lebens der Muslime. Für Ibn Arabi stellen die Taten des Propheten das tiefste Wissen überhaupt dar. Vgl. etwa *Futuhat al-Makkiyah* III:378, übersetzt von W.C. Chittick, *The Self-Disclosure of God*, Seiten 200–201.

ALS PILGER IN MEKKA

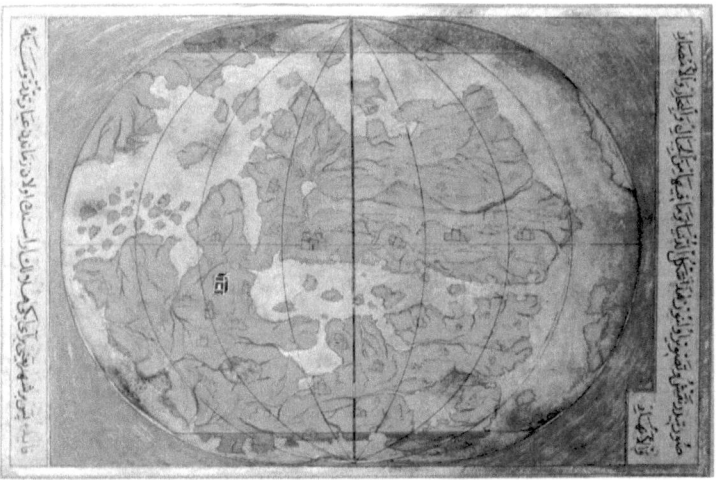

Die Kaaba im Mittelpunkt der bekannten Welt in der Darstellung eines persischen Manuskripts aus dem 16. Jahrhundert. Wie bei der Karte von al-Idris ist der Süden oben eingezeichnet

1211). Yunus al-Hashimi führte Ibn Arabi nicht nur in die prophetischen Überlieferungen ein, er übermittelte auch die Lehren des berühmtesten ägyptischen Heiligen des 9. Jahrhunderts, Dhul-Nun al-Misri. Die Aussprüche des Letzteren sind mehrfach im *Ruh al-Quds* zitiert, und Ibn Arabi stellte später ein ganzes Buch zusammen, in dem dessen Lehren aufgezeichnet und kommentiert wurden.[22]

Das zweite große Ereignis dieses bedeutsamen Jahres 1202 ereignete sich ebenfalls auf dem heiligen Boden der Kaaba. Während seiner Umrundungen des Alten Tempels begegnete er erneut der geheimnisvollen Figur, die ihm zu Beginn seiner Himmelfahrt erschienen war.

---

22. Abu al-Fayd Thawban bin Ibrahim, mit dem Zunamen Dhu-l Nun, ist eine der legendären Figuren des frühen Sufismus, dem viele Geschichten und Wunder zugeschrieben werden. Ibn Arabis Werk, das kürzlich unter dem Titel *La Vie Merveilleuse de Dhu-l Nun l'Égyptien* von Roger Deladrière ins Französische übersetzt wurde, hieß *Al-Kawkab al-durri fi manaqib Dhi-l Nun al-Misri* und ist eine Hauptquelle für unser Wissen über sein Leben und seine Lehre.

بسم الله الرحمن الرحيم   مقدمة الكتاب

قلنا وربما وقع عندك أن جعل هذا الكتاب أو لا فصلا
العناصر المبيرة لا لاده: الفاتحه والبراهر الساطعه
ثم رأيت أن ذلك تشعيب تملى المناهب الطايب للمزيد
المتحرض لنغمات الجود ما اسرار الوجود فإن المناهب
إذا انح الخلوه والذكر ونزع الحمل بن العطر وقعد
فقيرا لا شى له عند ربه حينئذ يمنح الله تعالى
ويعطيه من العلم به والاسرار ما يهبه والمعارف
الربانيه التى اتى الله سبحانه بها على عبده خصر بعمال
عبوانه عمادنا انتهاء رج: سرعتين ناوعلمناه من لدنا
علما وما يعلى واتقوا الله ويعلمكم الله وقال إن تتقوا
الله يجعل لكم فرقانا وهذا و يجعل لكم نورا تمشون به
قيل للجنيد بم نلت ما نلت فقال بجلوسى تحت دلك الدرجه
ثلاث سنه وقال أبو يزيد أخذتم علمكم ميتا عن ميت
وأخذنا علمنا عن الحى الذى لا يموت فحصل لصاحب
الله ذا الخلوه، مع الله وبه جلت هبته وعظمت نتته
من العلوم ما يعجب عمرها ظل ينطلع على ألسنتهم

Die Einleitung (*muqaddima*) zu den *Futuhat al-Makkiyah* in Ibn Arabis eigener Handschrift

ALS PILGER IN MEKKA

Als ich in einem Zustand des verzückten Staunens vor dem Schwarzen Stein stand, begegnete ich dem in beharrlicher Anbetung versunkenen Jüngling, der spricht und schweigt, weder lebendig noch tot ist, kompliziert und einfach, umfangen und umfangend. Als ich ihn die Umkreisung des Hauses vornehmen sah, als Lebender die Toten umkreisend, erkannte ich seine wahre Realität und seine metaphorische Erscheinung, und ich wusste, dass das Umkreisen des Hauses dem Totengebet gleicht. (...) Dann enthüllte mir Gott die geistige Rangstufe des Jünglings und dass er jenseits aller Kategorien von Zeit und Raum war. Als ich seinen Rang und sein Herabbringen [von Weisheit] erkannte, als ich seinen Platz in der Existenz und seinen geistigen Zustand sah, küsste ich seine rechte Hand, wischte den Schweiß der Eingebung von seiner Augenbraue und sagte zu ihm: »Sieh her, wie sehr ich deine Gesellschaft suche und nach Nähe zu dir verlange.« Er deutete mir durch Zeichen an, dass er geschaffen war, nur in Symbolen zu sprechen, und dass ich, wenn ich mein eigenes Symbol kennte, verwirklichte und verstünde, wüsste, dass weder die schönsten Worte es jemals erreichen noch die beredtesten Ausführungen es ausdrücken könnten. Also sagte ich zu ihm: »Oh du Überbringer guter Nachrichten, dies ist ein solcher Segen! Gewähre mir die Kenntnis deiner besonderen Sprache und lehre mich, wie deine Schlüssel wirken. Wie sehr ich mich nach deiner Unterhaltung und nach deiner Gesellschaft sehne! Nur mit dir kann ich gemessen oder verglichen werden; ich bestehe durch deine Essenz, unter deinem direkten Befehl. Wenn du keine manifeste Realität hättest, könnte kein Gesicht Ihn anschauen in strahlender Betrachtung!« Dann gab er mir ein Zeichen und ich wusste. Er enthüllte mir die Wirklichkeit seiner (Göttlichen) Schönheit, und ich verstand. Ich stand völlig verblüfft und überwältigt da. Als ich mich von meiner Ohnmacht erholte, mit vor Angst zitternden Gliedern, wusste er, dass er erkannt worden war; er legte seinen Pilgerstab hin und ließ sich nieder. (...)

Ich sagte zu ihm: »Enthülle mir einige deiner Geheimnisse, damit ich einer deiner Schreiber sein kann!« Er antwortete: »Beobachte die Einzelheiten Meines Körperbaus und die Anordnung Meiner Gestalt, und du wirst die Antwort auf deine Frage in Mir einbeschrieben sehen. Denn ich bin weder

Sprecher noch Angesprochener. Mein Wissen ist von nichts anderem als Mir, und Meine Essenz unterscheidet sich nicht von Meinen Namen. Denn Ich bin Wissen, das Gewusste und der Wissende. Ich bin Weisheit, der Geber von Weisheit und der Weise!« Dann sagte er zu mir: »Umkreise in Meinen Fußstapfen, und beobachte Mich im Lichte Meines Mondes, damit du von Meinem Körperbau aufnehmen kannst, was du in deinem Buch schreibst, und es deinen Lesern weitergibst.«[23]

Dies also war der Ursprung des großen Werkes *Futuhat al-Makkiyah* (Mekkanische Eröffnungen), eines Buchs, das durch ein und in einem überirdischen Wesen enthüllt wurde. In der obigen Beschreibung gibt es deutliche Anspielungen auf Moses und die Offenbarung Gottes, die ihn ohnmächtig werden ließ. Denn dies ist der Berg Sinai für Ibn Arabi, und diese Schriften sind seine ›Gebote‹. Allerdings sind dies keine Befehle im Sinne von »tu dies« und »tu das nicht«, die einen äußeren Gehorsam erfordern, sondern eine Offenbarung von Bedeutungen, die zum Zwecke der Verwirklichung auf die Erde gebracht wurde. Wie er oft in seinen Schriften sagt, wurde die Prophezeiung des Gesetzes abgeschlossen, und was bleibt, ist allein die Prophezeiung von dessen Erklärung. So wie Mohammed der Koran durch den Engel Gabriel offenbart wurde, so wurden die *Futuhat*, welche die esoterische Bedeutung des Korans enthüllen, Ibn Arabi durch den namenlosen Jüngling offenbart. Da es heißt, der gesamte Koran sei auf das Herz von Mohammed hinabgestiegen und ihm dann Stück für Stück enthüllt worden, sollten auch die *Futuhat*, obwohl sie in dem Jüngling vollständig vorhanden waren, viele Jahre für die Niederschrift benötigen. Das 37-bändige Manuskript (auf Arabisch in vier dicken Bänden gedruckt) ist eine vollständige esoterische Auslegung des Korans, sowohl des Aufbaus als auch des Inhalts. Wie Michel Chodkiewicz gezeigt hat, ist »Ibn Arabis Lehrgebäude nicht einfach eine Meditation über den Koran. Es ist derart organisch mit ihm verbunden, dass die beiden in Wirklichkeit nicht voneinander zu trennen sind.«[24]

Die Vision von dem Jüngling bei der Kaaba hat ihr Gegenstück in einer Vision vom Propheten Mohammed bei einer großen Ver-

---

23. *Futuhat al-Makkiyah* I:47ff. und 1:218ff. (OY).
24. *An Ocean without Shore*, Seite 95.

sammlung in der Welt des Unsichtbaren. Dieses dritte folgenschwere Ereignis im Jahre 1202 sollte die besondere Rolle und Bestimmung Ibn Arabis als Siegel der Heiligkeit völlig unzweifelhaft bestätigen. Am Anfang der *Futuhat* spricht Ibn Arabi von dieser Vision:

> Möge das Gebet über dem Geheimnis der Welt und ihrem Brennpunkt, über dem Verlangen der Welt und ihrem Ziel sein, dem wahren Meister [Mohammed] (...), den ich sah, als ich dieses Vorwort [zu den *Futuhat*] schrieb, in der Welt der Wirklichkeiten der Bilder in der Präsenz (Göttlicher) Majestät, [als] eine Entschleierung des Herzens in einer unsichtbaren Präsenz stattfand. Ich sah ihn in jener Welt, souverän, an dem lauteren Ort der Intention, dem geschützten Platz der Vision, den Siegreichen, den Unterstützten: Alle Gesandten waren vor ihm aufgereiht, mit seiner Gemeinschaft – der besten aller Gemeinschaften. In einem Kreis um den Thron seiner Station standen die Engel der Einweihung und Unterwerfung, während die aus [menschlichen] Handlungen entstandenen Engel in Reihen vor ihm standen.[25] Der Wahrhaftige [Abu Bakr] war zu seiner edlen Rechten, der Unterscheidungsfähige [Omar] auf seiner heiligen Linken; das Siegel [Jesus] kniete vor ihm, die Geschichte der Frau berichtend, während Ali die Worte des Siegels in seine eigene Sprache übersetzte. Der Besitzer zweier Lichter [Othman], in seinem Gewand der Bescheidenheit, stand vor ihm, wie es seine Gewohnheit ist.[26]
>
> Dann schaute sich der höchste Meister um, die süße Quelle, das unverhüllte und strahlende Licht, und sah mich hinter dem Siegel, da es eine Ähnlichkeit zwischen dessen und meinem Status gibt. Er sagte zu ihm: »Er ist dir ähnlich, dein Sohn und enger Freund. Richte vor mir einen Thron

---

25. Diese beiden Gruppen sind Anspielungen auf die beiden Koranverse: »Und sehen wirst du die Engel kreisend rings um den Thron, den Preis ihres Herrn verkündend« (39:75) und: »Keiner von uns ist, der nicht einen bestimmten Platz hat; und siehe, wahrlich, wir reihen uns auf, und siehe, wahrlich, wir lobpreisen« (37:164–166).

26. Daher spielen alle vier Kalifen und Jesus eine besondere Rolle bei diesem Ereignis in Gegenwart aller Gesandten und der ganzen mohammedanischen Gemeinschaft.

aus Tamariske für ihn ein.«²⁷ Dann deutete er auf mich: »Erhebe dich, Muhammad, nimm deinen Sitz darauf ein und singe das Lob von Ihm, Der mich gesandt hat, und auch von mir. In dir ist ein Teil von mir, der es nicht ertragen kann, von mir entfernt zu sein; und dieser Teil ist es, der dein essentielles Selbst lenkt. Es [dein wahres Selbst] kann nur ganz und gar zu mir zurückkehren, und es muss um des Treffens willen zurückkommen, denn es entsteht nicht aus der Welt des Schmerzes und des Leidens. Nachdem ich herabgesandt wurde, gibt es nichts von mir in einer Sache, das nicht reines Glück, Danksagung und Lobpreis in der Höchsten Versammlung umfassen würde!«

Dann machte das Siegel den Thron in folgendem höchst feierlichen Rahmen bereit. Auf der Stirnseite des Thrones stand in strahlendem Licht geschrieben: »Dies ist die reinste mohammedanische Station – wer immer zu ihr aufsteigt, ist ihr Erbe, und Gott schickt ihn, um die Heiligkeit des Gesetzes zu schützen.« In diesem Augenblick wurden mir die Gaben der Weisheit gegeben, als ob ich die Gesamtheit aller Worte empfangen hätte. Ich dankte Gott und stieg auf in diesen hohen Rang. So erreichte ich die Position von [Mohammeds] Rangstufe. Er breitete den Ärmel eines weißen Hemdes über die Stufe aus, auf der ich war, und ich stand darauf, um nicht die Stelle zu berühren, die der Prophet mit seinen Füßen berührt hatte. Dies tat ich, um ihn auf eine Art zu erheben und zu verehren, und um darauf hinzuweisen und anzuerkennen, dass die Station, die er von seinem Herrn gesehen hat, von seinen Erben allein durch seine Erscheinungsform gesehen werden kann. Wenn dem nicht so wäre, hätten wir lediglich enthüllt, was er enthüllt hat, und nur gewusst, was er wusste. Siehst du nicht, dass du nur in seine Fußstapfen trittst, um seine Botschaft zu erkennen?²⁸

Im darauf folgenden Jahr wurde sein Rang als Siegel der mohammedanischen Heiligkeit durch einen Traum noch weiter ausgedehnt.

Ich hatte eine Vision, die mich betraf (...) und nahm sie als gute Nachricht von Gott, da sie einer Tradition des Propheten ähnelte, in der er seine Stellung im Verhältnis zu anderen Propheten angibt. Er sagte: »Was mich und die Propheten betrifft, so ist es, als ob ein Mann eine Mauer baute und einen Ziegelstein ausließe. Ich bin dieser Ziegelstein, und es wird keinen Gesandten oder Propheten nach mir geben.« Hier vergleicht er das Prophetentum mit der Mauer und die Propheten mit den Steinen, aus denen sie besteht. Es ist eine überaus schöne Analogie, denn obwohl er von Mauer spricht, geschieht dies nur wegen der Steine, [aus denen sie besteht]. Daher war er das Siegel der Propheten.

Als ich im Jahre 599 [1202/03] in Mekka war, hatte ich einen Traum, in dem ich sah, dass die Kaaba aus abwechselnd gesetzten silbernen und goldenen Steinen gebaut war. Der Bau war abgeschlossen, und es gab nichts hinzuzufügen. Ich betrachtete sie und bewunderte ihre Schönheit. Dann wandte ich mich zu der Seite zwischen der jemenitischen und der syrischen Ecke, nahe bei der syrischen Ecke. Ich bemerkte, dass dort, in zwei Reihen der Wand, zwei Steine fehlten, ein goldener und ein silberner. Der fehlende goldene Stein war in der oberen Reihe, der silberne in der unteren. Ich sah, wie ich an die Stelle dieser beiden Steine gesetzt wurde. (...) Dann wachte ich auf, dankte Gott und sagte mir: »Ich bin für meine Nachfolger, was der Gesandte Gottes für die Propheten war.«[29]

Wie Ibn Arabi an anderer Stelle[30] erklärt, entspricht der silberne Stein seiner äußeren Erscheinung, was völlig mit den Gesetzen des Siegels der Propheten übereinstimmt, während der goldene Stein seiner inneren Natur entspricht, die in völliger Übereinstimmung mit Gott, ohne Vermittler, ist.

27. Wörtlich bedeutet das mit »Thron« (*minbar*) übersetzte Wort eine erhöhte Tribüne oder ein Podium mit Stufen, von dem aus in der Moschee gepredigt wurde. Es heißt, dies sei zur Zeit des Propheten Mohammed eingeführt worden, damit die ganze Gemeinde seine Worte hören konnte. Das Wort kommt auch in dem Hadith vor, der am Anfang des Kapitels zitiert wird. Ibn Arabi beschreibt den *minbar* allegorisch als »die Leiter der Gottesnamen. Wer diese Leiter emporsteigt, wird mit den Qualitäten all dieser Namen ausgestattet« (*The Tarjuman al-Ashwaq*, Seite 89).
28. *Futuhat al-Makkiyah* I:3 und 1:43–46 (OY).
29. *Futuhat al-Makkiyah* I:319 und 5:68–69 (OY).
30. Vgl. das Kapitel über Seth in den *Fusus al-Hikam*, Seite 63; *The Bezels of Wisdom*, Seiten 66–67; *The Wisdom of the Prophets*, Seiten 26–27; *Die Weisheit der Propheten*, Seiten 46–47.

Die erste Seite des *Hilyat al-Abdal*, das im Oktober 1205 in Malatya geschrieben wurde, in Ibn Arabis eigener Handschrift

ALS PILGER IN MEKKA

Den größten Teil der beiden Jahre in Mekka (1202–1204) war Ibn Arabi mit Schreiben beschäftigt. Er begann nicht nur mit den *Futuhat,* sondern fand auch die Zeit, einige kürzere Werke zu beenden, insbesondere das *Mishkat al-Anwar* (die oben erwähnte Sammlung von prophetischen Überlieferungen), das *Hilyat al-Abdal* (ein Buch über die spirituelle Praxis, das für al-Habashi geschrieben wurde), das *Ruh al-Quds* (geschrieben in Form eines Briefes an seinen Freund al-Mahdawi, ein Diskurs über die Natur wahrer Freundschaft und die Menschen, die er im Maghreb getroffen hatte, in dem diese großartige Natur herausgestellt wurde) und das *Taj ar-Rasa'il* (eine Sammlung von acht Liebesbriefen an die Kaaba, das »Herz der Existenz«). Allerdings machten die großen Visionen, die ihm geschenkt wurden, besonders die des Jünglings und des Propheten, seine Lage nur noch anfechtbarer und seine Dienerschaft quälender. Als er die Größe des Wissens und des Ranges erforschte, die ihm gezeigt worden waren, bemerkte er eine reale Diskrepanz zwischen diesem Geschenk und seinem eigenen Zustand. Er hatte sogar das Gefühl, er sollte mit der Unterweisung anderer nichts zu tun haben, trotz des anders lautenden Göttlichen Befehls.

Ich kehrte allein in mein Haus zurück und begann, die mystischen Geschenke, die Gott mir gewährt hatte, im Lichte meines wirklichen Zustandes zu vergleichen. Doch da ich keine wirkliche Verbindung zwischen beidem herstellen konnte, auch keinen Grund fand, mir die Geschenke zu erklären, schwöre ich bei Gott, mein Freund, dass ich zu fürchten begann, dass Gott mir zur Prüfung eine Falle gestellt hatte. Also zog ich mich zurück, von diesem Gedanken besessen (…) und fand keinen Weg, meine Seele zu erforschen. Jeder Zugang zu den ursprünglichen Wahrheiten und zu intuitivem Wissen war versperrt. Durch Gottes Gnade hatte ich schließlich eine Vision, die es mir ermöglichte, Oberhand über meine Seele zu gewinnen, und ich war in der Lage, dem auf den Grund zu gehen. In dieser Vision sah ich mich das Paradies betreten, und nachdem ich Zutritt bekommen hatte, ohne das Höllenfeuer, das Gericht oder ein anderes Schrecknis des Tages des Gerichts zu sehen, erlebte ich unermessliche Ruhe und Freude und lobte Gott.

Als ich erwachte, erkannte ich, dass mein Zustand etwas unausgeglichen war und dass meine Seele im Hinblick auf die von Gott verliehenen Gaben des Wissens einen höheren Rang verlangt hatte, als ihrer wirklichen Station entsprach. Wenn meine Seele die Wirklichkeit mit Göttlichem Bewusstsein erfasst hätte, hätte sie sich selbst verloren und keinerlei Vergnügen über die Zulassung zum Paradies und auch nicht das Gefühl der Ruhe gespürt, weil das Aufgehen in Gottes Majestät sie hätte vergessen lassen, dass sie von den furchtbaren Strafen des Tages des Gerichts befreit war. Meine Seele suchte mich dann zu widerlegen, indem sie beteuerte, dass der Mensch verschiedene Fähigkeiten und Hierarchien habe [so dass es möglich ist, Vergnügen zu empfinden und gleichzeitig die Wirklichkeit zu erfassen]. Ich beachtete diesen Einspruch nicht (...) und fuhr fort, die Seele an ihre Unvollkommenheit und die Absurdität ihrer Ansprüche zu erinnern. Ich dankte Gott, dass Er mir den Sieg über meine Seele gewährt hatte, und sagte: »Oh meine Seele, bei der Macht Dessen, Der dir eine zur Rebellion neigende Natur gegeben hat und dich für allerlei tadelnswerte Eigenschaften empfänglich gemacht hat, ich schwöre, dass ich dich nicht in Frieden lasse, bis du den Lehren des Buches Gottes und dem Weg des Propheten gewachsen bist.«[31]

Diese Passage gibt uns einen höchst ungewöhnlichen Einblick in die Zweifel, denen selbst ein großer Mystiker wie Ibn Arabi zum Opfer fällt, und zeigt, wie man mit den Ränken des Selbsts am besten umgeht. Wie er weiter erklärt, hält er nichts davon, sich selbst streng und andere sanft zu behandeln. Stattdessen sucht er die positiven Qualitäten in sich selbst und in allen Dingen, da sie nichts weiter als Orte der Göttlichen Manifestation sind.

Wenn der Gnostiker ein Mensch hohen Ranges ist, wird seine Seele ihm fremd werden. (...) Irgendwelche Verpflichtungen der Güte und Milde, die er vielleicht für die Seelen anderer empfindet, sollte er für seine eigene Seele empfinden, da sie ihm fremd geworden ist. (...) Er ist verpflichtet, für sich selbst Zuneigung zu empfinden, so wie er verpflichtet ist, Zuneigung für andere zu empfinden.[32]

31. *Ruh al-Quds*, Seite 23; *Commemorative Volume*, Seite 55.
32. *Commemorative Volume*, Seite 56.

Möglicherweise ereignete sich diese Episode im Jahre 1204 während eines Besuches am Grabe des Propheten in Medina. Er berichtet uns, dass er das Grab besucht hätte mit dem tiefen Bestreben, dem Vorbild des besten aller Menschen zu folgen, und mit der dringenden Bitte an Gott, dass Er all seine Unzulänglichkeiten bedecken möge. Nach Göttlicher Anweisung führte er dann die Pilgerfahrt durch.[33]

Was die Bücher angeht, die Ibn Arabi in Mekka vollendete, besteht wenig Zweifel, dass das *Ruh al-Quds* am beliebtesten und am weitesten verbreitet war. Nachdem er es 1204 geschrieben hatte, las Ibn Arabi es zunächst siebzehn Leuten vor (wahrscheinlich *bevor* er eine Kopie an den ursprünglichen Adressaten, al-Mahdawi, schickte!). In jenen Tagen war das laute Vorlesen die Art und Weise, wie Schriftstücke geprüft und als authentisch bestätigt wurden, wodurch nicht nur eine öffentliche Anhörung, sondern auch eine korrekte Lesart des schriftlichen Textes garantiert war. Da das Arabische normalerweise ohne Vokalisierung geschrieben wird, sind verschiedene Interpretationen des Textes möglich, und nur ein mündlicher Vortrag wird darüber entscheiden, welche Variante der Autor beabsichtigte. Bei dieser Lesung des *Ruh al-Quds* fällt unter den siebzehn Zuhörern ein Name (außer dem immer anwesenden al-Habashi) besonders auf: Majduddin Ishaq bin Yusuf al-Rumi. Dieser Bewohner von Anatolien, dem Lande Rum, erhielt die Aufgabe, während des Vorlesens Korrekturen in das Manuskript einzutragen. Wer war dieser Mann, dem Ibn Arabi eine solche Ehre erwies? Wie wir in Kapitel 13 sehen werden, war er ein hoher Würdenträger des anatolischen Seldschukken-Reichs, das etwa 1200 Meilen nördlich von Mekka lag. In den folgenden zwei Jahrzehnten sollte er ein enger Freund und Gefährte werden und wichtige neue Weichenstellungen in der nächsten Phase von Ibn Arabis Leben vornehmen.

---

33. Vgl. *Futuhat al-Makkiyah* IV:193.

Kapitel 12

Von Herabsteigen und Rückkehr

Er weiß, was in die Erde eingeht und was aus ihr hervorgeht, und was vom Himmel herabsteigt und was in ihn hinaufsteigt, und Er ist, wo immer ihr seid, mit euch.[1]

Wie kann ich Dich kennen, wenn Du der Innerlich
  Verborgene bist, Der nicht bekannt ist?
Wie kann ich Dich nicht kennen, wenn Du der Äußerlich
  Offenbare bist und Dich mir in jedem Ding zeigst?
Wie kann ich Deine Einheit erkennen, wenn ich in der
  Einzigartigkeit keine Existenz habe?
Wie kann ich Deine Einheit nicht erkennen, wenn
  Vereinigung das Geheimnis der Dienerschaft ist?
Ehre sei mit Dir! Es gibt keinen Gott außer Dir!
Niemand außer Dir kann Deine Einheit erkennen, denn Du
  bist, wie Du bist, in der Vor-Ewigkeit ohne Anfang und
  in der Nach-Ewigkeit ohne Ende. In Wirklichkeit kann
  niemand anderes als Du Deine Einheit erkennen, und mit
  einem Wort: Niemand kennt Dich, außer Dir.
Du verbirgst Dich und Du offenbarst Dich – doch Du
  verbirgst Dich nicht vor Dir selbst, noch offenbarst Du
  Dich jemand anderem als Dir selbst, da Du Du bist.
Es gibt keinen Gott außer Dir.
Wie soll dieses Paradox aufgelöst werden, wenn der Erste der
  Letzte ist und der Letzte der Erste ist?
Oh Du, Der verursacht, dass die Ordnung doppeldeutig und
  das Geheimnis verborgen ist, und andere in Verwirrung
  taucht, da es wirklich niemand anderen als Ihn gibt![2]

1961, ALS YURI GAGARIN AN BORD DER WOSTOK I ALS ERSTER in eine Umlaufbahn um die Erde geschossen wurde, waren die Menschen auf der Erde in der Lage, erstmals mit dem physischen Auge die ganz außergewöhnlichen Bilder der Erde zu sehen und ihren Kontrast zur tiefen Schwärze des Weltraums. Wir alle wur-

---

1. Koran 57:4
2. *Wird*, Sonntagmorgen-Gebet; *Tages- und Nachtgebete*, Seite 16f.

den Zeugen einer neuen Öffnung für die Entwicklung der Menschheit, die sich als Resultat davon ergab. Doch diese Fotografien, zu denen jeder Zugang hat, bleiben nur Hinweise auf die persönliche Erfahrung, welche die wenigen privilegierten Astronauten hatten. Ihre Kommentare und Beobachtungen, die darauf beruhen, dass sie mit eigenen Augen eine solche Schönheit sehen konnten, offenbaren eine fast greifbare Veränderung der Wahrnehmung ihrer selbst und der Welt.

> Vom Weltraum aus sehe ich mich als ein Mensch unter den Millionen und Abermillionen [von Menschen], die auf der Erde gelebt haben, leben und leben werden. Unweigerlich bringt einen das zum Nachdenken über unsere Existenz und die Art und Weise, wie wir unser kurzes Leben so voll wie möglich genießen und teilen sollten.
> Das Wissen, das ich bei meiner Rückkehr zur Erdoberfläche hatte, war eigentlich das gleiche Wissen, das ich auf meine Reise in den Raum mitgenommen hatte. (...) Was keiner Analyse, keiner mikroskopischen Untersuchung, keiner mühsamen Verarbeitung bedurfte, war die überwältigende Schönheit, (...) der starke Kontrast zwischen den leuchtend hellen Farben des Zuhauses und der tiefschwarzen Unendlichkeit, (...) die unvermeidliche und Ehrfurcht gebietende persönliche Beziehung, die plötzlich erkannt wurde, zu allem Leben auf diesem erstaunlichen Planeten (...) Erde, unserem Zuhause. Was die Erfahrung, diesen erstaunlichen Planeten vom Weltraum aus zu sehen, mit einem macht, ist, dass man über das Intellektuelle hinausgeht und sie auf das Persönliche überträgt.[3]

Durch ihren physischen Abstand von der Erde konnten diese Astronauten gewöhnliche Dinge auf ganz andere Weise sehen: »Am ersten Tag oder so zeigten wir alle auf unsere Länder; am dritten oder vierten Tag zeigten wir auf unsere Kontinente; am fünften Tag waren wir uns nur der einen Erde bewusst,« wie ein saudischer Astronaut es beschrieb. Sie waren in der Lage, neue und wunderbare Phänomene wie das »Luftglühen« zu sehen, jenes hauchdünne Gespinst aus Atmosphäre, das einzigartig für unseren Planeten ist,

---

3. *The Home Planet,* herausgegeben von Kitab Kelley.

und ohne das kein Leben möglich wäre. Für einen russischen Astronauten war der Perspektivenwechsel überwältigend.

Wenn wir in den Himmel sehen, kommt er uns unendlich vor. Wir atmen, ohne darüber nachzudenken, das ist ganz natürlich. Wir denken ohne weitere Reflexion an den grenzenlosen Ozean aus Luft, und dann sitzt du in einem Raumschiff, reißt dich von der Erde los und bist nach zehn Minuten durch die Luftschicht durch, und danach ist nichts! Jenseits der Luft ist nur Leere, Kälte, Dunkelheit. Der »endlose« blaue Himmel, der Ozean, der uns Atem gibt und vor der endlosen Schwärze und dem Tod schützt, ist nur ein infinitesimal dünner Film.

Dieser »Mondblick« unterscheidet sich völlig von unserem irdischen Standpunkt. Sein Ausgangspunkt ist Ganzheit. Er umfasst nicht nur die Erde in ihrer Gesamtheit, einschließlich all dessen, was darauf ist, sondern auch die Galaxie, von der wir ein Teil sind. Die Implikationen dieser Vision sind auf jeder Ebene ungeheuerlich, denn sie bedeutet ein neues Kapitel in der Menschheitsgeschichte. Diese Vision ist eine direkte Entsprechung von Ibn Arabis Lehren über den Weg – denn er beginnt immer mit dem Standpunkt der Einheit Gottes –, der jede Ebene und jedes »Ding« im Gesamtzusammenhang sieht. Wenn man vom Weltraum aus gemachte Bilder unseres Planeten betrachtet, kann einem dessen ursprüngliche Vollkommenheit nicht entgehen. Er ist bereits ein Ganzes. Wir brauchen nicht alle Teile zusammenzuzählen, um ihn dazu zu machen. In Bezug auf das Ganze ist jeder Teil nicht länger ein separates Land oder ein einzelner Kontinent, der zu einer Nation oder einer Kultur gehört. Wir alle werden uns immer mehr der Tatsache bewusst, dass nicht nur unsere Welt eins ist, sondern dass Ereignisse an einem Ort einen globalen Widerhall haben. Die Wirkung mag auf der physischen Ebene am Wetter, an der globalen Erwärmung, den Wirtschafts- oder Finanzsystemen und so fort zu spüren sein. Doch tiefgreifender sind die geistigen und psychologischen Auswirkungen, die eine grundlegende Veränderung in der menschlichen Wahrnehmung und Möglichkeit beinhalten. Nachdem wir schon in das Raumzeitalter eingetreten sind, stehen wir jetzt an der Schwelle einer neuen Vision, die in ihrem Ausmaß global und auf der persönlichen Ebene zutiefst verwandelnd ist.

Was uns äußerlich auf der Reise der Astronauten präsentiert wird, hat mit all seinen Verästelungen eine innere Entsprechung: »über das Intellektuelle hinaus« in den grenzenlosen Raum der geistigen Welten zu gehen. Um eine solche Veränderung vollziehen zu können, ist es erforderlich, aus der Erdanziehung herausgehoben zu werden – aus all diesen persönlichen Sorgen und Verstrickungen, die einen so großen Teil unseres Daseins ausmachen. Dieses Herausheben ist gewöhnlich die Folge des Loslassens solcher Verstrickungen. Die Worte von Jesus an den jungen Ibn Arabi meinen genau das: »Übe Entsagung und Nicht-Verhaftung.« Ibn Arabi selbst sagt dazu:

> Die Weisen machen die geistige Disziplin und Aufgabe der Welt und andere Dinge dieser Art zur ersten Voraussetzung dafür, dass ihre Gedanken für das Empfangen geistiger Dinge frei werden. Denn die geistigen Dinge tun ihre Wirkungen nicht kund, bevor der Ort [der Empfängnis] entleert und vorbereitet und ihrem Gesichtspunkt zugewandt ist. Wer Gott kennt, weiß, dass die Beziehung aller Dinge zu Gott [nur] eine einzige Beziehung ist. Daher bezeugen sie Ihn in allem, und nichts trennt sie durch einen Schleier von Ihm.[4]

Die Reise der Transformation der Wahrnehmung, welche »Gnosis« oder »mystische Erkenntnis« (*marifa*) genannt wird, gehört zum Stoff des Lebens, einer endlosen Bewegung.

> Die Grundlage aller Existenz ist Bewegung. Es kann darin keine Nicht-Bewegung geben, denn wenn sie unbeweglich wäre, würde sie zu ihrem Ursprung zurückkehren, der Nicht-Existenz ist. Das Reisen in den oberen und den unteren Welten hört nie auf. Ebenso sind die Göttlichen Realitäten ständig unterwegs, sie kommen und gehen. (...) In der oberen Welt kreisen die Körper unaufhörlich, ohne je innezuhalten, und tragen die Wesen, die sie enthalten. Wenn sie innehielten, würde die Immanenz aufhören zu existieren, und die harmonische Anordnung der Welt wäre vollendet. Die Bewegung der Sterne in den Sphären ist ihre [Art zu] reisen. (...) Die Bewegung der vier Elemente, die Bewegungen der

---

4. *Kitab al-Wasa'il*, Seite 22.

erschaffenen Wesen in den kleinsten Teilchen, die Veränderungen und Transformationen, die mit jedem Atemzug geschehen, das Ziehen der Gedanken beim Lobenswerten ebenso wie beim Tadelnswerten, der Fluss des Atems im Atmenden, die Bewegung der Augen bei allem, was im Wachen oder Schlafen gesehen wird, und der Übergang von einer Welt in die andere durch die Transposition von Bedeutung, all dies ist zweifellos für jeden mit Intelligenz Begabten in Bewegung. (...) In Wirklichkeit hören wir nie auf zu reisen, vom dem Moment unserer Bildung [im Ursprung] und der Bildung unserer körperlichen Form an *ad infinitum*. Wenn sich dir ein Halteplatz zeigt, sagst du: »Das ist es! Das ist das Äußerste!« Doch dann eröffnet sich dir ein anderer Weg, wo du mit den Mitteln für einen neuen Aufbruch versorgt wirst. Sobald du einen Halteplatz siehst, könntest du sagen: »Das ist mein Ziel!«, und doch verlierst du nach deiner Ankunft keine Zeit und ziehst sofort weiter.[5]

Das ständige, endlose Reisen wurde einst von dem kappadokischen christlichen Meister des 4. Jahrhunderts, Gregor von Nyssa, sehr schön als *epektasis* (Epektase) beschrieben. Er nennt es ein unendliches Fortschreiten »von Anfang zu Anfang durch Anfänge, die niemals enden«. In der folgenden Passage beschreibt auch Ibn Arabi unsere Lebensreise als unendlich in ihrem Ausmaß: Sie ist eine horizontale Bewegung durch die Zeit, von lange vor der Geburt bis lange nach dem Tod, und gleichzeitig eine vertikale Bewegung von außerhalb der Zeit, die in jedem Augenblick stattfindet.

Wie viele Reisen hast du durch die Stadien der Schöpfung zurückgelegt, bevor du Blut in deinem Vater und deiner Mutter wurdest! Sie kamen um deinetwillen zusammen, mit oder ohne die Absicht, dich Gestalt annehmen zu sehen. Du wurdest im Zustand des Samens transportiert und übernahmst die Form eines Anhängsels [Blutklumpens], dann einer Haut und eines Knochens. Diese wuchsen dann zu Fleisch zusammen, und du bekamst eine andere Konstitution, wurdest dann in die Welt gesetzt und gingest in das

---

5. *Kitab al-Isfar,* Seiten 4–6.

Stadium des Säuglingsalters über. Aus dem Säuglingsalter kamst du in die Kindheit, von der Kindheit in das Jugendalter, vom Jugendalter zur Blüte der Jugend, von dort zum mittleren Alter, vom mittleren Alter zum Alter, und vom Alter zur Hinfälligkeit, der am meisten entwürdigenden Altersstufe. Von dort aus gehst du in die Zwischenwelt (*barzakh*), in der du zum Jüngsten Gericht reist. Dann wirst du auf den Weg gebracht, entweder zu einem Paradies oder einem Feuer, wenn du einer von deren Leuten bist; wenn du nicht einer von ihnen bist, reist du vom Feuer zum Paradies und von dort zur Düne der Gottesschau. Du wirst in alle Ewigkeit zwischen Paradies und Düne hin- und hergehen.[6]

Im Kern unserer wechselnden Wahrnehmungen in unserem vergänglichen Leben liegt das, was Ibn Arabi gelegentlich als die »Erneuerung der Schöpfung in jedem Augenblick« (*tajdid al-khalq fil-anat*) bezeichnet. Keine zwei Augenblicke sind sich völlig gleich. Zeit und Raum sind für ihn einfach Wirkungen dieser unaufhörlichen Erneuerung. Unsere äußeren Bewegungen im Raum sind lediglich Reflexionen der ständigen Schöpfertätigkeit Gottes.

Der Vers »Jeden Tag nimmt Er ein Geschäft vor«[7] bedeutet die ständige Veränderung der Welt, deren Form nichts weiter ist als die Veränderung von Zustand zu Zustand bei jedem Atemzug. Die Welt ist in keinem Augenblick auf einen Zustand fixiert, da Gott ständig erschafft. Wenn die Welt zwei Augenblicke in ein und demselben Zustand bliebe, wäre sie von der Unabhängigkeit von Gott gekennzeichnet. Jedoch die Menschen »sind in Unklarheit über eine neue Schöpfung«.[8] Daher: Ehre sei Ihm, Der den Menschen des Enthüllens und der Erfahrung (*ahl al-kashf wal-wujud*) Freiheit von dem Wechsel der Zustände und ihnen die Betrachtung des Einen gewährt hat, Der »jeden Tag ein Geschäft vornimmt«![9]

Diese Wahrheit der erneuerten Schöpfung wird von den Gnostikern erkannt, welche nicht länger an deren Kommen und Gehen

6. *Kitab al-Isfar*, Seite 6.
7. Koran 55:29.
8. Koran 50:14.
9. *Futuhat al-Makkiyah* III:199.

gebunden sind. Sie sind an den festgelegten Ort ihres Ursprungs zurückgekehrt, »der Nicht-Existenz ist«, und finden dort Ruhe und Frieden und betrachten Gott in jeder Seiner Manifestationen. Es ist, als ob sie über die Schwerkraft hinaus in die Schwerelosigkeit des Raumes geschossen worden wären – ihr Herz ist in den Himmeln, während ihre Füße auf der Erde ruhen. So sind sie gleichzeitig *in* der Welt, aber nicht *von* ihr. Äußerlich müssen sie durch die wechselnden Zustände gehen wie jeder andere, doch innerlich sind sie bereits an ihren unveränderlichen Ausgangspunkt zurückgekehrt.

Ibn Arabi beschreibt diese ständige Kontemplation manchmal in Begriffen von Manifestation der Göttlichen Namen und Eigenschaften. Sie werden von den Gnostikern im Außen und im Innen gesehen:

> Bewegung findet in dieser Welt unaufhörlich statt: Tag und Nacht folgen einander, ebenso Gedanken, Zustände und Situationen, durch diesen Wechsel von Tag und Nacht und der Göttlichen Realitäten hindurch, die nacheinander darauf einwirken. Manchmal offenbaren sie den Gottesnamen »der Allergnädigste« (*ar-Rahim*), manchmal »den Verzeihenden« (*at-Tawwab*), manchmal »den Einen, Der mit Vergebung bedeckt« (*al-Ghaffar*), manchmal »den Ernährenden« (*ar-Razzaq*), manchmal »den Beschenkenden« (*al-Wahhab*), manchmal »den Rächer« (*al-Muntaqim*) und so weiter für jeden Namen der Göttlichen Gegenwart. Ebenso steigen sie auf dich herab mit dem, was sie an Geschenk, Nahrung, Rache, Reue, Vergebung und Güte enthalten. Daher gibt es von dir zu ihnen ein Aufsteigen durch dein Bitten, und ein Herabsteigen von ihnen zu dir durch das Geschenk.[10]

Während wir eine solche Perspektive vielleicht im Allgemeinen einsehen können, ist die tatsächliche Erfahrung davon im Leben eine ganz andere Geschichte. Ständig reisen zu können, in Übereinstimmung mit den Bewegungen des Lebens selbst, doch ohne von ihnen gebunden zu sein, ist eine Höchstleistung, zu der viele Entwicklungsstadien gehören. Es ist kein Anrecht, sondern eine Furcht einflößende Verantwortung zur Wachheit in jedem Moment.

10. *Kitab al-Isfar,* Seite 7.

Da dem so ist, kann der Diener durch Reflexion [zu Gott] zurückkehren und den Unterschied betrachten einerseits zwischen der Reise, die erfordert, dass er sich vorbereitet und bei der er [in der Vorbereitung] sein [wahres] Glück findet – und dies ist die Reise zu Ihm, die Reise in Ihm und von Ihm, denn dies sind die von Gott angeordneten Reisen –, und andererseits der Reise, die keine solche Vorbereitung erfordert, so wie das Wandern auf der Erde oder der Handel zum Erwerb von Reichtum oder ähnliche Reisen erlaubt sind, oder sogar der Reise des eigenen Atems, ein und aus, denn in gewisser Hinsicht ist dies von dem [Göttlichen] Gesetz weder verlangt noch festgelegt, sondern wird ganz einfach von der körperlichen Konstitution gefordert. Wir bitten Gott um ein schönes Ergebnis und wirkliches Wohlergehen![11]

Die drei Reisen – zu Ihm, in Ihm und von Ihm – sind für Ibn Arabi die einzigen, die uns wahres Glück bringen werden. Sie finden jederzeit statt, ob wir uns dessen bewusst sind oder nicht.

Nun gibt es drei Arten von Reisen, und da ist keine vierte. Es sind diejenigen, die Gott festlegt und bestätigt: die Reise [weg] von Ihm, die Reise zu Ihm und die Reise in Ihm. Letztere ist die Reise in der spurlosen Wüste und der Verwirrung (*hayra*). Wer sich von Ihm entfernt, gewinnt, was immer in der [äußeren] Existenz gefunden werden kann; das ist sein Lohn. Während derjenige, der in Ihm reist, nur sich selbst gewinnt. Die ersten beiden Reisen haben ein Ende, das man erreicht und wo man zum Halt kommt, während die dritte, die Reise in der spurlosen Wüste, endlos ist.[12]

Dies ist eine überaus dichte Meditation über das Reisen, die eine Fülle des Verstehens beinhaltet. Wenn wir uns diese drei Reisen im Einzelnen anschauen, können wir die Tiefe von Ibn Arabis Darstellung allmählich begreifen. Er führt aus, dass jede Reise zwei Aspekte hat: eine äußere oder körperliche Seite, die Handlungen begründet, und eine innere oder geistige Seite, die unsere Er-

---

11. *Kitab al-Isfar,* Seiten 7–8.
12. *Kitab al-Isfar,* Seiten 3–4.
13. *Kitab al-Isfar,* Seite 8.

fahrung ausmacht. Dies ist eine weitere Bedeutung, die er aus der Aussage »ein Ozean ohne Ufer, und ein Ufer ohne Ozean« und aus Koranversen gewinnt, in denen Land und Meer erwähnt sind. Das Land ist fest, wie die äußeren Handlungen, die ein Mensch vollzogen hat, und der Ozean ist in ständigem Fluss wie das innere Verstehen und Wissen.

Die erste Kategorie, die er erwähnt, sind diejenigen, die sich von Ihm entfernen:

> Es gibt drei Arten von Reisenden, die sich von Ihm entfernen: Der erste wird von Ihm zurückgewiesen wie Iblis [Satan] (Möge Gott ihn verfluchen!) und jeder seiner Gesellen. Die zweite Art wird nicht zurückgewiesen, aber ihre Reise ist eine Reise der Scham und Schande, wie die der Ungehorsamen – denn da sie Sein Gesetz verletzen, können sie nicht in Seiner Gegenwart stehen wegen der Scham, die sie in Besitz genommen hat. Die dritte Art ist eine Reise der Auszeichnung und Erwählung, wie die der Gesandten, die von Ihm zu Seiner Schöpfung zurückkehren, und der gnostischen Erben, die von der Kontemplation zur Welt der Seelen mit den ihr eigenen Absprachen, Gesetzen und öffentlichen Tätigkeiten zurückkehren.[13]

»Gesellschaft« heißt, Gott Partner zuzugesellen, mit anderen Worten: die essentielle Einheit zu teilen und zu glauben, dass wir von Ihm entfernt seien. Letzten Endes ist es eine Selbstablehnung, denn wenn wir Gott den Rücken zukehren, kehren wir unserem wahren Selbst den Rücken zu. Scham impliziert die Anerkennung der Göttlichen Gegenwart, aber auch die Unfähigkeit, unsere Unzulänglichkeiten wirklich zu akzeptieren und zuzulassen, dass sie hinweggespült werden von dem allumfassenden Erbarmen. Es gibt einen Abstand zwischen dem, was wir »selbst«, und dem, was wir »Gott« nennen, denn wer ist es, der Scham fühlt? Mit anderen Worten, es ist eine Unfähigkeit, unsere Nacktheit vor Gott zu akzeptieren, so wie Adam und Eva im Garten Eden; und die Scham, die wir fühlen, entfernt uns von Ihm. Die dritte Gruppe der Gesandten und Erben sind über diese eingebildete Entfernung hinausgegangen in ein Reich des reinen Wohlbefindens, und ihre Reise in der Welt ist ganz anderer Art, wie wir später sehen werden.

Die zweite Kategorie sind diejenigen, die zu Ihm reisen:

> Auch die Reisenden zu Ihm sind von dreierlei Art. Die ersten stellen Ihm etwas Weiteres zur Seite, schreiben Ihm einen Körper, eine Form oder eine Ähnlichkeit zu. Damit schreiben sie Ihm etwas zu, was Ihm unmöglich ist, denn Er hat von Sich selbst gesagt: »Nichts ist gleich Ihm.«[14] Ein solcher Reisender wird Ihn niemals sehen, da er aus dem Erbarmen verbannt ist. Der zweite transzendiert Ihn von allem, das nicht zu Ihm passt oder vielmehr unmöglich zu sein scheint (...), und sagt dann schließlich in seinem Transzendieren »Gott weiß es am besten, was Er in Seinem Buch sagt.« Zwar ist er frei davon, Gott Gefährten zu geben und Ihn in die Immanenz zu holen, doch verstrickt sich auch dieser Mensch ständig in Übertretungen. Wenn er also [in der Göttlichen Gegenwart] ankommt, wird er auf Tadel stoßen, jedoch nicht auf den Schleier oder die ewige Strafe. Die Vermittler, die ihn an der Tür erwarten, werden ihn empfangen und willkommen heißen, und doch wird er für seinen Mangel an Respekt getadelt werden. Der dritte Reisende wird immun (*masum*) und wohlbehütet (*mahfuz*) gemacht. Die Göttliche Nähe und Vertrautheit erweitert und entspannt ihn. Im Gegensatz zu anderen leidet er nicht an Angst oder Traurigkeit, denn er ist über beides hinaus.

Jedermann fällt auf seinem Weg zu Gott unter eine dieser Kategorien. Die erste Gruppe bildet sich ein, dass das, was mit »Gott« gemeint ist, »etwas« sei, wie all die anderen Dinge, die man sich vorstellen kann. Durch die Begrenzung der Wirklichkeit auf eine Form leugnen sie andere, und gerade ihre Verneinung schließt sie von dem allumfassenden Erbarmen aus. Die zweite Gruppe weiß, dass Er jenseits aller Formen ist, verneint aber durch die Anwendung gedanklicher Reflexion die Möglichkeit, mit Gott vertraut zu sein. Sie trennen sich immer noch von Ihm. Gibt es einen anderen Weg, der zur wahren Erleuchtung und Entspannung bei Gott führt, als den, der von der dritten Gruppe erfahren wird? Die große Zuflucht für Ibn Arabi, die er als Ausgangspunkt für jede wahre mystische Erkenntnis und den Grund für jeden Fortschritt auf dem geistigen Weg ansieht, ist der Koranvers »Nichts ist gleich Ihm.«

VON HERABSTEIGEN UND RÜCKKEHR

Gott hat den Weg zu Seiner Erkenntnis durch Seinen Ausspruch »Nichts ist gleich Ihm« ganz leicht und klar gemacht. Dies ist das Prinzip aller Erkenntnis. Einige Menschen beschäftigen sich intensiv mit der Klärung von Beweisen und vertiefen sich in Forschungen. Sie lehnen alles ab, was in ihrem Inneren auftaucht, und halten inne bei der [wörtlichen Bedeutung] Seines Wortes: »Nichts ist gleich Ihm.« Doch diejenigen, die das Wort wirklich nachprüfen, finden Ruhe und Erleichterung vom ersten Schritt an und entleeren den Ort [der Rezeption], und danach werden sie vollständig empfänglich für die [Göttlichen] Gaben und Erkenntnisse bleiben.[15]

In welcher Hinsicht ist der Ausspruch »Nichts ist gleich Ihm« der klarste und leichteste Weg? Wie wirkt sich das Prinzip der »Nicht-Gleichheit« in der Praxis aus? In der Vergangenheit glaubte man, es bedeute die Zerstörung von Götzenbildern, da keine physische Darstellung Ihm gleichen kann. Doch können wir jeden Augenblick in unserem Geist ein Bild erzeugen, das uns von der Wahrheit trennt. So mag beispielsweise die schlichte Beteuerung von Gottes Unvergleichlichkeit für den Intellekt oberflächlich befriedigend sein, kann aber nur dazu führen, im Geist irgendeine fixe Vorstellung zu erzeugen. Eine solche mentale Konstruktion filtert die Wirklichkeit soweit herunter, bis wir sie akzeptieren können, und verhindert wahre Empfänglichkeit. Die Beschäftigung mit dem Beweisen von Begriffen und ihrer Klärung führt nicht zu einer Entleerung des Ortes der Empfänglichkeit. Deswegen wird die zweite Gruppe getadelt, wenn sie vor Gott gebracht wird: dafür, dass sie nicht zugehört hat und die Fähigkeit zu denken an einer völlig ungeeigneten Stelle angewendet hat. Die Klarheit der Lehre reicht nicht aus. Ibn Arabi betont hier die höchste Wichtigkeit der »Nachprüfung«, selber hinzuschauen, was in jedem Moment auftaucht, und die Bedeutung der völligen Empfänglichkeit für Gott zu erkennen.

In den Anfangsstadien des geistigen Lebens versuchen viele Pilger, die Empfänglichkeit dadurch zu entwickeln, dass sie sich von den anderen zurückziehen, entweder in Klausur gehen oder in

---

14. Koran 42:9.
15. *Kitab al-Wasa'il*, Seite 16.

der Wildnis umherziehen. Ibn Arabi stellt ganz unerwartet eine Verbindung zwischen der Unvergleichlichkeit Gottes und diesem Drang nach physischem Rückzug her:

> Gott erschuf den Menschen – das heißt Adam und jeden anderen Stellvertreter (*khalifa*) – nach Seinem Bilde. Jedoch verneinte Er die Möglichkeit, Ihm irgendetwas gleichzusetzen, in Seinem Ausspruch: »Nichts ist gleich Ihm.« Er sonderte das Mysterium dieser Göttlichen Wirklichkeit im Menschen selbst ab. Wenn sich also jemand Gott zuwendet und bereut, wird seine Seele zu dieser [geistigen] Ebene erhoben, ich meine der Verneinung jeglicher Ähnlichkeit. Wenn er diejenigen ansieht, die ihm gleichen, wird er eifersüchtig, dass irgendjemand ihm ähnlich sein könnte – so wie Gott eifersüchtig darauf ist, dass es jemand anderen geben könnte, der mit Göttlichkeit in Verbindung gebracht wird. Folglich fühlt er sich entfremdet von diesen Menschen und sucht Einsamkeit mit seiner eigenen Essenz, in der Entfernung von allen, die wie er sind, so dass er allein seiner Essenz nahe sein kann. Er flieht mit seinem Selbst an diese verlassenen Orte, wo er niemanden außer sich selbst sieht, er geht in die Berge und die Tiefe der Schluchten. Dies ist der [geistige] Zustand des »einsamen Wanderns« (*siyaha*). (...) Es ist ein Ergebnis des [Göttlichen] Bildes, nach dem der Mensch geschaffen wurde, dass er vor anderen Menschen zu fliehen versucht statt vor irgendeiner anderen Kreatur. Denn keines der anderen Geschöpfe hat je Göttlichkeit für sich in Anspruch genommen außer der menschlichen Rasse. Deswegen will der Reisende Seinesgleichen [unter den Menschen] nicht sehen.[16]

Das allgemeine Bedürfnis, »alles hinter sich zu lassen«, bekommt hier eine ganz andere Note. Die inhärente Einsamkeit, welche wir fühlen, wenn wir mit anderen Menschen zusammen sind, beruht darauf, dass sie irgendwie wie wir zu sein scheinen, im Gegensatz zu unserer Wirklichkeit, die unvergleichlich ist. Wie Ibn Arabi bemerkt, beruht das Vergnügen, das man in der Wildnis empfindet, auf dem Einfluss des Göttlichen Namens »der All-Erbarmer« (*ar-Rahman*), welcher die ganze Natur mit Ausdehnung und Entzückung durchdringt.

VON HERABSTEIGEN UND RÜCKKEHR

Ein wunderbares Beispiel für die Vorliebe für die Natur und ihre Wildheit findet sich in der Erfahrung von John Muir, des Gründers der Nationalparks in den USA. Als junger Mann arbeitete er in einer Fabrik. Eine Tages riss das Förderband und traf sein Auge, so dass er erblindete. In seiner Not betete er zu Gott, ihm sein Augenlicht zurückzugeben, und schwor, dass er, wenn er wieder sehen könnte, den Rest seines Lebens nur für Seine Schöpfung und nicht für die Schöpfung des Menschen arbeiten würde. Nach einigen Tagen war seine Sehkraft wieder hergestellt, und er hielt sein Versprechen. Er wurde ein moderner »Wanderer«, der durch Amerika zog und eine ganze Bewegung ins Leben rief, die sich der Erhaltung der natürlichen Wildnis widmete. Er selbst sagte über diese Reisen: »Beim Hinausgehen entdeckte ich, dass ich in Wirklichkeit nach innen ging.«

Dieses »In-sich-Gehen«, die innere Reise, ist eine unendliche Erkundung. Die Betrachtung der Formen der natürlichen Welt bekommt dann eine geistige Bedeutung:

> Wenn sie den Gipfel eines hohen Berges sehen, werden sie an ihre [wahre] Würde erinnert. (…) Wenn sie in der Tiefe einer Schlucht oder in einem Canyon sind, erinnert es sie an ihre Dienerschaft. (…) Wenn sie am Ufer des Ozeans stehen, erinnert sie das Meer an die unendliche Ausdehnung von Gottes Wissen und an Seine Herrlichkeit und Sein Erbarmen.[17]

Diese Menschen nennt Ibn Arabi das »allgemeine Publikum« (*umum*) oder »die Wahrheitssucher« (*murid*). Ihr Rückzug ist eine äußere Handlung; sie entfernen sich von menschlichen Ansiedlungen und gehen an Orte in der Wildnis oder in eine Klausur. Wenn sie den Koranvers hören: »Oh Meine Diener, die ihr geglaubt habt, sehet: Weit ist Mein Land. Und Mich, verehret Mich«,[18] verstehen sie unter »Gottes Erde« das, was nicht von einem Menschen besessen wird, nämlich alles Land, das weit von der »Zivilisation« entfernt ist.

---

16. *Futuhat al-Makkiyah* II:293. Teile dieses Kapitels sind übersetzt worden von James W. Morris in: *He Moves You Through the Land and Sea…*, in: *The Journey of the Heart*, Seite 64ff.
17. *Futuhat al-Makkiyah* II:294.
18. Koran 29:56.

Jedoch »die Besonderen« (*khusus*), die Menschen des persönlichen Gesichts, die die Realität nachprüfen (*muhaqqiq*), verstehen Gottes Erde als identisch mit jedem Ort der Manifestation. Sie sehen alle Formen als Theophanien, »Erscheinungsformen Gottes«. Ihr »Wandern« findet auch auf der Erde statt, aber nicht mehr auf einer bloß sinnlich wahrnehmbaren Erde. Ihre Füße durchqueren ein Land, wo alle Dinge lebendig sind und sprechen. Sie unterscheiden nicht zwischen zwei Orten außer als Orten Seiner Manifestation; und damit haben sie die »spurlose Wüste« der Kontemplation betreten. Ihr Rückzug ist innerlich, im Herzen.

> Es gibt zweierlei Rückzug: den des Wahrheitssuchers, wozu gehört, sich aus der Gesellschaft anderer zurückzuziehen, und den Rückzug des die Wahrheit Prüfenden, wozu der Rückzug von aller Schöpfung ins eigene Herz gehört.[19]

Diejenigen, welche die Wahrheit prüfen, reisen nicht länger zu Ihm, sondern in Ihm – und dies ist die dritte Art von Reise, die Ibn Arabi erwähnt, die Reise, die wirklich niemals aufhört. Hier trifft er eine weitere Unterscheidung, und zwar zwischen denen, die aus eigenem Antrieb reisen, und denen, die getragen werden.

> Es gibt zwei Gruppen von Reisenden in Ihm: Die erste Gruppe ist mit Hilfe von Reflexion (*fikr*) und Intellekt (*aql*) in Ihm gereist und damit zweifellos vom Weg abgekommen, da diejenigen, die auf diese Weise reisen, sich zugegebenermaßen allein von ihrer Reflexion haben führen lassen. Diese Gruppe umfasst die Philosophen und ihre Anhänger. Die zweite Gruppe ist auf ihrer Reise in Ihm getragen worden. Dies sind die Gesandten, die Propheten und die Auserwählten unter den Heiligen.[20]

Die beste Zuflucht im letzten Stadium der Reise ist es, ein »reiner Diener« zu sein, der keinen intellektuellen Denkprozess mehr anwendet, um die Wirklichkeit zu verstehen. Das sind diejenigen, welche von Gott bewegt werden, keine selbst Bewegenden; diejenigen, nach denen verlangt wird, keine Verlangenden. Es sind die »Kamelreiter«, welche die Wüste der Verwirrung durchqueren.

19. *Hilyat al-Abdal*, Seite 5 (*Rasa'il*).
20. *Kitab al-Isfar*, Seite 9.

Gott sagte: »[Lob sei Allah!], Der uns einkehren ließ in eine bleibende Wohnung in Seiner Huld. Nicht wird uns treffen in ihr Plage, und nicht soll uns treffen in ihr Ermüdung.« Und Er sagte: »Er ist, wo immer ihr seid, mit euch.«[21] Nun erfordert die Überwindung von Entfernungen besondere Anstrengungen. Nichts bewegt mich außer meiner Suche nach Ihm; wenn ich Ihn nicht zu meinem Zweck und Ziel bei all diesem Wandern und Reisen machte, würde ich Ihn nicht suchen. Er hat mich bereits informiert, dass Er mit mir ist, in meinem Zustand des Entfernens ebenso wie in meinem Zustand des Stillstands. Er hat in allem ein »Gesicht«. Warum also umherstreifen? Sich mit dem Ziel zu bewegen, Ihn zu erreichen, ist [einfach] ein Zeichen dafür, dass man Ihn in der Stille noch nicht gefunden hat! (...) Wir haben beide Zustände gekostet und gesehen, dass die Stille der Bewegung vorzuziehen und größer ist im Hinblick auf das Gewahrsein [von Gott], das mit dem Wechseln der Zustände bei jedem Atemzug einhergeht. Es gibt keine Flucht vor diesem Wechsel [der Zustände]: Es ist ein ausgetretener Pfad, auf dem wir eher geführt werden, statt selbst zu gehen.[22]

Letzten Endes ist diese Reise die Verwirrung (*hayra*) angesichts des unablässigen Regnens der Göttlichen Manifestation. Es ist nicht die Verlegenheit der Konfusion, sondern Bestürzung angesichts der Unbegrenztheit des »Nichts ist gleich Ihm«. Auf diese Weise beten Ihn die größten Heiligen an, wie Khidr es Ibn Arabi zeigte: auf der unermesslichen Erde ihrer physischen Wahrnehmung und Handlung, auf dem grenzenlosen Ozean der geistigen Erkenntnis und Bedeutung, in den Himmeln reinen Lichts. Desgleichen ist es eine Nachfolge des Propheten, dessen nächtliche Reise durch die Himmel nur dadurch bewerkstelligt werden konnte, dass er dorthin getragen wurde, und dessen Realität das Licht selbst ist.

Die Verwirrung des Gnostikers an Gottes Seite ist die herrlichste aller Verwirrungen, denn er lässt alles Begrenzende und Einschränkende hinter sich. (...) Er besitzt jede Form, ohne dass irgendeine Form ihn einschränken könnte. Aus

---

21. Die beiden Zitate stammen aus Koran 35:32 und 57:4.
22. *Futuhat al-Makkiyah* II:294.

diesem Grunde pflegte Mohammed zu sagen: »Oh Gott, mehre mich in Dir in Verwirrung«, denn dies ist die höchste Station, die klarste Kontemplation, die am nächsten liegende Position, der herrlichste Ort der Manifestation und der beispielhafteste Weg.[23]

Diejenigen, die von Ihm in die geschaffene Welt ›zurückkehren‹, sind also die größten Heiligen, denn sie sehen, hören, sprechen mit keinem anderen als Ihm und preisen Ihn in allen Formen.

Er, der sagt: »Nichts ist gleich Ihm«, hat in der Tat die Wahrheit gesprochen, da das einzig Existente, für das eine Wirklichkeit niemals unsichtbar und ein Ort niemals begrenzt ist, Gott ist. Jede sinnliche und geistige Form ist ein Ort Seiner Manifestation. Er ist der Eine, Der *durch* jede Form, nicht *in* jeder Form spricht. Er ist der Eine, Der von jedem Auge gesehen wird; und Er ist der Eine, Der von jedem Ohr gehört wird. Doch gibt es keine Rede, die von Ihm gehört wird, durch die Er verstanden werden könnte; keine Schau von Ihm, mit der Er umschrieben werden könnte; keinen Ort der Manifestation, von dem Er begrenzt werden könnte.[23]

---

23. *Futuhat al-Makkiyah* II:661; *The Sufi Path of Knowledge,* Seite 381.

Vom Zentrum in die Peripherie

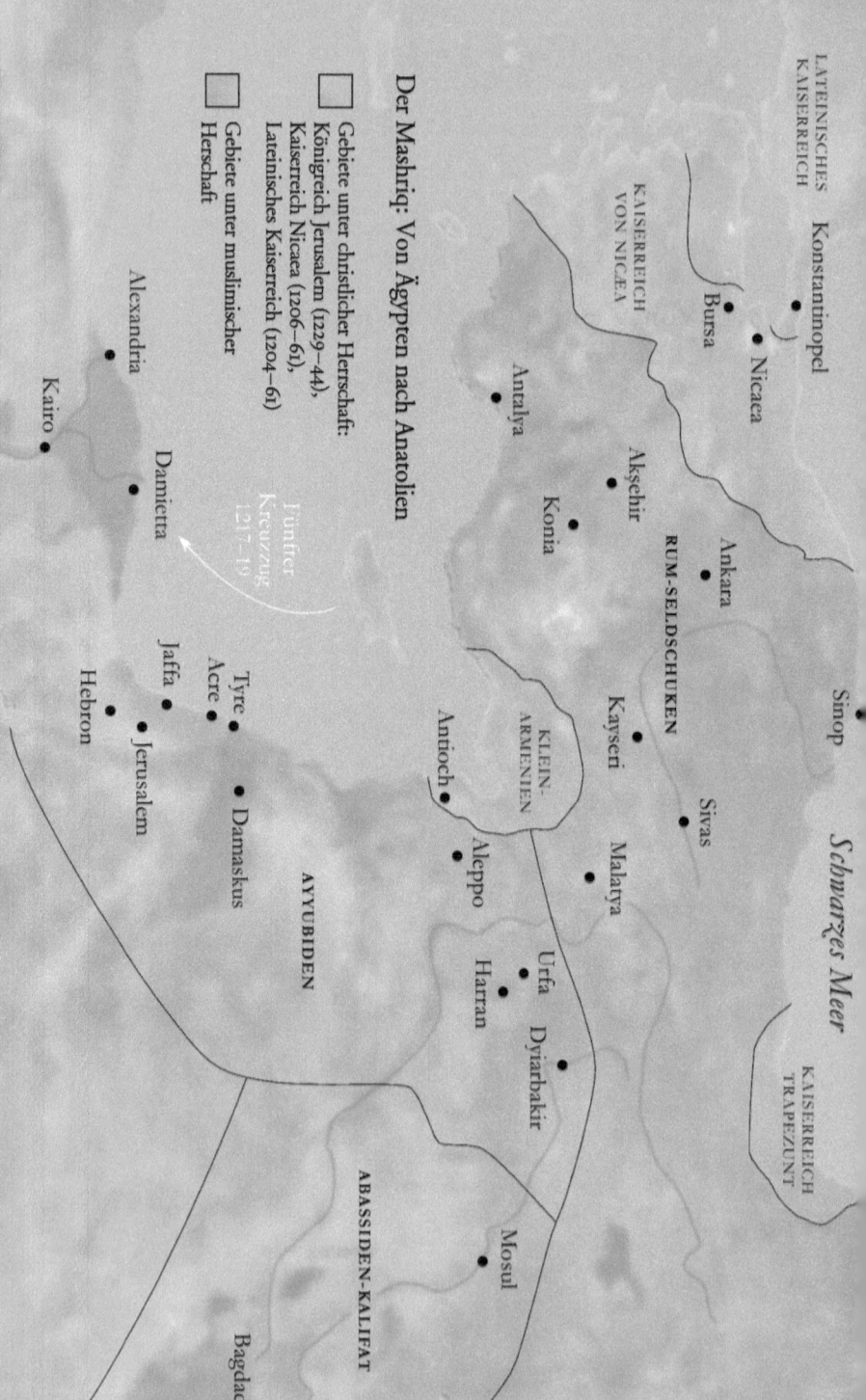

Kapitel 13

Reisen und Beraten
(1204–1222)

Gott (Ehre und Majestät sei Ihm!) sagte: »Der Akt der Anbetung, der Mir am liebsten ist, ist guter Rat.«[1]

Ich träumte, dass ich am Tag der Auferstehung im heiligen Bezirk von Mekka wäre. Ich stand wartend vor meinem Herrn, gesenkten Kopfes und voller Angst, dass Er mich wegen meiner Nachlässigkeit tadeln würde. Er sagte zu mir: »Oh Mein Diener, fürchte dich nicht! Ich fordere nichts von dir, außer dass du Meine Diener berätst. Darum berate Meine Diener.«[2]

UNSERE QUELLEN DES WISSENS FÜR DIE VERBLEIBENDE PEriode des Lebens von Ibn Arabi sind gegenwärtig noch vergleichsweise spärlich. Obwohl er selbst uns viele Einzelheiten über seine Wege, seine Begegnungen sowie die äußeren und inneren Ereignisse seines Lebens bis zu seiner Abreise aus Mekka mitteilt, scheint er uns nach diesem Zeitpunkt nur wenig über sich selbst oder die Menschen, denen er begegnete, zu berichten. Irgendwelche autobiografischen Bücher, die Ibn Arabi über diese spätere Periode schrieb, im Hinblick auf seine Reisen in Palästina, Syrien, Irak und Anatolien, sind noch nicht aufgetaucht. Wir wissen beispielsweise, dass er ein Buch mit dem Titel *Tartih a-Rihla* (Reisetagebuch) verfasste, in dem er alle Meister, die er im Osten traf, beschrieb und die prophetischen Traditionen, die er von ihnen kennenlernte. Allerdings war dies höchstwahrscheinlich kein Tagebuch seiner eigenen Reisen, sondern eine Sammlung von prophetischen Überlieferungen (Hadith), die er als Nachschlagewerk für andere zusammenstellte. Unglücklicherweise scheint keine Abschrift dieses Werkes erhalten geblieben zu sein, obwohl es ein starkes Licht auf diese zweite Lebenshälfte werfen würde.

---

1. Tradition (*khabar*), zitiert im *Mischkat al-Anwar*, Nr. 77.
2. *Kitab al-Mubashshirat*, Seite 7.

Während wir die ersten vierzig Jahre seines Lebens ziemlich genau rekonstruieren konnten, sieht es folglich so aus, als ob die Person Ibn Arabi danach in den Untergrund gegangen und lediglich seine Schriften sichtbar geblieben wären. Die ungefähr drei Jahre in Mekka repräsentieren den Dreh- und Angelpunkt von Ibn Arabis Leben, die Achse, welche seine Lebensreise in zwei Hälften teilt – mit sechsunddreißig ›westlichen‹ Jahren auf der einen und sechsunddreißig ›östlichen‹ Jahren auf der anderen Seite. Es ist ein Bild, das stark an die Beerdigung von Ibn Rushd erinnert, wo der Leichnam auf der einen und das Werk auf der anderen Seite des Esels hingen. Die erste Hälfte von Ibn Arabis Leben ist von ihm selbst gut dokumentiert, während die zweite Hälfte nur in der Form von Büchern und Schriften in Erscheinung tritt. Natürlich wird die andalusische Periode gerade in diesen Büchern so vollständig beschrieben – das Bild, das wir vom jungen Ibn Arabi bekommen, beruht fast gänzlich auf den späteren Berichten, nachdem er das Alter von vierzig Jahren erreicht hatte (wenn wir die Jahre nach dem Mondkalender berechnen, wie er es getan haben würde) und ganz bestimmt nachdem er den Jüngling an der Kaaba getroffen hatte. Fast alle bisher geschilderten autobiografischen Einzelheiten stammen aus den *Futuhat al-Makkiyah* (Mekkanischen Eröffnungen), die er 1202 in Mekka zu schreiben begann, und aus dem *Ruh al-Quds* (Geist der Heiligkeit), das 1203 in Mekka verfasst wurde. Wir können ganz nebenbei feststellen, dass dies eine vollkommene Umkehrung der Dokumentation des Lebens von Mohammed ist: Die ersten vierzig Jahre des Propheten liegen fast völlig im Dunkeln, gefolgt von detaillierten Beschreibungen der Periode der Offenbarungen.

Unser gegenwärtiges Wissen von der späteren Periode des Lebens von Ibn Arabi beruht auf den wenigen Einzelheiten, die vom Anfang oder Ende seiner Bücher zusammengesucht werden können, wo er manchmal angibt, wo, wann und für wen sie geschrieben waren, und besonders von den *sama* (Zertifizierungen), die auf einigen Manuskripten zu sehen sind. Diese Zertifizierungen waren das Verzeichnis aller Kopien, Beglaubigungen und der Verteilung der Manuskripte. Die Kopie wurde dem Autor (gemeinhin in seinem eigenen Haus) vorgelesen, der daher in der

Das exquisite Portal der Medrese von Ince Minare (Akademie des Schlanken Minaretts) in Konya, das 1264 errichtet wurde

Lage war, jeden Fehler zu korrigieren, der im Text oder dessen Vokalisierung (da die Vokale im Arabischen nicht geschrieben werden) entstanden war. Dann wurde die Kopie gewöhnlich datiert und mit den Namen aller Anwesenden signiert. Diese öffentlichen Lesungen boten zweifellos Gelegenheit zur Diskussion und zu mündlichen Erläuterungen, von denen es nur wenig Berichte gibt, außer in den Lehren und Methoden seiner direkten Schüler.

Im Jahre 1204, begann Ibn Arabi ein neues Kapitel seines Lebens, zu dem eine lange Periode des Reisens gehörte. Über zwölf Jahre lang scheint er fast ständig unterwegs gewesen zu sein. Er durchquerte alle muslimischen Länder des Ostens, traf Leute und schrieb. Der Katalysator für all das scheint zweifacher Art gewesen zu sein. Erstens hatte er einen sehr bedeutsamen Traum in Mekka, in dem ihm seine wahre Bestimmung von Gott deutlich gemacht wurde: »Oh Mein Diener, fürchte dich nicht! Ich verlange nichts von dir, als dass du Meine Diener berätst.« Getreu dieser Anordnung sollte er den Rest seines Lebens damit zubringen, Menschen aller Schichten, direkten Schülern, religiösen Autoritäten oder politischen Führern zu raten.

Der zweite und vielleicht direktere Grund für seine Reisen kam von dem Mann, der in den nächsten zwanzig Jahren sein Freund und Reisegefährte werden sollte, Scheich Majduddin Ishaq bin Yusuf von Anatolien. Dieser stammte aus Malatya, einer bedeutenden alten Stadt in Südost-Anatolien, die an den nördlichen Ausläufern des Euphrat lag, an der Grenze zwischen dem Taurus-Gebirge und der syrischen Ebene. Als ein Mann von hohem Ansehen am Seldschukken-Hof gehörte Majduddin zu einer bemerkenswerten Gruppe geistiger Lehrer dieser Zeit, die auch vertraute Ratgeber für Könige und Herrscher waren.[3] Er hatte einige Jahre in Bagdad verbracht, wo er einer der Leiter des Programms des Abbasiden-Kalifen zur Erneuerung des Islams geworden war.

---

3. Der wichtigste und bekannteste von ihnen war Scheich Shihabuddin Abu Hafs Umar al-Suhrawardi, der bei vielen Meistern studiert hatte, darunter Abd al-Qadir al-Gilani, bevor er Berater des Abbasiden-Kalifen in Bagdad wurde (siehe auch Anmerkung 33).

Portal der Gevsi-Nesihe-Medrese in Kayseri, die 1206 während der Herrschaft von Kaykhusraw erbaut wurde. Über dem Eingang findet sich ein schönes Beispiel für die *muqarnas,* ein wabenartig gewölbtes Motiv, das die Himmelssphären darstellt

Bei diesem Programm wurden verschiedene islamische Bruderschaften (*futuwwa*) für das sittliche und geistige Wohlbefinden der Bevölkerung gegründet, und diese bildeten die Grundlage für einige der späteren Sufi-Orden. Eine von Majduddins Aufgaben bestand in der Einführung dieser Reformen in Anatolien, wobei er anscheinend besonderen Erfolg hatte. Er wurde auch für die Ausbildung der Söhne des Seldschukken-Sultans verantwortlich, vor allem für Kaykhusraw I, der 1192 den Thron bestieg. Letzterer scheint sich immer um Rat und Hilfe an Majduddin gewandt zu haben und setzte ihn für diplomatische Missionen nach Bagdad ein. Als Kaykhusraw von seinem Bruder 1197 entmachtet wurde und sich auf seine Ländereien an der byzantinischen Küste zurückzog, wurde auch Majduddin Ishaq vorübergehend ins Exil getrieben und ließ sich in Syrien nieder. Im Jahre 1204 beschloss Majduddin, eine Pilgerfahrt nach Mekka zu unternehmen. Dort kam er zum ersten Mal mit Ibn Arabi in Kontakt. Die beiden Männer wurden enge Freunde, und als Majduddin einen Brief des Seldschukken-Sultans erhielt, der ihn zur Rückkehr nach Anatolien einlud, war es selbstverständlich, dass diese Einladung auch auf einen der bedeutendsten geistigen Lehrer dieser Zeit ausgedehnt werden sollte.

Kaykhusraw I wurde Ende 1204 oder Anfang 1205 als Sultan neu eingesetzt und konnte schließlich das Königreich Rum nach mehreren Jahren innerer Auseinandersetzungen vereinen. Dieses Datum markiert den Beginn der goldenen Jahre der Seldschukken-Dynastie unter Kaykhusraw und seinen beiden Söhnen Kaykaus I und Kayqubad I, deren Herrschaftsbereich fast die ganze heutige Türkei umfasste, bis hin zu den immer stärker schrumpfenden Grenzen des byzantinischen Reiches. Das so genannte Königreich der Seldschukken bestand in Wirklichkeit aus kleinen Fürstentümern, die von Konya aus zentral regiert wurden. Die Herrscher dieser Fürstentümer waren gewöhnlich Söhne des Sultans, die sich oft über Gruppenentscheidungen heftig stritten, besonders, wenn es um die Erbfolge ging. Jeder von ihnen handelte mit einem gewissen Grad an Unabhängigkeit und Autonomie. Ihre Machtbasis lag in den drei großen Städten Konya, Kayseri und Malatya, wo in den nächsten vierzig Jahren ein großartiges Programm für die Errichtung von öffentlichen Bauten wie Universitäten, Moscheen und Krankenhäusern durchgeführt wurde. Die Seldschukken-Periode der Stärke fiel zusammen mit dem Zusammenbruch der

Macht von Byzanz, die auf die Katastrophe zurückzuführen war, die Konstantinopel im April 1204 getroffen hatte. Die Stadt wurde von den Truppen des Vierten Kreuzzugs geplündert, und das alte Byzanz wurde unter zerstrittenen Fürsten aufgeteilt. Das Lateinische Kaiserreich wurde danach mit Sitz in Konstantinopel gegründet, und die Überreste von Byzanz sammelten sich unter der Oberhoheit von Nicaea. Kaykhusraw, dessen Mutter und Ehefrau beide Byzantinerinnen waren, verlor schließlich sein Leben im Jahre 1211, als er einen christlichen Rivalen gegen einen anderen verteidigte.

Die Bedeutung von Majduddin Ishaq im Leben Ibn Arabis ist zweifach. Infolge seiner Entscheidung im Jahre 1204, in den Norden zu reisen, kam Ibn Arabi zum ersten Mal in Berührung mit dem östlichen Zweig der islamischen Welt – Palästina, Syrien, Irak und Anatolien. Von nun an sollte er Beziehungen mit Herrschern und Fürsten knüpfen, von denen ihm viele Schirmherrschaft und Schutz anboten. Dies kam durch Majduddins Kontakte zustande. Der zweite Faktor sollte einen tiefgehenden Effekt auf die spätere Verbreitung von Ibn Arabis Lehren haben. Majduddin sollte in Kürze Vater von Sadruddin al-Qunawi werden, einer der Schlüsselfiguren unter den Schülern des größten Scheichs.

Nach der Pilgerzeit, um den September 1206 herum, brach Ibn Arabi mit Majduddin Ishaq und seinem treuen Gefährten Badr al-Habashi auf. Obwohl es dazu keine direkte Aussage gibt, reisten auch seine Frau Fatima und ihr Sohn mit.

Der erste Halt der Reisenden war Bagdad, wo sie sich (im Oktober) etwa einen Monat lang aufgehalten zu haben scheinen. Möglicherweise wartete Majduddin auf Entwicklungen im Hinblick auf die Wiederbesteigung des Seldschukken-Throns durch Kaykhusraw und stand offiziell in Kontakt mit dem Hof des Abbasiden-Kalifen al-Nasir. Für Ibn Arabi brachte der Besuch in Bagdad noch andere Vorteile. Er traf die Schlüsselfiguren der Erneuerungsbewegung *futuwwa* und begegnete einigen direkten Schülern des großen Heiligen Abd al-Qadir al-Gilani.

Letzterer war im Osten, was Abu Madyan für den Westen gewesen war: eine überragende Gestalt, in deren Gesellschaft viele Erleuchtung fanden. In Bagdad kursierte unzählige Geschichten von den Gefährten Abd al-Qadirs. Der bemerkenswerteste von ihnen war Abu al-Suud Ibn al-Shibl, den Ibn Arabi in seinen Werken oft erwähnt. Hier in Bagdad ergriff er die Gelegenheit,

seine Lehren des westlichen Sufismus zu verbreiten, indem er sein Buch *Ruh al-Quds* zweimal öffentlich las.

Sie scheinen im November in Mosul gewesen zu sein, wo sie die nächsten fünf Monate verbringen sollten; und wieder wurde das *Ruh al-Quds* zweimal gelesen. Inzwischen ging das Schreiben weiter, und es wurden dort mindestens vier Werke verfasst. In nur acht Tagen schrieb Ibn Arabi ein größeres Werk von 54 Kapiteln über die Geheimnisse der Waschungen und des Gebets, das *Tanazzulat al-Mawsiliyah* (Herabsteigen der Offenbarung in Mosul). In einem Abschnitt, in dem er über die Bedeutung von *takbir* spricht, dem *Allahu akbar* (Gott ist der Größte), dem ersten Satz des Gebetsrufs und des rituellen Gebets, schreibt er:

> In welchem Zustand du auch bist, einem himmlischen oder irdischen, du befindest dich notwendigerweise unter der Herrschaft einer der Göttlichen Namen, ob du es weißt oder nicht, ob du es kontemplierst oder nicht. Dieser Name regiert deine Bewegung und deine Ruhe; durch ihn hast du den Zustand des Möglichen oder des Existenten. Und dieser Name sagt: »Ich bin Gott« und spricht die Wahrheit. Aber es ist Pflicht, darauf mit »*Allahu akbar!*« zu antworten. (...) Wisse mit absoluter Gewissheit, dass die Göttliche Essenz Sich dir niemals als Sie selbst zeigt, sondern nur in Form einer Ihrer hervorragenden Eigenschaften; und wisse, dass du niemals die Bedeutung des Namens Allah kennen wirst.[4]

Hier wurden auch zwei weitere Werke vollendet: das *Kitab al-Jalal wa l-Jamal* (Buch von der Majestät und Schönheit) und das *Kitab Kunh ma la budda lil-murid minhu* (Buch der Essenz dessen, was der Wahrheitssucher braucht). Das erste Werk, das an einem einzigen Tag entstand, beschreibt verschiedene Koranverse im Sinne zweier entgegengesetzter Aspekte, Majestät und Schönheit, die der Spiritualität von Moses (*musawi*) und Jesus (*isawi*) entsprechen.

---

4. *Kitab al-Tanazzulat al-Mawsiliyah*, Seiten 90–91; *An Ocean without Shore*, Seite 109.

Zwei ineinander verschlungene Fische, die sich unterhalb der sieben Himmel winden. Diese Skulptur befindet sich am Huand Hatun Külliye in Kayseri, einer von der Gemahlin Kaykaus' errichtete Medrese. Sie zeigt die Liebe der Seldschukken für die Abbildung der Natur

Implizit spielt Ibn Arabi auf einen dritten Aspekt an, das vollkommene Gleichgewicht der Perfektion (*kamal*), das die beiden Standpunkte vereinigt, entsprechend der durch Mohammed vollzogenen Integration. Ibn Arabi klärt diese Entsprechung in anderen Werken, besonders im berühmten Kommentar zum Koran (der verloren gegangen zu sein scheint),[5] in einem dreigliedrigen Schema, das die erste Traumvision seiner Jugend in Erinnerung ruft. Das Werk über Majestät und Schönheit scheint die erste Saat für ein noch ehrgeizigeres Projekt gewesen zu sein: die Verfassung eines vollständigen Kommentars zu jedem Koranvers entsprechend jedem dieser drei Aspekte. Ibn Arabi brauchte offenbar über dreißig Jahre, um 64 Bände zu schreiben, und war erst bei der 18. Sure (von insgesamt 114 Suren) angekommen. Kein Wunder, dass dieser Kommentar nie vollendet wurde! Trotzdem blieb die Darstellung des Korans ein wesentlicher Zug seines gesamten Werkes, und er verfasste ganze vom Koran inspirierte Abschnitte in anderen Büchern.[6]

Während seines Aufenthalts in Mosul fand auch eine überaus wichtige Investitur-Zeremonie statt, im Hause eines Mannes namens Ali bin Abdallah bin Jami:

> Dieser Mann hatte sich der Selbstdisziplin geweiht und war ein Diener von Ali al-Mutawakkil und anderen. Einmal ging ich hin, um einen Besuch zu erwidern, den er mir abgestattet hatte. Als ich zu seinem Haus kam, hieß er mich an einer bestimmten Stelle im Raum sitzen. Als ich ihn nach dem Grunde fragte, erwiderte er, dass Khidr dort gesessen habe und er mich dorthin gesetzt hätte wegen der geistigen Kraft, die noch daran haftete. Dann erzählte er mir, was während Khidrs Besuch geschehen war (...): »[Khidr] holte eine kleine baumwollene Kappe hervor und setzte sie mit eigener Hand auf meinen Kopf. Ich nahm sie ab, küsste sie und legte sie zwischen mir und ihn. Dann sagte er: ›Oh Ali, würdest du gerne von mir mit der *khirqa* gekleidet werden?‹ Ich antwortete: ›Oh Meister, wer bin ich, um das zu sagen?‹ Dann nahm

---

5. Es hieß: *Al-Jam wal-tafsil fi asrar ma'ani al-tanzil* (Synthese und Details der Geistigen Geheimnisse der Offenbarung).

6. Sowohl der *Diwan* als auch die *Futuhat* enthalten zum Beispiel Abschnitte, die sich ganz ausdrücklich auf eine einzelne Sure beziehen.

er sie auf eine andere Art in seine Hände und setzte sie auf meinen Kopf.« Dann sagte ich [Ibn Arabi] zu Ali: »Mach mit mir, was er mit dir gemacht hat.« Also nahm er eine kleine Stoffkappe und führte genau die gleiche Zeremonie mit mir durch.[7]

Dieser Investitur mit dem spirituellen Mantel (*khirqa*) von Khidr schenkte Ibn Arabi nach dieser Episode große Aufmerksamkeit, weil er wusste, dass sie für Khidr selbst wichtig war. Investitur bedeutete für Ibn Arabi »in der Gesellschaft eines Meisters zu sein und seine geistige Disziplin zu praktizieren«.[8] Gewöhnlich beinhaltete dies die Übergabe eines Kleidungsstücks vom Meister zum Schüler. Schon mehrfach war er von anderen ›eingekleidet‹ worden: im Jahre 1195 in Sevilla von einem Mann, der für den größten Teil seines Lebens sein Gefährte werden sollte, Taqiuddin Abd ar-Rahman al-Tawzari; in Fez 1197 von dem gleichen Mann, und im Jahre 1203 in Mekka von Yunus bin Yahya al-Hashimi (der die *khirqa* von al-Gilani bekommen hatte, wodurch eine weitere Verbindung zwischen Ibn Arabi und Abd al-Qadir hergestellt wurde). In diesen Fällen war es jedoch eher als Ausdruck der Gemeinschaft denn einer geistigen Transformation verstanden worden:

Der Scheich [Ali bin Abdallah bin Jami] kleidete mich mit der *khirqa* an der gleichen Stelle seines Gartens, wo Khidr ihn eingekleidet hatte, und in dem gleichen Zustand, der damit einherging. (...) Ich hatte diese Investitur bereits von meinem Gefährten Taqiuddin Abd ar-Rahman bin Ali al-Tawzari erhalten, der sie bereits von Sadruddin, dem Scheich der Scheichs[9] in Ägypten erhalten hatte, dessen Vorfahr von Khidr selbst eingekleidet worden war. Von dieser Zeit an habe ich von der Investitur mit der *khirqa* gesprochen und sie verschiedenen Leuten übertragen, weil ich sah, wie viel Bedeutung Khidr dem beimaß. Vorher hatte ich die Investitur mit der *khirqa* nicht unterstützt, wie sie jetzt verstanden

---

7. *Sufis of Andalusia*, Seite 157.
8. *Kitab Nasab al-khirqa; Quest for the Red Sulphur*, Seite 67.
9. Dies war eine politische Stellung, die vom Sultan ernannt wurde, und kein mystischer Rang.

wird: Nach meinem Verständnis war es lediglich ein Ausdruck für Gemeinschaft, für das richtige innere und äußere Benehmen.[10]

Ibn Arabi beschreibt dann im Folgenden, dass die Weitergabe der *khirqa* als ein Mittel zur Umwandlung des Zustands des Empfängers verstanden werden kann; genau so wurde der Segen Khidrs im Garten in Mosul übertragen. Dabei sollte bedacht werden, dass es gleichbedeutend ist, ob die Übertragung direkt durch Khidr stattfindet oder durch jemanden, der sie von Khidr erhielt, oder durch jemanden, der sie von jemandem empfing, der sie von Khidr erhalten hat. Die Vermittler verändern nicht die Weitergabe der Gnade, solange dies auf genau dieselbe Weise, bei vollem Bewusstsein und im richtigen Zustand der Empfänglichkeit getan wird. Eine so große Wirkung haben die Handlungen des Lehrers derjenigen, die über die Vermittler hinausreichen.

Von Mosul aus zog die Gruppe wieder nach Norden, passierte Dunaysir (das heutige Kizıltepe) und erreichte Malatya, die Heimatstadt Majduddins, etwa im Juni 1205 zum Ramadan. Als Sultan Kaykhusraw I dann Majduddin in seinen Palast nach Konya einlud, reisten beide in die Seldschukken-Hauptstadt und wurden warm empfangen. Wenn Ibn Arabi sein Alter nach dem Sonnenkalender berechnet hätte, hätte er dort wahrscheinlich seinen vierzigsten Geburtstag gefeiert. Die folgende Geschichte datiert möglicherweise von dieser ersten Begegnung zwischen Ibn Arabi und dem Sultan.

> Der König stellt ihm ein Haus im Werte von 100 000 Dirham zur Verfügung. Nachdem er dort eine Weile gewohnt hatte, kam ein Bettler vorbei und bat um Almosen. Da sagte der Scheich [Ibn Arabi], er solle das Haus nehmen, weil dies das Einzige sei, was er zu geben hätte.[11]

Er setzte seine schriftstellerische Tätigkeit fort und verfasste unter anderem die einflussreiche »Abhandlung über das Licht« (*Risalat al-Anwar*), die den Aufstieg durch die Schichten der Existenz in Form eines Aufsteigens von Zustand zu Zustand beschreibt. Es ist vornehmlich ein Handbuch für alle, die in Klausur gehen, und

10. *Futuhat al-Makkiyah* I:187 und 3:185–186 (OY).
11. *Futuhat al-Makkiyah* IV:560.

wurde für seinen »edlen Freund und engen Gefährten« geschrieben; dieser Hinweis bezieht sich höchstwahrscheinlich auf Majduddin Ishaq.

Während seines Aufenthalts in Konya begegnete Ibn Arabi zum ersten Mal einem anderen großen geistigen Meister, der gerade in der Stadt angekommen war, Awhaduddin Hamid Kirmani (1164–1238).[12] Kirmani war der Sohn eines Seldschukken-Fürsten aus der Stadt Kirman im Iran. Er hatte viele Jahre in Bagdad studiert und war ein Scheich der *futuwwa*-Bewegung geworden. Wie vor ihm Majduddin, war er nach Anatolien gereist, um beim Aufbau der dortigen Organisation behilflich zu sein. Er überlieferte Ibn Arabi Geschichten von vielen großen Meistern des östlichen Islams, besonders aus dem Iran: zum Beispiel von Abu Yaqub Yusuf al-Hamadani (1048–1140), der der Ausgangspunkt für die Entstehung vieler Linien der geistigen Unterweisung war (wie der Yasawiyah, Naqshabandiyah und Bektashiyah). Im Laufe der nächsten zwanzig Jahre wurden die fast gleichaltrigen Männer Ibn Arabi und Kirmani enge Freunde und Gefährten und hatten zusammen den stärksten Einfluss auf die Bildung von Majduddins Sohn, Sadruddin al-Qunawi. Kirmani war auch mit Majduddin selbst befreundet und verbrachte einige Zeit in Malatya. Da er mit seinen Lehren jedoch dort auf den Widerstand der religiösen Autoritäten (*ulama*) stieß, machte er später Kayseri zu seiner Basis.[13]

Dieser erste Besuch in Anatolien dauerte etwa neun Monate und legte den Samen für viele fruchtbare Kontakte in den kommenden Jahren. Nachdem er die Sommermonate in Konya verbracht hatte, kehrte Ibn Arabi nach Malatya zurück.[14] Einer von

---

12. Ihre Begegnung im September 1205 ist in einem der in Konya vollendeten Werke erwähnt, *Kitab al-amr al-muhkam al-marbut* (Die Ordnung der vollkommenen Verstrickung). Yusuf al-Hamadani, der in dem Werk erwähnt wird, war der ›Personalchef‹ von Salman dem Perser, einem der engsten Gefährten des Propheten.

13. Offenbar gab es sogar eine Verschwörung, ihn zu töten, und Awhaduddin war gezwungen, Malatya zu verlassen. Als er in Kayseri lebte, zog er sich oft zu einer Klausur in den Ausläufern des nahe gelegenen Berges Ercyes zurück. Er sprach Türkisch, was ihm die Herzen seiner turkmenischen Anhänger gewann, von denen einer der berühmte turkmenische Scheich Haji Bektasch gewesen sein soll. Seine Tochter heiratete Ahi Evren, den Leiter des türkischen Zweiges der *futuwwa*, der Ahis.

14. Nach dem Datum am Rande des *Hilyat al-Abdal* (Yufu Aga 4868/43) befand sich Ibn Arabi im Oktober 1205 in Malatya.

Kaykhusraws Söhnen, Kaykaus, war zum Herrscher von Malatya ernannt worden (und sollte später die Nachfolge seines Vaters als Sultan antreten). Majduddin wurde zu seinem Privatlehrer und geistigen Berater ernannt. Auch Ibn Arabi wurde in die Erziehung des jungen Prinzen einbezogen und erfreute sich einer engen Beziehung zu ihm, die über dreizehn Jahre anhalten sollte.

Ende des Jahres 1205 hatte er sich in Richtung Süden nach Damaskus begeben. Dies wird das erste Mal gewesen sein, dass er durch Syrien reiste und dabei Aleppo und Damaskus besuchte, zwei Städte, die in seinem künftigen Leben eine so große Rolle spielen sollten. Hier wurden mindestens vier weitere Bücher geschrieben oder abgeschlossen, einschließlich einiger kürzerer Werke, die sich mit der esoterischen Bedeutung der Buchstaben des arabischen Alphabets befassten.

Offenbar hatte Ibn Arabi von Anfang an ein umfassendes Projekt bezüglich der Buchstaben im Sinn. Im ersten Kapitel der *Futuhat* beschreibt er seine Begegnung mit dem Jüngling an der Kaaba, wo dieser gegen Ende sagt:

> »Ich bin die Wiese der Reife und die Frucht der Vereinigung. Lüfte meine Schleier und lies, was die Zeilen meines Seins enthalten.« Also hob ich seine Schleier und betrachtete seine Zeilen. Das Licht, das in ihm wohnt, erschloss meinen Augen das geheime Wissen, das er enthält und umfasst. Die erste Zeile, die ich las, und das erste Geheimnis, das ich dieser Zeile entnahm, wird in diesem zweiten Kapitel erörtert.[15]

Das zweite Kapitel der *Futuhat* ist der Wissenschaft der Buchstaben gewidmet (*ilm al-huruf*) und stellt eine der an Anspielungen reichsten und schwierigsten Äußerungen esoterischen Wissens dar. Doch ist es gleichzeitig auch grundlegend, denn ohne Buchstaben, Konsonanten und Vokale gibt es keine Wörter, und ohne Wörter gibt es keine Rede, die, wie wir gesehen haben, die Essenz dieses ungewöhnlichen Jünglings ist. Dieses Kapitel wurde sicherlich in Mekka geschrieben, mit Beiträgen von Freunden und Gefährten. Außer dem, was im zweiten Kapitel der *Futuhat* steht, schrieb Ibn Arabi eine Reihe von achtundzwanzig kurzen Abhandlungen, die den achtundzwanzig Buchstaben des arabischen Alphabets und

---

15. *Futuhat al-Makkiyah* I:51 und I:230 (OY).

ebenso vielen Themen entsprachen. Dies war eines der ersten größeren Werke, das er vollendete. Die Klassifikation nach Buchstaben mag auf den ersten Blick eine willkürliche Art der Nummerierung von Schriften darstellen. Es zeigt sich jedoch, dass das Werk einen besonderen Aufbau hat, der nicht streng alphabetisch ist. Das erste Buch, das vom Wissen der Einheit (*ahadiyah*) handelt, heißt beispielsweise »Das Buch Alif« (erster Buchstabe des Alphabets); und das zweite, »Das Buch Ya« (der letzte Buchstabe des Alphabets), handelt vom Wissen der Selbstheit (*Hu*) und der Verbindung der Seele mit Ihm.[16]

Im Mai besuchte er Hebron, wo er das *Kitab al-Yaqin* (Buch der Gewissheit) am Grab Abrahams schrieb und einer Gruppe von Schülern das *Ruh al-Quds* vorlas. Über die restlichen zehn Monate gibt es keine Einzelheiten, aber wir können vermuten, dass er die Pilgerreise im Juni oder Juli 1206 machte.

Im Jahre 1207 war er wieder in Kairo und wohnte bei seinen alten Freunden aus Andalusien, darunter Abu al-Abbas al-Harrar, dessen Bruder Muhammad al-Khayath und Abdallah al-Mawruri. Eines Abends saßen sie in Kontemplation und Gottesgedenken beisammen:

> Plötzlich überkam mich der Schlaf, und ich sah mich selbst und die ganze Gesellschaft in einem ganz dunklen Raum. (…) Von jedem von uns strahlte ein Licht aus der Essenz aus, das die Dunkelheit um ihn herum sofort erleuchtete. Als wir dort im Lichte unserer Essenz saßen, kam eine Person durch die Tür dieses dunklen Raums zu uns und begrüßte uns mit den Worten: »Ich bin für euch der Bote der Wahrheit«. (…) Ich sagte: »Melde die Botschaft, mit der du gesandt wurdest.« Er sagte: »Wisset, dass das Gute in der Existenz und das Übel in der Nicht-Existenz liegt. Gott in Seinem Großmut hat den Menschen erschaffen und ihn in Seiner Schöpfung einzigartig gemacht; doch der Mensch hat das aus dem Auge verloren und betrachtet seine Essenz, indem er sich durch sich selbst sieht – doch die Zahl kehrt zu ihrem Ursprung zurück. Er ist

---

16. Vgl. Ibn Arabis *Fihrist* (sein eigenes »Werkverzeichnis«), Nr. 74–100. In der von Korkis Awwad veröffentlichten Liste werden nur 26 Buchstaben erwähnt und müssen zwei Korrekturen gemacht werden: Nr. 77 sollte *Kitab al-Sad* sein, das »Buch des *Rahma*«, und einer der Buchstaben fehlt, das *Kaf*, welches das »Buch der Da*ymumiyah*« ist.

Er, nicht du.«[17] Dann kam ich wieder zu mir und berichtete den Gefährten, was ich gesehen hatte.[18]

Während seines Aufenthaltes in Kairo wurde das *Ruh al-Quds* im März wieder einer ziemlich großen Gruppe von zehn Leuten vorgelesen und ein anderes Werk, das *Kitab Ayahm al-Shan* (Buch der Tage von Gottes Werk) fünf von ihnen. In beiden Lesungen fällt ein Name auf: Der junge Mann, der Ibn Arabi beide Texte vorlas, war Abu Tahir Ismail Ibn Sawdakin al-Nuri.

Wie al-Habashi scheint Ibn Sawdakin damit zufrieden gewesen zu sein, dem Meister in selbstloser Hingabe zu dienen und aufzuschreiben, was er von Ibn Arabi persönlich gehört hatte, ohne irgendeine Sonderstellung für sich in Anspruch zu nehmen. Er hinterließ kostbare Schriften in der Form von Kommentaren zu bestimmten Werken (vor allem den *Mashahid al-Asrar*, dem *Kitab al-Isra* und dem *Kitab al-Tajalliyat*) – dies sind schriftliche Versionen der mündlichen Erläuterungen, die Ibn Arabi selbst gab, mit anderen Worten: Ibn Arabis Kommentare zu seinen eigenen Werken. Darüber hinaus hat uns Ibn Sawdakin einen einzigartigen Einblick in die täglichen Diskussionen mit Ibn Arabi verschafft, indem er Fragen und Antworten zu verschiedenen Themen aufschrieb.[19] Sein Haus in Aleppo wurde in den nächsten vierzig Jahren oft für Lesungen von Ibn Arabis Werken genutzt.

Später im Jahre 1207 kehrte Ibn Arabi noch einmal nach Mekka zurück, vielleicht um seine Pilgerfahrt zu vollenden. Während seines dortigen Aufenthalts setzte er seine Studien und seine schriftstellerische Arbeit fort und verbrachte Zeit mit seinem Freund Abu Shuja bin Rustem und dessen Familie, einschließlich der schönen Nizam.[20] Danach reiste er wieder nach Norden, wahrscheinlich nach Damaskus, wo er ein Haus besaß.[21]

In den nächsten sieben oder acht Jahren verbrachte Ibn Arabi seine Zeit damit, den Göttlichen Befehl »Berate Meine Diener!«

---

17. Dieser Satz könnte auch übersetzt werden: »Er ist, und du bist nicht.«
18. *Sufis of Andalusia*, Seite 109. Diese Geschichte wird auch im *Muhadarat* II:54 erwähnt, wo er angibt, in der Kerzenleuchtergasse in Kairo gewesen zu sein.
19. Einige dieser informellen Gespräche wurden in seinem *Kitab al-Wasa'il* aufgezeichnet.
20. *Futuhat al-Makkiyah* II:376.
21. Das ist die Implikation seines Berichts in dem *Durrat al-Fakhirah* und betrifft einen Mann aus Jerez, der dort bei ihm wohnte. Vgl. auch *Sufis of Andalusia*, Seite 150.

بسم الله الرحمن الرحيم وصلواته على سيدنا

كتاب فصل

شهادة التوحيد ووصف توحيد المؤمن

قال الله سبحانه وتعالى شهد الله أنه لا إله
إلا هو والملائكة وأولوا العلم قائماً بالقسط
وقال والذين هم بشهاداتهم قائمون
فشهادة المؤمن يقينه أن الله سبحانه هو الأول
في كل شيء وأقرب من كل شيء فهو المعطي المانع
الهادي المضل المعطي ولا مانع ولا طار ولا نافع

Die erste Seite des *Kitab al-Fadl shahada al-tawhid*, möglicherweise in Ibn Arabis eigener Handschrift. Dieses Werk ist ein Auszug aus Abu Talib al-Makkis Buch *Qut al-Qulub*

getreulich auszuführen. Anscheinend unermüdlich legte er Tausende von Meilen zurück (er besuchte Anatolien, Aleppo, Damaskus, Bagdad und Kairo). Gleichzeitig scheint die Beziehung zu Anatolien stark gewesen zu sein, besonders zu Malatya. Als er Andalusien verlassen hatte, kannte er dank der ihm geschenkten Visionen bereits die Umrisse seines künftigen Lebens. Dazu gehörte seine Freundschaft mit zwei Einwohnern von Malatya, Majduddin Ishaq und Majduddins Sohn, Sadruddin al-Qunawi, der am 1. Januar 1209 geboren wurde.[22] Letzterer wurde später sein Stiefsohn und Erbe, der berühmteste und einflussreichste seiner Schüler.

Auch das Klima von Anatolien muss Überraschungen bereitet haben. Im Winter 1211 beschreibt er die nördlichen Arme des Euphrat (wahrscheinlich in der Gegend von Malatya) als so stark gefroren, »dass Mensch und Tier, in der Tat ganze Karawanen, sie überqueren konnten, während der Fluss (unter der Eisschicht) weiterströmte«.[23]

Im Mai 1212 reiste er in den Irak und besuchte wieder Bagdad, vielleicht als Begleiter von Majduddin Ishaq bei einem offiziellen Besuch des Kalifen.[24] Im Zusammenhang mit dieser Reise erwähnt Ibn Arabi eine recht amüsante und reizende Anekdote, die seine Tochter betrifft.[25]

Als meine Tochter Zaynab gerade mal ein Jahr alt war und noch gestillt wurde, stellte ich ihr, im Beisein ihrer Mutter und Großmutter, zum Spaß eine Frage. Ich fragte sie: »Oh meine Tochter, was sollte ein Mann tun, nachdem er mit sei-

---

22. Auf seinem Grabmahl in Konya sind als Geburtstag und -ort Malatya 605 (1208/09) angegeben. Omar Benaissa zufolge wurde Sadruddin wahrscheinlich in Konya am Donnerstagabend, 22. Jumada II geboren (Silvester oder Neujahrstag 1209).
23. *Futuhat al-Makkiyah* III:459.
24. Majduddin Ishaq leitete die Abordnung an den Hof des Kalifen al-Nasir in Bagdad, die die Nachfolge von Kaykaus I auf den Seldschukken-Thron verkündete.
25. Wir können aus dieser Passage ableiten, dass Zaynab zu Beginn des Jahres 607 (in der zweiten Hälfte des Jahres 1210) geboren wurde.

Bereich für die Waschungen und Minarett der Großen Paradies-Moschee in Harran aus dem 8. Jahrhundert. Diese antike Stadt in Nordsyrien war früher eine blühende Gemeinde mit der größten Moschee der Region, und eine Pforte zwischen Anatolien und Syrien

ner Frau ohne Ejakulation geschlafen hat?« Sie antwortete, dass er trotzdem die volle Waschung vollziehen müsse, und wir waren alle ganz erstaunt. Im gleichen Jahr ließ ich diese Tochter bei der Mutter zurück. Ich gab ihr die Erlaubnis, in diesem Jahr [1212] die Pilgerfahrt zu machen, während ich über den Irak nach Mekka reiste [wo wir uns wieder treffen würden]. Als ich am Treffpunkt eintraf, machte ich mich mit einer Gruppe von Begleitern auf die Suche nach meiner Familie in der syrischen Karawane. Meine Tochter sah mich, während sie gerade gestillt wurde, und rief: »Mama, da ist Papa!« Dann schaute ihre Mutter auf und sah mich in der Ferne. Zaynab schrie weiter: »Es ist Papa! Es ist Papa!« Dann rief mich ihr Onkel, und ich hörte es. Als sie mich sah, lachte sie und umschlang mich mit dem Ruf: »Papa! Papa!«[26]

Eins ist klar: Zu diesem Zeitpunkt hatte Ibn Arabi bereits eine größere Familie, die wahrscheinlich in Damaskus oder Malatya lebte. Zaynab wurde geboren, als sein ältester Sohn, Muhammad Imaduddin, ungefähr neun Jahre alt war. Wer war ihre Mutter? War es seine erste Frau, Fatima? Vielleicht, aber ihr Name ist nicht erwähnt. Von Zaynab wissen wir sehr wenig, außer dass sie bis in ihre Zwanzigerjahre lebte und eine Tochter namens Safiyah hatte.[27] Möglicherweise war sie mit einem von Ibn Arabis Schülern verheiratet, Muhammad Ibn Qamar von Damaskus, der bei mehreren Lesungen von Schriften in Malatya, Aleppo und Damaskus anwesend war.[28]

Wir wissen auch, dass Ibn Arabi mindestens zwei Frauen hatte (und wahrscheinlich drei oder vier)[29] und drei Kinder. Seine zwei-

---

26. *Futuhat al-Makkiyah* IV:117. Es ist interessant, dass er diese ganze Episode als eine Bestätigung für Bericht des Korans von Jesus zitiert, der schon im Mutterschoß sprechen konnte.

27. Vgl. *Diwan,* Seite 59. Diese Information verdanke ich Gerald Elmore. Es gibt ein ergreifendes Gedicht, in dem Ibn Arabi des Todes seiner Tochter gedenkt (siehe die Übersetzung von Ralph W.J. Austin in: *Journal of the Muhyiddin Ibn Arabi Society* VII, Seite 2).

28. Vgl. *Quest for the Red Sulphur,* Seiten 224–225.

29. Spätere Autoren sagen, dass er die Tochter des Abd al-Salam al-Zawawi heiratete, des malikitischen Obersten Richters in Damaskus (siehe *Futuhat al-Makkiyah* IV:559; *Quest for the Red Sulphur,* Seite 251). Ebenso berichten spätere Autoren, dass er um 1222 die Witwe von Majduddin Ishaq heiratete, so dass Sadruddin al-Qunawi in seinem Hause aufgezogen werden konnte.

te Frau hieß Maria (oder Miriam), eine Gefährtin auf dem geistigen Weg.

Was die fünf inneren Dinge betrifft: Diese wurden mir von meiner rechtmäßigen Gattin, Maryam bint Muhammad bin Abdun bin Abd ar-Rahman al-Bijai, mitgeteilt: »In meinem Traum habe ich jemanden gesehen, der mich oft in meinen Visionen aufsucht, welchen ich aber nie leibhaftig gesehen habe.« Er sagte zu ihr: »Strebst du nach dem Weg?« Sie sagte zu ihm: »Ja, bei Gott, ich strebe nach dem Weg, weiß aber nicht, wie ich ihn erreichen kann.« Er sagte: »Vor allem durch fünf Dinge: nämlich Vertrauen (*tawakkul*), Gewissheit (*yaqin*), Geduld (*sabr*), Entschlossenheit (*azima*) und Wahrhaftigkeit (*sidq*).« Als sie mir das sagte, sagte ich zu ihr: »Dies ist die Methode der Gottesleute.«[30]

Während seine Familie mit der syrischen Karawane nach Mekka zog, reiste Ibn Arabi mit Majduddin Ishaq nach Bagdad, wo er im Mai 1212 den Ramadan verbrachte. Er hatte eine erschreckende Vision bezüglich der Göttlichen Täuschung oder List (*makr*). Mit Täuschung meint er »die Fortsetzung der Segnungen trotz [des Dieners] Widerstand [gegen Gottes Befehl]«.

Ich hatte im Jahre 608 [1212] in Bagdad eine Vision, in der sich die Pforten des Himmels öffneten und die Schätze der Göttlichen Täuschung wie Regen auf alle hinabfielen. Ich hörte einen Engel sagen: »Welch eine Täuschung ist heute

---

30. *Futuhat al-Makkiyah* I:278 und 4:260 (OY). Dies ist eine der seltenen Stellen, wo Ibn Arabi seine Frau Maria erwähnt, obwohl sie in einer Notiz von Sadruddin al-Qunawi als »Khatun Maryam bint Abdallah, Mutter von Alauddin Muhammad, der als al-Jawban bekannt ist« erwähnt wird (vgl. *Kitab al-Mubashshirat*, Yusuf Aga 5624, f. 700). Al-Qunawi erläutert, dass sie die Frau ist, die in Ibn Arabis Traum erwähnt wird, den er im Januar 1233 hatte und der den Göttlichen Ehevertrag seiner Frau betraf – der Wortlaut befindet sich auch in *Futuhat al-Makkiyah* II:416-417, übersetzt von William C. Chittick in: *The Self-Disclosure of God*, Seite 193. Unter der Voraussetzung, dass diese Information korrekt ist, ist das Wahrscheinlichste, dass Fatima die Mutter von Muhammad Imaduddin war, der vielleicht auch als Abd ar-Rahman bekannt war (vgl. *Quest for the Red Sulphur*, Seiten 86–87), während Maria die Mutter von mindestens zwei von Ibn Arabis Kindern war: Zaynab (geb. 1210) und Muhammad Saduddin (geb. 1221), der auch als Alauddin oder al-Jawban bekannt war.

Nacht herabgekommen!« Ich erwachte entsetzt und suchte nach einem Weg, mich davor zu bewahren. Ich konnte keinen anderen Weg finden als das Wissen um das Gleichgewicht, das im Göttlichen Gesetz niedergelegt ist.[31]

Während seines kurzen Aufenthalts in Bagdad, wurde Ibn Arabi von zwei irakischen Historikern interviewt, Ibn al-Dubaythi und seinem Schüler Ibn al-Najjar. Ibn al-Dubaythi verfasste einen ziemlich detaillierten Bericht über dieses Treffen.

Der im Maghreb geborene Muhammad bin Ali bin Muhammad Ibn al-Arabi Abu Abdallah besuchte Bagdad im Jahre 608 [1212]. Er besaß eine einzigartige Meisterschaft in der Kenntnis der Mystik und war dem Weg der Menschen der Wahrheit, der Entsagung, des geistigen Strebens und der Sprache der Sufis völlig ergeben. Ich habe viele Sufis aus Damaskus, Syrien und dem Hedschas gesehen, die ihm Vorzüglichkeit und einen hohen Rang unter den Leuten des Weges bescheinigen. Er hatte viele Gefährten und Anhänger. Ich habe einige seiner Schriften gelesen, die Berichte von Träumen enthielten, in denen der Prophet dem Schlafenden erschien und im Traum zu ihm sprach. [Ibn Arabi] berichte-

---

31. *Futuhat al-Makkiyah* II:530.

32. Ibn al-Dubaythi: *Al-Mukhtasar al-muhtaj ilayhi*, Band 1, Seite 102, übersetzt von Alexander Knysh in: *Ibn Arabi in the Later Islamic Tradition*, Seite 27.

33. Nicht zu verwechseln mit Suhrawardi al-Maqtul, dem Begründer des Ishraqui-Ordens, der 1191 in Aleppo hingerichtet wurde. Abu Hafs Umar al-Suhrawardi (1145–1234) war der Hauptorganisator der *futuwwa*-(»Ritterlichkeits«)-Bruderschaften, eine Art spiritueller Gilde, in der beide, Majduddin Ishaq und Awhaduddin Kirmani, einflussreiche Mitglieder waren. So wie sie, wurde er manchmal von dem Kalifen als Botschafter eingesetzt. Er ist sehr bekannt als der Verfasser des *Awarif al-Ma'arif*, eines Handbuchs für geistige Lehrer. Einem jemenitischen Sufi zufolge trafen sich die beiden Männer persönlich, obwohl dies durchaus eine Legende sein kann. »Er [Ibn Arabi] hatte eine Begegnung mit dem Lehrer Suhrawardi. Die beiden Männer verneigten sich eine Weile schweigend voreinander und gingen dann wortlos auseinander. Scheich Ibn Arabi wurde dann nach seiner Meinung über Suhrawardi befragt, worauf er antwortete: ›Er ist von Kopf bis Fuß von der Norm des Propheten durchdrungen.‹ Als Suhrawardi nach seiner Meinung über Ibn Arabi befragt wurde, sagte er: ›Er ist ein Ozean Göttlicher Wirklichkeiten‹« (*Futuhat al-Makkiyah* IV:560). Zwei von Ibn Arabis späteren Schülern, Saiduddin al-Farghani (gestorben 1296) und Abd ar-Razzaq al-Quashani (gestorben 1330) behaupteten eine Verbindung mit Suhrawardi.

te solche Träume mit der Autorität derer, die sie erlebt haben. [Als wir uns trafen,] zeichnete er einige solcher Berichte von mir auf, während ich einige seiner Berichte aufschrieb.[32]

Möglicherweise hat er um diese Zeit entweder in Bagdad oder in Mekka den berühmten Sufi-Lehrer Shihabuddin Abu Hafs Umar al-Suhrawardi getroffen, der in Bagdad lebte und persönlicher Ratgeber des Kalifen al-Nasir war.[33]

Für die folgenden drei Jahre wissen wir kaum etwas über Ibn Arabis Aufenthalt, abgesehen von der Tatsache, dass er einige Zeit in Aleppo verbrachte, der Heimatstadt von Ibn Sawdakin.

Aleppo erhebt den Anspruch, eine der ältesten Städte des Nahen Ostens und seit etwa dem 20. Jahrhundert vor Christus besiedelt zu sein. Seine Blütezeit erlebte es unter den Ayyubiden, den Nachkommen des großen Sultans Saladin. Hier regierte sein vierter Sohn Zahir fast zwanzig Jahre lang bis zu seinem Tod im Jahre 1216. Als Nachwirkung der Eroberungen Saladins gelang es Zahir, ein Königreich zu errichten, das sich über den ganzen Norden Syriens erstreckte, dessen Einkünfte gleich nach dem Einkommen des viel größeren ägyptischen Königreichs kamen. Er förderte den Handel mit dem Westen, vor allem mit Venedig, und verbündete sich mit seinen nördlichen Nachbarn, den Seldschukken von Rum. Während der ersten Hälfte des 13. Jahrhunderts wurde Aleppo zu einer der schönsten Städte des muslimischen Ostens; die Zitadelle wurde wieder aufgebaut und die Kanäle repariert. Zahir war bekannt als ein intelligenter und weitsichtiger König. Ibn Arabi erfreute sich offenbar seines Vertrauens. Infolgedessen baten sicher viele der Einwohner Ibn Arabi um Fürsprache beim König. An einem Tage präsentierte er Zahir nicht weniger als 118 Bittgesuche, die an Ort und Stelle beschieden wurden. Ein Bittgesuch stammte von jemandem, der Hochverrat begangen hatte, und Zahir hatte insgeheim beschlossen, ihn hinzurichten, ohne es Ibn Arabi zu sagen.

> Aber dies kam mir zu Ohren. Als ich das Thema bei ihm ansprach, ließ er seinen Kopf hängen und sagte: »Wenn der Meister nur die Sünde dieses Mannes kennte. (...) Es ist eines der Verbrechen, das Könige nicht verzeihen können.« Darauf antwortete ich: »Du, der du glaubst, die Macht des Königtums zu besitzen und Sultan zu sein! Ich kenne keine Sünde

in der ganzen Welt, die groß genug wäre, als dass ich sie nicht vergeben könnte, und ich bin nur einer deiner Untertanen! Wie kommt es denn, dass du dich nicht dazu durchringen kannst, ein Verbrechen zu vergeben, das nicht einmal das Übertreten eines Göttlichen Gesetzes ist? Deine königliche Großmut ist in der Tat sehr dürftig.« Daraufhin schämte er sich, ließ den Mann frei und vergab ihm.[34]

Was für ein besseres Beispiel für grenzenloses universelles Mitgefühl in Aktion könnte es geben, das sich über den Zorn hinwegsetzt, der aus einer beschränkteren Perspektive hätte entstehen können? Kein Wunder, dass Ibn Arabi so strenge Kritik an den meisten Rechtsgelehrten übt, Menschen, die nach dem Buchstaben des Gesetzes handeln, ohne jemals ihr Herz der Macht Seiner Liebe zu öffnen, und die nur weltliche Gedanken an ihre selbstsüchtige Macht im Sinne haben. Es ist auch kein Wunder, dass er die heftige Kritik und Feindschaft von diesen selbsternannten »Interpreten« des Gesetzes auf sich zog, und in den nächsten Jahren brachte ihn seine höhere Stellung in einen offenen Konflikt mit den Juristen. In Kairo beispielsweise wurde er der Häresie beschuldigt und bei den Behörden denunziert, und nur die Intervention eines engen Freundes verhinderte schwerwiegende Maßnahmen. Es wird berichtet, dass

die Ägypter sehr kritisch ihm gegenüber wurden und nach seinem Blut riefen. Doch Gott kam zu seiner Rettung dank Scheich Abu al-Hasan von Bougia: Dieser bemühte sich um seine Freiheit und interpretierte seine Worte. Nachdem seine Freiheit gesichert war, kam der Scheich zu ihm und sagte: »Wie können sie jemanden einsperren, in dessen menschlicher Natur die Göttliche Natur wohnt?« Er antwortete: »Lieber Herr! Dies sind unkontrollierbare Äußerungen der

---

34. *Futuhat al-Makkiyah* IV;539.
35. *Futuhat al-Makkiyah* IV;560. Dieser Bericht stammt von dem Obersten Richter und Chronisten von Bougia, Abu al-Abbas al-Ghubrini (gestorben 1304). Der genaue Wortlaut dessen, was Ibn Arabi angeblich gesagt hat, mag fraglich sein, doch besteht kein Zweifel an der Feindseligkeit, die seine Lehren in einigen Kreisen erregten. Obwohl es schwierig ist, diese Episode zu datieren, wissen wir, dass Ibn Arabi die prophetischen Überlieferungen (Hadith) mit Abu al-Hasan von Bougia im April/Mai 1210 studierte.

Burg von Aleppo. Die über zweitausend Jahre alt, die Stadt beherrschende Zitadelle wurde größtenteils von König Zahir Ende des 12. Jahrhunderts wieder aufgebaut. Sein Palast befand sich innerhalb dieser ausgedehnten Befestigungen

Ekstase und Trunkenheit, und [diesen Zustand der] Trunkenheit kann man nicht tadeln.«[35]

Im Jahr 1213 ging Ibn Arabi in eine seiner vielen Klausuren. Er sagt, dass während seines Rückzugs »zwei Männer von Ehrfurcht gebietendem Aussehen, in weiße Roben gekleidet, mir erschienen und mich hießen, dieses Gebet zu sprechen, das man das ›Gebet der Offenbarung‹ (*kashf*) nennt«.[36] Das fragliche Gebet erscheint in der Sammlung von Gebeten (*Awrad* oder *Wird*). Es gibt zwingende Gründe für die Annahme, dass eine dieser Figuren der Prophet

36. Dies scheint eine mündliche Erklärung von Ibn Arabi zu sein, die später am Rande des Dienstagmorgen-Gebets im *Wird* (Rasid Ef. 501/f.30b) notiert wurde. Dies wird bestätigt in der gedruckten Version der Gebete, mit zusätzli-

Die große Omayahden-Moschee in Aleppo. Der Turm wurde 1092 errichtet und gilt als das wichtigste Bauwerk des mittelalterlichen Syrien. Die Moschee soll den Kopf von Zacharias enthalten, des Vaters von Johannes dem Täufer

Aaron war, der seine gewohnte Rolle des ›öffentlichen‹ Redners übernahm. Ibn Arabi hüllt sich jedoch in Schweigen über die Identität dieser beiden Männer und gibt seinen Lesern damit ein Rätsel auf.

Im Dezember 1214 war Ibn Arabi wieder in Mekka, wo sein Freund Abu Shuja, der Vater von Nizam, zwei Jahre zuvor gestorben war. Als sich sein 51. (lunarer) Geburtstag näherte, begann Ibn Arabi eines seiner berühmtesten und brillantesten poetischen Werke, das *Tarjuman al-Ashwaq* (Dolmetsch der Sehnsüchte). In einundsechzig außerordentlichen Gedichten feierte er die Schönheit des Geliebten in der Frauengestalt der Nizam. Es ist deutlich, dass er einige dieser Gedichte bereits vor dieser Zeit geschrieben hatte; aber erst jetzt begann er sie zu einer Anthologie zusammenzufügen.[37] Dieses Werk verursachte einen Sturm der Entrüstung und Empörung in bestimmten Kreisen, da die Verwendung von Liebesgedichten ihm den Vorwurf einbrachte, dass er Erotika unter dem Deckmantel der poetischen Anspielung schriebe. Wie konnte eine so ungeschminkte Liebeslyrik mystische Realität ausdrücken?

Seine beiden Schüler Ibn Sawdakin und al-Habashi baten ihn, einen Kommentar zu den Gedichten zu schreiben, um die Vorwürfe zu entkräften.

---

chen Details von Datum und Ort: »Zwei Scheichs von Ehrfurcht gebietendem Aussehen erschienen mir während der Klausur auf dem Berg der Erleuchtung (*jabal al-fath*) im Jahr 610 [1213]. Einer von ihnen sagte zu mir: ›Nimm dies von mir für alle aufrichtigen Sucher und wahren Aspiranten.‹« Die Verbindung zu Aaron wird in Ibn Arabis Beschreibung der prophetischen Verbindungen mit den Wochentagen hergestellt, wo Aaron dem Dienstag zugeordnet wird (vgl. *Mawaqi al-Nujum,* Seite 157). Für die Identität des anderen gibt es zwei Möglichkeiten: Die beiden alternativen Beinamen für dieses Gebet, »Entschleierung« oder »Hilfe«, werden gewöhnlich mit Moses verbunden – zum Beispiel gehört die Sure al-Nasr (Hilfe) zum Pol des Moses (vgl. *Futuhat al-Makkiyah* IV:81). Darüber hinaus kann der Ort dieser Klausur durchaus der Berg Sinai gewesen sein, wo Moses seine große Offenbarung hatte, obwohl wir keinen anderen Beweis dafür haben, dass Ibn Arabi jemals diesen Ort besucht hätte. Es ist auch möglich, dass der zweite Prophet Johannes der Täufer (Yahya) war, da Ibn Arabi ihn in seiner Schilderung der Himmelfahrt mit Aaron in Verbindung bringt.

37. Das Hauptgebäude des Werkes wurde in drei Monaten erstellt, zwischen November 1214 und Januar 1215 (vgl. Anmerkung 44).

38. *Futuhat al-Makkiyah* III:562.

Das taten wir, weil einige Rechtsgelehrte aus Aleppo uns wegen der Behauptung kritisiert hatten, dass wir mit dem Schreiben all dieser Verse im *Tarjuman al-Ashwaq* nur beabsichtigen, Göttliche Realitäten und Ähnliches [auszudrücken]. Einer behauptete, dass wir dies nur gesagt hätten, weil wir einer Religionsgemeinschaft verbunden sind.[38]

Ohne diesen Kommentar würden wir es schwierig, wenn nicht gar unmöglich finden, die in diesem Meisterwerk eingebetteten Anspielungen zu durchdringen. In mancher Hinsicht ist es nicht ohne Ironie, dass gerade der Widerstand dagegen ein Werk von solch unvergleichlicher Klarheit hervorgebracht haben sollte. Der Kommentar zeigt sehr deutlich die prophetischen Eingebungen, die im Kern der Gedichte liegen, und deren Gebrauch überaus sinnlicher Bilder, um Bedeutung zu vermitteln. Ein kurzes Beispiel dafür mag genügen:

> Lange sehnte ich mich nach einer zarten Maid, begabt mit Prosa
> Und Vers, mit einer Kanzel und redegewandt,
>   eine der Prinzessinnen aus dem Lande Persien,
>   aus der herrlichen Stadt Isfahan.
> Sie ist die Tochter des Irak, die Tochter meines Imams,
>   und ich bin ihr Gegenteil, ein Kind des Jemen.
> Oh meine Herren, habt ihr jemals gesehen, dass zwei Gegensätze Sich je vereinen?
> Habt ihr uns in Rama gesehen, wie wir einander Becher der Leidenschaft anboten ohne Finger,
> während die Leidenschaft süße und fröhliche Worte aus uns hervorbrachte ohne Zunge?
> Ihr hättet einen Zustand gesehen, in dem Verstehen verschwindet – in der Umarmung von Jemen und Irak.

Wenig ist so, wie es scheint! So lautet zum Beispiel sein Kommentar zur ersten Zeile:

> Er [der Autor] beschreibt sein essentielles Wissen als »mit Prosa und Vers begabt«. Dabei bezieht er sich auf das, was begrenzt und unbegrenzt ist, beziehungsweise (...) eine »Kan-

zel«, das heißt die Leiter der Schönsten Namen. (...) »Redegewandt« bezieht sich auf die Station der Gesandtschaft, (...) »eine der Prinzessinnen« [auf] ihre Askese, denn Asketen sind die Könige der Erde.[39]

An anderer Stelle beschreibt Ibn Arabi sorgfältig die reiche Symbolik, die mit geografischen Orten oder Beschreibungen von Menschen verbunden ist. Mekka ist somit »das vollkommene Herz, das die Wahrheit enthält«, Jerusalem »die Station der Heiligkeit und Reinheit« und Bagdad »die Wohnstätte des Pols, in dem die vollkommene Manifestation der Göttlichen Präsenz ist«. »Eine Tochter Persiens« spielt auf ein »fremdes Wissen an, das mit Moses, Jesus, Abraham und anderen verbunden ist«, während der Tigris »die Station des Lebens« repräsentiert.

Er sagt, er habe den Kommentar in großer Eile in Aleppo geschrieben, doch er war nicht vollendet, bevor er im Juli 1215 nach

Malatya kam.⁴⁰ Wir wissen nicht, warum er in solcher Eile war, obwohl dieser Übergang von den syrischen Ebenen zu den Hügeln Anatoliens eine Veränderung in Ibn Arabis Leben markiert. Die Periode des lebhaften Reisens war zu Ende, und in den nächsten Jahren scheint er sich im Seldschukken-Reich niedergelassen zu haben. Im Januar 1216 war er in Sivas, wo er Kaykaus' Sieg über die Franken bei Antiochien vorhersah. Er schrieb dem König ein Gedicht, in dem er ihn über die Vision und seinen Sieg informiert, der gerade eingetreten war, als der Brief eintraf. Im Februar 1216 finden wir Ibn Arabi wieder zurück in Antalya, und diesmal offenbar für einen längeren Aufenthalt.⁴¹

Es gibt mehrere Erklärungen für diesen plötzlichen Wandel. Erstens starb Zahir, der König von Aleppo, im Jahre 1216 und hinterließ nur ein kleines Kind als seinen Nachfolger. Fast sofort wurden die Reichtümer von Aleppo ein verlockende Aussicht für die verschiedenen selbsternannten Könige der Region, die als Teil von Saladins Familie alle miteinander verwandt waren. In den nächsten zwei oder drei Jahren wurde Aleppo das Zentrum eines Machtkampfes zwischen ihnen, und trotz seiner vorherigen guten Beziehungen zu Zahir wurde der Seldschukke Kaykaus in die (erfolglose) Unterstützung eines der Hauptkontrahenten hineingezogen. Offensichtlich war Ibn Arabi nicht daran gelegen, einen potenziellen Kriegsschauplatz zu betreten. Darüber hinaus muss Malatya wohl ein idealer Ort zum Wohnen gewesen sein. In die ruhigen Ausläufer des Taurus-Gebirges geschmiegt, welche die Welt der Seldschukken und das Ayyubiden-Reich voneinander trennten, hatte es ein ideales Klima, gemäßigt und der Kälte anderer Seldschukken-Städte stark vorzuziehen, und eine alte Tradition

---

39. Vgl. *The Tarjuman al-Ashwaq*, Seiten 86–90.
40. Das Werk wurde am 6. Juli 1215 in Malatya gelesen und offenbar auch in Aksaray, einer Stadt in Kappadozien, die auf halber Strecke zwischen Kayseri und Konya liegt. Vgl. *The Tarjuman al-Ashwaq*, Seite 6.
41. Eines seiner Bücher wurde in seinem eigenen Haus in Malatya am 22. November 1216 gelesen.

»Oh Wunder! Ein Garten inmitten der Flammen!« Urfa kann durchaus eine Inspiration für diese Zeilen aus dem *Tarjuman al-Ashwaq* gewesen sein. Die Moschee am Ufer des Fischteichs erinnert an die Rettung Abrahams, als er von Nimrod ins Feuer geworfen wurde. Urfa, das traditionell als Geburtsort Abrahams betrachtet wird, hätte auf Ibn Arabis Route gelegen, als er zwischen Syrien und Anatolien hin- und herreiste

von Gelehrsamkeit und Spiritualität.[42] Ebenso war es das Zuhause von Majduddin Ishaq und seiner Familie, dessen Freundschaft und Förderung Ibn Arabi genoss. Alles in allem sollte er mindestens fünf Jahre in der bequemen und friedlichen Umgebung von Malatya verbringen.

War es zu diesem Zeitpunkt, dass das berühmte Treffen zwischen Ibn Arabi und Jalaluddin Rumis Vater, Bahauddin Walad (1148–1231) stattfand? Nach einer mündlichen Überlieferung trafen sich die beiden Männer, als Jalaluddin acht oder neun Jahre alt war.[43] Das Treffen ereignete sich wahrscheinlich um 1216 oder 1217, als Ibn Arabi bereits in Malatya lebte. Nach der Begegnung, als Bahauddin gefolgt von seinem Sohn hinwegging, soll Ibn Arabi sich zu den Anwesenden gewendet und gesagt haben: »Was für ein außergewöhnlicher Anblick! Ein See, gefolgt von einem Ozean.« Jalaluddin Rumi, dem bestimmt war, einer der größten geistigen Meister der Türkei zu werden, sollte später auch ein sehr enger Freund von Sadruddin al-Qunawi werden. Obwohl es keine weitere persönliche Verbindung zwischen Ibn Arabi und Rumi gegeben zu haben scheint, ist es bemerkenswert, wie bedeutsam die Figur von Ibn Arabi sich inmitten der Grundlagen der türkischen Spiritualität abzeichnet, und, wie wir in Kapitel 17 sehen werden, wie folgenreich dieser Einfluss für die ganze islamische Welt gewesen ist. Zweifellos spielt die Periode, die er in Anatolien verbrachte, dabei eine unmittelbare Rolle.

In Malatya gingen die Lesungen und Schriften mit seinen Schülern, zu denen auch al-Habashi gehörte, unvermindert weiter. So autorisierte er im Oktober 1217 die endgültige Fassung des *Tarjuman al-Ashwaq*, das zehn Jahre zu seiner Fertigstellung benötigt hatte.[44] Im Mai 1218 schrieb er ein kurzes Glossar von

42. Es heißt, dass es in der byzantinischen Zeit über fünfzig Kirchen und Klöster in Malatya gegeben habe, und die Seldschukken bauten hier im frühen 13. Jahrhundert eine sehr große Religionsschule (*madrasa*) und eine große Moschee.

43. Rumi wurde im Jahre 1207 in Balkh geboren.

44. Laut dem Manuskript in der Ragib-Pasa-Bücherei, das vom Original kopiert wurde, wurde dieses Buch über einen Zeitraum von zehn Jahren geschrieben und am 29. Oktober 1217 in Malatya beendet. Das könnte bedeuten, dass es seine endgültige Fassung im Jahre 1217 bekam (in diesem Fall begann er mit den Gedichten 1207, als er in Mekka war). Alternativ und wahrscheinlicher ist es, dass die Niederschrift im Jahre 1204 in Mekka begonnen, jedoch nicht vor seiner Rückkehr nach Mekka im Jahre 1214 abgeschlossen wurde; eine letzte Überprüfung wurde zur Zeit der Lesung im Jahre 1215 in Malatya vorgenommen.

Malatya. Die große Moschee und Ruinen des großen Medresen-Komplexes, die während der Regierung von Kaykaus gebaut wurden

Fachbegriffen (*Istilahat al-Sufiyah*), das präzise Erklärungen einiger Ausdrücke enthält, die er in seinem Werk reichlich benutzt. Er erklärt, dass das Werk für einen »guten Freund und vornehmen Vertrauten« geschrieben wurde, weil traditionell erzogene Menschen das von den Sufi benutzte spezialisierte Vokabular kennen lernen wollten. Um 1220 fühlte er offenbar, dass die Rückkehr nach Aleppo genügend sicher war. Er wohnte bei Ibn Sawdakin, wo viele Werke genau gelesen und korrigiert wurden.

Das Jahr 1221 bedeutet einen Wendepunkt für Ibn Arabi. Erstens war Majduddin Ishaq gestorben, und nach seinem Tode übernahm Ibn Arabi die Versorgung und Erziehung seines Sohnes, des jungen Sadruddin, der damals erst sieben oder acht Jahre alt war. Er sorgte auch für die Witwe, die er späteren Kommentaren zufolge auch ehelichte. In der Tat wäre eine Heirat mit der Mutter nach den Sitten der Zeit notwendig gewesen, um Sadruddin in seinem eigenen Haus aufziehen zu können. Irgendwann im gleichen Jahr wurde er auch wieder Vater: Sein zweiter Sohn, Muhammad

Malatya. In der Nähe des alten Minaretts liegt der Eingang zum Grab der *Üc Kardesler* (der drei Freunde). Diese schlichte Steinkonstruktion enthält angeblich das Grab von Badr al-Habashi

Saduddin, wurde in Malatya geboren.[45] Und schließlich starb auch sein enger Gefährte und Diener, Freund und Begleiter auf dem Weg Gottes während dreiundzwanzig Jahren, Badr al-Habashi.

Als der Tod in meinem Haus zu ihm kam, war er willens und bereit, seinem Herrn zu begegnen. Er starb nachts. Ich selbst hatte vor, seinen Körper zu waschen. Jedoch kamen am Morgen Menschen, um ihm die letzten Ehren zu erweisen, unter ihnen der aufrechte Jurist Kamaluddin Muzaffar, ein Mann aus der Stadt und einer der Menschen des Weges. Als ich von der Waschung sprach, rief er: »Gott ist der Größte!« und fiel in einen geistigen Zustand. Als ich ihn darüber befragte, sagte er: »Als ich gestern in meinem Garten war, sagte mir eine Stimme, ich solle mich waschen. Ich sagte, dass ich das nicht bräuchte. Die Aufforderung erging dreimal, und nach dem dritten Mal wurde mir gesagt, ich solle bereit sein, am frühen Morgen die Leiche eines Gottesdieners zu waschen. Dann wusch ich mich in dem Bach, welcher durch den Garten fließt. Ich hatte tatsächlich keine Ahnung, wer gestorben war, bis du mich hierher bestelltest und mir sagtest, ich solle ihn waschen.« (…) Als er seine Aufgabe erfüllt hatte, bat ich ihn, das Gebet zu leiten. Als er das Gebet beendet hatte, sagte er mir, dass, als er den Leichnam zu waschen begonnen und gedacht hatte, wie unwürdig er sei, einen solchen Mann zu waschen, al-Habashi die Augen geöffnet und ihn angesehen habe, lächelte, und die Augen wieder schloss. Ich selbst besuchte sein Grab am Nachmittag und beklagte mich bei ihm über etwas, was mir nach seinem Tode zugestoßen war. Er antwortete aus dem Grab und lobte Gott. Ich hörte seine Stimme ganz klar, als er Besorgnis über das äußerte, was ich ihm gesagt hatte.[46]

45. Ibn Arabi sagt, dass er den ersten Entwurf seinem Sohn, Muhammad dem Älteren, Sohn der Fatima [bint Yunus] vererbte. Durch die Angabe des Namens der Mutter wird es sehr wahrscheinlich, dass sein zweiter Sohn, der ebenfalls Muhammad hieß, von einer anderen Mutter geboren wurde. In späteren Jahren entstand eine Tradition, dass er Majduddins Witwe heiratete, die ihm ein Kind gebar. Wir sollten bedenken, dass eine Mindestperiode von vier Monaten nach dem Tod des Ehemanns vorgesehen war, bevor eine Ehe überhaupt erwogen werden konnte, und es gibt keine Berichte, dass Ibn Arabi weitere Kinder gehabt hätte.

46. *Sufis of Andalusia,* Seite 159.

Seine Verbindungen zu Malatya, und in der Tat zum ganzen Seldschukken-Reich, scheinen dann abgebrochen worden zu sein. Kaykaus war 1218 gestorben, und sein Nachfolger, sein Bruder Kayqubad I, scheint keinen engen Kontakt mit Ibn Arabi gehabt zu haben. Auch Badr al-Habashi und Majduddin Ishaq waren gestorben, während andere Gefährten wie Ibn Sawdakin in Aleppo oder Damaskus wohnten. Das Königreich von Aleppo war kein Kriegsschauplatz mehr, und das benachbarte Königreich von Damaskus, der alten Omayahden-Hauptstadt, lockte. Beide Städte waren große Zufluchtsorte und Heiligtümer in den stürmischen Veränderungen des 13. Jahrhunderts: für Andalusier, die vor der christlichen Reconquista flohen, für Palästinenser auf der Flucht vor den Kreuzfahrern und für Bewohner des Ostens, wie Iraner und Kurden, die vor dem unaufhaltsamen Einmarsch der mongolischen Invasoren flohen. Nichtsdestoweniger hatte das Genie Ibn Arabis während der Zeit, die er in Konya und Malatya verbrachte, einen tiefgehenden und nachhaltigen Einfluss auf die anschließende Entwicklung der mystischen und religiösen Lehren in der Türkei und darüber hinaus hinterlassen.

Kapitel 14

Von Liebe und Schönheit

Wer einen Meiner Freunde als Feind behandelt, dem erkläre Ich den Krieg. Mein Diener nähert sich Mir mit nichts, was Mir lieber ist, als mit dem, was Ich ihm zur Verpflichtung gemacht habe. Und Mein Diener hört niemals auf, sich Mir zu nähern durch über das Pflichtgemäße hinausgehende gute Taten, bis Ich ihn liebe! Und wenn Ich ihn liebe, werde Ich das Ohr, durch das er hört, sein Auge, durch das er sieht, seine Hand, mit der er greift, und sein Fuß, mit dem er geht. Wenn er Mich fragt, gebe Ich es ihm. Wenn er Meinen Schutz sucht, gewähre Ich ihn ihm. Bei nichts zögere Ich mehr als [beim Übernehmen] der Seele des Gläubigen, der sich vor dem Tode fürchtet, denn Ich habe Furcht, ihn zu verletzen.[1]

Herr, gewähre mir das Verlangen nach Liebe, nicht Liebe selbst, damit ich [dieses] Vergnügen auf ewig empfinden kann.[2]

ES IST EIN GEMEINPLATZ, DASS DER GRUNDINSTINKT IM TIERreich und Pflanzenreich die Erhaltung des Lebens ist. Alle Lebensfunktionen scheinen auf die Erhaltung der Art ausgerichtet zu sein, wobei der Stärkste überlebt und der Schwächste auf der Strecke bleibt. Alle Bemühungen, alles Kommen und Gehen, sind darauf ausgerichtet, »in Gang« zu bleiben – doch zu welchem Zweck, mit welchem Ziel? Wenn Menschen darüber nachdachten, kamen einige zu dem Schluss, dass das Leben vergeblich und sinnlos ist, machten aber trotzdem weiter. Einige machen das Motto »Iss,

---

1. Hadith *qudsi*. Zitiert in: *Mishkat al-Anwar,* Nr. 91, Ibn Arabis Hadith-Sammlung.
2. *Kitab al-Wasa'il,* Seite 4. Dieses Gebet wurde Ibn Arabi von seinem ersten Lehrer, al-Uryani (siehe *Futuhat al-Makkiyah* II:325), gelehrt. Es erinnert an das Gebet Mohammeds: »Oh Gott, ich bitte Dich um den angenehmen Geschmack des Anblicks Deines höchst Großzügigen Antlitzes«, wo das Vergnügen an der Vision der Vision selbst vorgezogen wird.

trink und sei glücklich« zu ihrer Religion: Sie genießen die Vergnügungen des Lebens so weit wie möglich und verbannen jede Frage nach dem Warum oder Wozu aus ihren Gedanken. Doch diejenigen, die die Existenz hinterfragen, erlangen ein viel tieferes Verständnis der bewegenden Kräfte. Für Ibn Arabi ist die Erhaltung des Lebens nur die nächstliegende Ebene des Verstehens, da sie das Motiv der Angst betont. Als Beispiel nennt er die Art und Weise, wie Moses Ägypten verließ, nachdem er den Ägypter getötet hatte. Er wusste, dass ein solches Verbrechen die Todesstrafe verdiente.

> [Moses] floh, offenbar aus Angst [um sein Leben], doch in Wirklichkeit [entsprechend der geistigen Bedeutung] aus Liebe, Liebe für sein Heil. Denn Bewegung ist immer eine Sache der Liebe, mag auch der Beobachter von dem Auftreten nachrangiger Ursachen verwirrt sein.[3]

Daher ist Liebe für Ibn Arabi das zentrale Merkmal aller Existenz, und die Aufgabe des wahren Menschen ist es, hinter die Schleier der sichtbaren Beweggründe auf die Liebe zu sehen, die allem zugrunde liegt. Dem Menschen geht es um die Bewahrung der Liebe, nicht nur des Lebens. Er bezieht dies direkt auf die Schöpfung des Universums, wie es im Hadith beschrieben wird: »Ich war ein verborgener [unbekannter] Schatz und Ich sehnte mich danach, erkannt zu werden, also erschuf Ich die Welt, auf dass Ich erkannt werde.«[4] Ohne Liebe wäre das Universum nicht entstanden. Ohne Liebe würde alles in einem Zustand der Unbeweglichkeit verharren, der reinen Möglichkeit, die in der Nicht-Existenz verborgen ist. Ohne Liebe würde der Göttliche Schatz nicht erkannt werden. Und Liebe durchdringt jede Bewegung, jede Handlung, jede Ebene, ob wir uns dessen bewusst sind oder nicht.

Es ist oft gesagt worden, dass Ibn Arabi ein großer mystischer Philosoph ist, dessen Schriften eine *tour de force* intellektueller Ein-

---

3. Aus der »Erhabenen Weisheit im Worte des Moses«, *Fusus al-Hikam*, Seite 203; *Bezels*. Seite 257; *The Wisdom of the Prophets*, Seite 104; *Die Weisheit der Propheten*, Seite 131. Es gibt eine leichte Abweichung in Sadruddin al-Qunawis Manuskript, wo das Wort *hubban* (Liebe) wiederholt wird, dem ich in der Übersetzung gefolgt bin.

4. In der Passage aus den *Fusus al-Hikam*, die in der vorherigen Fußnote zitiert wird, gibt er eine abweichende Lesart: »Ich war ein unbekannter Schatz.«

5. *Futuhat al-Makkiyah* II:325.

sicht sind. Das beinhaltet die Aussage, dass andere Autoren die Gefühle des Herzens schöner und beredter beschrieben haben. So jemand hat niemals die Gedichte Ibn Arabis gelesen oder seine Beschreibungen der Liebe, besonders in dem langen Kapitel 178 der *Futuhat*, das der Erkenntnis der Station der Liebe gewidmet ist. Es ist unmöglich, nicht von seiner außergewöhnlichen Leidenschaft berührt zu werden, von dem absolut zentralen Platz, welche die Liebe in seinem Schreiben einnimmt, und vor allem von dem Umstand, dass sein Schreiben selbst nichts weiter ist als das Ausströmen von Liebe. Es ist ebenso unmöglich, die Präzision zu übersehen, mit der er den Schauplatz der Liebe beschreibt, und die Tiefe seiner Einsicht in deren wahre Natur.

Was ist Liebe? In Kapitel 178 der *Futuhat* nennt Ibn Arabi sie eine »Göttliche Station« (*maqam ilahi*), die mit vier arabischen Wörtern beschrieben wird: reine, ursprüngliche Liebe (*hubb*), beständige Liebe (*wadd*, die auch mit einem Gottesnamen, *al-Wadud*, verbunden ist), überwältigende Liebe (*ishq*) und leidenschaftliche Liebe (*hawa*). Doch eine richtige Definition ist problematischer.

> Die Leute haben verschiedene Meinungen über die Definition von Liebe. Ich habe niemals jemanden getroffen, der eine wesentliche Definition geben konnte – tatsächlich ist das nicht vorstellbar. Jede Definition [von Liebe] bezieht sich lediglich auf ihre Resultate und Wirkungen und Voraussetzungen und ist insbesondere mit dem Aspekt der Höchsten Macht (*al-Aziz*) verbunden, die Gott ist. (…) Wisse, dass die Themen, die man kennen kann, sich in zwei Teile gliedern: jene, die definiert werden können, und jene, die nicht definiert werden können. Unter denen, die Liebe kennen und davon sprechen, ist Liebe etwas, das nicht definiert werden kann. Sie wird von jemandem gekannt, der sie in sich trägt, wenn sie sein eigenes Attribut ist, ohne [genau] zu wissen, was sie ist, und ohne ihre wahre Existenz zu leugnen. Wisse [auch], dass Liebe nur wirkliche Kontrolle über jemanden ausübt, der in Liebe ist, wenn sie ihn taub macht für alles, was er hört, außer für die Worte des Geliebten, ihn blind macht für alles, was er sieht, außer dem Angesicht des Geliebten, und verstummen lässt, außer wenn er vom Geliebten spricht.[5]

Nachdem er gesagt hat, dass Liebe nicht definiert werden kann, widmet Ibn Arabi in seiner unnachahmlichen Art viele Seiten darauf, »ihre Konturen zu zeichnen«.

> Was ist Liebe? Ist sie eine Beschreibung des ureigensten Selbsts des Liebenden? Oder ist sie ein geistiges Attribut in ihm? Oder ist sie eine Beziehung zwischen dem Liebenden und dem Geliebten, mit anderen Worten: eine Verbindung, die den Liebenden unweigerlich auf der Suche nach der Vereinigung mit dem Geliebten anzieht? Wir sagen: Sie ist eine Beschreibung des eigenen Selbsts des Liebenden. Wenn jemand sagt: »Aber wir können doch sehen, dass sie verschwindet«, dann sagen wir: Sie verschwindet nur, wenn der Liebende aus der Existenz verschwindet; aber der Liebende kann nicht verschwinden, weil die Liebe [selbst] nicht verschwinden kann. (...) Alles, was verschwinden kann, ist die Beziehung zwischen einem Liebenden und einem besonderen Geliebten, die dann von einer Beziehung zu einem weiteren Geliebten ersetzt wird – also, [was existiert,] ist eine Verbindung zu einer beliebigen Anzahl von Geliebten. (...) Liebe ist die eigentliche Seele des Liebenden und seine Essenz; sie ist kein [besonderes] Attribut in ihm, das verschwinden oder dessen Herrschaft verschwinden könnte. Daher ist jene Verbindung die Beziehung zwischen dem Liebenden und dem Geliebten, und Liebe ist die eigentliche Essenz des Liebenden.[6]

Die meisten Leute würden Liebe wahrscheinlich als ein Gefühl beschreiben, das sie haben (notwendigerweise vorübergehend) oder als eine Beziehung zwischen zwei Menschen – in beiden Fällen ein zusätzliches Attribut, das vorhanden oder nicht vorhanden sein mag. Doch Ibn Arabis Auffassung, die auf dem Wissen um die Einheit des Seins beruht, ist wahrhaft revolutionär: Liebe ist ein wesentliches, konstantes Merkmal dessen, der liebt, und niemand ist davon ausgenommen, da Gott, der Liebende, die eigentliche Existenz aller Lebewesen ausmacht. Daher sind alle Lebewesen Liebende und werden durch die Liebe selbst von einer Art des Geliebten zu einer anderen bewegt.

6. *Futuhat al-Makkiyah* II:332.
7. *Futuhat al-Makkiyah* II:326.
8. Koran 2:111.

Wer oder was ist das Objekt der Liebe, der oder die Geliebte? Es ist der verborgene Schatz des Göttlichen Seins, der geliebt wird. Jedes Ding ist dank seiner Identität mit Gott Liebender *und* Geliebter.

Gott liebt in den erschaffenen Wesen nichts anderes als Sich selbst. Er ist der Eine, Der in jedem Geliebten Sich dem Auge jedes Liebenden manifestiert, und in dem erschaffenen Wesen ist nichts als ein Liebender. Die ganze Welt ist beides, Liebender und Geliebter, und all dies kehrt zu Ihm zurück.[7]

Die Ursache oder das wahre Objekt der Liebe ist immer Schönheit. Wir werden später sehen, dass Ibn Arabi dies in zweierlei Weise auffasst. Für Gott verteilt sich Liebe auf alles in der Schöpfung, ohne Einschränkung, denn sie ist dem Wesen nach schön – alles, was wir »schön« nennen, ebenso wie das, was wir für hässlich halten. Sie ist schön, weil Er die wahre Existenz aller Dinge ist und Er der Schöne ist. Die Geschichte von Ibn Arabi, wie er auf dem Marktplatz von Sevilla etwas nur scheinbar Ekliges trug (vgl. Kapitel 7, Seite 121), ist ein treffendes Beispiel dafür, dies alles in die Tat umgesetzt zu sehen. Alles und jedes hat seinen eigenen Platz in der Liebe.

Es gibt noch eine weitere Dimension der Liebe: Gott liebt es, erkannt zu werden; und diese Gelegenheit für Erkenntnis ist besonders auf den Menschen gerichtet, den potenziellen Ort für die vollste Manifestation der Liebe. Diese Liebe zieht das Wirkliche dem Anschein vor, das Schöne dem Hässlichen und so weiter. Der Akt der Liebe, der das erschaffene Universum begründet, geht ganz und gar über das Notwendige hinaus; sie wird frei und ohne Erwartung einer Gegenleistung gegeben, und daher liegt es in der eigentlichen Natur des Menschen, dass der Weg der Liebe und der Rückkehr zu Ihm ebenso frei gegeben werden sollte.

Für Ibn Arabi gibt es drei Arten von Liebe, die den drei Ebenen des Menschen entsprechen.

[Der Mensch] fügt die weltlichen Realitäten zusammen und ist das Abbild Gottes. Er ist mit der Seite des Heiligsten verbunden, von Dem er Gestalt bekam, als Er sagte: »Sei!« und er wurde;[8] und er ist verwandt mit den Geistern durch seinen Geist; er ist mit der Welt der Körper und Elemente durch seine körperliche Konstitution verwandt. So liebt er eben durch seine Essenz alles, was die Elemente und die natürliche Welt verlangen.[9]

Wie wir in Kapitel 4 gesehen haben, entspricht die körperliche Seite unserer Mutter (der Mutter Natur, der Erde) und der Geist unserem Vater (dem Himmlischen Vater), die beide die »Werkzeuge« des Einzig Einen sind, von Dem wir geschaffen wurden. Diese drei Beziehungen bedeuten, dass der Mensch zu dreierlei Arten der Liebe fähig ist:

> Wisse, dass Liebe in drei Stufen auftritt. [Erstens] gibt es die natürliche Liebe, die Liebe der gewöhnlichen Leute, deren Ziel die Vereinigung im Tiergeiste ist. (...) Sie endet im Akt der körperlichen Vereinigung, wobei die Leidenschaft der Liebe sich im ganzen Körper ausbreitet wie Wasser, das die Wolle durchnässt, oder vielmehr wie Farbe das Gefärbte durchdringt. [Zweitens] gibt es die Liebe der Seele, deren Ziel es ist, so zu werden wie der Geliebte und zu erfüllen, was dem Geliebten zukommt und Seinen Ratschluss zu kennen. [Drittens] gibt es die Göttliche Liebe, die die Liebe Gottes für den Diener und die Liebe des Dieners für Gott ist, wie [es] in Seinem Wort [heißt]: »Er liebt sie, und sie lieben Ihn.«[10] Ihre höchste Stufe kommt auf zwei Weisen vor. [Entsprechend der ersten Art] sieht der Diener, dass er ein Ort der Manifestation für Gott ist, während es Gott selbst ist, Der sich offenbart. Dies verhält sich so wie der Geist zum Körper, er ist dessen Inneres, insofern er immer unsichtbar und niemals zu sehen ist. Auf diese Weise sieht er Ihn nur als Liebender. [Andererseits] wird Gott vielleicht ein Ort der Manifestation für den Diener, so dass Er durch die Qualitäten charakterisiert ist, durch die der Diener im Hinblick auf Begrenzung, Reichweite und nicht-essentielle Merkmale charakterisiert ist, und der Diener sieht dies. Dann wird er der Geliebte Gottes. Da die Dinge so sind, wie wir gesagt haben, gibt es keine Grenze für die Liebe, durch die sie wirklich erkannt werden könnte. Sie kann durch Sprechen oder Schreiben begrenzt werden, anders jedoch nicht.[11]

9. *Futuhat al-Makkiyah* II:335.
10. Koran 5:59.
11. *Futuhat al-Makkiyah* II:111 und 12:564–566 (OY).

Diese dichte Beschreibung enthält alle Hauptmerkmale von Ibn Arabis Darstellung. Zwei dieser drei Formen sind menschliche Qualitäten, während eine Form Göttlich ist:

> Wir haben die Liebe, insofern sie eine menschliche Qualität ist, in zwei Arten unterteilt: in die natürliche Liebe, die er mit allen Tieren teilt, und die geistige Liebe, die ganz anders und von natürlicher Liebe deutlich unterschieden ist.[12]

Natürliche Liebe ist die Liebe zu einer besonderen Form des Geliebten. Diese mag eine körperliche Gestalt oder ein Zustand sein. Sie ist begrenzt durch die Begrenztheit der geliebten Form – wenn sie körperlich ist, dann wird körperliche Nähe und Vereinigung ersehnt, wenn sie eine Frage des Zustands ist, dann begehren wir die Bedingungen, die diesen hervorbringen. Doch Ibn Arabi sieht diese Art der Liebe überhaupt nicht in einem negativen Licht, sondern eher als eine Manifestation der Göttlichen Liebe, die mit ihr das gleiche Prinzip gemeinsam hat.

> Das Merkmal der natürlichen Liebe ist, dass der Liebende den Geliebten nur um des Vergnügens und des Entzückens willen liebt, das [im Geliebten] zu finden ist. Also liebt der Liebende den Geliebten nur für sich, nicht um des Geliebten willen.[13]

Diese Realität, fügt Ibn Arabi hinzu, ist genau das, was alle Liebe durchzieht, sei sie Göttlich oder menschlich. Liebe ist immer selbstsüchtig oder selbstbezogen, doch kommt es darauf an, auf welches Selbst. Wenn Gott liebt, liebt Er nur Sich selbst – weil es keinen Anderen gibt. Wenn wir jemanden lieben, ist unsere Liebe ebenso selbstsüchtig, denn wir lieben die Person wegen des Entzückens und Vergnügens, das wir empfinden. Doch sollte diese Selbstsucht weder Schuldgefühl noch Tadel mit sich bringen, denn diese natürliche Liebe wurzelt in sich selber.

Anfänglich dient die natürliche Liebe weder der Selbstbefriedigung noch der Wohltätigkeit, weil sie von Natur aus

---

12. *Futuhat al-Makkiyah* II:327.
13. *Futuhat al-Makkiyah* II:334.

nichts davon weiß – sie liebt die Dinge entsprechend ihrer besonderen Art und verlangt danach, mit ihnen zusammen, ihnen nahe zu sein. Dies gilt für jedes Tier und jeden Menschen, insofern er Tier ist. Das Tier liebt naturgemäß, weil seine Existenz derart ist, und aus keinem anderen Grunde. Allerdings *kennt es nicht die Bedeutung* seiner Existenz.[14]

Es gibt viele Geliebte. Oder vielmehr sind alle existierende Wesen Liebende, doch sie wissen nicht, womit ihre Liebe verbunden ist. Sie sind geblendet durch das Wesen, in dem sie ihren Geliebten finden; sie bilden sich ein, dass dieses Wesen ihr [wahrer] Geliebter wäre, doch dies ist in Wirklichkeit auf die Herrschaft der Natur zurückzuführen.[15]

Diese Bedeutung oder das Wissen um diese Bedeutung markiert den »Ort« der Menschheit und den Beginn der spirituellen Liebe. Wie wir gesehen haben, lautet der Koranvers, den Ibn Arabi für den Ausgangspunkt allen mystischen Wissens und damit aller wirklichen Liebe hält: »Keiner ist Ihm gleich.« Liebe ist unwiderruflich mit diesem Prinzip verbunden: Wie können wir lieben, außer dass das Objekt unserer Liebe eben »keinem gleich« ist? In Liebe sein heißt, alles andere zu vergessen und taub, blind und stumm für alles außer dem Geliebten zu sein. Doch wenn das Verständnis da ist, dass Ihm nichts gleicht, dann weiß die Person, dass sich die Liebe an den Geliebten jenseits der Form bindet, an den Einen, Der Sich in Formen manifestiert und doch paradoxerweise von ihnen verborgen wird. Die Vorstellung, dass der wahre Geliebte in *einer* Form fixiert sei, ist nur eine Art von Liebeskrankheit. Wenn er von den großen romantischen Figuren der arabischen Folklore wie Bishr und Qays spricht, sagt Ibn Arabi:

Liebe ist ein und dieselbe Realität für diese arabischen Liebenden und mich, aber die Objekte unserer Liebe sind anders, denn diese liebten eine Manifestation, während ich das Essentielle liebe. Wir haben ein Muster in ihnen, denn Gott schlug sie nur deswegen mit Liebe für Menschen wie ihres-

---

14. *Futuhat al-Makkiyah* II:334–335.
15. *Futuhat al-Makkiyah* II:333.

gleichen, damit Er durch ihre Hilfe die Falschheit jener zeigen könnte, die vorgeben, Ihn zu lieben, und doch keinen solchen verzückten Taumel in der Liebe zu Ihm empfinden wie jenen, der diese verliebten Männer um ihren Verstand brachte und sich selbst vergessen ließ.[16]

Der Preis der Liebe ist, dass sie nie endet, und es
  kein Heilmittel für sie gibt.
Mögest du dich auf nichts anderes verlassen und
  auch nicht dem folgen, was die Leute sagen.[17]

Geistige Liebe muss einen deshalb sowohl um den Verstand bringen als auch jegliche Befangenheit von einem nehmen. Ihr Entzücken besteht nicht aus fleischlicher Lust, sondern aus Freude an geistiger Erkenntnis.

Geistige Liebe ist die vereinigende Liebe für den Liebenden, insofern er den Geliebten um des Geliebten willen und für sich selbst liebt. Soweit es natürliche Liebe ist, liebt er den Geliebten nur für sich selbst. Wisse, dass es geistige Liebe ist, wenn der Liebende durch Vernunft (*aql*) und Wissen (*ilm*) gekennzeichnet ist. Durch seinen Verstand wird er weise, und durch seine Weisheit wird er ein Wissender. (…) Wenn er liebt, weiß er, was Liebe ist, er kennt die Bedeutung des Liebenden und die Wirklichkeit des Geliebten; er weiß, was er vom Geliebten ersehnt und was der Geliebte wünscht.[18]

Dieses Wissen transformiert den ersten Grad der Liebe von einem einfachen natürlichen Appetit in eine Theophanie. In einer seiner deutlichsten Passagen über die wahre Beziehung zwischen den Geschlechtern schreibt Ibn Arabi:

Wer sie [die Frauen] nur mit natürlicher Lust liebt, dem fehlt es an Wissen um jenes Verlangen, für den ist der Beischlaf eine bloße Form ohne Geist; und wenn diese Form auch in Essenz Geist ist, ist dieser trotzdem unsichtbar für denjeni-

---

16. *The Tarjuman al-Ashwaq*, Seiten 69–70.
17. *Futuhat al-Makkiyah* IV:82.
18. *Futuhat al-Makkiyah* II:332.

gen, der sich seiner Ehefrau – oder einer anderen Frau – nur zum Vergnügen nähert, ohne zu realisieren, wessen Vergnügen es tatsächlich ist. (...) Wenn er [die Wahrheit] wüsste, dann wüsste er, mit wem er dieses Vergnügen teilt und wer dieses Vergnügen annimmt – dann wäre er [an Wissen und Vision] vollkommen.[19]

Geistige Liebe strebt danach, »wie der Geliebte zu werden, zu erfüllen, was dem Geliebten gebührt, und Seinen Befehl zu kennen.« Es impliziert das Wissen davon, wie der Geliebte ist und wie Er nicht ist – welche Eigenschaften angemessen sind und welche nicht – und was der Geliebte wünscht oder nicht wünscht. Einige Passagen aus dem Koran, die Ibn Arabi am Anfang von Kapitel 178 der *Futuhat* zitiert, stellen jene, die Gott liebt (zum Beispiel die Reumütigen, die Reinen, die Dankbaren) denen gegenüber, die Gott nicht liebt (zum Beispiel die Korrupten, die Betrüger). Während alle in der Essenz geliebt werden, können nur die, die gute und liebenswerte Eigenschaften an den Tag legen, wissen, dass sie geliebt werden. Dies ist keine Schriftauslegung für das, was er in dem Kapitel sagen wird, sondern vielmehr ein Hinweis auf das notwendige Unterscheidungsvermögen, wenn wir »wie der Geliebte« werden sollen. Die wünschenswerten Eigenschaften sind nichts weiter als alle positiven Eigenschaften der Existenz (Schönheit, Wahrhaftigkeit, Großzügigkeit und so weiter). Diese sind verkörpert im Leben der Propheten – Abraham wird mit dem Prinzip der Dankbarkeit identifiziert, Hiob mit der Qualität der Geduld und so weiter. Die wünschenswerteste Qualität, die den ganzen Rest einschließt, ist es, geliebt zu werden (so wie Mohammed »Geliebter Gottes« genannt wird). Der Geliebte Gottes ist jener »Ort der Manifestation«, der Ihn spiegelt, wie Er ist, ohne die kleinste Abweichung oder Verdrehung. So werden einerseits alle Göttlichen Qualitäten gezeigt und gewürdigt, andererseits gibt es keinen »Ort«, der sich selbst als anders dazwischendrängt.

Wer liebt (*al-habib*), leidet und quält sich, weil er Liebender ist, und ist entzückt, weil er geliebt wird. Die Menschen des Paradieses finden ihr Entzücken darin, weil sie geliebt sind,

---

19. *Fusus al-Hikam*, Seiten 218–219.

während die Propheten in dieser Welt Heimsuchung und Entzücken auf sich vereinen: Ihre Betrübnis kommt daher, dass sie Liebende sind, und ihr Entzücken kommt daher, dass sie geliebt sind.[20]

Wahre Liebe im geistigen Sinn beginnt für Ibn Arabi mit dem Wissen, geliebt zu sein, was er mit »im Paradies sein« gleichsetzt. Doch im Paradies zu sein, ist nicht das Ziel; das Ziel ist, ein wahrer Liebender zu werden, der die Liebe getreulich erwidert, dessen Wunsch es ist, ganz und gar für den und bei dem Geliebten zu sein. Dies impliziert ein Bewusstsein des Geliebten als »Anderer«, über das eigene Verlangen und Vergnügen hinaus. Dies führt zu einer paradoxen Situation:

Liebende stehen verwirrt zwischen zwei entgegengesetzten Dingen: Der Liebende wünscht, im Einklang mit dem Geliebten zu sein und ebenso, mit Ihm vereinigt zu sein, so dass der Liebende, falls der Geliebte von ihm getrennt zu sein wünscht, sich in einem Dilemma befindet.[21]

Wissen transformiert die Erfahrung der Liebe in etwas, das mehr als ein Naturphänomen ist, und zerreißt den Schleier. Ibn Arabi spricht nicht von einer »anderweltlichen« Erfahrung, sondern von einer inneren Erkenntnis der Bedeutung von Liebe und einem Erwachen für die wahre Kraft der Liebe. Sie besteht in der Verneinung des Selbsts, das wir zu haben glauben, zugunsten des Göttlichen Selbsts, das unsere wahre Existenz ist. Die Manifestation, die wir sind, ist allein Sein Ort der Manifestation; die Eigenschaften, die wir besitzen, sind allein Seine Eigenschaften. Das kann auf vielerlei Art beschrieben werden, doch von unserem Gesichtspunkt aus ist es ein einfacher Vorgang: Hingabe und Absage an alles, was nicht Gott ist, oder – um es anders zu formulieren – die Akzeptanz jeder einzelnen Seiner Manifestationen. So gesehen ist die geistige Liebe ein Weg des Strebens nach Nicht-Existenz, wo der Liebende nur um des Geliebten willen handelt und Ihn anbetet, als ob er Ihn sähe. Der Geliebte selbst ist unsichtbar, und alle Liebenden sehen Seine Spuren, mit anderen Worten,

---

20. *Kitab al-Wasa'il*, Seite 4.
21. *The Tarjuman al-Ashwaq*, Seite 48.

Seine Eigenschaften. Liebe oder Anbetung durch diese Qualitäten ist ein Akt des »als ob«, da wir Ihn nicht sehen. Ibn Arabis Sammlung bemerkenswerter Liebesgedichte, der *Tarjuman al-Ashwaq* (Dolmetsch der Sehnsüchte) dreht sich um das tiefe Wissen, dass die gesamte Welt eine Theophanie ist. Er benutzt das klassische poetische Bild der Erinnerung an die Schau der Geliebten (*nasib*) und die Ruinen des Lagerplatzes (*atlal*), den die Geliebte gerade verlassen hat, um die Sehnsucht der geistigen Liebe auszudrücken:

> Verweile an den Raststätten. Trauere über die Ruinen.
> Frage die Wiesengründe, die jetzt verlassen sind.
> Wo sind sie, die wir geliebt haben, wo sind ihre falben
>   Kamele geblieben?
> Dort drüben ziehen sie durch die Wüstenhitze.[22]

Die dritte Form der Liebe ist die Göttliche Liebe. Wie wir gesehen haben, bezieht Ibn Arabi diese insbesondere auf den Hadith vom verborgenen Schatz:

> Die Göttliche Liebe besteht darin, dass Er uns unseretwegen liebt und Seinetwegen liebt. Insofern Er uns um Seinetwillen liebt, ist es Sein Wort: »Ich liebte es [sehnte Mich danach], erkannt zu werden, also erschuf Ich die Welt, auf dass Ich ihnen bekannt werde und sie Mich erkennen.« Folglich erschuf Er uns nur für Sich, damit wir Ihn erkennen. (...) Was nun Seine Liebe für uns angeht, ist es so, dass wir Ihn kennenlernen durch die Taten, die uns zu unserem wahren Glück führen und uns von allem erlösen, was nicht mit unserm Ziel übereinstimmt oder nicht mit unserer natürlichen Anlage in Einklang steht. Er hat die Schöpfung geschaffen, damit sie Ihn verherrliche.[23]

Dies ist die Liebe der wahren Gnostiker, die reine Dienerschaft erreicht haben. Es ist die Verklärung der Liebe, wo vom Göttlichen Standpunkt aus alles geliebt wird, in absoluter Reinheit. Kein

---

22. Gedicht, übersetzt von M. Sells, *Journal of the Muhyiddin Ibn Arabi Society* XVIII, Seite 57.
23. *Futuhat al-Makkiyah* II:327.

Zustand ist dem anderen vorzuziehen, weil alle Zustände als Zustände Seiner Liebe verstanden werden. Sie ist daher völlig uneingeschränkt. Ibn Arabi spricht manchmal von dem Unterschied zwischen der Göttlichen und der geistigen Liebe im Sinne von zwei Arten der Offenbarung:

> Die eine ist die permanente Offenbarung, die niemals zu Ende gehen wird, und dies ist die höchste Station, in der Gott Sich denjenigen Seiner Diener zeigt, die Ihn kennen – sie wird »die Offenbarung des Geschmacks« (*dhawq*) [genannt]. Die Offenbarung, die ein Ende hat, wird »die Löschende« (*riyy*) genannt. Sie gehört zu den Menschen der Beschränkung, weil die Absicht ihres Trinkens damit zunichte gemacht wird. Was die Menschen der Größe [der Fähigkeit zu empfangen] angeht, so wird ihr Durst niemals gestillt, wie bei Abu Yazid und anderen seiner Art.
> Wer immer Liebe begrenzt, kennt sie nicht! Wer immer sie nicht kostet durchs Trinken, kennt sie nicht! Wer immer sagt: »Ich habe von ihr gehört«, kennt sie nicht! Liebe ist ein unerschöpflicher Trank! Einer der verschleierten Menschen [Sahl al-Tustari] sagte: »Ich habe einen Trank zu mir genommen, nach dem ich niemals wieder durstig war«, worauf Abu Yazid entgegnete: »Hier ist ein Mann, der die Meere ausgetrunken hat, und seine Zunge lechzt immer noch nach mehr!« Genau darauf spielen wir hier an.[24]

Ibn Arabi beschreibt, dass die wahren Gnostiker wie Abu Yazid al-Bistami von den Auswirkungen der Liebe nicht länger äußerlich beherrscht sind, da sie über alle vereinzelten Zustände hinausgewachsen sind. Äußere Ekstase ist in Ibn Arabis Augen ein Zeichen für einen Mangel an Wissen.

> Liebe steht im Einklang mit Offenbarung, und Offenbarung steht im Einklang mit Gnosis. Wenn jemand in Liebe schmilzt und sie offenbare Macht über ihn gewinnt, dann ist das natürliche Liebe. An den wahren Gnostikern hinterlässt die Liebe keine sichtbaren Spuren. (...) Der gnostisch Liebende ist lebendig, unsterblich, reiner Geist, der die Liebe,

---

24. *Futuhat al-Makkiyah* II:111 und 12:573–574 (OY).

> die zu ihm kommt, nicht mit seiner erschaffenen Natur erlebt, denn seine Liebe ist Göttlich, sein brennendes Verlangen ist edel und wird mit Hilfe Seines Namens »der Heilige und Geheiligte« (*al-Quddus*) vor dem Einfluss greifbarer Worte bewahrt. [Nimm] als Beweis dafür [den Fall von] jemandem, der schmilzt und wie Wasser wird. Wenn er nicht in Liebe ist, ist er nicht in diesem Zustand. Er ist [in Wirklichkeit] bereits ein Liebender, aber er schmilzt nicht, bevor er die Worte seines Scheichs gehört hat, und dann wird seine Liebe in ihm aufgerührt. Liebe hat keine Macht über diesen Liebenden, bis er von den Worten getroffen ist, die gesprochen werden – diese Liebe ist natürliche [Liebe], denn es ist die Natur, die für die Transformation der Zustände und des Betroffenseins empfänglich ist. (...) Wäre es Göttliche Liebe gewesen, wäre er von den physischen Worten nicht berührt worden, noch hätte sich seine geistige [Verfassung] durch diese »Hüllen« erschüttern lassen. (...) Göttliche Liebe ist Geist ohne Körper; natürliche Liebe ist ein Körper ohne Geist; spirituelle Liebe ist Körper und Geist zusammen.[25]

Ein Gnostiker, der mit Göttlicher Liebe liebt, weiß, dass es keine Existenz außer Seiner Existenz gibt, und sieht Seine Offenbarung in jedem Moment. Seine Bewegungen sind gänzlich von dem Einen, Der ihn bewegt, diktiert, wie ein gläserner Kelch, der genau reflektiert, was darin ist, ohne eine zusätzliche Kolorierung.

> Der Kelch der Liebe ist das Herz des Liebenden, weder sein Intellekt noch seine Sinne. Das Herz wechselt von Zustand zu Zustand, so wie Gott, der Geliebte, »jeden Tag ein Geschäft vornimmt«.[26] Der Liebende erlebt einen [unendlichen] Facettenreichtum des Geliebten in Seinen Aktionen. Er ist wie ein gläserner Kelch, klar und rein, der in vielen verschiedenen [Farben] auftritt, entsprechend den verschiedenen Arten der darin enthaltenen Flüssigkeit. Die Farbe des Liebenden ist die Farbe seines Geliebten. Nur das Herz besitzt diese [ständige Veränderlichkeit] – der Intellekt gehört in die Welt der Begrenzung, und darum wird er »Intellekt« (*aql*) genannt, was von [dem Wort] »einschnürendes Seil«

---

25. *Futuhat al-Makkiyah* II:347.
26. Koran 55:29.

(*iqal*) kommt. Die Sinne gehören, anders als das Herz, offensichtlich und notwendigerweise zur Welt der Begrenzung.[27]

Der Gnostiker kennt Ihn in zwei Modalitäten: in der essentiellen Offenbarung für das Herz, in dem nur Er ist, und in der differenzierten Offenbarung gegenüber den Sinnen und Fähigkeiten (einschließlich der Imagination), denen Er in Formen erscheint. Diesen Modalitäten entsprechen zwei Gottesnamen, die Ibn Arabi »die Ursache der Liebe« nennt: Schönheit (*jamal*) und Schönheit in Aktion (*ihsan*). Das letztere Wort hat allerlei Anklänge im Arabischen: gutes oder richtiges Handeln, Wohltätigkeit, Verschönerung, Tugend. Doch für Ibn Arabi hat es zwei besondere Konnotationen. Von der gleichen Wurzel stammt das Wort *husna*, was »am schönsten, der Schönste« heißt und ein Beiwort ist für die Gottesnamen, die »schönsten Namen« (*al-asma al-husna*). Zweitens bezieht er es auf den berühmten Dialog zwischen Gabriel und Mohammed. Als Gabriel diesen bat, *ihsan* zu definieren, antwortete Mohammed: »Gott zu verehren, als ob du Ihn sähest; und wenn du Ihn nicht siehst, sieht Er dich dennoch.« Daher heißt *ihsan* oder »richtiges und schönes Tun«, Gott zu verehren, als ob du Ihn sähest, indem du das Positive in jeder Manifestation feierst.

Die Ursache von Liebe ist [Seine] Schönheit (*jamal*), die Ihm gehört; denn Schönheit wird um ihrer selbst willen geliebt. »Gott ist schön, und Er liebt die Schönheit.« Also liebt Er Sich selbst, und die Ursache davon ist Schönheit in Aktion (*ihsan*). Es gibt keine Verschönerung außer von Gott, und es gibt keinen Schönheit Verleihenden außer Gott. Also, wenn ich liebe wegen der Aktion der Schönheit, liebe ich niemanden außer Gott, denn Er ist der Schönheit Verleihende (*al-Muhsin*); und wenn ich wegen der Schönheit [selbst] liebe, liebe ich niemanden als Gott, denn Er ist der Schöne (*al-Jamil*). Daher ist Liebe in jeder Hinsicht allein mit Gott verbunden.[28]

Wer auch immer Gott wegen Seiner Schönheit liebt, die nur in der Schönheit des Universums betrachtet werden kann, [lass ihn sehen, dass] Gott ihm Existenz in Übereinstimmung

27. *Futuhat al-Makkiyah* II:113 und 12:573–574 (OY).
28. *Futuhat al-Makkiyah* II:326.

mit Seinem eigenen Bild gab. Wer auch immer das Universum wegen dessen Schönheit liebt, [lass ihn sehen, dass] er in Wirklichkeit allein Gott liebt, denn Gott hat keinen Ort für Transzendenz und Offenbarung außer das Universum. Hier liegt ein Göttlich prophetisches Geheimnis, mit dem ich besonders begnadet wurde, obwohl ich kein Prophet, sondern nur ein Erbe bin.[29]

Daher ist alles in jeder Hinsicht unwiderruflich an Ihn gebunden, und unser Platz und unsere Vision sind durch Erkenntnis bedingt. Wenn wir die Welt wegen ihrer Schönheit lieben, sollten wir erkennen, dass wir Ihn lieben – dies ist Sein Ort der Manifestation. Wenn wir Ihn lieben wegen Seiner in der Welt manifesten Schönheit, sollten wir erkennen, dass das äußere Universum lediglich der »große Mensch« ist, die Ausarbeitung Seines Bildes, das der Mensch ist, und dass dessen Erschaffung in der Tat unseretwegen geschah. Auf die wahre Vollkommenheit des Menschen spielt Ibn Arabi in dem obigen Zitat an. Wie er in einem Einzeiler in seinem *Diwan* sagt:

So wie Er das Bild ist, in dem ich geschaffen wurde,
so bin ich das Herz für Sein Bild.[30]

Das Wissen darum bedeutet ständigen Lobpreis und ständige Vision, die Erfüllung des Grundes unserer Existenz. Nichts bleibt, das möglicherweise als Schleier über die Verzückung der Liebe dient:

Er erschuf uns nur dazu, dass wir Ihn anbeten und erkennen. Wenn wir schauen, schauen wir auf Ihn; wenn wir hören, ist es von Ihm; wenn wir unsere Intelligenz benutzen, ist es in Beziehung zu Ihm; wenn wir reflektieren, reflektieren wir über Ihn; wenn wir wissen, kennen wir Ihn; wenn wir glauben, glauben wir an Ihn! Denn Er ist es, Der Sich in jedem Gesicht offenbart, in jedem Zeichen gesucht wird, von jedem

29. *Futuhat al-Makkiyah* IV:269, übersetzt von Pablo Beneito in seinem Artikel *Divine Love of Beauty* in: *Journal of the Muhyiddin Ibn Arabi Society* XVIII, Seite 13.
30. Übersetzt von Ralph W.J. Austin: *Journal of the Muhyiddin Ibn Arabi Society* XII.
31. *Futuhat al-Makkiyah* III:449–450.
32. *Kitab al-Wasa'il*, Seiten 4–5.
33. *The Tarjuman al-Ashwaq*. Nach der Übertragung von Titus Burckhardt.

Auge erblickt, an jedem Andachtsort verehrt und in der unsichtbaren wie der sichtbaren Welt erstrebt wird. Die ganze Welt betet zu Ihm; die Zungen sprechen von Ihm, die Herzen werden von der Liebe zu Ihm ergriffen, und der Verstand wird von Ihm verwirrt.

Ich werde von Liebe zu Ihm verzehrt,
denn Er manifestiert Sich um meinetwillen.
Alle Schöpfung ist mein Geliebter,
wo also, oh wo ist Er, Der mich entzückt?[31]

Alle Lehren Ibn Arabis über Liebe konzentrieren sich letztlich auf die Unterscheidung von zwei Aspekten: Gott (*al-Haqq*) und Schöpfung (*al-Khalq*). Dies wird nur von dem wahren Gnostiker, dem vollkommenen Menschen, in seiner ganzen Bedeutung erkannt.

Der Ort, der für die Liebe Gottes gewählt wurde, sollte nichts anderes als Gott lieben, und der Ort, der für die Liebe der Schöpfung geschaffen wurde, sollte nichts anderes als die Schöpfung lieben. Vielmehr hat jedes Ding seine Ordnung und seinen Rang, und der Gnostiker unterscheidet sich von anderen, weil ihm die Fähigkeit gegeben wurde, zwischen diesen Beziehungen zu unterscheiden und ihre Anforderungen zu kennen.[32]

Nur mit diesem Verständnis werden wir in der Lage sein, die folgenden schönen und viel zitierten Gedichtzeilen zu würdigen, die Ibn Arabi über die wahre Religion Mohammeds und aller Propheten und aller Heiligen vom Anbeginn der Zeit schrieb.

Oh Wunder! Ein Garten inmitten von Flammen!
Mein Herz ist aller Formen fähig geworden,
Eine Weide für Gazellen, ein Kloster für Mönche,
Ein Tempel für Götterbilder, eine Kaaba dem Pilger,
Die Tafeln der Thora und das Buch des Korans.
Meine Religion ist die Religion der Liebe; wohin auch immer
Ihre Reittiere sich wenden, dort ist meine Religion und mein
   Glaube.[33]

An der Kreuzung der Wege

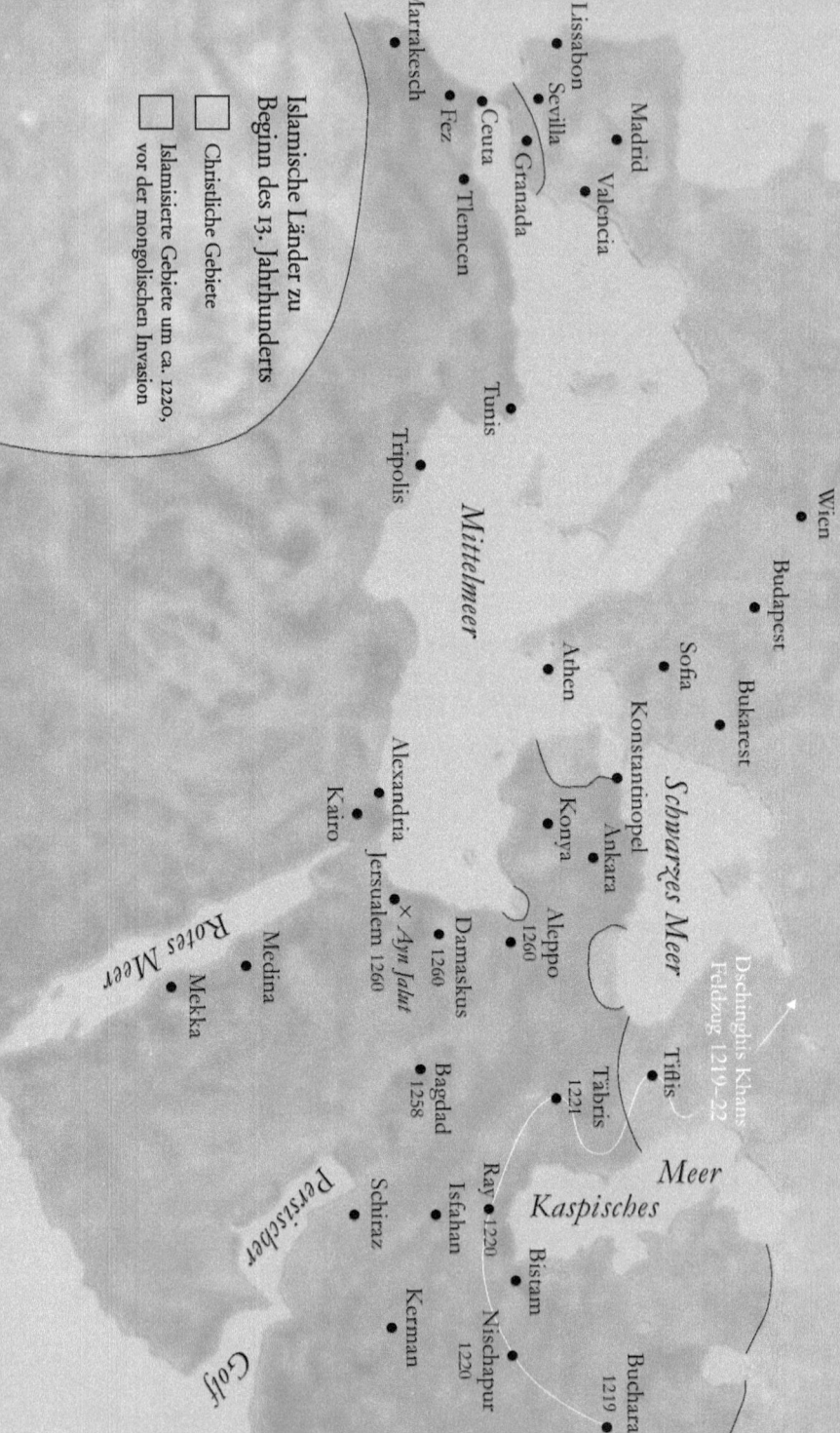

Kapitel 15

In Damaskus
(1223–1240)

Lade ein zum Weg deines Herrn mit Weisheit und schöner Ermahnung; und streite mit ihnen in bester Weise. Siehe, dein Herr weiß am besten, wer von Seinem Wege abgeirrt ist, und Er kennt am besten die Rechtgeleiteten.[1]

Ich bitte von Gott, für mich selbst und meine Brüder, dass, wenn unsere Stunde kommt, die Person, die das Totengebet über uns spricht, ein Diener ist, dessen Auge, Ohr und Zunge Gottes sind. Möge es so sein für mich, meine Brüder, unsere Kinder, für unsere Väter, Frauen, unsere Freunde und Bekannten und für alle Muslime unter den Menschen und den Dschinns. Amen.[2]

DIE LETZTEN SIEBZEHN JAHRE SEINES LEBENS VERBRACHTE Ibn Arabi in Damaskus. Diese angeblich älteste Stadt der Welt war schon berühmt, als Abraham sie durchzog und Eliezer von Damaskus zu seinem Hausverwalter machte.[3] Unter den vielen Städten, die an die Wüsten von Syrien und Arabien grenzen, war Damaskus unstrittig die bedeutendste. Geografisch gesehen ist sie eine fruchtbare Oase am Rande sandigen Ödlands, deren Quelle noch niemals versiegt ist. Sie steht an der Kreuzung aller Straßen durch Syrien, ob diese von Arabien oder Ägypten im Süden, Anatolien oder Armenien im Norden, Indien oder Mesopotamien im Osten kommen. Während des 7. Jahrhunderts hatten die Omayahden-Herrscher hier ihre Hauptstadt eingerichtet und regierten eine Zeitlang über ein Reich, das sich von China bis zu den Pyrenäen erstreckte. Unter Saladin wurde Damaskus die Hauptstadt des Sarazenenreiches und zur Operationsbasis gegen die Kreuzfahrer, die Palästina besetzt hatten. Im 12. und 13. Jahrhundert erfreute

---
1. Koran 16:126. Diese Inschrift schmückt sein Grabmal in Damaskus.
2. *Futuhat al-Makkiyah* I:530; *Quest for the Red Sulphur*, Seite 288.
3. Genesis 15:2.

sich Damaskus seiner reichsten Zeit, und die Bandbreite der angebotenen Waren war atemberaubend: heimische Baumwolle, Zuckerrohr und Früchte, Seide (besonders Goldbrokat), Glaswaren, Kupferschmiedearbeiten, getriebene und emaillierte Waren und Schwertklingen von sprichwörtlicher Güte. In gleichem Maße hatte es den Ruf einer heiligen Stadt: Die Große Moschee der Omayahden im Zentrum der Stadt beherbergte angeblich den Kopf Johannes des Täufers. Es war der Ausgangspunkt der syrischen Hadsch, der Pilgerreise nach Mekka, und daher der Treffpunkt von Muslimen aus den nördlichen Ländern.

Diese Stadt war Ibn Arabi schon gut bekannt, und er hatte verschiedene Kontakte mit führenden Würdenträgern dort geknüpft.[4] Insbesondere war er mit einer der einflussreichsten Familien in Damaskus befreundet, den Banu Zaki, von denen viele das Amt des Großen Kadi der Stadt innegehabt hatten. Ihr Schutz und ihre Patronage gestatteten es ihm, seine Arbeit für den Rest seines Lebens relativ ungestört in Ruhe und Sicherheit voranzubringen. Er widmete sich dem Schreiben und Lehren. Wahrscheinlich ereignete sich der folgende Vorfall kurz nach seiner Ankunft:

> Eines Tages in Damaskus fragte Scheich Kirmani Scheich Muhyiddin (Ibn Arabi): »Ich sehe dich nicht in deinem gewohnten Zustand und habe den Eindruck, dass du besorgt und ängstlich bist. Was ist der Grund?« Scheich Muhyiddin antwortete: »Nichts bleibt dem Scheich verborgen; dank seines inneren Lichts und seines vollkommenen Wissens kann er den Grund erkennen.« Daraufhin konzentrierte sich Scheich Kirmani einen Augenblick, ging innerlich zu Rate und wurde sich des Grundes bewusst. »Scheich Muhyiddin ist besorgt, weil er einige seiner Bücher in Malatya gelassen hat!« Scheich Muhyiddin sagte zu ihm: »Es ist, wie du sagst«. (...) Trotz der Proteste von Scheich Muhyiddin, reiste Scheich Kirmani von Damaskus nach Malatya, nahm alle Bücher und kehrte zurück.[5]

---

4. Er war zum Beispiel Scheich Atiq von Lorca (Spanien) begegnet, der im Haus des Richters in Damaskus lebte und freundschaftliche Beziehungen zum König al-Adil (Saladins Bruder) unterhielt. Vgl. *Quest for the Red Sulphur*, Seite 185 und *Sufis of Andalusia*, Seite 160.

5. *Manaqib Awhaduddin Kirmani*, übersetzt in *Quest for the Red Sulphur*, Seite 230.

Die Omayahden-Moschee in Damaskus, eines der größten Baudenkmäler des frühen Islams. Angeblich beherbergt sie den Kopf Johannes des Täufers

Anfang 1223 war Ibn Arabi als Gast des Kadi Ibn Zaki ein geräumiges Haus in Damaskus zur Verfügung gestellt worden. Eines seiner ersten Vorhaben scheint die Zusammenstellung und Verbreitung der Werke gewesen zu sein, die er bereits geschrieben hatte. Es wurden Kopien angefertigt und in seinem Haus Lesungen veranstaltet. Im Februar 1223 wurde vier Schülern einschließlich Ibn Sawdakin das *Kitab al-Tajalliyat* (Buch der Theophanien) vorgelesen, und 1224 sind offenbar nicht weniger als neun Werke von einem bestimmten Schüler vorgelesen worden. Diese Lesungen waren für die engsten Schüler zweifellos kostbare Gelegenheiten, auch von den mündlichen Unterweisungen zu profitieren. Ibn Sawdakin erwähnt einen Ratschlag, den Ibn Arabi ihm zu dieser Zeit gab:

Der Hof des Hauses in Damaskus, das dem Vernehmen nach der Familie der Banu Zaki gehört haben soll und wo Ibn Arabi möglicherweise gelebt hat

Im Jahr 620 [1223] gab er mir folgenden Rat: »Hüte dich! Und noch mal: hüte dich, dich mit etwas anderem als Gott zu beschäftigen, so dass du darin das Antlitz Gottes zu erkennst. Für dich ist dies ein Trick und eine Verlockung. Sei auf der Hut vor allem, was anders als Gott ist. Verstehe diese Situation richtig und sei nur Ihm ergeben. Wenn Er dich mit etwas konfrontiert, dann sieh Ihn dort, empfange Ihn von dort – bleib nicht an dem Ding haften, um Ihn gerade damit auszuschließen!«[6]

Gleichzeitig hielt der fruchtbare Ausstoß von Schriften offenbar unaufhörlich an. Es wurden nicht nur die Bände der *Futuhat* geschrieben (in der ersten Ausgabe, die im Dezember 1231 abgeschlossen wurde, waren es zwanzig), sondern auch mehrere kleinere Schriften. Viele davon scheinen in die *Futuhat* selbst aufgenommen worden zu sein.

Der größte Einblick, den wir in den Prozess direkter Unterweisung bekommen, die Ibn Arabi gab, stammt aus der Ausbildung Sadruddin al-Qunawis. Sadruddin wurde neben Ibn Arabis eigener Familie in Malatya erzogen, und nach dem Tode seines

Vaters scheint er sich Ibn Arabi und Awhaduddin Kirmani in Damaskus angeschlossen zu haben. Er war gerade etwas über zehn Jahre alt und begleitete und diente Kirmani auf seinen Reisen in Ägypten, dem Hedschas und im Iran. Er kehrte 1227 nach Malatya zurück, um mit einem Freund seines Vaters die prophetischen Überlieferungen (Hadith) zu studieren und blieb vermutlich dort, da in Damaskus plötzlich Unruhen ausgebrochen waren. Der Ayyubiden-Herrscher al-Muazzam starb im November 1227, und sein Sohn al-Nasir, ein junger Mann, dem es an jeder Erfahrung mangelte, erwies sich als unfähig, mit den dynastischen Ansprüchen anderer Familienmitglieder fertig zu werden. Im Laufe der nächsten achtzehn Monate fiel die syrische Metropole in eine immer tiefere Krise. Im März 1229 ließ es sein ehrgeiziger Onkel al-Kamil zu, dass die Stadt Jerusalem den Christen übergeben wurde, und belagerte gleich anschließend Damaskus. Anfang Juni war die Stadt gefallen, und al-Nasir wurde gezwungen, die Macht einem anderen Onkel, al-Ashraf, zu übergeben. Wahrscheinlich blieb Sadruddin während dieser turbulenten Zeit in Anatolien oder Aleppo, wo er den Koran und die prophetischen Überlieferungen (Hadith) bei verschiedenen Lehrern studierte, bis die Verhältnisse wieder stabil waren. Es ist durchaus möglich, dass auch Ibn Arabi den größten Teil dieser Zeit mit ihm verbrachte, obwohl es keine besonderen Einzelheiten über seinen Aufenthalt in dieser Periode gibt.

Es ist jedoch klar, dass eine Periode enormer Kreativität einsetzte, als Mitte 1229 wieder Frieden und Wohlstand in Damaskus einkehrten. Ab dem Frühherbst dieses Jahres begann ein rigoroses Studienprogramm, das sich über zweieinhalb Jahre hinzog. In einer Sammlung von Ibn Arabis Werken, die zu seiner Privatbücherei gehörten, schreibt Sadruddin:

> Ich studierte unter meinem Herrn und Meister, dem hochgelehrten Imam und Zeugen der Wahrheit, der mit der Unterstützung und Gnade Gottes ausgestattet war, Muhyiddin Abu Abdallah Muhammad bin Ali bin Muhammad Ibn al-Arabi al-Tai al-Hatimi al-Andalusi, [die folgenden Schriften, die] wir aus seinen Werken aufzählen werden.[7]

6. *Kitab al-Wasa'il*, Seite 27.
7. MS Yusuf Aga 5624, übersetzt von Gerald Elmore in *Al-Qunawi's Personal Study-List*, in: *Journal of Near Eastern Studies*,56:3, 1997), Seiten 161–181.

Es folgt eine Liste von zehn Werken, der eine Beglaubigung durch Ibn Arabi folgt:

[Sadruddin] hat unter mir alle von uns geschriebenen Bücher studiert, die oben aufgeführt sind. Hiermit bestätige ich, dass er sie mit meiner Erlaubnis frei zitieren kann, zusammen mit allen Schriften und der Gesamtheit meiner autorisierten Übermittlungen jeder Art.

Der ursprünglichen Liste von zehn Werken folgen dann verschiedene Eintragungen, die die von Sadruddin studierten Werke im Einzelnen aufführen sowie die Daten, an denen er sie vorlas. Daraus können wir ableiten, dass Sadruddin vom September 1229 bis zum März 1232 ständig mit dem Studium aller Hauptwerke von Ibn Arabi beschäftigt war. Er las, studierte und diskutierte mit Ibn Arabi nicht weniger als vierundvierzig Werke, einschließlich des gesamten Textes der *Futuhat* in zwanzig Bänden. Er war allerhöchstens zwanzig Jahre alt, als diese Periode begann, und wir können das als vergleichbar mit einem Graduiertenstudium ansehen, wenn auch an einer ungewöhnlichen Universität. Sein ›Abschluss‹ am Ende dieser intensiven drei Jahre war keineswegs das Ende seiner Ausbildung: Er begleitete Awhaduddin Kirmani auf einer Pilgerreise nach Mekka. Danach kehrte er nach Damaskus zurück und blieb bei Ibn Arabi, bis dieser im Jahre 1240 starb.[8]

Soweit wir wissen, war ein derart intensives Training einzigartig unter den Schülern, und offenbar sollte Sadruddin, der zur folgenden Generation gehörte, eine ganz besondere Behandlung bekommen. Nach einer mündlichen Überlieferung studierte er auf sehr ungewöhnliche Art und Weise. Er band einige Steine an das Ende eines Seils und befestigte es an einem Balken über seinem Kopf, während er das andere Ende des Seils festhielt – falls er beim Lesen einschlief, würden die Steine herunterfallen und ihn aufwecken! Ob dies nun eine Legende ist oder nicht, diese Geschichte bestätigt die unzweifelhafte Hingabe, die er bei seinen Studien an den Tag legte. Diese Non-Stop-Ausbildung war besonders geeignet für den Mann, der der Hauptvertreter von Ibn Arabis Lehren werden sollte, sein spiritueller Erbe und Deuter.

---

8. Für weitere Einzelheiten von Qunawis Leben vgl. *L'Ère de l'Homme Parfait*, von Oh. Benaissa und Seyh Sadrüddin Konevi (auf Türkisch) von A. S. Ceran.

IN DAMASKUS

In Sadruddins Schriften finden wir kostbare Einblicke in Ibn Arabis Innenwelt während dieser Zeit. Ibn Arabi kannte beispielsweise das Geheimnis der Prädestination und betete deshalb nie für etwas, es sei denn, es sollte nach der Vorsehung geschehen.

Ich beobachtete dies viele Jahre lang an unserem Scheich bei unzähligen Gelegenheiten. Er erzählte mir, dass er einmal eine Vision des Propheten hatte, der sagte: »Gott beantwortet deine Gebete schneller, als du sie aussprechen kannst!«[9]

Wenn er den wirklichen Zustand einer Person wissen wollte, schaute er sie an und gab dann »Nachricht über ihr künftiges Geschick bis zu ihrem endgültigen Ruheplatz. (...) Er irrte sich nie.«[10] Er war nicht nur fähig, in die Realität von Zeitgenossen zu sehen; diese Kraft erstreckte sich auch auf Menschen in der Vergangenheit.

Er hatte die Macht, sich mit dem Geist jedes einzelnen Propheten oder Heiligen der Vergangenheit zu treffen, wenn er es wünschte. Er konnte dies auf dreierlei Weise tun. Manchmal brachte er ihren Geist dazu, in diese Welt herabzusteigen, wo er sie in einer feinstofflichen Körperform wahrnahm, die der ähnelte, die sie zu Lebzeiten hatten. Manchmal brachte er sie dazu, ihm im Schlaf zu erscheinen, und manchmal legte er seine eigene Körperform ab, um sie zu treffen.[11]

Die privilegierte Position von Sadruddin spiegelt auch seine eigene einzigartige Fähigkeit wider. Rund dreizehn Jahre nach dem Tode von Ibn Arabi hatte Sadruddin eine Vision des Meisters, in der er ihm von einem letzten Wunsch berichtete.

Ich wünsche [mir für mich] zu sehen, dass du die wesentliche Offenbarung bezeugst, die unaufhörlich und ewig ist; mit anderen Worten, zur direkten Bezeugung der essentiellen Offenbarung gelangst, nach der es keinen Schleier mehr gibt

---

9. Aus al-Qunawis *Al-Nusus,* übersetzt von William C. Chittick in seinem Artikel *Ibn al-Arabi und seine Schule* in: *Islamic Spirituality: Manifestations,* S. 52.
10. Aus al-Qunawis *Al-Fukuk; Ibn al-Arabi and his School,* Seite 52.
11. Nach al-Qunawi, berichtet von Ibn al-Imad, *Shadharat* V, Seite 196; *Quest for the Red Sulphur,* Seite 48.

und ohne die kein vollkommener Mensch seinen permanenten Ruheplatz findet.

Indem er ihm dies gewährt, erklärt ihm Ibn Arabi in der Vision, dass er viele Söhne und Schüler gehabt habe, doch

> (...) worum du gebeten hast, war keinem von ihnen möglich. Wie viele Söhne und Schüler habe ich getötet und dann wiederbelebt! Wer starb, der starb, und wer erschlagen war, war erschlagen, doch keiner von ihnen hat dies erreicht.[12]

Eine große Zahl dieser vielen Söhne und Schüler kennen wir dem Namen nach dank der *sama*-Zertifikate, die den erhaltenen Texten beigefügt sind, besonders den *Futuhat*. Beide Söhne Ibn Arabis nahmen an Lesungen teil, offenbar sobald sie das richtige Alter dafür erreicht zu haben schienen. Imaduddin, der älteste, der fünf Jahre älter als Sadruddin war, nahm 1220 an einer Lesung in Aleppo teil, als er höchstens sechzehn Jahre alt war. Saduddin, der jüngere Sohn, der 1221 in Malatya geboren worden war, begann 1236 an Lesungen teilzunehmen, als er erst fünfzehn Jahre alt war. Wir haben bereits die Rolle von Ibn Sawdakin erwähnt, der Gastgeber für viele Lesungen in seinem Haus in Aleppo war und auch oft in Damaskus weilte. Ein anderer Gefährte, der viele Jahre mit Ibn Arabi verbrachte, obwohl in einer viel weniger öffentlichen Rolle, war Taqiuddin Abd ar-Rahman al-Tawzari, der Ibn Arabi 1196 in Sevilla die *khirqa* übergeben hatte. Er war 1233 bei der Lesung der berühmten *Fusus al-Hikam* anwesend, wo er speziell als »Gefährte des Scheichs« erwähnt ist. Alles in allem kennen wir die Namen von mindestens hundertfünfzig Leuten, die an den Lesungen teilnahmen. Unter diesen direkten Schülern befanden sich berühmte Männer Syriens ebenso wie Leute aus vielen verschiedenen Ecken der muslimischen Welt – aus Andalusien, der Türkei, Ägypten, Irak und so weiter. Es gab Menschen aus jeder Sektion der religiösen Gemeinschaft, da waren Männer und Frauen, Jung und Alt. Manchmal kamen dreißig Menschen zusammen, um dem Vorlesen seiner Schriften zu lauschen, und oft gab es mehr intime Sitzungen mit Diskussionen, von denen Ibn Sawdakin einige aufzeichnete.

---

12. Aus *Al-Nufahat*, Teheran 1996, Seite 126; *Ibn al-Arabi and his School*, S. 54.

IN DAMASKUS

Es gab auch viele Menschen, die von seinen Unterweisungen profitierten, ohne unbedingt an einer dieser Lesungen teilgenommen zu haben. Einer der berühmtesten von ihnen war Shamsuddin al-Tabrizi (Shams-i Tabrizi), der später Jalaluddin Rumi einweihen sollte. Shams und Kirmani waren Schüler desselben Meisters in Bagdad gewesen, Ruknuddin Abu al-Ghanaim al-Sijasi. Wahrscheinlich dank der Vermittlung Kirmanis begegnete Shams Ibn Arabi in Damaskus. Er schätzte den Scheich sehr hoch und nannte ihn »einen Berg, einen wahren Berg«. Er wurde als Schüler behandelt, obwohl ihre Beziehung komplizierter war, als dieses Wort nahe legt.

Eines Tages waren wir in die Diskussion vertieft, ob ein Hadith, der einem Koranvers ähnelt, demnach als authentisch angesehen werden müsse. Er [Ibn Arabi] zitierte einen Hadith und fragte: »Welcher Vers im Koran entspricht dem?« In diesem Moment sah ich, dass er sich in einem ekstatischen Zustand befand, und wollte ihn aus diesem zerstreuten Zustand (*tafriqua*) in einen gesammelten Bewusstseinszustand (*jam*) bringen durch eine Feststellung, die seiner Frage angemessen wäre. Also sagte ich: »Was den von dir zitierten Hadith angeht, gibt es unterschiedliche Meinungen darüber, ob es ein [authentischer] Hadith sei, doch wo im Koran gibt es einen Vers, der dem Hadith entspricht: ›Wissende sind wie ein einzige Seele‹?«

Er dachte doch tatsächlich, ich stellte ihm eine Frage! Also antwortete er schnell [mit den Koranversen 49:10 und 31:28]: »In der Tat sind die Gläubigen Brüder [füreinander]. Eure Erschaffung und Auferstehung ist nur wie eine einzige Seele.« Danach ging er in sich und verstand, was meine Absicht war, dass sie nicht darin bestand, eine Frage zu stellen. Er sagte: »Oh [mein] Kind, du schlägst eine heftige Peitsche [mit deinen Worten]!« Zu Anfang nannte er mich »Kind«, und am Ende nannte er mich auch »Kind«. Dann lachte er, wie wenn er sagen wollte: »Was hat ein ›Kind‹ hier schon zu suchen?«[13]

---

13. *Maqalat-i Shams-i Tabrizi*, 1:239, herausgegeben von Muhammad Ali Muwahhid. Der Vers ist Koran 31:18. Ich verdanke diese Übersetzung Omid Safi. Es gibt mehrere Passagen, die sich auf Ibn Arabi beziehen, die erkennen lassen, dass Shams einige Vorbehalte gegen seine Lehren hatte. Vgl. auch: *Did the Two Oceans Meet?* von Omid Safi, *Journal of the Muhyiddin Ibn Arabi Society* XXV.

Die neuerliche Prosperität in der äußeren Welt von Damaskus, die während der achtjährigen Herrschaft des neuen Ayyubiden-Herrschers al-Ashraf anhalten sollte, fiel zusammen mit einer goldenen Periode schöpferischer Eingebung in Ibn Arabis Leben. Mitte Dezember 1229 hatte er einen bemerkenswerten Traum.

> Ich sah den Gesandten Gottes in einem Traum, der mir während der letzten zehn Tage des Muharram im Jahr 627 [1229] in der Stadt Damaskus eine frohe Botschaft überbrachte. In seiner Hand lag ein Buch, und er sagte zu mir: »Dies ist das Buch der *Fusus al-Hikam*. Nimm es und führ es bei den Menschen ein, damit sie davon Nutzen haben.« Ich antwortete: »Hören und Gehorchen gebühren Gott und Seinem Gesandten und den Menschen, die unter uns herrschen,[14] wie uns befohlen wurde.« Ich prüfte mein Verlangen, klärte die Absicht und widmete [mein] Ziel und mein Bestreben ausschließlich der Darstellung dieses Buches [genau so,] wie der Gesandte Gottes es mir beschrieben hatte, ohne [etwas] hinzuzufügen oder wegzulassen.[15]

Von allen Büchern, die Ibn Arabi geschrieben hat, werden die *Fusus al-Hikam* (Die Edelsteinfassungen der Weisheiten) als die Quintessenz, als das Kronjuwel angesehen. Sie enthalten siebenundzwanzig Kapitel, von denen jedes einer besonderen Weisheit gewidmet ist, die sich mit einem der Propheten verbindet, zum Beispiel die Weisheit der Göttlichkeit im Wort Adams, die Weisheit der Erhebung in dem Wort von Jesus, die Weisheit der Einzigartigkeit im Wort Mohammeds. Mit Bezug auf die koranischen Berichte über die Propheten erläutert Ibn Arabi die geistige Lehre und Realität jedes einzelnen von ihnen. Die Propheten sind wie die Fassung eines Ringes und halten den Edelstein einer besonderen Weisheit. Als Facetten des vollkommenen Menschen zeigen sie die Göttliche Weisheit in ihren verschiedenen Schattierungen. Diese siebenundzwanzig Propheten repräsentieren die verschiedenen Gemeinschaften der Menschheit, die alle unter der spirituellen Botmäßigkeit von Mohammed stehen.

---

14. Vgl. Koran 4:62: «Oh ihr, die ihr glaubt, gehorchet Allah und gehorchet dem Gesandten und denen, die Befehl unter euch haben!»
15. *Fusus al-Hikam*, Seite 47; *The Bezels of Wisdom*, Seite 45.

فص حكمة صمدية في كلمة خالدية

والحكم خالد بن سنان فانّما ظهر بدعواه النبوة البرزخية فانّما ادعى الاخبار بما هلى حاله بعد الموت فامر ان ينبش عليه وسال الخبر ان حكمة البرزخ على صورة الحياة الدنيا فعلم ذلك صدق الرسل كلهم فيما اخبروا به حالة الدنيا فكان عرض خالد صلى الله عليه وسلم بابراز العالم كله بما جاءت به الرسل للون رحمة للجميع فانه اشرف بكونه نبوة من نبوته محمد صلى الله عليه وسلم وعلم ان الله ارسله رحمة للعالمين ولم يكن خالد برسول فاراد ان يحصل من هذه الرتبة في الرسالة الجزء الذي على حظ ولذلك ولم يومر بالتبليغ فما اراد ان يحصل ذلك في البرزخ ليكون ترى في العلم حق التحقق فاضاع قومه ولم يصل اليه صلى الله عليه وسلم بانهم ضاعوا وانما وصمهم بانهم اضاعوا منهم حيث لم يلغوا مراده فعل الله نفذها اجراء امنية فلا شك ولا خلاف انّه اجر امنيه واما الشك والخلاف اجر المطلوب هل يساوي ثبوت وقوع علم وقوعه بالوجود ام لا فان في الشرع ما يؤيد التساوي في مواضع شهرة كلامة للصلاة في الجامعة نسى وتاجمع عن فعل الاجر من حضر الجمعة وكلمة ثم مع قومه ماهم عليه اصحاب الثروة والمال من فعل الخير فنه قد نال مثل اجورهم ولا ينقص اجورهم شيئا او ذ علم فانهم جمعوا بين العمل النية ولم ينقص لا علم واحد منهم وذ النظام ما نّه لا تساوى بينهما ولذلك طلب خالد البلاغ حتى يحصل منفعة الجمع بن الامر ينفعل على الاخرين ولهذا علم

فص حكمة فردية في كلمة محمدية

انّما كانت حكمة فردية لانّه اكمل موجود في هذا النوع الانساني ولهذا

Es ist wichtig zu erkennen, dass für Ibn Arabi dieses Buch eigentlich das Buch des Propheten Mohammed ist. Es repräsentiert die wahre spirituelle Weisheit Mohammeds, nicht von einem anderen gedeutet, sondern von ihm selbst erläutert. Aus diesem Grunde hat Ibn Arabi es nie erlaubt, dass die *Fusus* mit einem seiner anderen Werke zusammen gebunden würde, da es in sich vollendet ist – wie könnte es eine Ergänzung zu einem Buch geben, das die allerhöchste Weisheit aller Propheten enthält?

Im Februar 1230, etwa zwei Monate nach dem ›Empfangen‹ der *Fusus,* hatte Ibn Arabi eine Vision der Göttlichen Selbstheit (*huwiyah*). Er war mit der Abfassung eines Abschnitts der *Futuhat* beschäftigt, der den Gottesnamen gewidmet ist, insbesondere dem siebenundzwanzigsten Namen: »der Eine, Der Sich selbst überaus deutlich macht« (*al-Mubin*). Dies ist gewöhnlich der Beiname, der insbesondere für die Beschreibung des Korans verwendet wird – »Dies sind die Zeichen des deutlichen Buches«[16] – ebenso wie es das Adjektiv ist, das Ibn Arabi für den Jüngling benutzt, »das deutliche Vorbild« (*imam al-mubin*).

Die Nacht, in der ich diesen Abschnitt schrieb, war die vierte Nacht des *Rabi ath-thani* im Jahr 627, an einem Mittwoch [dem 20. Februar 1230]. In einer Vision sah ich das Äußere der Göttlichen Selbstheit und ihr Inneres, die ich nie zuvor bei einer meiner Bezeugungen gesehen hatte, in einer glaubhaften Bezeugung. Durch diese Bezeugung kam Erkenntnis zu mir, Süße und Freude, die nur von jemandem gekannt werden können, der sie [tatsächlich] geschmeckt hat. Es war die allerschönste Vision, und das ist keine Lüge oder Übertreibung!

Ich habe ein Bild davon an den Rand gesetzt, wie es war, und Er, Der dem ein Bild gegeben hat, wird es nicht ändern. Die Figur besteht [aus] weißem Licht auf einem roten Teppich; es war ein weißes Licht in vier Schichten. Dies ist ein Bild, doch dessen Geist ist ebenso auf diesem Teppich, auf der anderen Seite, und (auch) in vier Schichten. Daher beträgt die Selbstheit alles in allem acht, auf zwei verschiedenen

IN DAMASKUS

Seiten eines einzigen Teppichs. Die Seiten des Teppichs sind nicht der Teppich und auch nicht anders als der Teppich. Ich habe niemals so etwas gesehen, gekannt oder mir vorgestellt, noch hat ein Gedanke mein Gemüt gestreift, wie das Bild, das ich von dieser Selbstheit sah. Es besitzt in seiner Essenz auch eine verborgene Bewegung, die ich gesehen und erkannt habe, ohne eine Transformation oder Veränderung ihres Zustandes oder ihrer Qualität.[17]

Dieser spezifische Abschnitt der *Futuhat* wurde von Sadruddin fast unmittelbar danach studiert. Vielleicht zeigt dies etwas von dem organischen Prozess des Schreibens von Ibn Arabi, wo die Arbeit von anderen gelesen und diskutiert wurde, sobald sie niedergeschrieben war.[18]

Bis zum Dezember 1231 war der erste Entwurf der *Futuhat* fertig. Er hatte fast dreißig Jahre in Anspruch genommen, und Ibn Arabi widmete diesen Entwurf seinem ältesten Sohn, Muhammad Imaduddin. Er enthält 560 Kapitel über jedes erdenkliche Thema esoterischen Wissens. Viele Menschen haben es als eine Art Enzyklopädie betrachtet, die etwas willkürlich angeordnet ist. Michel Chodkiewicz hat jedoch darauf hingewiesen, dass die Struktur auf höchst genauen Prinzipien beruht.

Zunächst einmal repräsentieren die 560 Kapitel die gesamte Zeit zwischen dem Beginn der islamischen Ära (Mohammeds Flucht von Mekka im Juli 620 n. Chr.) und der Geburt von Ibn Arabi 560 Mondjahre später (1165). Das Buch war auch konzipiert als eine vollständige Zusammenfassung von allem, was in dieser Periode geschehen war – seine Betonung des Korans, der prophetischen Überlieferungen (Hadith), des islamischen Gesetzes und der Riten sowie der Heiligengeschichten ist deshalb überhaupt nicht überraschend. Das Buch ist in sechs Abschnitte unterteilt, von denen jeder einem Gottesnamen entspricht. Wir können sie folgendermaßen auflisten:

16. Diese Zeile steht am Anfang fünf verschiedener Suren (12, 15, 26, 27 und 28).
17. *Futuhat al-Makkiyah* II:449, doch dieses Bild befindet sich nur in der Kairoer Ausgabe, II:591.
18. Nach einer Eintragung, die sich auf Safa 627 (Januar 1230) bezieht, schreibt er: »Ich las das *Kitab al-Jawab al-Mustaqim* (Antworten auf die Fragen von Tirmidhi) und das *Sharh Asma Allah al-Husna* (Kommentar zu den Gottesnamen) [von Ibn Arabi].« Diese beiden Werke entsprechen den Kapiteln II:39–129 respektive II:390–478 der *Futuhat al-Makkiyah*.

Abschnitt 1	Geistiges Wissen (*maarif*) der Wissende (*al-Alim*)
Abschnitt 2	Geistige Manieren (*muamalat*) der Wollende (*al-Murid*)
Abschnitt 3	Geistige Zustände (*ahwal*) der Fähige (*al-Qadir*)
Abschnitt 4	Geistige Heimstätten (*manazil*) der Sprecher (*al-Mutakallim*)
Abschnitt 5	Geistige Begegnungen (*munazalat*) der Hörende (*as-Sami*)
Abschnitt 6	Geistige Stationen (*maqamat*) der Sehende (*al-Basir*)

Diese sechs Namen sind die speziellen Göttlichen Attribute oder »führenden Namen«, auf denen die gesamte Schöpfung beruht. Es sind die wesentlichen Eigenschaften des Menschen. Sie sind abhängig von dem übergeordneten Namen der Lebendige (*al-Hayy*) und können als in ihm enthalten betrachtet werden, denn das Leben umfasst alle Dinge. Diese Qualität des Lebens entspricht dem ersten Kapitel der *Futuhat*, in dem Ibn Arabi die Erscheinung des Jünglings beschreibt, der »weder lebendig noch tot« und doch »das das Tote umkreisende Lebendige« ist. Zusammengenommen entsprechen diese sieben Attribute den sieben Umläufen der Kaaba, die Ibn Arabi in den Fußstapfen des Jünglings vollzieht. Es ist also kein Wunder, dass Ibn Arabi sich dafür entschied, dieses Werk »Mekkanische Eröffnungen«, oder auch, wie in der allerersten Version, im Singular »Die Mekkanische Eröffnung« (*al-Fath al-Makki*) zu nennen.

Bis zum Februar 1232, innerhalb von drei Monaten nach der Vollendung der *Futuhat*, hatte Sadruddin die bemerkenswerte Aufgabe der Rezitation des gesamten Werkes von Ibn Arabi abgeschlossen, der endgültigen Überprüfung des Buches vor seiner weiteren Verbreitung. Er war erst Anfang zwanzig. Dies vermittelt wohl das deutlichste Bild von der besonderen Liebe und Zuneigung, die Ibn Arabi für Sadruddin hegte. Obwohl das Buch seinem ältesten Sohn gewidmet war, war der Stiefsohn sein wichtigster Mitarbeiter, Korrektor und Schüler.

IN DAMASKUS

Auch die Vollendung seines großen Werkes hielt Ibn Arabi nicht von weiterem Schreiben ab. Tatsächlich beschloss er, fast siebzigjährig, innerhalb der nächsten drei Jahre einen zweiten Entwurf der *Futuhat* zu schreiben, der vier Jahre später im November 1238 vollendet wurde. Wenn wir bedenken, dass er eigenhändig insgesamt siebenunddreißig Bände verfasste, ist schon der reine Umfang verblüffend. Dies einmal im Leben zu tun, ist mehr, als es die meisten von uns vermöchten. Es zweimal zu tun, neben unzähligen anderen kurzen Schriften, grenzt an ein Wunder. Die Lesungen und das Schreiben wurden bis zu seinem letzten Lebensjahr fortgesetzt. So war sein einundsiebzigstes Jahr (1236) besonders ungewöhnlich, in dem nicht weniger als 31 Lesungen der *Futuhat* in seinem Haus in Damaskus erfolgten. Die meisten fanden vor einer großen Zuhörerschaft von dreißig oder mehr Menschen statt.

Mit Ibn Arabi betreten wir einen Ozean, der nicht nur unermesslich, sondern auch Ehrfurcht gebietend in seinem Inhalt ist. All seine Werke kreisen unaufhörlich um Göttliche Wahrheiten – ein »wahrer Berg« spirituellen Wissens. Die meisten Autoren schreiben im Alter von sechzig Jahren ganz anders als mit Dreißig, doch dieses anscheinend universelle Gesetz gilt nun wirklich nicht für Ibn Arabi. All seine Schriften scheinen aus der gleichen Reife der Vision hervorzugehen, als ob jedes Werk einfach eine Verlagerung des Fokus wäre entsprechend dem jeweils behandelten Thema und der beabsichtigten Zuhörerschaft. Wie ein Meisterkoch bietet er durch die verschiedenen Werke die volle Bandbreite an Geschmacksrichtungen dar. In seinem Werk gibt es eine bestimmte selbstsichere Qualität, die das Markenzeichen für jedes Genie ist. Vor kurzem beschrieb ein Gelehrter dies als »Dünkel«, doch Ibn Arabis eigene Erklärung lautet ganz anders. In seiner Einleitung zum *Fihrist al-Muallafat,* dem Verzeichnis seiner eigenen Werke, das er für Sadruddin al-Qunawi anfertigte, erklärt er:

Bei dem, was ich geschrieben habe, hatte ich anders als andere Autoren nie ein festes Ziel vor Augen. Blitzstrahlen Göttlicher Inspiration kamen über mich und überwältigten mich schier, so dass ich sie nur aus meinem Kopf bekommen konnte, wenn ich zu Papier brachte, was sie mir enthüllten. Wenn meine Werke irgendeine Art von Komposition aufweisen, dann war diese Form unbeabsichtigt. Einige Werke schrieb ich auf Befehl Gottes und sie wurden mir im Schlaf oder durch eine mystische Offenbarung gesandt.[19]

Dieses Buchverzeichnis, das *Fihrist*, wurde 1230 zusammengestellt und ist eines der wesentlichen Dokumente, das es uns erlaubt, den gesamten Korpus von Ibn Arabis Werk zu analysieren. Offenbar für Sadruddin gedacht, führt es über 250 Bücher auf, die dieser vermutlich alle gelesen und kopiert hat. Eine zweite Liste wurde für den Ayyubiden-Herrscher von Damaskus, König al-Ashraf al-Muzaffar, angefertigt. Diesem Neffen Saladins wurde im September 1234 eine Lehrerlaubnis (*ijaza*) erteilt, in der Ibn Arabi 290 eigene Werke und 70 Werke seiner geistigen Lehrer aufführt:

Nachdem ich Gott befragt hatte, habe ich dem Sultan al-Muzaffar Bahauddin Ghazi, dem Sohn von König Adil Abu Bakr bin Ayyub, und seinen Kindern die Erlaubnis erteilt, meine Werke zu lehren. (...) Ich habe diese Vollmacht am 1. Muharram 632 [1234] in Damaskus erteilt. Dieses Zertifikat wurde auf Bitten des Königs ausgestellt, der unsere Werke und die Namen unserer spirituellen Meister kennen wollte.[20]

Allerdings war nie beabsichtigt, dass dieses dem König überreichte Zertifikat und die für Sadruddin geschriebene Liste vollständig sein sollten. Laut Osman Yahia, der 1964 die erste detaillierte Studie von Ibn Arabis Werken vorlegte, gibt es 317 Werke, die von Ibn Arabi als von ihm selbst geschrieben erwähnt werden, von denen zur Zeit nur ein Drittel in Manuskriptform bekannt ist. Die Aufgabe der genauen Wiederherstellung seiner Schriften ist lang und kompliziert. Viele Werke sind ihm im Laufe der Jahre zugeschrieben worden, einige davon fälschlich, und viel mühselige Forschungsarbeit wird erforderlich sein, um genau festzulegen, was er wirklich geschrieben hat. Darüber hinaus gab es Werke, die nie in das Werkverzeichnis aufgenommen wurden, weil sie vermutlich nie für den öffentlichen Gebrauch gedacht waren oder nach 1234 geschrieben wurden. Ein Beispiel für das erstere mag sein Gebets-

---

19. Einleitung zu dem *Fihrisi*, übersetzt in: *Bulletin of the Faculty of Arts*, Alexandria University, Seiten 109–117.

20. Aus dem Vorwort zum *Ijaza li-l Malik al-Muzaffar*, herausgegeben von Badawi: *Al-Andalus*, 20 (1955), Seiten 107–128.

buch (*Awrad al-Usbu* oder *Wird*) sein, das den Schülern wohl zur privaten Rezitation gegeben wurde. Das beste Beispiel für die zweite Kategorie ist sein umfangreicher *Diwan,* der im August 1237 vollendet wurde. Diese große Sammlung von Gedichten, die aus vielen früheren Werken zusammengestellt wurde, beansprucht ihren Rang unter den besten Werken arabischer Dichtung und enthält die erlesensten mystischen Einsichten. Danach wurden in knapp anderthalb Jahren nicht weniger als elf kleinere Werke geschrieben, zusätzlich zu dem zweiten Entwurf der *Futuhat.* Der Schreibfluss dieser wenigen letzten Jahre scheint durch absolut gar nichts unterbrochen worden zu sein. Unabhängig davon, wie viele Werke letztlich als authentische Schriften bestätigt werden, bleibt die Tatsache bestehen, dass sie das bemerkenswerteste Kompendium mystischer Schriften darstellen. Es ist ein gewaltiges Vermächtnis, von dem die nachfolgenden Generationen profitiert und aus dem sie sich, direkt oder indirekt, bedient haben.

Im Oktober 1237 hielt sich Ibn Arabi in Aleppo auf, vielleicht infolge des anscheinend unvermeidlichen Aufruhrs, der nach dem Tod des Herrschers von Damaskus, al-Ashraf al-Muzaffar, entstanden war. Hier traf Ibn Arabi einen Mann, der eine Gedichtsammlung zusammenstellte, Ibn al-Sha'ar von Mosul (1197–1256), und eine kurze biografische Skizze über ihn anfertigte.

> [Ibn Arabi] ist in der Tat ein Mann von einiger Vollkommenheit in seiner spirituellen Praxis und Bemühung, ebenso wie in der Sufi-Lehre, und er erfreut sich der Führung und Autorität bei einer Gruppe von Menschen, die diesem Weg folgen. Er hat Anhänger, Schüler und Studenten und hat sehr viele literarische Werke verfasst. Er wohnte im Lande Rum [Anatolien, vor allem in] Malatya und Konya, reiste im Land umher und kam nach Bagdad. Dann ließ er sich schließlich in Damaskus nieder. Er hat einige schöne Untersuchungen zum Thema der Göttlichen Wirklichkeit [produziert,] was ihm zufällt, ohne dass er sich um das [formell religiöse] Wissen kümmert, da Gott (Er sei gepriesen!) ihn mit einem »brennenden Denken« (*khatir mutawaqqid*) gesegnet hat, so dass diese Rede sich über ihn ergoss und ihm deren Wiedergabe auf das Erstaunlichste glückte. Der Geist verwundert sich beim Hören und die Herzen werden entzückt.

AN DER KREUZUNG DER WEGE

Eine der Nebenstraßen des Salihiyah-Viertels von Damaskus. Das Minarett markiert den Eingang zu der Moschee und dem Grab Ibn Arabis

IN DAMASKUS

Ich [selbst] sah ihn (...) in der Stadt Aleppo am Mittwoch, dem 6. des Monats Rabil im Jahre 635 [27. Oktober 1237].[21]

Ein Jahr später, im November 1238, war der zweite Entwurf der *Futuhat* abgeschlossen, und im Laufe des nächsten Jahres gab es viele öffentliche Lesungen. Schließlich endete Ibn Arabis irdisches Leben am 22. Tag des Rabi ath-thani 638 (am 9. November 1240), im Alter von 75 Jahren. Es hält sich eine hartnäckige mündliche Überlieferung im ganzen Nahen Osten, die von einem tragischen Tod durch Mord spricht. Obwohl keine der uns erhalten gebliebenen zeitgenössischen Berichte sie zu erwähnen scheint, ist die Geschichte so dramatisch, dass es sehr unwahrscheinlich ist, dass sie völlig erfunden ist. Es ist wohlbekannt, dass Ibn Arabi viele glühende Anhänger und Schüler hatte – doch besaß er auch viele Feinde und Gegner, die leidenschaftlich gegen alles waren, was außerhalb ihrer gehegten Überzeugungen lag. Dieser Geschichte zufolge ging Ibn Arabi am Hause eines reichen Kaufmanns in Damaskus vorbei, welcher umringt von Freunden und Kunden, unter denen viele Rechtsgelehrte waren, draußen saß. Als sie ihn sahen, bat ihn der Kaufmann, näherzutreten und ihnen eines der Göttlichen Geheimnisse zu verraten, mit denen Gott ihn begnadet hatte. Ibn Arabi hielt inne und sagte dann: »Der Gott, den du verehrst, ist unter meinen Füßen.« Der Mann und die ganze Versammlung waren außer sich über diese anscheinend blasphemische Bemerkung. Sie begannen ihn zu beschimpfen, klagten ihn der schlimmsten Form der Häresie an und sollen ihn mit Mordabsichten angegriffen haben. Er starb später an seinen Wunden. Die Geschichte fährt fort, dass die Täter streng bestraft wurden, und der Kaufmann selbst kurz danach starb. Im Zuge von Bauarbeiten gruben seine Erben an der Stelle, wo Ibn Arabi gestanden hatte, als er diese schicksalsschweren Worte aussprach – und fanden dort einen Kasten mit Gold vergraben. Die Bedeutung seiner Worte war damit jedem klar geworden.

Welchen Wahrheitsgehalt dieser Bericht auch haben mag, es ist eines Gedankens wert, dass Ibn Arabi sich immer schonungslos in den Dienst der Göttlichen Wahrheit gestellt hatte und bereit war,

---

21. Vgl. Gerald Elmore: *New Evidence on the Conversion of Ibn al-Arabi to Sufism,* in: *Arabica,* Band XLV, Seite 60.

Die Moschee und das mit einer Kuppel überwölbte Grabmal Ibn Arabis. Im Hintergrund die Ausläufer des Berges Qasiyun

um ihretwillen alles zu opfern. Schon bevor er Andalusien verließ, war ihm gezeigt worden, was ihn erwartete, und er muss gewusst (und akzeptiert) haben, wie er seinem Ende gegenübertreten würde. Wie es Jesus und Mohammed so bitter erlebt haben, wird der Prophet von seinem eigenen Volk nie angenommen, und die Ablehnung kann durchaus Teil der Erbschaft eines Erben sein. Ibn Arabi hat gewiss viel Ablehnung und Verachtung in seinem Leben erlitten, und nach seinem Tode sollte es sogar zu noch größeren Auseinandersetzungen kommen. Ein derart selbstloses Opfer steht in völligem Einklang mit dem Status des »reinen Dieners« – der in Seinem Dienst akzeptiert, was Gott beschließt, willig und ohne mit der Wimper zu zucken.[22]

Bei seinem Begräbnis wurde das Ritual von Ibn Zaki und zwei seiner engeren Schüler vollzogen. Es könnte sein, dass das (am Anfang dieses Kapitels zitierte) Gebet Ibn Arabis dabei vorgetragen wurde. Er wurde im Familiengrab der Banu Zaki im schönen kleinen Stadtteil Salihiyah beigesetzt. Dieser liegt im Nordwesten der Stadt auf dem flacheren Abhang des Berges Qasiyun. Der Berg gilt als heilig, weil der Überlieferung zufolge Abraham hier die Einheit Gottes offenbart wurde. Er ist ein Wallfahrtsort für diejenigen, die glauben, dass er von allen Propheten, vor allem von Khidr, geheiligt wurde.[23] Könnte es eine angemessenere Ruhestätte für den Mann geben, der die geistige Bedeutung von Einheit herausgestellt hat?

---

22. Wie beispielsweise Shams-i Tabrizi, dem Lehrer von Jalaluddin Rumi, der dem Vernehmen nach von eifersüchtigen Schülern getötet wurde.

23. In den flacheren Abhängen, nicht weit von Salihiyah entfernt, liegt die Höhle der Vierzig, ein alter Ort des Rückzugs, wo angeblich Abraham und Jesus gebetet haben sollen.

Kapitel 16

Vom Schreiben und Sprechen

Ich bat den Herrn der Macht [zu erklären,] was Befreiung (*ikhlas*) ist, und Er antwortete: »Es ist ein Geheimnis, das zu Meinem Geheimnis gehört, und Ich vertraue es dem Herzen desjenigen an, den Ich von Meinen Dienern liebe.«[1]

Gewähre mir das Geschenk einer »Zunge der Wahrhaftigkeit«, die das Bezeugen der Wahrheit ausdrücken kann, und kennzeichne mich mit Klarheit und Redegewandtheit der »alles einschließenden Worte«. Beschütze mich in all meinen Äußerungen vor dem Fordern dessen, was von Rechts wegen nicht mir gehört, und lass mich »gemäß innerer Vision [sprechen], mich und diejenigen, die mir folgen«. Oh Gott, ich nehme Zuflucht bei Dir vor jeder Rede, die Verwirrung stiftet oder in Uneinigkeit endet oder Zweifel sät. Von Dir werden alle Worte empfangen, von Dir werden alle Weisheiten erlangt.[2]

DIE ERSTE ZEILE DER SURE DER REINIGUNG ODER BEFREIUNG

(Ikhlas) im Koran beschreibt die Einheit und Einzigartigkeit Gottes in ganz klaren Worten. »Sprich: Er ist der eine Gott.« Das Wort *ikhlas* kommt von der Wurzel »rein« oder »frei sein«, und während viele Übersetzungen dies als aufrichtige Hingabe deuten, ist es für Ibn Arabi sowohl ein Hinweis auf den Zustand völliger Reinigung und essentieller Reinheit als auch eine Anspielung auf unbeschränkte Freiheit.

Ibn Arabi wurde eine sehr unmittelbare Schau der Sure Ikhlas gewährt. Die völlige Übereinstimmung zwischen der Bedeutung von Befreiung und der Bedeutung, die als Ibn Arabi bekannt ist, könnte nicht deutlicher sein:

1. *Mishkat al-Anwar*, Nr. 2. Dieser Hadith wurde von einem der Gefährten des Propheten, Hudhayfa, überliefert, der ihn nach *ikhlas* fragte. Mohammed fragte den Engel Gabriel, der wiederum Gott fragte.

2. *Wird*, Samstagabend-Gebet; *Tages- und Nachtgebete*, Seite 61. In diesem Gebet sind zwei Koranzitate enthalten: 26:84 und 12:108.

Diese Sure offenbarte sich mir in der Stadt Aleppo. Als ich sie schaute, wurde mir gesagt, dass diese Sure »unberührt von Mensch oder Dschinn ist«. Ich sah in ihr, und aus ihr hervorgehend, eine höchst außergewöhnliche Vorliebe für mich. Sie zeigte sich mir in Form dieser Wohnstatt (*manzil*), die ihre ureigene Natur ist. Dann wurde mir gesagt: »Sie gehört allein dir, dir allein von allen Menschen des Glaubens.« Als mir dies gesagt wurde, verstand ich die Anspielung und wusste, dass sie meine Essenz (*dhat*) und die wahre Realität (*ayn*) meiner Form war, und nichts anderes als ich. Das ist es, was das erschaffene Ding »rein und frei für Ihn« und für nichts anderes als Ihn besitzt – seine ewigen und zeitlichen Aspekte sind lediglich seine eigene besondere Essenz. Also sagte ich: »Sieh her, hier bin ich.« So kam ich zu dem Wissen um die wahre Bedeutung von Reinigung (*takhlis*).[3]

Die Wohnstatt oder der Ort des Hinabsteigens (*manzil*) bezieht sich auf die Sure im Koran, die in direktem Zusammenhang mit obiger Passage steht. Es ist die 39. Sure, wo wir die folgenden Zeilen finden: »Siehe, hinab gesandt haben Wir zu dir das Buch in Wahrheit, drum diene Allah lauteren Glaubens. Gebührt nicht Allah der lautere Glaube?«[4]

Die Erscheinung einer ganzen Koransure in einer Verkörperung geschah Ibn Arabi mindestens dreimal.[5] Es ist, als ob in seinem Fall die normalen Grenzen zwischen verschiedenen Modalitäten der Offenbarung etwas verwischt gewesen wären – Bedeutungen, die normalerweise als Ton oder Klang auftreten, konnten sich ihm visuell zeigen. Für ihn war das nicht überraschend, da er die tatsächliche Bedeutung, die durch die Form vermittelt wurde, verstehen konnte, und auch falls diese Bedeutung in anderer Form erscheinen sollte, konnte er sie begreifen. Er selbst beschreibt vier Formen der Existenz, die ›Gefäße‹ für Bedeutungen bereitstellen (er nennt sie »Dinge«, um sie nicht in irgendeiner Weise festzulegen):

---

3. *Futuhat al-Makkiyah* III:181. Diese Passage stammt vom Anfang des Kapitels 345, der der Sure 39 (die Scharen) entspricht. Das Zitat ist aus dem Koran 55:56.
4. Koran 39:2–3.
5. Vgl. Kap. 3 und 17 wegen der entsprechenden autobiografischen Beschreibungen der Suren Ya Sin und al-Shuara.
6. *Kitab al-Dawa'ir*, Seiten 7–8.

Jedes »Ding« im Sein besitzt vier Grade. (...) Der erste Grad ist das Sein eines Dinges in seiner persönlichen Realität (*ayn*) – von Gottes Standpunkt der Kenntnis der Erscheinungswelt ist dies [eigentlich] der zweite Grad; der zweite Grad ist das Sein eines Dinges im Wissen – das ist [eigentlich] der erste Grad nach dem Wissen, dass Gott der Hohe von uns besitzt; der dritte Grad ist das Sein eines Dinges im Klang; und der vierte ist das Sein in der Schrift. (...) Wenn wir den Namen »Said« aussprechen, verstehen wir seine Bedeutung [Klang]; wenn wir den Namen »Said« auf ein Stück Papier schreiben, verstehen wir seine Bedeutung [Schrift]; wenn Said selbst auftaucht, verstehen wir seine Bedeutung [Person]; wenn wir uns Said ins Gedächtnis rufen, wenn er nicht da ist, verstehen wir seine Bedeutung [Wissen oder Vorstellungskraft].[6]

Diese vier Grade oder Modi werden an verschiedenen Stellen von Ibn Arabi im Detail erläutert, doch werden wir nur zwei davon in diesem Kapitel untersuchen. Es lohnt sich jedoch anzumerken, dass, insofern Existenz nichts weiter als eine Manifestation Gottes ist, diese vier [Grade] die Möglichkeiten der Offenbarung zeigen. Zwei sind Repräsentationen in der Form von Buchstaben (das »Buch« als Klang und Schrift), während zwei Repräsentationen in Form des Körpers sind (der Prophet als Person und Bild). Wir beginnen mit einigen allgemeinen Betrachtungen über die beiden Bereiche des Redens und Schreibens.

Nach dem, was man für gewöhnlich unter menschlicher Sprache versteht, scheint es sicher zu sein, wie viele Linguisten heute glauben, dass Menschen essentiell mit Sprache begabt sind. Dies wird stark durch die Tatsache untermauert, dass keine bekannte menschliche Gesellschaft jemals unfähig war zu sprechen. In der Tat, wenn morgen Anthropologen eine solche Gesellschaft entdecken sollten, müsste unsere Auffassung von der Menschheit radikal revidiert werden, oder diese neue Gruppe könnte nicht als menschlich bezeichnet werden. Während es Einzelfälle von Menschen gegeben hat, die durch totale Isolation am Spracherwerb gehindert wurden, gibt es kein Beispiel für eine Gesellschaft von Individuen, die ohne Sprache miteinander verkehren können. Sprache ist für den Menschen eine ebenso wesentliche Eigenschaft wie Leben oder Wissen oder Macht (obwohl wir gesehen haben, dass dies nicht die essentielle Definition des Menschen ist).

Andererseits ist das Schreiben eher eine kulturelle Errungenschaft als eine universelle Eigenschaft, da es in vielen Gesellschaften fehlt. Tatsächlich ist das Schreiben eine ganz außergewöhnliche Errungenschaft, deren Auftreten das Wesen der Gesellschaft veränderte und durch die ihr Wissen gesammelt und weitergegeben werden kann. In oralen Gesellschaften wird Wissen nur durch Erfahrung oder direkte Unterweisung erworben. In einer schreibkundigen Gesellschaft kann Wissen durch den Zugang zu allem, was aufbewahrt wurde, gefunden werden – so lange der Code bekannt ist. Die wunderbare Fähigkeit der oralen Gesellschaften zur Bewahrung von Legenden und Genealogien durch individuelles Erinnern ist immer noch nicht zu vergleichen mit der praktisch unbegrenzten Fähigkeit einer modernen Bücherei, die jede Art von Schriftstück, alt oder neu, zugänglich machen kann. Durch das Schreiben wird die Gesellschaft immer komplexer organisiert. Dies ermöglicht die Entwicklung von immer größeren Ansammlungen von Menschen – so weit wir wissen, gibt es (Groß)städte erst im Zusammenhang mit der Schreibkunst. Ohne sie können wir nicht zwischen Geschichten und Geschichte unterscheiden: Die Geschichtswissenschaft ist eng gebunden an schriftliche Aufzeichnungen, die die Vorgeschichte in das Reich der Mythen und Legenden verweisen. Die geschichtlichen Ursprünge des Schreibens sind mit Mythen der Göttlichen Inspiration verknüpft: In Indien brach Ganesha, der Elefantengott der Weisheit, einen seiner Stoßzähne ab und benutzte ihn als Griffel; in Ägypten erfand der Gott Thoth das Schreiben; in Skandinavien war es Odin. Im Hinblick auf ein wahrhaft neues Denken muss die Schrift zu den großartigsten Ideen gerechnet werden. Die Fähigkeit zur Entzifferung der Schrift war immer das Kennzeichen für Bildung. Heute wird die Massenalphabetisierung als Voraussetzung für die Schaffung einer wirklich modernen Gesellschaft angesehen. Was als das (oft heilige) Vorrecht weniger angesehen wurde, als nur eine Priesterklasse lesen und schreiben konnte, ist heute zu einer universellen Notwendigkeit geworden.

All diese allgemeinen Beobachtungen beziehen sich lediglich auf die äußere Welt des Redens und Schreibens. Für Ibn Arabi bestehen jedoch zwei unterschiedliche Ebenen der Existenz und damit des Verstehens: einerseits gibt es die äußere Welt des Sprechens und der Unterhaltung; andererseits die innere Welt der klar vernehmlichen Rede oder der »Sprache« des [geistigen] Zustands.

Jeder der vier Grade der Existenz hat gewissermaßen diese beiden Seiten. So entstehen zwei Gruppen von vier Graden, eine Gruppe in der äußeren Existenz, die andere in der inneren – dies erinnert an die Vision der Göttlichen Selbstheit als Teppich mit vier Lichtschichten auf jeder Seite, die im letzten Kapitel beschrieben wurde. Die beiden Ebenen der Existenzwelten, die physische und die geistige, sind in gewisser Hinsicht einander entgegengesetzt: mehr von einer, weniger von der anderen Ebene. Wenn wir im physischen Klang befangen sind, sind wir weniger empfänglich für den geistigen – daher Ibn Arabis strenges Diktum, dass Stille eine der essentiellen Voraussetzungen für den Weg Gottes ist. Stille ist der Schlüssel dafür, die Wirklichkeit des Sprechens zu erkennen. Wenn wir nicht wissen, wie wir still sein können, sind wir unfähig zum wahren Lauschen und Hören. Wie er es beschreibt, hat die Stille zwei Ebenen, die diesen beiden Welten entsprechen:

> Stille ist von zweierlei Art: die Stille der *Zunge,* die darin besteht, durch nichts anderes und mit nichts anderem als Gott zu sprechen (diese beiden Bedingungen sind in Wirklichkeit eine), und die Stille des *Herzens,* die darin besteht, allen Gedanken an die erschaffene Welt zu entsagen. Derjenige, dessen Zunge schweigt, auch wenn sein Herz es nicht tut, erleichtert seine Last. Derjenige, dessen Zunge ebenso wie das Herz still sind, dessen innerstes Geheimnis (*sirr*) ist manifest, und sein Herr offenbart Sich ihm. Derjenige, dessen Herz still ist, doch nicht seine Zunge, spricht mit der Zunge der Weisheit. Derjenige, der weder eine stille Zunge noch ein stilles Herz hat, steht unter der Herrschaft des Satans und wird von ihm verlacht.
>
> Die Stille der Zunge ist eine der Heimstätten aller geistigen Menschen und aller Meister, die [dem Weg] folgen. Die Stille des Herzens ist eine der [deutlichen] Eigenschaften derjenigen, die nahe gebracht wurden (*muqarrabun*), welche Menschen der wahren Kontemplation sind. Der Zustand, den die Stille den Jüngern bringt, ist Bewahrung vor allem Schaden, während der Zustand, den sie den Nahegekommenen bringt, das innige Gespräch [mit Gott] ist.[7]

---

7. *Hilyat al-Adbal,* Seite 4.

Stille ist eine der vier Voraussetzungen auf Seiten des Dieners, die anderen [drei] sind Einsamkeit, Hunger und Wachsein. Diese werden von Ibn Arabi als die Ecksteine des Weges angesehen, und jedem entspricht ein körperlicher Aspekt (Schweigen der Zunge, Einsamkeit von anderen Menschen, Fasten und Schlafentzug) und eine geistige Realität (Stille des Herzens, Einsamkeit des Herzens, Hunger des Herzens und Wachsamkeit des Herzens). Deren Übung ist schlicht die Praxis des Dienens, keine der asketischen Praktiken, die mit Selbst-Verneinung und physischem Entzug zu tun haben, sondern die Praxis der Ablehnung von allem, was nicht Göttliche Gegenwart ist. In den *Futuhat* verbindet Ibn Arabi jede dieser vier Verneinungen mit einem weiteren Grad, der im Aufgeben der Negation besteht. Daher folgt dem Kapitel über die Stille und ihre Geheimnisse ein Kapitel über die Station der Rede; dem Kapitel über die Station der Wachsamkeit eines über die Station des Schlafes und so weiter. Tatsächlich ist der ganze Abschnitt des Buchs über spirituelles Benehmen diesen Gegensatzpaaren gewidmet. Ibn Arabis Einsicht ist tief: Er weist auf die absolute Notwendigkeit hin, sich niemals auf einen [einzigen] Verhaltensmodus zu beschränken, sondern jedem einzelnen Aspekt die gebührende Aufmerksamt zu erweisen.

Ebenso wie die Stille entsprechend den beiden Welten zwei Modalitäten hat, gilt dies auch für ihr Gegenstück, die Rede:

> Sprechen (*kalam*) und Sagen (*qawl*) sind zwei [verschiedene] Attribute Gottes. Durch das Sagen kommen die nicht-existenten Dinge zu Gehör, wie es in Seinem Wort heißt: »Wenn Wir ein Ding wollen, sagen Wir zu ihm: Sei!«. Durch das Sprechen kommen die existenten Dinge zu Gehör, wie es in Seinem Wort heißt: »Und Gott sprach zu Moses und sagte...«. Sprechen bezieht sich auf das, was durch die Zunge des Übersetzers geäußert wird, und bezieht sich auf den, der das von Ihm kommende interpretiert. Sagen hat eine Wirkung auf das Nicht-Existente, und das ist Dasein; während Sprechen auf das Existente wirkt, und das ist Wissen.[8]

8. *Futuhat al-Makkiyah* II:400. Die beiden Zitate stammen aus dem Koran 16:42 und 4:162.

9. Bestimmte afrikanische Sprachen benutzten einen eingezogenen (implodierten) Ton am Anfang einiger Worte, doch ansonsten ist dies eine unveränderliche Regel.

10. Koran 31:26.

Jedes Ding empfängt in seinem Ursprung den Befehl »Sei!« und kommt alsdann ins Sein. Es hat also zwei Stadien: das Stadium der Nicht-Existenz, als einer Möglichkeit, in der es das Gotteswort »Sei!« direkt hört, und ein Stadium der Existenz oder des Werdens, in dem es die Gottesworte hört oder umgekehrt – dies wird auch als »mit Gott Gehen und Sprechen« beschrieben. Für Ibn Arabi ist die Rede ein universelles Prinzip. Alle Dinge sprechen, innerlich oder äußerlich, und die Göttliche Rede ist das, was die Welt ins Sein bringt und dann Wissen verleiht.

Die Verbindung zwischen der Schöpfung und dem Sprechen ist ein hervorragendes Merkmal der Lehren von Ibn Arabi. Atem ist Leben und spendet Leben, und Klang wird auf dem Ausatmen erzeugt.[9] Die Töne, die wir von uns geben, sind davon abhängig, wo der Atem auf seinem Weg von den Lungen zu den Lippen innehält. Die moderne Phonetik hat die Elemente des Sprechens erschöpfend aufgezeigt, so dass wir die Struktur und Funktion des Larynx (des Kehlkopfs), der Glottis (der Stimmritze), des weichen Gaumens und so weiter bestens kennen. In Ibn Arabis Denken sind diese Elemente spezifische Metaphern für die Göttliche Schöpfung. Die gesamte Welt der erschaffenen Dinge ist eine Rede, die aus Worten besteht – er zitiert oft den Vers: »Allahs Worte sind unerschöpflich«.[10] Jedes Geschöpf ist ein Wort Gottes. Die konstituierenden Bestandteile dieser Schöpfung sind ›Buchstaben‹, und der schöpferische Impuls ist der Göttliche Atem des Mitgefühls (*nafas ar-rahman*). Indem Gott in reinem Mitgefühl ausatmet, werden die in Ihm vorhandenen Möglichkeiten, die Buchstaben, belebt, miteinander verbunden und zu Lebewesen oder Worten geformt. Jeder Buchstabe ist ein Ort, wo der Atem anhält oder wo der reine Atemstrom abgelenkt wird. Als isolierter Buchstabe ist er die prägnanteste Möglichkeit des Ausdrucks. Durch die Kombination von Buchstaben werden Wörter gebildet, und diese Worte vermitteln die von dem Sprecher beabsichtigte Bedeutung. Erinnert sei hier an die große Traumvision, die Ibn Arabi 1201 in Bejaia hatte, als er sich selbst mit jedem Buchstaben des Alphabets »vermählt« sah, sowohl in dessen isoliertem Zustand als auch in der Verbindung mit anderen.

Da Jesus im Koran als das Wort Gottes bezeichnet wird, das die Toten erweckte, indem er seinen Atem über sie blies, bezieht Ibn Arabi die gesamte Wissenschaft des schöpferischen Atems und der Buchstaben auf ihn:

Wisse (Möge Gott dir beistehen!), dass die Weisheit von Jesus das Wissen von den Buchstaben ist. Aus diesem Grunde wurde ihm das Hauchen[11] verliehen – das heißt die Luft, die aus den Kammern des Herzens fließt, was der Geist des Lebens ist. Wenn die Luft auf dem Weg zum Austritt aus dem Mund des Körpers angehalten wird, heißen die Haltepunkte »Buchstaben«, und die Potenzialitäten der Buchstaben treten in Erscheinung. Wenn sie kombiniert werden, ist das Leben im sinnlichen Bereich der Bedeutung nach manifest. Das ist das Erste, was sich der Welt von der Göttlichen Gegenwart zeigt. Die Potenzialitäten (*ayan*), in ihrem Zustand der Nicht-Existenz, haben außer dem Hören keine Beziehung. Die Potenzialitäten sind, in ihrem Zustand der Nicht-Existenz, essentiell darauf vorbereitet, den Göttlichen Befehl zu empfangen, wenn er mit dem Sein (*wujud*) zu ihnen kommt. Wenn Er will, dass sie sind, sagt Er »Sei!« zu ihnen, und sie werden und manifestieren sich entsprechend ihren Potenzialitäten.[12]

Ibn Arabi sieht auch eine besondere Beziehung des Göttlichen Atems zur Menschheit. Im Koran beschreibt Gott die Erschaffung des Menschen als Formung des körperlichen Lehms und als das Einhauchen Seines Geistes.[13] Für Ibn Arabi bezeichnet dies nicht nur das Geschenk des physischen Lebens, sondern auch die geistige Verwirklichung; nicht nur die Bildung des körperlichen Gefäßes, sondern auch das Einhauchen von Glauben in den Menschen. Wie wir gehen haben, betrachtet Ibn Arabi einen Menschen nicht als Menschen, solange nicht dieses ureigene Merkmal des Glaubens im Herzen vorhanden ist. Die Erschaffung oder Belebung der Menschheit hat also zwei Stadien. Im ersten Stadium wird die menschliche Möglichkeit erschaffen, eine körperliche Existenz, die im Sinne ihres Wissens noch eine latente ist. Diese ist von der animalischen Existenz nicht zu unterscheiden, außer im Hinblick auf ihr Potenzial. Im zweiten Stadium wird der wirkliche

---

11. Das arabische Wort *nafakh*, das hier als »hauchen, wehen, blasen« übersetzt wird, bezieht sich auf das Ausatmen oder die Be-atmung von etwas. Im Koran (15:29) wird es im Zusammenhang mit dem Göttlichen Einhauchen »Meines Geistes« in Adam verwendet. Das Wort *nafas*, hier als »Atem« übersetzt, kann sich sowohl auf das Aus- wie auf das Einatmen beziehen.

12. *Futuhat al-Makkiyah* I:168 und 3:89 (OY).

Mensch erschaffen entsprechend dem Göttlichen Bild oder der Göttlichen Form – dies ist keine körperliche Erschaffung mehr, sondern eine Verwirklichung, ein Erwachen.

Wenn der Mensch im Aufsteigen zu seinem Herrn sich aufgelöst hat, und jede Welt all das, was ihr jeweils entspricht, auf seinem Weg von ihm entfernt und nichts bleibt außer dem innersten Geheimnis (*sirr*), das von Gott für ihn ist, dann sieht er Ihn allein durch Ihn[14] und hört Seine Rede nicht außer durch Ihn. Dann ist Er der Allerhöchste und Allerheiligste, denn Er wird durch nichts gesehen außer durch Ihn! Wenn der Mensch von dieser Begegnung zurückkehrt, wird sein Bild / seine Form (*sura*),[15] die sich während seines Aufsteigens aufgelöst hatte, wiederhergestellt und das ganze Universum gibt ihm für alles, was vorher von ihm genommen worden war, das passende Gegenstück zurück, denn kein Universum kann über die veränderlichen Bedingungen seiner Gattung hinausgehen. Alles von ihm wird durch dieses Göttliche Geheimnis zusammengebracht und darin vereinigt, und dadurch verklärt die Form Sein Lob und rühmt seinen Herrn, denn niemand preist Ihn außer Ihm. Würde die Form Ihn aus eigenem Recht preisen statt durch Seine Geheimnisse, würde bei dieser Form weder Göttliches Wohlwollen noch Dankbarkeit auftreten. Dankbarkeit Ihm gegenüber ist in allen Geschöpfen angelegt, und es ist so eingerichtet, dass jeder Dank und Lobpreis für Gott, die von den Geschöpfen geäußert werden, durch dieses Göttliche Geheimnis geschehen. Sein Geist ist in allen Dingen, und da ist nichts in Ihm. Es ist Gott, Der Sich selbst preist und rühmt. Alles Göttliche Gute, das durch Lobpreis und Verherrlichung zu dieser seiner Form kommt, stammt von diesem Tor des reinen Schenkens, nicht von dem Tor der existentiellen Rechte und Verdienste. Wenn Gott ihm durch Rechte und Verdienste gibt, dann von dem Standpunkt aus, dass Er es Sich zur Pflicht gemacht hat.

13. »Und wenn Ich ihn gebildet und ihm von Meinem Geiste eingehaucht habe« (Koran 15:29).
14. Oder »außer durch es«, bezogen auf das innerste Geheimnis (*sirr*). An diesem Punkt der Verwirklichung besteht eine völlige Identität von Gott und Mensch.
15. Dies ist die reine menschliche Form, die in dem Hadith beschrieben ist: »Und Gott formte Adam nach Seinem eigenen Bilde.«

Wörter kommen von Buchstaben, Buchstaben aus der Luft, Luft aus dem Atem des Erbarmers. Durch die [Gottes]namen entsteht Wirkung in den geschaffenen Welten, und auf jene zielt das Wissen von Jesus. Durch diese Worte braucht der Mensch die Anwesenheit des Erbarmers, so dass Er von Seinem eigentlichen Selbst das geben kann, was dem Leben schenkt, wonach mit diesen Worten verlangt wurde. Dadurch wird die Ordnung auf ewig kreisförmig.[16]

Diese schöne Beschreibung der geistigen Erkenntnis stellt die Qualität des Mitgefühls heraus, die Ibn Arabi so nachdrücklich bei jeder möglichen Gelegenheit wiederholt. Er hat alles Feilschen mit Gott aufgegeben, alle Halbherzigkeit und alle Reduktion Gottes auf die eigene beschränkte Vision. Er hat die wahre Realität gesehen und erlebt. Er sieht, wie Gott alle begrenzten Dinge aus reinem Mitgefühl erschafft, alles, was uns gut und schlecht erscheint, den Himmel der völligen Glückseligkeit und die Hölle des völligen Leidens. Wie er erläutert, ist das Resultat von Mitgefühl immer Glückseligkeit und Leichtigkeit, und sogar jene, die in der Hölle leiden, sind davon nicht ausgeschlossen (obwohl das Maß ihrer Glückseligkeit nur die Abwesenheit von Leiden sein wird). Diesen Segen verbindet er mit dem Gottesnamen *ar-Rahman*, dem Einen, Der All-Erbarmend ist. Es ist der Atem des All-Erbarmenden Einen, der das ›Leiden‹ der Möglichkeiten in ihrer Sehnsucht nach Manifestation lindert und allen Kummer bei Seinen Geschöpfen beseitigt; es ist der All-Erbarmer, Der »auf dem Thron« des Gläubigen »sitzt«. Doch nach Ibn Arabi wird dieser Name in seiner wahren Realität nur von wenigen Gnostikern erkannt. Er stellt das Ende und die Erfüllung der spirituellen Reise dar. Das Erreichen dieser übergeordneten Qualität und das »Wohnen« in ihr wird an verschiedenen Stellen des Korans in Aussicht gestellt. Er kommentiert beispielsweise den folgenden Vers der Sure von Maria, in der der Name *Rahman* häufig erwähnt wird:

»Eines Tages [am Tag der Auferstehung] versammeln Wir die Gottesfürchtigen beim Erbarmer«. [Dieser Vers bedeutet, dass] es der All-Erbarmer ist, Der ihre Ankunft bewirkt, denn der All-Erbarmer steht jenseits der Furcht.[17]

VOM SCHREIBEN UND SPRECHEN

Einer der von Ibn Arabi häufig zitierten Koranverse ist: »Rufet Ihn ›Allah‹ oder rufet Ihn *Rahman* – wie ihr Ihn auch anrufen möget, Sein sind die schönsten Namen.«[18] Während er oft feststellt, dass beide Namen zur allumfassenden Qualität Gottes gehören, kommentiert er an einigen Stellen den Unterschied zwischen den beiden Namen. Hier weist er darauf hin, dass ihre Universalität recht verschieden ist und nur vom Gnostiker eingeschätzt werden kann:

Die Stadien [der geistigen Reise] zwischen dem [unerleuchteten] Herzen und dem Thron sind [der Abstand] zwischen dem heiligen Namen »Gott« und dem Gottesnamen »All-Erbarmer«. Während [hinsichtlich des Verses] »Wie ihr Ihn auch anrufen möget, Sein sind die schönsten Namen« niemand Gott leugnet, leugnen die Menschen jedoch den All-Erbarmer, da [diejenigen, denen der Glaube fehlt,] sagen: »Wer ist der *Rahman?*«[19] Denn die Station des Bezeugens der ›Gottheit‹ ist universeller, da sie die Totalität [der Existenz] bekräftigt, indem sie Leiden ebenso wie Erbarmen einschließt – beide finden sich in der Existenz, was niemand leugnen würde. Doch die Station des direkten Bezeugens von Gottes Absolutem Mitgefühl (*rahmaniyah*) wird nur von denen gewusst und anerkannt, die den erbarmenden Segen des Glaubens empfangen haben. Daher leugnet dies niemand außer denjenigen, die [dieses wahren Glaubens] beraubt sind, da sie sich einfach nicht bewusst sind, dass sie durch den Glauben gesegnet sind.[20] Denn Sein Absolutes Mitgefühl enthält nichts als Vergebung und Reine Güte![21]

---

16. *Futuhat al-Makkiyah* I:168 und 3:92–93 (OY).
17. *Futuhat al-Makkiyah* I:736 und II:78 (OY). Das Zitat stammt aus dem Koran 19:88.
18. Koran 17:110.
19. Bezieht sich auf Koran 25:61: »Und wenn zu ihnen gesprochen wird: ›Werfet auch nieder vor dem Erbarmer‹, sprechen sie: ›Und was ist der Erbarmer? Sollen wir uns etwa niederwerfen vor dem, was du uns befiehlst?‹ Und es vermehrt ihren Abscheu.«
20. Oder: »Sie wissen einfach nicht, was ihnen entgangen ist.«
21. *Futuhat al-Makkiyah* I:667 und 10:62–63 (OY); übersetzt von James W. Morris in seinem Artikel *He Moves You through the Land and Sea...*, in: *The Journey of the Heart*, Seite 55.

Das Ziel des spirituellen Lebens ist für Ibn Arabi das wahre Verständnis der Unermesslichkeit des All-Erbarmers. Absolutes Mitgefühl ist die Qualität, von der Seine Sehnsucht, erkannt zu werden, durchtränkt ist. Sie schließt alles ein, so wie der Atem jedem Klang zugrunde liegt. Alle Klänge werden durch den Atem lebendig, jede Bedeutung wird auf den Atem projiziert.

Wer danach verlangt, den Göttlichen Atem zu kennen,[22] den lass das Universum erkennen. Denn »wer sich selbst kennt, kennt seinen Herrn«, Der in ihm Gestalt angenommen hat. Das heißt, dass das Universum im Atem des All-Erbarmers manifest ist, durch Den Gott den Kummer der Gottesnamen darüber beseitigte, dass sie sich unfähig fühlten, ihre Wirkungen zu manifestieren.[23]

Verstehe also, dass der Atem zu *Rahman* gehört, während du sprichst, und die Rede zu Gott (Allah) gehört und dass der Atem schließlich in der Existenz eines Wortes unter den Wörtern resultiert. Seine wahre Realität zeigt sich äußerlich, nachdem sie im Inneren verborgen war; er wird ins Einzelne entfaltet, nachdem er in einer summarischen Form vereinigt gewesen war.[24]

Das Universum ist daher die sichtbare Artikulation des Göttlichen ›Ausatmens‹, der aus einem latenten Zustand in äußere Formen geblasen wird. Dies ist eine belebende, Leben spendende Schöpfung, in der jedes Ding oder jeder »Ton« ebenso eine Artikulation des Atems wie auf ihn projiziert ist: eine perfekte Analogie für die Art, wie etwas gleichzeitig Gott und Nicht-Gott ist. Die Vermischung dieser beiden Aspekte ist genau das, was Ibn Arabi als die Ursache dafür beschreibt, warum Jesus missverstanden wurde. Während alle großen Heiligen und Propheten aus »Mitgefühl mit den Uni-

---

22. Im Arabischen ist das Wort für Atem (*nafas*) etymologisch verwandt mit dem Wort für Selbst oder Seele (*nafs*), genau wie das englische Wort *anima* (Seele) die gleiche lateinische Wurzel wie *animate* (belebt) oder *animal* (Tier, Tier-, Elementarwesen) hat. [Im Deutschen vergleichbar: »Anima« (in der Psychologie gebraucht) – »animiert«, »animos«, »animalisch« (Anmerkung der Übersetzerin).]

23. *Fusus al-Hikam*, Seite 145; *The Bezels of Wisdom*, Seite 181; *The Wisdom of the Prophets*, Seite 76; *Die Weisheit der Propheten*, Seite 101.

24. *Futuhat al-Makkiyah* II: 400–401.

25. *Futuhat al-Makkiyah* II:644.

versen« gesandt wurden, manifestierte Jesus am explizitesten einige Eigenschaften des Lebensatems. Seine Fähigkeit, die Toten zum Leben zu erwecken, stellt für Ibn Arabi die Wiedergeburt der Seele in physischer Form durch das Wissen um Gott dar. In seiner spirituellen Realität, als Siegel der universellen Heiligkeit, ›animiert‹ Jesus alle Stufen der Heiligkeit. Jedes Mal, wenn wir ausatmen, erneuern wir diesen schöpferischen Vorgang, eine Bewegung, die sich in der stillen Tiefe des Herzens oder der Brust sammelt, bei der Passage durch die Kehle und den Mund artikuliert und in die äußere Welt projiziert wird. Jedes Mal, wenn wir einatmen, erneuern wir den Prozess der Rückkehr, von der Grenze dieser Projektion mühelos zurück in die innere Stille des Herzens.

Das Bild des Buches gehört zu einer anderen Kategorie. Während die Rede vergänglich und nur für die unmittelbar Anwesenden wirksam zu sein scheint, erreicht das Schreiben sein Publikum über die Grenzen von Raum und Zeit hinaus. Ein Buch soll angeschaut und gelesen werden, unabhängig von seinem Autor. Als dessen physische Erinnerungshilfe kann es wohl weniger als durch ein fehlerhaftes Gedächtnis verändert werden, denn es wurde ja objektiviert. Dies veranlasste auch Ibn Mujahid, den andalusischen Meister, der einen großen Einfluss auf Ibn Arabi hatte, seine Worte und Taten aufzuschreiben. Allerdings bedeutet im Zusammenhang mit der Inspiration, schriftkundig zu sein – mit anderen Worten, die überbrachte Botschaft lesen und entziffern zu können –, genau genommen »Analphabet« (*ummi*) zu sein. Wir sind aus uns selbst heraus nicht fähig, Offenbarung zu verstehen; wir können uns ihr nur öffnen und uns ganz ihrer Herrschaft unterwerfen. So versteht Ibn Arabi das so genannte »Analphabetentum« Mohammeds: nicht als physische Unfähigkeit zu schreiben oder zu lesen, sondern als jungfräulichen Boden in den Händen Gottes, »unberührt von Menschen oder Dschinns«, der alles intellektuelle Denken und alles Reflektieren aufgegeben hat.

> Der Zustand des Analphabetismus bedeutet unserer Ansicht nach, die Kraft der Reflexion oder des intellektuellen Urteils nicht auszuüben, um Bedeutungen und Geheimnisse herauszuziehen. (...) Wenn das Herz ganz sicher vor reflektierendem Denken ist, ist es analphabetisch und bereit, die Göttliche Erleuchtung vollkommen zu empfangen.[25]

Als Gegenstück zur Stille ist das geistige Analphabetentum die Vorbedingung für das Schreiben, wie die Verfassung von Moses, als ihm die Zehn Gebote offenbart wurden, und die Mohammeds, als er von Gabriel gelehrt wurde, den Koran auszusprechen. Wie der Koran auf das Herz des Propheten geschrieben wurde, so dass er die »Totalität der Worte« (*jawami al-kalim*) erfasste, so empfing Ibn Arabi die »reinen Gaben der Weisheiten« (*mawahib al-hikam*), als er die *Futuhat* zu schreiben begann.[26] Er war vor allem ein Schriftsteller, der sein völliges Ungenügen angesichts der Flut von Inspiration erklärte, die sich über ihn ergoss. Dieses Schreiben ist seine sichtbarste und dauerhafteste Leistung, mit ihrer bemerkenswerten Kraft, den Leser zu transformieren.

Bedeutung lässt sich für Ibn Arabi nicht nur in Wörtern oder Büchern finden. Die Buchstaben selbst, die eigentlichen Elemente der Schrift, sind ebenso wichtig. Er sieht die achtundzwanzig Buchstaben des arabischen Alphabets als Ausdruck eines einziges Prinzips, wo jeder Buchstabe mit einem Gottesnamen verbunden ist und schon die Form des Buchstabens auf eine Bedeutung hinweist. So ist beispielsweise der erste Buchstabe des Alphabets, *alif*, der durch eine gerade vertikale Linie markiert wird und dessen Zahlenwert eins ist, »die sich selbst erhaltende Qualität der Buchstaben. Sie sind alle mit ihm verknüpft, während er mit keinem verbunden ist«.[27] In dem folgenden autobiografischen Beispiel bekommen wir ein interessantes Bild davon, wie sein Schreiben von anderen bestärkt und ausgedehnt wurde.

> Wisse, dass ich gemeint habe, das Geheimnis des Buchstabens *sad* könne allein im Schlaf empfangen werden, denn ich empfing es nicht, oder Gott gab es mir nicht außer im Schlaf; deswegen sagte ich, dass dem so wäre. Doch seine Realität ist nicht so, und Gott kann es im Schlaf oder im Wachen geben. Als ich dies niederschrieb, bat ich einen meiner Gefährten, einige der *Asrar al-Huruf* [Geheimnisse der Buchstaben] zu lesen, um einige Ausrutscher, die beim Schreiben entstanden waren, zu korrigieren. Als er an die Stelle kam, die sich mit diesem Buchstaben befasst, erzählte ich allen, was mir geschehen war: dass Schlaf nicht notwendig

---

26. Vgl. *Futuhat al-Makkiyah* I:3.
27. *Kitab al.Alif,* Seite 12.

war, um dieses Geheimnis zu empfangen, sondern dass es einfach die Art und Weise gewesen war, wie ich es empfangen hatte. Ich beschrieb [ihnen] meinen Zustand, und die Gruppe löste sich auf.

Der nächste Tag war ein Samstag, und wir hatten unsere gewohnte Zusammenkunft in der Heiligen Moschee [in Mekka], wobei wir die jemenitische Ecke der großen Kaaba vor Augen hatten. Wie immer, war auch Scheich Abu Yahya Abu Bakr bin Abu Abdallah al-Hashimi[28] dabei. (...) Als wir die Lesung beendet hatten, sagte er zu mir: »Ich hatte gestern einen Traum. Ich setzte mich hin, während du auf dem Rücken vor mir lagst. Du sprachst über den [Buchstaben] *sad*, und ich rezitierte spontan den Vers: ›Der Sad ist ein sehr edler Buchstabe, und der *sad* im *sad* ist das Beste.‹ Du fragtest mich dann in dem Traum: ›Welchen Beweis hast du dafür?‹ und ich antwortete: ›Er hat die Form eines Kreises, und nichts geht dem Kreis voran.‹ Dann wachte ich auf.« Er fügte hinzu, dass ich im Traum über diese Antwort hocherfreut gewesen wäre.[29]

Ibn Arabi erklärt dann weiter, dass der Buchstabe *sad,* der auch der Titel der 38. Sure ist, den Kreislauf von Prüfung, Strafe und schließlich Vergebung innerhalb des allumfassenden Mitgefühls beschreibt. An anderen Orten verbindet er ihn mit dem Gottesnamen *al-Mumit,* dem Einen, Der tötet.[30]

Es mag seltsam erscheinen, dass geistige Lehren in ein geschriebenes Format gegossen werden sollten – die meisten geistigen Meister haben auf dem persönlichen, unmittelbaren und daher mündlichen Aspekt ihrer Unterweisung bestanden, und einige führen ihre Sitzungen sogar in strenger Stille durch. Der Mystizismus wird normalerweise ganz richtig als eine Angelegenheit zutiefst persönlicher Erfahrung angesehen, die dem Intellektualisieren und einfachen Bücherlesen grundsätzlich widerspricht. Buch-

---

28. Er war auch unter dem Namen Yunus bin Yahya al-Hashimi bekannt. Vgl. Kapitel 11.
29. *Futuhat al-Makkiyah* I:71 und 1:312 (OY); *The Meccan Illuminations,* Seiten 473–474. Das «Geheimnis der Buchstaben» ist höchstwahrscheinlich der Titel eines gesonderten Werkes, das Ibn Arabi in den Jahren 1202/03 in Mekka verfasste, und weniger ein Teil des zweiten Kapitels der *Futuhat.*
30. *Futuhat al-Makkiyah* II:453.

wissen wird danach als ein Hindernis für Spiritualität angesehen. Für Ibn Arabi jedoch ist das Buch etwas ganz anderes: Es ist die Verkörperung einer Erkenntnis, ein Reich wirklicher Existenz – ebenso wie das äußere Universum. Die Schrift ist eine fundamentale Welt eigenen Rechts, die von Buchstaben in allen möglichen Kombinationen bevölkert ist. Es gibt eine absolute Entsprechung zwischen Buch und Universum: »Existenz ist ganz und gar Buchstaben, Wörter, Suren und Verse, und sie ist der makrokosmische Koran.«[31]

Letzten Endes ist das offenbarte Buch nicht in erster Linie ein physisches Objekt. Es ist eine auf dem Herz des Menschen eingeprägte Weisheit, so wie die ursprünglichen Gesetzestafeln des Moses. Diese Göttliche Inschrift versuchte Ibn Arabi zu artikulieren und niederzuschreiben.

> Ich handle [nur] auf Befehl meines Herrn, Dem ich absolut gehorche. Ich spreche nur mit Erlaubnis, ebenso wie ich nur dort innehalte, wo es mir bestimmt ist. Unsere Schriften, ob nun dieses oder ein anderes Buch, folgen nicht dem Lauf gewöhnlicher Kompositionen. Wir schreiben auch nicht so wie gewöhnliche Autoren. Jeder [andere] Schriftsteller handelt nach seiner eigenen Wahl und nach freiem Willen oder entsprechend dem jeweils verbreiteten Wissen. So fügt er ein, was er will, und lässt weg, was er will; oder er fügt ein, was sein Wissen ihm eingibt, wenn die jeweilige Frage ihm ganz klar geworden ist. Wir hingegen schreiben folgendermaßen: Das Herz klammert sich anbetend an die Tür der Göttlichen Gegenwart, wachsam für das, was sich bei Öffnung der Tür entfaltet, in Armut und Not, bar allen Wissens – wenn ich in dieser Station nach etwas gefragt werde, höre ich es nicht [einmal], da dessen Klang mein Herz nicht erreicht. Was auch immer hinter dem Vorhang hervorkommt, dem zu gehorchen beeilt sich das Herz und schreibt es nieder in dem Maße, wie es von dem [Göttlichen] Befehl bestimmt ist.[32]

Aus dieser Passage ergeben sich sofort zwei Punkte. Der erste ist die deutliche Unterscheidung, die Ibn Arabi zwischen gewöhnlichem und inspiriertem Schreiben macht. Das entspricht der Unter-

31. *Futuhat al-Makkiyah* IV:167.
32. *Futuhat al-Makkiyah* I:59 und 1:264–265 (OY).

scheidung, auf die wir in seinen Werken immer wieder stoßen: zwischen der Welt des Intellekts und der Welt des Herzens, zwischen der scheinbaren Freiheit der Wahl und der wahren Freiheit von der Wahl, zwischen dem Einnehmen der Position des Bewegenden und der Akzeptanz der wahren Rezeptivität im Bewegtsein.

Der zweite Aspekt betrifft die Benutzung des Plurals »wir«. Auf den ersten Blick mag es so aussehen, als ob dies einfach eine rhetorische Floskel wäre, um auf sich hinzuweisen, und oft ist es in seinen Schriften möglich, den Plural mit dem Singular »ich« zu übersetzen. Doch in diesem Falle (und vielleicht auch in anderen Fällen, wenn wir sehr genau hinschauen) spielt Ibn Arabi auf eine Erfahrung an, die von allen Menschen der Offenbarung (*kashf*) geteilt wird: Es ist eine implizite Mahnung an seinen Leser, in seine Fußstapfen zu treten und von Gott auf die gleiche Art zu empfangen, denn er spricht nicht nur von sich.

Dies führt uns zu einer der vielleicht grundlegendsten Fragen, die wir uns stellen müssen, wenn wir uns seinen Schriften nähern. Wie lesen wir sein Werk? Was sind unsere Motive, ihn zu lesen? Akzeptieren wir, dass er auf Göttliches Geheiß schrieb? Wenn dem so ist, was bedeutet das für uns? Offensichtlich kann es keine einfache allgemeine Antwort auf diese Fragen geben, da sie höchst persönlich sind. Unsere Reaktion auf seine Schriften, auf welcher Ebene auch immer, enthüllt das Ausmaß, in dem wir dem Göttlichen Diktieren auf uns zu wirken erlauben. Zum Teil hat Ibn Arabi die Frage, wie wir sein Werk lesen sollen, in einem kurzen Gedicht am Anfang der *Fusus al-Hikam* beantwortet.

Es kommt von Gott, also höre!
   Und es geht zu Gott, also kehre um!
Wenn du gehört hast, was
   Er dir gegeben hat, wache auf [in deinem Herzen]!
Und dann, mit [wahrem] Verstehen, erkenne das Einzelne
   der ganzen Rede, und übertrage sie wieder [als ein Ganzes].
Und dann schenke sie dem,
   der nach ihr sucht – halte sie nicht zurück.
Dies ist das Mitgefühl, das dir zuteil wurde
   – so lass es auch anderen zuteil werden![33]

---

33. *Fusus al-Hikam*, Seite 48; *The Bezels of Wisdom*, Seite 46. Es gibt eine abweichende Lesart in der zweiten Zeile von al-Qunawis Manuskript, der ich gefolgt bin.

Sein Schreiben ist die direkte Auswirkung des Mitgefühls und hat kein anderes Ziel, als den Leser dazu zu bringen, wieder in Sein Reich einzutreten. Obwohl eigentlich niemand sich je außerhalb des allumfassenden Mitgefühls befindet, sollte diese vorgegebene Tatsache nichtsdestoweniger erkannt – das heißt verwirklicht – werden. Unmittelbare Selbsterkenntnis des Lesers ist das einzige Ziel von Ibn Arabis Schreiben, und dies ist eine Reise aus der Welt des Leidens und der Vergebung in die Welt der reinen Güte. Zu lesen, was er geschrieben hat, heißt, sich in Seiner Gegenwart zu befinden, falls wir wirklich wach sind, und somit das Buch der eigenen Seele zu lesen.

Kapitel 17

Vom Osten und vom Westen

Herr des Himmels und der Erde und was zwischen beiden ist,
so ihr dies glaubt (...)
Herr des Ostens und des Westens und was zwischen beiden ist,
so ihr begreift (...)[1]

Gepriesen sei Gott, Der mir erlaubt hat, in Gottes
  Wohlgefallen aufgehoben zu sein
Gepriesen sei Gott, Der mir Zugang zum Garten von Gottes
  Mitgefühl gewährt hat.
Gepriesen sei Gott, Der mich an den Platz von Gottes Liebe
  gesetzt hat.
Gepriesen sie Gott, Der mich die Delikatessen von den
  Tischen schmecken ließ, auf welchen Gottes Verpflegung
  ausgebreitet ist.
Gepriesen sei Gott, Der mir die feine Gnade zuteil werden
  ließ, mich nach Gottes Wahl zu richten.
Gepriesen sei Gott, Der mich aus Quellen trinken ließ,
  in welchen Gottes erfüllte Versprechen gefunden werden
  können.
Gepriesen sei Gott, Der mich in das Gewand wahrer
  Dienerschaft Gottes gekleidet hat.
All dies trotz dem, was ich vom Göttlichen verschwendet und
von den Göttlichen Ansprüchen vernachlässigt habe.[2]

UNTER ALLEN GROSSEN MYSTIKERN DER WELTGESCHICHTE IST
Ibn Arabi zweifellos eine gigantische Figur. Sein Einfluss ist weitreichend, auf offensichtliche und auch weniger offensichtliche Weise. Wie mehrmals bemerkt wurde, ist es möglich und sogar notwendig, von einer Welt vor und einer Welt nach Ibn Arabi zu sprechen. Seine Werke haben als eine komprimierte Zusammenfassung der ersten sechs islamischen Jahrhunderte gedient und spä-

---

1. Koran 26:23 und 26:27.
2. *Wird*, Samstagmorgen-Gebet; *Tages- und Nachtgebete*, Seite 63.

tere Schriften der ganzen islamischen Welt durchdrungen, von Marokko bis China. Das sagen wir nicht aus dem Wunsch heraus, eine historische oder philosophische Zusammenfassung zu geben, sondern rein wegen der Tatsache, dass ihm die wahre geistige Bedeutung dessen, was vorausgegangen war, geschenkt wurde. Sein Leben ist selbst Zeugnis dieser Weisheit, so wie wir es auch beispielhaft im Leben vieler anderer geistiger Meister sehen können. Jedoch ist es Teil der Einzigartigkeit Ibn Arabis, dass sein Leben und Denken so innig miteinander verbunden sind, dass das eine mit dem anderen verschmilzt und es durchdringt. Das geschriebene Wort ist für Ibn Arabi ein ebenso integraler Bestandteil des Lebens, wie es das gesprochene Wort des Korans für den Propheten Mohammed war.

Wenn wir ihn mit zwei anderen großen geistigen Meistern, die fast gleichzeitig mit ihm lebten, vergleichen, lässt sich seine Einzigartigkeit vielleicht leichter einschätzen. Abu Madyan (1115–1198), die große Figur des Maghreb, kann als der einflussreichste geistige Lehrer des westlichen Sufismus angesehen werden. Er verbrachte den größten Teil seines Lebens in Bejaia, einer bedeutenden algerischen Stadt des 12. Jahrhunderts, und er hatte zahlreiche und geistig weit entwickelte Schüler. In Andalusien war Ibn Arabi mit mindestens sechs von seinen Schülern zusammen und wurde von seinen Lehren, sowohl direkt als auch indirekt, stark beeinflusst. Es gibt verschiedene Manuskripte von Abu Madyans Werken, doch bis jetzt sind noch keine aufgetaucht, die früher als zweihundert Jahre nach seinem Tode geschrieben wurden. Im Osten war Abd al-Qadir al-Gilani (1077–1166) historisch gesehen der einflussreichste Meister, und der Sufi-Orden, der seinen Lehren folgt, die Qadiriyah, ist über die ganze Welt verbreitet. Abd al-Qadir verbrachte den größten Teil seines Lebens, über siebzig Jahre, in Bagdad, und auch bei ihm stammen seine wenigen uns überlieferten Schriften aus später entstandenen Manuskripten. Ibn Arabi begegnete einigen seiner Schüler in Mekka, vor allem Yunus bin Yahya al-Hashimi (von dem er al-Gilanis *khirqa* empfing), und Abu al-Badr al-Tamashiki (der Geschichten aus dessen unmittelbarem Schülerkreis erzählte).

Anders als diese beiden großen Meister führte Ibn Arabi ab dem Alter von achtzehnten Jahren ein Leben mit außerordentlicher Reisetätigkeit. Er verbrachte mindestens zweiunddreißig Jahre seines Lebens auf Reisen; seine Routen reichten von einer Seite des

Mittelmeers zum anderen, vom westlichsten Zipfel der islamischen Kultur durch das Mutterland der arabisch sprechenden Welt tief in das Seldschukken-Reich Anatoliens hinein. Offensichtlich war er ein Mensch des Westens und des Ostens. Diese Tatsache spiegelt sich sogar in seiner Handschrift, die beide Stile kombiniert. Als Lehrer war Ibn Arabi höchst einflussreich, mit einer gewaltigen Zahl von Schülern, wenn man jene mitrechnet, auf die er zu anderer Zeit und an anderem Ort mittels visionärer Eingebungen wirkte. Wo immer er gelebt hat, können wir auch eine allgemeine kulturelle Renaissance feststellen: die Almohaden in Andalusien, die Ayyubiden in Syrien und die Seldschukken in Anatolien, die zu seiner Zeit alle ihre Blütezeit erlebten. Was ihn jedoch von Abu Madyan und Abd al-Qadir unterscheidet, ist, dass so viele seiner Werke, oft in seiner eigenen Handschrift, erhalten geblieben sind – und diese Schriften hatten langfristig den größten Effekt.

Vergegenwärtigen wir uns kurz diese literarische Leistung. Nach Osman Yahia gibt es etwa 700 authentische Werke von Ibn Arabi, von denen etwa 400 in irgendeiner Form erhalten sind. Es gibt mindestens 350 signierte Werke, deren Herkunft gesichert ist. Sie bilden die Synthese und Vollendung vorheriger mündlicher Unterweisungen und haben jeden Winkel der islamischen Welt erreicht, wobei sie die spirituelle Lehre in jedem Land zutiefst beeinflusst haben. Kein mystischer Orden hat jemals Exklusivrechte auf die Interpretation seiner Lehre oder darauf, den Lehren des »größten Meisters« zu folgen, für sich beanspruchen können. Diese Universalität oder Grenzenlosigkeit wurde auf wunderbare Weise in einer Vision vorgezeichnet, die er vor dem Verlassen des Maghreb hatte:

> Die Veranlassung, mich poetisch auszudrücken, kam von einem Traum, in dem ich einen Engel auf mich zukommen sah, mit einem Überrest weißen Lichts, als wäre es ein Stück Sonnenlicht. »Was ist das?« fragte ich. Als Antwort kam: »Es ist die Sure al-Shuara [die Dichter].« Ich schluckte es hinunter und fühlte, wie sich aus meiner Brust ein Haar bis hinauf zu meiner Kehle und dann zu meinem Mund erhob. Es war ein Tierchen mit Kopf, Zunge, Augen und Lippen. Dann dehnte es sich aus, bis sein Kopf die beiden Horizonte erreichte – sowohl den Osten wie auch den Westen. Danach zog es sich wieder zusammen und kehrte in meine Brust

zurück. Da wusste ich, dass meine Worte den Osten und den Westen erreichen würden. Als ich zu mir kam, sprach ich Verse, ohne nachzudenken und ohne irgendeine intellektuelle Verarbeitung. Seit damals hat jene Inspiration niemals mehr aufgehört.[3]

Wir kennen das genaue Datum dieser Vision nicht, obwohl sie sich wahrscheinlich in einem frühen Stadium seiner Schriftstellerlaufbahn ereignete. Wir wissen jedoch einige Einzelheiten über die Art und Weise, wie sein Werk später verbreitet wurde. Es lohnt sich, die Geschichte in ihren groben Umrissen zu erzählen, um etwas von der Art zu verstehen, wie seine Lehren aufgenommen wurden. Die Prozedur der Veröffentlichung war schon zu seinen Lebzeiten gut in Gang gekommen; seine Werke wurden sorgfältig kopiert und ihm vorgelesen, und nach und nach in einer sich ständig erweiternden Zuhörerschaft verbreitet. Beispielsweise beglaubigte einer seiner engen Schüler, Ayyub bin Badr al-Muqri, mindestens neun Werke, die er allein in einem Jahr (1224) in Ibn Arabis Gegenwart in Damaskus abgeschrieben hatte. Das Werkverzeichnis, das Sadruddin al-Qunawi und König al-Ashraf gegeben wurde, trug auch zur allmählichen Verbreitung bei. Im Laufe der nächsten Jahrhunderte sollten dann viele Pilger nach Damaskus und Konya kommen, um Manuskripte abzuschreiben.

Die Aufbewahrung seines Erbes in einer ziemlich intakten Form ist umso bemerkenswerter, wenn wir daran denken, dass es keinen Buchdruck, keine Fotokopien oder andere technologische Raffinessen gab, die wir in der modernen Welt als selbstverständlich voraussetzen. Wir sind in der äußerst glücklichen Lage, viele Originalmanuskripte zu haben, die er selbst geschrieben hat. Der größte Dank gebührt Sadruddin al-Qunawi, dessen private Biblio-

---

3. Aus dem Vorwort zum *Diwan al-Ma'arif; Quest for the Red Sulphur*, Seite 290. Vgl. auch Claude Addas: *The Ship of Stone*, in: *The Journey of the Heart*. Sie weist darauf hin, dass diese Vision einige Zeit vor 1197 stattgefunden haben muss, dem Datum des *Kitab al-Isra*, das mehrere Gedichte enthält. Sie fand vermutlich kurz vor der Rezitation der berühmten Gedichtzeiten in Tunis im Jahre 1194 (vgl. Kapitel 7) statt.
4. Es wurde oft behauptet, dass dieser Text Ibn Arabis allein von al-Qunawi gelesen wurde. Jedoch gab es eine zweite Lesung mit sieben weiteren Anwesenden, zu denen auch Taqiuddin Abd ar-Rahman al-Tawzari gehörte. Ich danke Michel Chodkiewicz für diese Information.
5. Jami, *Nafahat al-uns*, Seite 556; *Ibn al-Arabi and his School*, Seite 55.

thek in Konya so viele unschätzbare Werke enthielt, einschließlich des zweiten Entwurfs der *Futuhat al-Makkiyah* (in Ibn Arabis eigener Handschrift) und der Kopie der *Fusus al-Hikam*, die von Sadruddin selbst angefertigt und zweimal[4] von Ibn Arabi beglaubigt wurde.

Nach dem Tod Ibn Arabis im Jahre 1240 scheint sich die Gruppe seiner engsten Schüler aufgelöst zu haben: Die abschließenden Lesungen der *Futuhat* fanden 1241/42 in Ibn Sawdakins Haus in Aleppo statt, bei denen Sadruddin al-Qunawi der Vorleser war. Wir sollten uns daran erinnern, dass diese beiden die einzigen waren, von denen wir wissen, dass sie das Buch systematisch mit Ibn Arabi selbst gelesen hatten. Sadruddin reiste dann nach Norden nach Konya, wo er für den Rest seines Lebens blieb. Als Ibn Sawdakin 1248 in Aleppo starb, hatte sich der Schwerpunkt von Ibn Arabis direkten Anhängern nach Anatolien verlagert.

Konya war damals die kulturelle Hauptstadt eines riesigen Reichs, das sich im Osten über den gesamten heutigen Iran erstreckte. In der Nähe des Grabmals von Plato, in der Medrese von Konya, lehrten zwei der größten Lehrer ihrer Zeit, Sadruddin al-Qunawi und Jalaluddin Rumi, und zogen ein großes und begeistertes Publikum an. Viele große Namen besuchten die Vorträge von Sadruddin: Saiduddin al-Farghani (gestorben 1296), dessen Werke auf Arabisch und Persisch die Metaphysik Ibn Arabis erläuterten; Fakhruddin Iraqi (gestorben 1299), der auf Persisch eine schöne Würdigung der Lehren des Scheichs über Göttliche Liebe schrieb; und Muayyiduddin al-Jandi (gestorben 1300), der den ersten vollständigen Kommentar zu den *Fusus al-Hikam* schrieb, nachdem er sie mit Sadruddin studiert hatte. Von al-Jandi ging eine wichtige Linie von Schülern aus, zu denen al-Quashani (gestorben 1330) und al-Qaysari (gestorben 1350) gehörten, die beide einflussreiche Kommentare zu den *Fusus* schrieben.

Sadruddin selbst schrieb rund dreißig Bücher, von denen sechs die Richtung des zukünftigen Studiums der Werke Ibn Arabis stark bestimmten. Laut Abd ar-Rahman al-Jami, dem gefeierten Sufi-Dichter des 15. Jahrhunderts, der selbst auch ein großer Anhänger Ibn Arabis war, »ist es unmöglich, die Lehren Ibn Arabis über die Einheit des Seins auf eine Art und Weise zu verstehen, die sowohl mit der Intelligenz als auch mit dem religiösen Gesetz übereinstimmt, ohne die Werke al-Qunawis zu studieren«.[5]

Das schlichte Grabmal von Sadruddin al-Qunawi in Konya, das nach seiner eigenen Anweisung zum Himmel hin offen ist

VOM OSTEN UND VOM WESTEN

Das große Mausoleum von Jalaluddin Rumi in Konya, heute ein Museum und Heiligtum; früher beherbergte es auch die Tekke des Mevlevi-Ordens

Auch Jalaluddin Rumi, der fast gleichaltrig mit Sadruddin war, besuchte dessen Vorträge eine Zeitlang, bis er von Shams-i Tabrisi initiiert wurde. Sie blieben für den Rest ihres Lebens sehr eng befreundet, und es heißt, dass Sadruddin Rumi oft inspirierte, als derjenige, dessen Anwesenheit im Kreis den geistigen Zustrom des Augenblicks intensivierte. Al-Jami zufolge brach einmal ein Streit zwischen den Anhängern der beiden Scheichs aus, wer das Gebet leiten sollte. Rumi besänftigte den Eifer seiner Schüler mit den Worten: »Wir sind austauschbar (*abdal*).« Nachdem Sadruddin das gemeinsame Gebet geleitet hatte, ergänzte Rumi: »Wer hinter einem gerechten Imam betet, ist wie jemand, der hinter einem Propheten betet.« Es war Sadruddin, den Rumi um die Leitung des Gebets bei seinem Begräbnis bat.

Zweifellos besteht eine enge geistige Beziehung zwischen Ibn Arabi und Rumi, obwohl die Ausdrucksform ihrer Wege sehr verschieden scheinen mag. Wie Henri Corbin betont:

> Beide sind inspiriert von dem gleichen theophanischen Empfinden, der gleichen Sehnsucht nach Schönheit und der gleichen Offenbarung von Liebe. Beide neigen zur gleichen Absorption des Sichtbaren und des Unsichtbaren, des Physischen und des Geistigen.[6]

Es ist wichtig zu betonen, dass fast jeder, der Kommentare zu Rumis großartigem Werk mystischer Poesie, dem *Mathnawi*, schrieb, zutiefst mit den Lehren von Ibn Arabi vertraut war – und zwar so sehr, dass einige die Ansicht vertreten, dass man Ibn Arabi studieren muss, um Rumi wirklich zu verstehen.

Die Verlagerung in die türkische Welt, wo sich das Arabische und das Persische vermischten, war überaus glücklich. Alle östlichen Länder des Islams machten eine Reihe von Veränderungen und Katastrophen durch, die Schockwellen in die Levante, den Hedschas und darüber hinaus sandten. Um 1250 hatte die letzte Stunde für die Ayyubiden-Dynastie in Ägypten geschlagen, als eine ruchlose Gruppe von Sklavenoffizieren, die als Mamelucken bekannt waren, die Macht ergriff. Obwohl sie die Bedrohung durch die »blonde Gefahr«, die Franken, abgewehrt hatten, standen sie innerhalb von acht Jahren einem viel stärkeren Feind ge-

---

6. *Creative Imagination,* Seiten 70–71.

genüber. Im Februar 1258 nahmen die mongolischen Horden unter Hulegi Bagdad ein, die Hauptstadt der Abbasiden-Kalifen, von denen der letzte auf der Stelle erwürgt wurde. Die Invasoren schlachteten dann fast 80 000 Menschen ab, zerstörten die Stadt gnadenlos, und eine Zeitlang, als Aleppo, Damaskus, Nablus und Gaza gefallen waren, schien sogar die Existenz des Islams auf des Messers Schneide zu stehen. Die große Schlacht von Ayn Jalut im September 1260, in der das Mongolenheer endgültig von den Mamelucken geschlagen wurde, stellte die islamische Herrschaft in der gesamten Levante wieder her. Eine neue Ära begann, in der die arabische Welt defensiver und stärker rückwärts gewandt war.

Dies hatte tiefgreifende Folgen für die Verbreitung von Ibn Arabis Lehren. In der Türkei, wo der Mongolen-Einfall am wenigsten drückend war, wurde (und wird im allgemeinen) Ibn Arabi als die Norm angesehen, als die wesentliche Lektüre für jeden Studenten der Mystik; und diese Haltung durchdrang auch die iranische Welt. Seine Lehren sanken tief in die türkische und iranische Spiritualität ein. Das lag zum Teil an dem gewaltigen Einfluss von Sadruddin al-Qunawi und zum Teil an weniger bekannten Kanälen, die seine Werke für eine unschätzbare Quelle der Inspiration in Zeiten ungeheurer Umwälzungen hielten. Die politische Vorherrschaft der Osmanen seit dem 14. Jahrhundert sorgte für das nötige stabile Umfeld, in dem seine Werke als Hauptströmung aufgenommen werden konnten. Bei Sufi-Orden wie den Mevlevi und Qadiri, die sich seit dem 13. Jahrhundert zu bilden und zu kristallisieren begannen, lässt sich der Einfluss von Ibn Arabi entdecken. Viele dieser Orden waren eine logische Weiterentwicklung der *futuwwa*-Bewegung, die von dem Bagdader Kalifen al-Nasir angeregt und von Männern wie Majduddin Ishaq und Awhaduddin Kirmani in Anatolien verbreitet worden war. Ibn Arabis Schriften wirkten als der Angelpunkt ihrer geistigen Diskussion und befruchteten die Lehren der meisten späteren Meister. Vom Maghreb bis zur Levante, vom Irak bis zum Iran und noch weiter östlich, waren seine Werke die Hauptstütze der Sufi-Lehre. Diejenigen, die seine Lehre studierten und benutzten, stellen eine wahre Perlenkette bedeutender Figuren dar, einschließlich des berühmten Abd al-Karim al-Jili (gestorben 1428).

Allerdings musste in der von den Mamelucken beherrschten arabischen Welt vieles davon unter dem Mantel der Geheimhaltung verborgen bleiben, aufgrund des Streits über Ibn Arabi, der nach seinem Tode ausbrach. Wir sollten die Kräfte der Ablehnung nicht unterschätzen, die durch seine Lehren hervorgerufen wurden: Es ist ziemlich klar, dass damals wie heute viele Menschen fühlten, er bedrohe ihre Stellung in der Welt, und dass er ihre Auffassungen von Wahrheit zutiefst erschütterte. Diese heftigen Angriffe erreichten im 14. Jahrhundert ihren Höhepunkt in dem Werk eines Schriftstellers aus Damaskus, Ibn Taymiyah, dessen Mission es war, alle Häresie in Form der Schia, der Sufi-Orden und des Heiligenkults, wo die Menschen Grabmäler besuchten und um Fürsprache beteten, auszurotten. Er nannte die Anhänger Ibn Arabis »die Vereiniger« (*ittihadiyyun*) und schrieb Polemiken gegen sie. Im Jahre 1337 verboten die Doktoren und Gelehrten in Ägypten alle Werke Ibn Arabis und deren Studium. Wenn diese Werke in jemandes Haus entdeckt wurden, wurden sie konfisziert und verbrannt, und der Besitzer wurde gefoltert.[7]

Diejenigen, die so sehr am Buchstaben des Gesetzes kleben, dass es ihnen Vergnügen bereitet, »Recht« zu haben und dies anderen, die sie für »falsch« halten, aufzuzwingen, können nicht viel Freude an Ibn Arabis Worten haben:

> Ihr werdet den Unterschied kennenlernen zwischen dem Menschen, der die Ausdehnung von Gottes Erbarmen auf Seine Diener wünscht, ob sie nun gehorsam oder ungehorsam sind, und dem Menschen, der Gottes Erbarmen von einigen Seiner Diener zu entfernen versucht. Letzterer ist derjenige, der das Erbarmen Gottes, das »alle Dinge einschließt«, einschränkt und doch in Bezug auf sich selbst nicht einschränkt. Wenn es nicht so wäre, dass Gottes Erbarmen Seinem Zorn vorangeht und ihn überragt, würde diese Art Mensch nie und nimmer Sein Erbarmen finden.[8]

Die allerhöchste selbstlose Großmut des Geistes, die Ibn Arabi vertritt, ist nicht für jeden so einfach anzunehmen. Solange jemand von Zorn beherrscht wird, ist ihm dieser Grad reinen Mitgefühls nicht zugänglich.

Die öffentliche Gegnerschaft zu Ibn Arabis Lehren in der arabischen Welt scheint niemals ein Thema in der türkischen oder os-

---

7. Laut al-Dhababi. Vgl. A. Knysh: *Ibn al-Arabi in the Later Islamic Traditions*, in: *Commemorative Volume*, Seite 315.
8. *Futuhat al-Makkiyah* III:370.

manischen Welt gewesen zu sein. In Anatolien wurden seine Lehren bereitwillig akzeptiert. Seine Verbindung zu den Seldschukken-Herrschern (Kaykhusraw und Kaykaus) wurde von den osmanischen Herrschen sogar in noch stärkerem Maße fortgeführt. So errichtete der zweite Herrscher, Orhan, zu Beginn der osmanischen Dynastie eine religiöse Akademie (*madrasa*) in Iznik und ernannte Daud al-Qaysari (einen bereits erwähnten Schüler Ibn Arabis der vierten Generation) zum Direktor. Dessen Kommentar zu den *Fusus* wurde eines der einflussreichsten Bücher im Iran und den östlichen Ländern des Islams. Der erste osmanische »Scheich des Islams«, die höchste Position im Rechts- und Unterrichtswesen, war Molla Fenari (gestorben 1430), ein eifriger Student von Ibn Arabi, der Kopien vieler Werke von ihm in seiner privaten Bibliothek sammelte. Die Ernennung wurde von Mehmet I vorgenommen, der als Chelebi-Sultan bekannt ist, weil er ein direkter Nachfahre von Rumi war. Sogar die Sultane selbst wurden in den Werken von Ibn Arabi unterrichtet. Mehmet II, der berühmte Eroberer von Istanbul im Jahre 1453, wurde von einem hervorragenden Schüler der Lehren des größten Scheichs unterwiesen und gab selbst Kommentare zu al-Qunawis Werken in Auftrag.

Die Verbindung zwischen Ibn Arabi und den osmanischen Sultanen erreichte ihren höchst dramatischen und deutlichen Höhepunkt im 16. Jahrhundert, als Sultan Selim I Syrien eroberte. Nachdem er die Mamelucken, die Syrien und Ägypten seit 1260 regiert hatten, im August 1516 bei Aleppo besiegt hatte, traf der siegreiche Sultan einen Monat später mit der osmanischen Armee in Damaskus ein. Über dreihundert Jahre lang war das Grab von Ibn Arabi auf dem Gelände des Familienfriedhofs der Banu Zaki versteckt und vor allen Turbulenzen geschützt worden. Wer sein Grab besuchte, musste dies heimlich tun, damit es nicht den Juristen zu Ohren käme. Jetzt veränderte sich alles. Innerhalb von zwei Wochen stattete der Sultan einem anatolischen Sufi, al-Balkashi, einen Besuch ab, dessen Verehrung für Ibn Arabi so groß war, dass er später der Erste sein sollte, der seit dem 13. Jahrhundert neben ihm begraben wurde. Im Dezember, nur anderthalb Monate nach dem Einzug in Damaskus, kam der Sultan selbst, um dem vergessenen Grab von Ibn Arabi seine Reverenz zu erweisen, und verteilte große Geldsummen an die dortigen Einwohner. Als er im Oktober 1517 von der Eroberung Kairos zurückkehrte, befahl

Selim sofort den Bau einer Moschee neben dem Grab. Die Moschee wurde in drei Monaten und fünfundzwanzig Tagen fertig gestellt, und der Sultan ritt mit dem Kadi, den Ministern und anderen Würdenträgern für eine große Einweihungszeremonie in das Stadtviertel Salihiyah. Auf einmal war Ibn Arabi nicht mehr *persona non grata*. Im Jahre 1534 ordnete ein religiöser Erlass (*fatwa*) an, dass von nun an die Werke Ibn Arabis in allen osmanischen Ländern offiziell studiert werden sollten. Er wurde durch den Scheich des Islams, Ibn Kamal Pascha, verkündet, der selbst einen Kommentar zu den *Fusus al-Hikam* schrieb. Die offizielle Rehabilitation war schnell und wirksam vonstatten gegangen. Die osmanische Patronage begünstigte auch die Veröffentlichung von Werken des berühmten Ägypters des 16. Jahrhunderts, Abd al-Wahhab al-Sharani, der Ibn Arabis Orthodoxie leidenschaftlich verteidigte. Da seine Lehren bei allen Osmanen so offen in höchster Achtung standen, war der Widerspruch der Rechtsgelehrten in der arabischen Welt bis zum Zusammenbruch des osmanischen Reiches praktisch verstummt.

Im 17. und 18. Jahrhundert kam es zu einer Renaissance der Ibn-Arabi-Studien, vor allem durch die Schriften von drei großen Nachfolgern: Abdullah Bosnevi (gestorben 1644), Ismail Hakki Bursevi (gestorben 1725) und Abd al-Ghani al-Nabulusi (gestorben 1731). Im 19. Jahrhundert war die wichtigste Figur für die Wiederbelebung von Ibn Arabis Lehren zweifellos Amir Abd al-Qadir, der in Algerien die Widerstandsbewegung gegen die Franzosen anführte. Zeit seines Lebens ein Schüler des größten Scheichs, ist er für die erste Drucklegung der *Futuhat al-Makkiyah* in Istanbul verantwortlich. Ibn Arabis Lehren fanden nicht nur einen schriftlichen Ausdruck. So haben jüngste Studien ergeben, dass das indische Taj Mahal, oft als das schönste Gebäude der Welt gepriesen, auf der Grundlage der Beschreibung des Tages des Gerichts in den *Futuhat* errichtet wurde.[9]

---

9. Vgl. W. Begley: *The Myth of the Taj Mahal and a New Theory of Its Symbolic Meaning*. Das Diagramm von der Erde der Versammlung (*ard al-hashr*), das sich in den *Futuhat al-Makkiyah* III:425 findet und auf den Seiten 438–440 beschrieben ist, war die Grundlage für den Grundriss des Taj Mahal.

10. Dies [kommt] von keinem Geringeren als Scheich Muhammad al-Ghasali, einem Mitglied des Großen Rats der Al-Azhart in Kairo, einem früheren Direktor des Islamic Institute of Constantine und dem Gewinner des internationalen Preises von König Faisal.

Im 20. Jahrhundert ist die Opposition zu Ibn Arabi in mehreren Ländern wieder aufgetreten. Erst kürzlich, im Jahre 1979, wurde trotz der Tatsache, dass eine große Zahl seiner Werke in Kairo gedruckt worden waren, von der ägyptischen Regierung ein Bann ausgesprochen. Es wurde angeordnet, dass alle seine Schriften aus den Regalen der Buchhandlungen des Landes entfernt werden sollten. Er wurde angeklagt, ein »Pantheist« zu sein, der »den dreieinigen Gott als Grundlage für den Monotheismus benutzt«.[10] Im Namen der Wahrheit schränkten die Behörden den Zugang zu jemandem ein, dessen Leben der Universalität des Göttlichen Mitgefühls gewidmet war! Es ist betrüblich, dass kaum einer derjenigen, die so heftig gegen Ibn Arabi sprachen, seine Werke je genauer studiert hatte.

Der Gegensatz, den ich hier zwischen der türkischen und der arabischen Rezeption von Ibn Arabi kurz skizziert habe, ist wie alle Verallgemeinerungen eine Vereinfachung. Es gab und gibt in der arabischen Welt sehr viele Menschen, die Ibn Arabis Lehren schätzen und ehren. Dennoch ist er niemals öffentlich als Hauptströmung wie in der Türkei anerkannt worden. Diese gegensätzlichen Rezeptionen lassen sich auch als Entsprechungen zu zwei verschiedenen Ebenen der menschlichen Wahrnehmung verstehen: In der einen werden Gegensätze als unvereinbar angesehen, während die andere diese als komplementär begreift und letzten Endes vereinigt.

Diese beiden Standpunkte können auch in Begriffen von Ost und West veranschaulicht werden. Die erste Weise, sie zu verstehen, ist eine von Polarität und Gegensatz. Sich nach Osten wenden, heißt, sich *nicht* nach Westen wenden. Auf der physischen Ebene werden die beiden sich nie treffen. Die *qibla* der Moschee oder das Mittelschiff einer Kirche haben einen Brennpunkt, der den Betenden gleichzeitig auf ein bestimmtes Ziel ausrichtet und von allen anderen Richtungen abwendet. Aus diesem Grunde haben die Menschen den Osten, die Länder der aufgehenden Sonne, mit Ideen der Erleuchtung und Freude in Verbindung gebracht, während der Westen als die Metapher für deren Gegensatz gedient hat: Dunkelheit, Unwissenheit und Kummer.

Ibn Arabi jedoch beschränkt die Ausrichtung auf Gott niemals auf nur eine physische Richtung. Er sieht in jedem Aspekt des manifesten Universums lediglich ein Göttliches Zeichen. Jeder Aspekt ist ein Göttliches Antlitz, eine Manifestation Gottes, und jeder erscheinende Gegensatz zu einem anderen Antlitz ist nur der Natur der Relativität geschuldet. Diejenigen, deren Vision begrenzt ist, glauben, entweder auf der einen oder anderen Seite zu stehen, in die eine und nicht die andere Richtung zu schauen, und leugnen daher einige dieser »Antlitze«. Die Erleuchteten leugnen nicht die Gültigkeit der Opposition in relativer Hinsicht und sind gleichwohl nicht daran gebunden. Ihre Gottesverehrung ist ohne Richtung. Mit dem Zitat des Koranverses: »Gott gehört der Osten und der Westen; wohin du dich auch wendest, da ist das Antlitz Gottes«, weist Ibn Arabi auf eine ganz praktische Konsequenz hin. Wenn du nicht die genaue Gebetsrichtung kennst, dann bete zu Ihm in der Richtung, in die du schaust, denn Er ist in jeder Richtung.[11]

Wenn sie nicht länger als unvereinbare Gegensätze angesehen werden, bekommen die Himmelsrichtungen Osten und Westen eine andere Bedeutung. In einem seiner Gedichte schreibt er:

Er sah den Blitzschlag im Osten und verlangte nach dem Osten;
doch hätte der Blitz im Westen gezuckt, hätte er nach dem Westen verlangt.
Mein Verlangen gilt dem Blitz und seinem Glanz, nicht der Erde oder den Orten.[12]

In seinem Kommentar zu diesen Zeilen ergänzt er, dass »Osten« für die Schau Gottes in den geschaffenen Dingen steht, Seiner Manifestation in Formen, während »der Westen« die Manifestation der Göttlichen Essenz im Herzen darstellt, Seine Manifestation in vollkommener Reinheit. Sein einziges Verlangen gilt dem Einen, Der manifest ist, nicht dem Ort, wo Er manifest ist. Der Gottesmensch gibt jede persönliche Vorliebe auf zugunsten der Vorliebe für seinen Geliebten.

Er spielt im Moses-Kapitel der *Fusus al-Hikam* auf diese beiden Grade der Vision an. In seiner Diskussion der koranischen Geschichte von Moses und Pharao konzentriert er sich auf die Antworten, die Moses auf Pharaos Frage gab: »Was ist der Herr der Welten?« Moses antwortete: »Der Herr der Himmel und der Erde

---

11. *Futuhat al-Makkiyah* I:404. Der Vers stammt aus dem Koran 2:109.
12. *The Tarjuman al-Ashwaq*, Seite 74.

und was zwischen beiden ist, so ihr dies glaubt. (...) Der Herr des Ostens und des Westen und was zwischen beiden ist, so ihr begreift.«[13] Für Ibn Arabi sind Menschen des Glaubens »Menschen der Erleuchtung und wirklicher Erfahrung« (*kashf wa wujud*), während die Menschen des Begreifens »Menschen des Intellekts, der Einengung und Beschränkung« (*aql wa taqyid wa hasr*) sind.[14] Die Menschen der Erleuchtung sind diejenigen, die Gott in jeder Richtung und in jedem Antlitz akzeptieren, in denen Er Sich zeigt. Die Menschen des Intellekts akzeptieren Gott nur in bestimmten Aspekten und lehnen Ihn in anderen ab. Moses' zweite Antwort ist für Ibn Arabi daher eine Methode, den Intellekt im Hinblick auf die höchste Einheit der Existenz zu erziehen. Mache Ihn zum Herrn der sichtbaren Gegensätze, Ost und West, dann wirst du feststellen, dass der Osten das Manifeste und der Westen das Verborgene darstellt. Dies ist eine wahrhaft revolutionäre Auffassung, die Erscheinungswelt anzuschauen, in der nichts ohne einen Göttlichen Aspekt oder ein »Antlitz« ist.

Die oben zitierte Vision (Seite 357), die die Verbreitung von Ibn Arabis Lehren in der Welt beschreibt, beruht auf einem «Fragment weißen Lichts«. Dieses Licht wurde gedeutet als die 26. Sure des Koran, al-Shuara. Es wird gewöhnlich als »die Dichter« übersetzt, oft mit einer negativen Konnotation, denn der Koran tadelt die Weise der Poeten, so beredt zu sprechen, ohne in Übereinstimmung mit dem zu handeln, was sie vertreten. Eine mehr wörtliche Übersetzung würde jedoch lauten: »die mit wirklichem Gefühl und wirklicher Wahrnehmung Begabten«. In Ibn Arabis Traumvision ist das weiße Licht dieser Sure innig mit der Verbreitung seiner Lehren verknüpft, und wenn wir diese Sure sorgfältig lesen, können wir viele aufschlussreiche Verbindungen entdecken. Wir sind der ersten Zeile bereits im Zusammenhang mit seiner Vision der Göttlichen Selbstheit begegnet: »Dies sind die Verse des deutlichen Buches (*al-kitab al-mubin*)«, was an das weiße Licht erinnert, das ihm von dem Engel gegeben wurde, das »Fragment des Sonnenlichts«, das reine Erleuchtung ist. Es gibt viele Themen in der ganzen Sure, die mit überraschender Klarheit und Regelmäßigkeit in Ibn Arabis Lehren auftauchen: Es gibt keinen Zwang

---

13. Vgl. Koran 26:23 ff.
14. *Fusus al-Hikam,* Seite 208; *The Bezels of Wisdom,* Seiten 261–263; *The Wisdom of the Prophets,* Seiten 109–112; *Die Weisheit der Propheten,* Seite 136 ff.

in der Göttlichen Führung, nur die Einladung zur Wahrheit; alles, was die Propheten gebracht haben, ist die gleiche Botschaft. Diese Botschaft gipfelt in der Erkenntnis unserer wahren menschlichen Natur, dem direkt zum Herzen hinabsteigenden Geist, und dies bringt das reinste Glück. In seiner Auslegung der Sure findet Ibn Arabi typischerweise Bezüge zu unserem eigenen inneren Zustand.

> Wisse (Möge Gott uns und euch mit ewigem Glück segnen!), dass das sprechende Selbst (*al-nafs al-natiqa*) mit Glückseligkeit in dieser Welt und der nächsten gesegnet ist, und überhaupt nicht leidet, weil es nicht aus der Welt des Leidens kommt. Gott ließ es einfach im Gefäß des Körpers reisen, und das ist eine Art, es mit dem animalischen Selbst (*al-nafs al-hayawaniyah*) zu kreuzen – das Letztere ist wie ein Lasttier, auf dem jenes reitet. Der einzige Grund, warum das sprechende Selbst auf diesem Tier reitet, ist, damit es auf dem geraden Pfad wandern kann, dessen Wirklichkeit die Wahrheit ist.[15]

Es ist das Ziel des mystischen Pfades, diese beiden Aspekte unserer selbst an ihren richtigen Platz zu stellen. Das »sprechende Selbst« oder die »vernünftige Seele« ist unser wahres Selbst, das mit Sprache begabt ist, weil alle Dinge das Lob Gottes »sprechen«. Ibn Arabi versteht dieses Selbst als mit Vernunft und Wissen begabt, nicht im Sinne intellektuellen Denkens, sondern wahren Wissens. Bei den meisten Menschen ist diese »Rede« oder das Rühmen Gottes von den Neigungen der animalischen Natur verdeckt. Nur wenn dieses animalische Selbst als Reittier dient, wird es nicht seine eigenen Wege gehen und »in die Irre« führen – das heißt, die Führung des Reiters abweisen. Was dem Menschen wahres Glück gibt, ist, zwischen diesen beiden Seiten zu unterscheiden, ihnen ihren rechten Platz zuzuweisen und sie miteinander in Einklang zu bringen. Ibn Arabi hält letzten Endes nichts von einer Ablehnung der animalischen Seite, obwohl Entsagung ein wichtiger Schritt auf der geistigen Reise sein mag.

> Die Entsagung (*zuhd*) von Dingen kommt lediglich vor, wenn der Entsagende das, was wirklich existiert, nicht kennt

---

15. *Futuhat al-Makkiyah* III:262–263. Kapitel 358 der *Futuhat* entspricht Sure 26.

– mit anderen Worten: durch einen Mangel an Wissen und [auch] durch den Schleier, der über seinem Auge [oder: seiner Essenz (*ayn*)] liegt – mit anderen Worten: durch einen Mangel an Entschleiern und Bezeugen. (...) Wenn er die Tatsache kennte oder bezeugte, dass das gesamte Universum durch die Verherrlichung und das Loben des Schöpfer spricht und dass es sich in einem Zustand der unmittelbaren Wahrnehmung [Gottes] befindet, wie hätte er dann überhaupt die Möglichkeit, nach Entsagung von etwas zu streben, das diese Qualität besitzt? (...) Seine Unwissenheit lässt ihn denken, dass die Welt von Gott und Gott von der Welt getrennt sei, und daher versucht er, zu Gott zu fliehen.[16]

Ibn Arabi erklärt dann weiter, dass es im Grunde eine Flucht aus Unwissen zu Wissen und Vision ist. Was immer uns von diesem Entschleiern und dieser Vision abhält, ist ein Hindernis, das es zu beseitigen gilt.

[Die Flucht vor scheinbaren Ablenkungen ist unausweichlich], bis Gott sein inneres und äußeres Auge erleuchtet, so dass er die Ordnung bezeugt, wie sie wirklich ist. Dann wird er wissen, wie zu suchen sei, von wem zu suchen sei, wer sucht und so weiter. Er wird die wirkliche Bedeutung von Gottes Worten erkennen: »Siehe, Allah, Er ist der Reiche, der Rühmenswerte.«[17]

In einer erhellenden Antwort auf eine Frage von Ibn Sawdakin, die an die Lehren von Jesus erinnert, enthüllt Ibn Arabi, dass die allein wichtige Voraussetzung für den spirituellen Weg Demut ist. Nur in der Demut der animalischen Natur kann die Großartigkeit der Göttlichen und geistigen Natur offenbart werden. Wirkliche Demut impliziert die vollständige Verwirklichung der Dienerschaft.

Ich [Ibn Sawdakin] fragte ihn: »Oh Meister, wenn der Diener vom [Göttlichen] Antlitz abfällt aufgrund der Kräfte von Zwang und Streit, kann er nicht auch in diesem Zwang und Streit das Antlitz sehen?«

---

16. *Futuhat al-Makkiyah* III:263–264.
17. *Futuhat al-Makkiyah* III:265. Das Zitat stammt aus dem Koran 31:25.

Darauf antwortete er (Möge Gott der Allerhöchste ihm beistehen!): »Sind nicht die Kräfte von Zwang und Streit im wirklichen Dasein (*wujud*) [entfaltet]? Die Eigenschaften in der erschaffenen Welt sind mannigfaltig, wodurch die essentielle Dienerschaft verringert wird. Wenn er [der Diener] in der Schau des Göttlichen Antlitzes völlig verwirklicht ist, dann wird die Demut seine inhärente Eigenschaft und sein Attribut sein. Also verwirkliche dich darin und arbeite daran! Das ist mein Umgang mit Gott dem Allerhöchsten.«[18]

Auf dieser Demut baut die Darstellung der Göttlichen Liebe und des Göttlichen Erbarmens auf, die den Kern von Ibn Arabis Schriften ausmacht. Es ist keine schwächliche Demut angesichts einer größeren Macht. Es ist das stärkste Anerkennen, dass es keine Existenz außer Ihm gibt und dass wir der Ort der Göttlichen Manifestation sind. Das Universum von seinem kleinsten Teilchen bis zur entferntesten Galaxie manifestiert das Licht des Mitgefühls, das von dem Göttlichen Namen »der All-Erbarmer« (*ar-Rahman*) ausgeht. Doch kann jeder Teil des Universums nur das ihm, seiner begrenzten Natur, entsprechende Licht reflektieren. Der Mensch allein hat das Potenzial, sich über die Begrenzung der geschaffenen Natur zu erheben und das Licht ganz zu reflektieren. Das ist die wahre menschliche Bestimmung: sowohl der Teil als auch das Ganze, begrenzt und grenzenlos zu sein. Um dieses Potenzial zu erreichen, müssen wir die Vorstellung aufgeben, die wir von uns haben, und erkennen, dass wir »nach dem Bilde des All-Erbarmers« gemacht sind. Im Menschen, das heißt dem vollkommenen Menschen, erreicht das Licht eine unbegrenzte Konzentration, wie eine Linse, die die Intensität der Sonnenstrahlen bündelt, die alle Dunkelheit erhellt, alle irdische Materie verbrennt – mit anderen Worten: alles zerstört, was sie anders findet als sie selbst.

Mitgefühl kann nur von Seiten des Gnädigen (*ar-Rahim*) wahrhaft geschätzt werden, nicht von Seiten des Empfängers, da Letzterer nicht weiß, was ihm am meisten zum Vorteil gereicht. Es ist wie bei einem Arzt, der aus Mitgefühl mit dem Patienten ein von Wundbrand befallenes Bein amputiert,

---

18. *Kitab al-Wasa'il*, Seite 7.

damit er am Leben bleibt. Das Mitgefühl des Gnädigen (*ar-Rahman ar-Rahim*), Der Mitgefühl wahrhaft aktualisiert, ist daher universell.[19]

Dieses Mitgefühl ist universell, weil es alles durchdringt, ob es nun als wohltuend angesehen wird oder nicht. Mit dieser Grenzenlosigkeit identifiziert sich Ibn Arabi.

> In der menschlichen Rasse gibt es »Formen«, die den [Göttlichen] Thron tragen, auf dem der All-Erbarmer sitzt. Ich bin einer davon, und die beste aller Säulen gehört mir: Es ist der Schatz des Erbarmens und der Güte (*rahma*). Er hat mich zu einem grenzenlos Barmherzigen gemacht (*rahiman mutlaqan*). Obwohl ich Leiden und Not kenne, habe ich keine Not kennengelernt, die nicht eine gewisse Sanftheit und Leichtigkeit enthielte; keine Bestrafung, die nicht Milde enthielte; keine Bedrängnis, die nicht Ausdehnung hätte; keine Enge, die nicht Vergrößerung enthielte. So habe ich die beiden Ordnungen kennengelernt.[20]

Das grenzenlose Mitgefühl, das in Ibn Arabi manifestiert ist, ist letzten Endes ein völliges Mysterium. Es mag in der unangenehmen Verkleidung von Not oder Widrigkeit auftreten, ebenso wie es in einer leicht zu akzeptierenden Form auftreten kann. Wie bei einer Medizin ist es ihr einziges Ziel, die ›Krankheit‹ zu heilen, die darin besteht, Gottes Antlitz nicht zu sehen. Wenn wir uns selbst für das Empfangen öffnen, beginnen wir, dessen ungeheure Ausdehnung zu spüren. Vielleicht sehen wir es nur in dem, was wir für gut halten, gehen daran vorbei, wenn es in Formen auftritt, die wir nicht erkennen, und doch warnt uns Ibn Arabi immer wieder vor dieser Beschränktheit. Er drängt uns, das Auf und Ab der Existenz nicht zu beachten und uns für eine ununterbrochene Empfänglichkeit zu öffnen, für eine schiere Nacktheit des Geistes, die unsere wahre Natur ausmacht. Mitgefühl kann von denen, denen es zuteil wird, erst dann wirklich geschätzt werden, wenn sie so sehr mit dem Gebenden identifiziert sind, dass sie sich nicht mehr länger als Empfangender fühlen.

---

19. *Futuhat al-Makkiyah* II:76 und 12:319 (OY).
20. *Futuhat al-Makkiyah* III:431.

Ein neues Zeitalter bringt auch eine neue Vision des Heldentums mit sich. Wir alle benötigen ein Modell, nach dem wir streben, ein äußeres Bild, das unsere höchsten Ideale darstellt. Allzu oft haben die Menschen Helden nur bewundert, und sind nicht darüber hinausgegangen. Da sie eine geringe Meinung von sich selbst haben, haben sie sich sogar von der mühsamen Aufgabe des Nacheiferns gedrückt. In der letzten Zeit ist diese Bewunderung mit ihrem Gegenteil verschmolzen. In der Erkenntnis, dass Helden nur allzu menschlich und fehlerhaft sind, betrachten die Leute sie als Hochstapler und machen sie so klein, dass sie ihre eigentliche Rolle nicht mehr spielen können. Es ist sogar Mode geworden, Antihelden zu erschaffen, wodurch das Mangelhafte gefeiert wird. Dadurch wird die offenbare Tatsache verschleiert, dass Feiern und Lobpreis immer der gemeinsame Faktor sind, dass es »keine Bedrängnis gibt, die nicht Ausweitung enthielte, keine Enge, die nicht Vergrößerung enthielte«. Es bleibt eine Welt der Unterscheidung zwischen Bejahung und Verneinung, zwischen Heroismus und der Feigheit der Herabsetzung. Nur derjenige, der jenen Schritt zum Nacheifern macht, kann überhaupt etwas vom Heroismus lernen, das der Mühe wert ist. Ein Held hat viele Eigenschaften. Er ist bereit, sich ins Unbekannte zu wagen, im Falle von Schwierigkeiten standhaft zu bleiben und anzunehmen, was kommt, gut oder schlecht, ohne Stolz auf Erfolge oder Kummer bei Niederlagen. Heroismus bedeutet Selbstaufopferung, etwas zu tun, was über jede Selbstbezogenheit hinausgeht und über selbst auferlegte Grenzen. Der höchste Akt der Selbstaufgabe geschieht »um der Heiligung des Selbsts willen«, und das ist die vollste Bejahung des Göttlichen Selbsts.

Für Ibn Arabi erreicht diese Bejahung ihre höchste Vollendung im Menschen Gottes, dem vollkommenen Menschen (*al-insan al-kamil*), dem Abbild Gottes. Überall in seinen Schriften erklärt er, dass die Propheten die besten Beispiele für geistiges Heldentum sind, wie sie ihre Völker schon während des Erdendaseins zu Gott führten, was ihre Wirklichkeit ausmacht, und wie dies in höchster Form bei Mohammed zusammenkam, dem Siegel der Propheten. In seinem eigenen Leben hat Ibn Arabi den klarsten Weg aufgezeigt, in ihren Fußstapfen zu gehen, und was es heißt, das prophetische Erbe lebendig zu machen und die »Alchimie« des vollkommenen Glücks zu erreichen – all dies für jeden aufrichtigen Sucher der Wahrheit, gleich welcher Rangstufe oder Richtung. Es gibt hier keine Beschränkung durch Geburt, Erziehung oder Geschlecht. Er bemüht sich zu betonen, dass Männer und Frauen die gleiche Fähigkeit zur Erlangung der Vollkommenheit besitzen. Sein unerreicht umfassendes Verständnis aller geistigen Rangstufen ist ein Beweis für die Rolle, die ihm als Siegel der mohammedanischen Heiligkeit gegeben wurde.

Es ist gut, über Heroismus Bescheid zu wissen, über die Qualitäten eines Helden und so weiter. Es ist besser, einen Helden in Aktion zu sehen. Doch die einzig wirklich menschenwürdige Leistung ist es, selbst ein Held zu werden. Erst dann wissen wir, was ein Held ist. Der größte Akt des Heldentums ist es, das volle Gewicht und die grenzenlose Fülle der Göttlichen Präsenz in unserem Leben zu akzeptieren. Das ist die wahre Gewissheit (*yaqin*), in der es keinen Zweifel gibt. Die Täuschung, dass wir in der Dualität gefangen wären, wird hinweggefegt, und die Bejahung der Einheit (*tawhid*) setzt sich durch. Das Kriterium, an dem wir den Wert eines Menschen messen, wird dann weder Besitz, noch Wissen noch geistige Errungenschaften sein, sondern die einfache Qualität der Selbstaufgabe in der Erinnerung an die *eine* Realität. Die Verkörperung unbegrenzten Mitgefühls und Erbarmens, die als Ibn Arabi bekannt ist, hat keinen anderen Zweck und strebt kein anderes Ziel an.

> Die höchste Bestimmung der ganzen Welt
> ist es,
> Die Stätte der reinen Vergebung und
> des allerhöchsten Erbarmens zu erreichen.[21]

---

21. *Futuhat al-Makkiyah* III:550 – aus einem Gedicht am Rande des Originals. »Allerhöchstes Erbarmen« ist die Übersetzung von *rahamut*, einem Fachbegriff, den Ibn Arabi zur Bezeichnung des höchstmöglichen Grades von *rahma* prägte. Er vereinigt in einem einzigen Ausdruck die scheinbare Dualität der Gottesnamen *ar-Rahman* und *ar-Rahim*.

Nächste Doppelseite: Ibn Arabis Grabmal in Damaskus

Anhang

Ausgewählte Hauptwerke von Ibn Arabi

IBN ARABI SCHRIEB MINDESTENS 350 WERKE, VON DEN GEwaltigen *Futuhat al-Makkiyah*, die Tausende von Seiten auf Arabisch füllen, bis zu zahllosen kleinen Abhandlungen, die nur wenige Seiten umfassen. Die folgende Auswahl besteht aus den Schriften, die als seine Hauptwerke bezeichnet werden könnten, und mag dem Laien einen Überblick über die Materie verschaffen. Ausgewählt wurde aufgrund häufiger Erwähnungen in seinen eigenen Schriften und des Vorliegens in gedruckter Form, doch ist zu bedenken, dass die Liste keineswegs erschöpfend ist. Die zweibändige Klassifikation von Osman Yahia von 1964, *Histoire et Classification de l'Oeuvre d'Ibn Arabi*, war der erste und bisher einzige Versuch, den Umfang von Ibn Arabis Werk zu erfassen, doch aus Mangel an Zeit und Ressourcen musste dieses Werkverzeichnis daher unweigerlich eine Fülle von Lücken enthalten.

Die vorliegende Auswahl ist nach Kurztiteln und in annähernd chronologischer Reihenfolge angeordnet, obwohl die Fertigstellung einiger Werke viele Jahre dauerte und einige neu geschrieben wurden.

Mashahid al-Asrar al-Qudsiyah
(Kontemplationen über die heiligen Mysterien)

Geschrieben 1194 nach der Rückkehr von seiner ersten Reise nach Tunis und den Schülern von Scheich Abd al-Aziz al-Mahdawi und seinem Cousin väterlicherseits, Ali bin al-Arabi, gewidmet. Es enthält vierzehn aufeinanderfolgende Kontemplationen in Form von Dialogen mit Gott und epiphanischen Visionen.

Al-Tadbirat al-Ilahiyah
(Göttliche Regentschaft)

Dieses Werk wurde innerhalb von vier Tagen wahrscheinlich vor den *Mashahid* verfasst, aber später überarbeitet. Während seines Aufenthalts bei Scheich al-Mawruri in Moron (Andalusien) schrieb er dieses Werk als Antwort auf dessen Aufforderung, die wirkliche Bedeutung weltlicher Politik in den Begriffen der sufischen Darstellung des Menschenreichs zu erklären (das heißt als Mikrokosmos, der den Makrokosmos zusammenfasst).

Kitab al-Isra
(Das Buch der Nachtfahrt)

Eine der wichtigsten frühen Werke, das nach seinem großen Visionserlebnis 1198 in Fez geschrieben wurde. In rhythmischer Prosa beschreibt es seine mystische Auffahrt, seine Begegnung mit der geistigen Wirklichkeit der Propheten in den sieben Himmeln und die vollständige Erkenntnis seiner eigenen Wirklichkeit.

Mawaqi al-Nujum
(Untergang der Sterne)

Im Juli 1199 in elf Tagen in Almeria für seinen Gefährten und Schüler Badr al-Habashi geschrieben. Es heißt, dass dieses Buch erklärt, was alle spirituellen Lehrer lehren müssen, nämlich die drei Grade der Hingabe (*islam*), des Glaubens (*iman*) und der wahren Güte (*ihsan*), welche drei Ebenen der Verwirklichung entsprechen. Es enthält eine detaillierte Erörterung darüber, wie alle Fähigkeiten und Glieder des Menschen am Lobpreis Gottes teilhaben.

Anqa Mughrib
(Der [sagenhafte] Greifvogel des Westens)

Wahrscheinlich das letzte seiner andalusischen Werke, das um 1199 während seines letzten Jahres in Spanien geschrieben wurde. Es beschreibt in rhythmischer Prosa die Bedeutung der Station des Mahdi und des Siegels der Heiligen sowie den Rang der mohammedanischen Wirklichkeit und war gedacht als Begleitheft zur *Tadbirat*.

Insha al-Dawa'ir
(Die Beschreibung der einander umschließenden Kreise)

Geschrieben 1201 in Tunis für Badr al-Habashi und al-Mahdawi, unmittelbar bevor er den Westen in Richtung Mekka verließ. Es beschreibt die Grundlagen seiner Metaphysik, erörtert Existenz und Nicht-Existenz, Manifestation und Nicht-Manifestation und den Rang des Menschen in der Welt, unter Verwendung von Diagrammen und Tafeln.

AUSGEWÄHLTE HAUPTWERKE

Mishkat al-Anwar
(Die Nische der Lichter)

Verfasst im Laufe der Jahre 1202/03 in Mekka. Es enthält eine Sammlung von 101 Hadith *qudsi* (Göttlichen Aussprüchen) in drei Teilen: 40 Überlieferungen mit einer Kette von Transmissionen direkt von Gott, 40 Göttliche Aussprüche ohne eine Kette der Transmission und 21 andere. Das Werk hält sich an die Tradition, die die Praxis der Bewahrung von 40 Überlieferungen für die Gemeinschaft empfiehlt.

Hilyat al-Abdal
(Die Zierde der Stellvertreter)

1203 im Laufe einer Stunde während eines Besuchs in Taif für al-Habashi geschrieben. Es beschreibt die vier Ecksteine des Weges: Einkehr, Stille, Hunger und Wachheit, die körperlich als eine Art Enthaltsamkeit erscheinen und in ihrer spirituellen Wirklichkeit Zustände des Herzens des Dieners sind.

Ruh al-Quds
(Der Brief über den Geist der Heiligkeit)

Geschrieben 1203 in Mekka für Scheich al-Mahdawi, ist es einer der besten Quellen für Ibn Arabis Leben in Andalusien und die Menschen, die er kannte. Es enthält drei Abschnitte: eine Klage über den Mangel an Verständnis bei vielen Menschen, die den Sufi-Weg praktizieren, eine Reihe von biografischen Skizzen von Sufis des Westens und eine Erörterung der Schwierigkeiten und Hindernisse, denen man auf dem Wege begegnet.

Taj ar-Rasa'il
(Die Krone der Briefe)

Geschrieben 1203 in Mekka, besteht es aus acht Liebesbriefen an die Kaaba, von denen jeder der Theophanie eines Gottesnamens entspricht, die ihm alle im Zuge der rituellen Umläufe erschienen.

Tanazzulat al-Mawsiliyah
(Herabsteigen der Eröffnung in Mosul)

Geschrieben Anfang 1205 in Mosul, beschreibt es die esoterischen Geheimnisse der Akte der Gottesverehrung wie der Waschungen und des Gebets, und wie jeder Abschnitt dieses alltäglichen Rituals von Bedeutung erfüllt ist.

ANHANG

Kitab al-Jalal wa'l-Jamal
(Das Buch der Majestät und Schönheit)

Im Laufe eines Tages Anfang 1205 in Mosul geschrieben, erläutert es verschiedene Koranverse im Hinblick auf zwei anscheinend widersprüchliche Aspekte: Majestät und Schönheit. Dabei wird auf den dritten, integrierenden Aspekt hingewiesen, das Gleichgewicht der Vollkommenheit.

Kitab Kunh ma la budda lil-murid minha
(Was der Sucher braucht)

Ebenfalls Anfang 1205 in Mosul geschrieben, legt es die wesentlichen Übungen für jemanden dar, der sich auf den spirituellen Weg begibt, zum Beispiel das Festhalten an der Einheit Gottes, der Glaube an das, was die Botschafter gebracht haben, das Üben des *dhikr,* das Finden eines wahren geistigen Lehrers und so weiter.

Isharat al-Qur'an fi Alam al-Insan
(Anspielungen auf den Koran in der Menschenwelt)

Geschrieben im Frühjahr 1205 in Jerusalem, war es als Begleitheft für das *Tanazzulat al-Mawsiliyah* gedacht. Weit mehr als eine einfache Darstellung der koranischen Passagen, ist es eine ausführliche Meditation über jede Sure des heiligen Buches.

Risalat al-Anwar
(Abhandlung über das Licht)

Im Sommer des Jahres 1205 in Konya geschrieben als Antwort auf die Bitte eines Freundes und Gefährten, er möge die Reise der Auffahrt zum Herrn der Macht und der Rückkehr zu den Geschöpfen beschreiben. Das Buch erläutert die geistige Suche in den Begriffen einer unaufhörlichen Auffahrt durch die verschiedenen Ebenen der Existenz und Erkenntnis, die zur der Ebene der menschlichen Vervollkommnung führt.

Kitab al-Alif [oder Einheit],
Kitab al-Ba', Kitab al-Ya' [für Selbstheit] usw.

Eine Reihe kleiner Schriften betitelt mit einem alphabetischen Nummerierungssystem, die 1205 in Damaskus begonnen und im Laufe von drei oder mehr Jahren verfasst wurden. In ihnen wird eine Reihe von Göttlichen Prinzipien erörtert, zum Beispiel Einheit (*ahadiyah*), Mitgefühl (*rahma*) und Licht (*nur*).

AUSGEWÄHLTE HAUPTWERKE

Kitab Ayahm al-Sha'n
(Die Tage von Gottes Arbeit)

Um oder bevor 1207 verfasst, ist dieses Werk eine Meditation über die Struktur der Zeit und die Art der Wechselbeziehungen zwischen Stunden und Tagen der Woche. Es beruht auf dem Koranvers: »Allah hat jeden Tag Geschäfte.«

Kitab al-Tajalliyat
(Das Buch der Theophanien)

Kurz vor 1206 in Aleppo geschrieben, beschreibt das Buch eine Reihe von theophanischen Visionen zu Themen wie Vollkommenheit, Großmut und Mitgefühl, die auf Einsichten über die zweite Koransure beruhen. Diese Visionen enthalten oft Dialoge mit gestorbenen Heiligen wie al-Hallaj, Junayd oder Sahl al-Tustari. Zweck des Buches ist die Unterweisung des Suchers über Ereignisse, die auf seiner Reise eintreten könnten.

Kitab al-Fana' fi'l-Mushahada
(Das Buch der Auslöschung in der Kontemplation)

Geschrieben in Bagdad, vermutlich während seines zweiten Aufenthalts im Jahre 1212. Es ist eine ausführliche Meditation über die 98. Sure, die die Erfahrung der mystischen Vision und den Unterschied zwischen Menschen des wahren Wissens und Menschen des Intellekts beschreibt.

Tarjuman al-Ashwaq
(Dolmetsch der Sehnsüchte)

Zusammengestellt 1215 in Mekka, obwohl über einen längeren Zeitraum hinweg geschrieben, mit einem anschließenden Kommentar, der später im gleichen Jahr in Aleppo verfasst wurde. Es umfasst 61 Liebesgedichte, die der Person Nizam gewidmet sind und auf die wahren Geheimnisse der mystischen Liebe und des prophetischen Erbes anspielen.

Istilahat al-Sufiyah
(Fachausdrücke der Sufis)

Geschrieben 1218 in Malatya, auf die Bitte von einem engen Freund und Gefährten. Es besteht aus 199 kurzen Definitionen der wichtigsten Ausdrücke, die unter den Gottesfreunden allgemein verwendet werden.

ANHANG

Kitab al-Isfar
(Die Entschleierung der Auswirkungen des geistigen Reisens)

Zeit und Ort des Schreibens sind unbekannt. Das Werk ist eine Meditation über die Bedeutung der spirituellen Reise im Allgemeinen und der Reisen der Propheten im Besonderen. Diese Reisen haben kein Ende, in dieser Welt und der nächsten, und werden als »Erinnerung an das, was in dir und in deinem Besitz ist, das du vergessen hast« beschrieben.

Kitab al-Abdalilah
(Das Buch der Diener Gottes)

Geschrieben einige Zeit vor 1229, vermutlich in Damaskus. Es besteht aus 117 Abschnitten, die jeweils einer »Abd Allah« genannten Person zugeordnet sind, von denen jede als »Sohn« eines besonderen Gottesnamens und eines Propheten beschrieben ist. Anscheinend entspricht dieses Werk einem Hadith, dass der Mensch 117 Merkmale besitzt, und erklärt die Verwirklichung dieser Merkmale im Sinne der Gottesnamen.

Fusus al-Hikam
(Edelsteinfassungen der Weisheit)

Geschrieben einige Zeit nach der Vision vom Propheten im Jahre 1229 in Damaskus und in Übereinstimmung mit dessen Anweisung, dass es geschrieben werden solle. Als Quintessenz der geistigen Unterweisungen Ibn Arabis angesehen, enthält es 27 Kapitel, von denen jedes der geistigen Bedeutung und der Weisheit eines bestimmten Propheten gewidmet ist. Die 27 Propheten, die mit Adam beginnen und mit Mohammed enden, sind wie die Fassungen eines Ringes, der den Edelstein der Weisheit enthält, und stellen alle verschiedenen Gemeinschaften der Menschheit unter der Botmäßigkeit Mohammeds, ihres Siegels, dar.

Fihrist al-Mu'allafat
(Werkverzeichnis)

Geschrieben 1229/1230 in Damaskus für Sadruddin al-Qunawi, ist es Ibn Arabis eigenes Verzeichnis der 248 Werke, die er bis zu diesem Zeitpunkt geschrieben hatte.

AUSGEWÄHLTE HAUPTWERKE

Ijaza lil-Malik al-Muzaffar
(Beglaubigung für König al-Muzaffar)

Geschrieben 1234 in Damaskus für den Ayyubiden-Herrscher der Stadt, König al-Ashraf al-Muzaffar. Das Verzeichnis enthält etwa 290 eigene Werke und 70 Schriften seiner Lehrer.

Kitab Nasab al-Khirqa
(Die Linie des Mantels der Initiation)

Datum und Ort des Schreibens sind ungewiss, vermutlich 1236 in Damaskus. Es beschreibt seinen Zugang zum und seine eigene spirituelle Anbindung an den spirituellen Weg. Es enthält auch die Initiationen, die er selbst anderen gab, von denen die meisten der Erwähnten Frauen sind.

Awrad al-Usbu
(Gebete für die Woche)

Ort und Platz des Schreibens sind nicht bekannt, obwohl sie wahrscheinlich über sieben Jahre hindurch verfasst wurden. Von den vielen verschiedenen Gebeten, die Ibn Arabi zugeschrieben und noch heute häufig gebraucht werden, sind dies wahrscheinlich die bekanntesten. Sie sind für jeden Abend und Morgen der Woche zusammengestellt, ergeben insgesamt vierzehn und sind für die private Rezitation und Meditation gedacht.

Al-Diwan al-Kabir
(Der große Diwan)

Diese umfangreiche Sammlung von Gedichten, die über eine Periode von vielen Jahren geschrieben und anscheinend nicht vor 1237 in Damaskus abgeschlossen wurde, sollte offenbar alle von ihm geschriebene Lyrik umfassen und findet sich in vielen unterschiedlichen Manuskripten. Einige von ihnen, unter dem Titel *Diwan al-Ma'arif*, enthalten eine Einleitung, die die Vision beschreibt, die ihn zum Schreiben von Lyrik brachte, und eine Widmung an Badr al-Habashi. Die gedruckte Ausgabe, die auf einem anderen Manuskript beruht, scheint nur ein Band des gesamten Werkes zu sein.

ANHANG

Al-Futuhat al-Makkiyah
(Mekkanische Eröffnungen, Offenbarungen zu Mekka)

Sein *magnum opus*, das 1202 in Mekka, infolge einer Vision vom Jüngling, begonnen und dessen erste Fassung von 20 Manuskriptbänden im Dezember 1231 abgeschlossen wurde. Eine zweite Fassung in 37 Bänden wurde 1238 abgeschlossen. Sie besteht aus siebenunddreißig Bänden in sechs Abschnitten und sollte offenbar ein »spirituelles Resümee« des Islams sein, die die gesamten 560 Jahre Geschichte bis zu Ibn Arabis Geburt umfasste. Es gibt detaillierte Darstellungen jeder Facette des geistigen Lebens, einschließlich inspirierter Kommentare zu jeder Sure des Korans, Erklärungen von Prophetenüberlieferungen (Hadith), Rechtsgelehrtheit, Kosmologie und Metaphysik.

Einige von
Ibn Arabis Zeitgenossen

IN DER MUSLIMISCHEN WELT

Der Westen (Spanien und Nordafrika)

Abu Madyan (1115–1198)
Vermutlich der bedeutendste Sufi-Meister des Westens, der in Fez studierte und die meiste Zeit seines Erwachsenendaseins in Bejaia verbrachte. Zu seinen Schülern gehörten mehrere Meister und Gefährten Ibn Arabis. Seine Lehre konzentrierte sich auf »Nüchternheit«, bei der der größte Nachdruck auf die kontemplative Praxis ohne jede Trennung von der sozialen Verantwortung gelegt wurde.

Ibn Rushd (1126–1198)
Im mittelalterlichen Westen unter dem Namen »Averroes« berühmt. Ibn Rushd war viele Jahre der Kadi seiner Heimatstadt Cordoba und erfreute sich der Gunst des Almohaden-Sultans. Er war ein großartiger Gelehrter des Korans und der Naturwissenschaften, einschließlich Physik, Medizin, Biologie und Astronomie, wird aber hauptsächlich als Theologe und Philosoph dargestellt. Sein umfangreicher Kommentar zu Aristoteles hatte großen Einfluss auf europäische Theologen wie Albertus Magnus. Viele seiner Werke sind nur in lateinischen oder hebräischen Übersetzungen erhalten geblieben.

Abu al-Hasan Ali al-Shadhili (1196–1258)
Ursprünglich aus Marokko stammend, wurde er von Schülern Abu Madyans ausgebildet und war einer der am meisten gefeierten mystischen Lehrer seiner Zeit. Angesichts des Widerstandes der Theologen ließ er sich in Ägypten nieder, wo er großen Ruhm erlangte. Die Bildung der Shadhili-Bruderschaft durch seine Schüler führte zur Verbreitung seiner Lehren über ganz Nordafrika. Seine Gebete und Gedichte sind noch heutzutage in vielen Kreisen beliebt.

ANHANG

Ibn Sabin (1217 – circa 1270)

Wie Ibn Arabi in Murcia geboren, war er als Sufi und einer der letzten peripatetischen (platonischen) Denker des Maghreb bekannt. Auch er war der Autor vieler Werke, einschließlich der berühmten Antwort auf philosophische Fragen, die vom Heiligen Römischen Kaiser Friedrich II (1194–1250) an ihn gestellt wurden. Trotz eines Lebens voller Kontroversen und Verfolgung hatte er einige ergebene Schüler, einschließlich des Dichters al-Shushtari. Er starb in Mekka.

Der Osten (Iran, Irak, Anatolien und die Levante)

Abd al-Qadir al-Gilani (1077–1166)

Von persischer Abstammung, kam er im Alter von fünfzig Jahren zu Berühmtheit, als er in Bagdad zu lehren begann. Er hatte viele berühmte Schüler, darunter diejenigen, die Ibn Arabi in Mekka und Bagdad traf. Die von ihm manifestierte außerordentliche Kraft zur Wandlung der Herzen und Geister der Menschen, machte ihn zu einem allgemein beliebten Heiligen, und die Tariqat der Qadiri ist einer der am meisten verbreiteten Sufi-Orden. Sein Grab, über dem der osmanische Sultan Suleiman eine wunderschöne Kuppel errichten ließ, ist eines der meistbesuchten Heiligtümer in Bagdad.

Shihabuddin Yahay al-Suhrawardi (1153–1191)

Im iranischen Suhrawardi geboren, lehrte er in Anatolien am Hofe des Seldschukken-Sultans und zog dann nach Aleppo, wo er in der Gunst von König Zahir, einem Sohn Saladins, stand. Er schrieb einige Werke über die Metaphysik der Erleuchtung. Seine Kombination des hellenischen, zoroastrischen und muslimischen Denkens provozierte jedoch eine so heftige Reaktion, dass er zum Tode verurteilt wurde (daher sein Beiname »der Hingerichtete«, al-Maqtul).

Shihabuddin al-Hafs 'Umar al-Suhrawardi (1145–1234)

Ursprünglich aus dem Iran stammend, ließ er sich in Bagdad unter der Patronage des Kalifen nieder und war an der Entstehung der *futuwwa*-Bewegung beteiligt, die die Grundlage der späteren Sufi-Orden wurde. Als einer der großen Sufi-Meister, der die Methoden seines Onkels Abu Najib al-Suhrawardi weiterentwickelte, schrieb Abu Hafs das *Awarif al-Ma'arif*, eine der einflussreichsten Abhandlungen über den Sufismus. Viele der späteren Anhänger von Ibn Arabis Lehren waren mit dem Suhrawardi-Orden verbunden.

Najmuddin Kubra (1145–1221)

Aus seinen Lehren gingen viele östliche Orden hervor. In Khwarism im Iran geboren, verbrachte er mehrere Jahre in Ägypten und der Levante, bevor er in seine Heimatstadt zurückkehrte. Er bildete eine Reihe bemerkenswerter Menschen aus, einschließlich des engen Freundes von Sadruddin al-Qunawi und Gefährten von Ibn Arabi, Saduddin Hamuya.

Fariduddin Attar (gestorben 1220)

Geboren in Nashipur, Indien, war dieser persische mystische Poet von einem Schüler des Najmuddin Kubra ausgebildet worden und verbrachte etwa vierzig Jahre mit der Sammlung der lyrischen und prosaischen Schriften anderer Sufis. Als Autor von rund vierzig Werken ist er am bekanntesten für das Buch *Tadhkirat al-Awliya* (Leben der Heiligen) und das berühmt Gedicht *Mantiq at-Tair* (Konferenz der Vögel).

Sharafuddin Umar Ibn al-Farid (1181–1235)

In Kairo syrischen Eltern geboren, ist er einer der großen Dichter des Sufismus. Er verbrachte viele Jahre mit Reisen und Klausuren. Es ist bekannt, dass er sich dem Kreis von Ibn Arabi und seinen Schülern in Damaskus angeschlossen hat. Sein *Diwan* ist einer der originellsten in der arabischen Literatur und schließt das *Ta'iyah al-Kubra* ein, eine Ode, die eine ganze Bandbreite mystischer Erfahrungen beschreibt und einen tiefen Eindruck auf Sadruddin al-Qunawi machte.

Jalaluddin Rumi (1207–1273)

Geboren in Balkh (Afghanistan), kam er mit seinem Vater nach Anatolien und lebte in Konya, wo er ein enger Freund von Sadruddin al-Qunawi wurde. Sein mystischer Genius wurde durch seine Begegnung mit Shams-i Tabrizi im Jahre 1224 entflammt. Er weihte sein Leben dem Ruhm der Göttlichen Liebe, die er in Shams fand. Sein langes Gedicht, das *Mathnawi*, enthält einige der exquisitesten mystischen Verse, die je geschrieben wurden. Der Orden, der seinen Lehren folgt, ist als der Mevlevi-Orden bekannt, nach dem Titel »Mawlana« (unser Meister), der Rumi aus Respekt gegeben wurde.

Sadruddin al-Qunawi (1209–1274)

Erbe und Stiefsohn Ibn Arabis, war er der bedeutendste Vermittler von dessen Lehren. Sein Leben fiel mit der Blütezeit der Seldschukken zusammen. Er wurde in eine aristokratische Familie, möglicherweise königlichen Geblüts, hineingeboren und verbrachte den größten Teil seines Lebens in Konya, unterbrochen von kurzen Aufenthalten in Syrien, im Iran und in Ägypten. Außer seiner Funktion als Sufi-Meister war er Oberhaupt des religiösen Establishments (*ash-shaykh al-islam*) und die höchste Autorität für die Prophetenüberlieferungen. Der Verfasser vieler Werke ist am meisten dafür bekannt, dass er die Lehren Ibn Arabis im gesamten Orient zugänglich machte.

IN DER CHRISTLICHEN WELT

Franziskus von Assisi (1181–1226)

Wie Ibn Arabi gab der heilige Franziskus eine militärische Laufbahn zugunsten eines Lebens der geistigen Armut auf. Der Begründer des Franziskaner-Ordens besuchte Ägypten mit den Kreuzfahrern im Jahre 1219, wo er dem Ayyubiden-Sultan al-Kamil auf freundschaftlicher Basis begegnete. Nach einem kurzen Aufenthalt im Heiligen Land im Jahre 1220 kehrte er nach Italien zurück, wo er seine Ordensregel und offenbar das erste lange Gedicht in Italienisch, den »Sonnengesang«, vollendete. Durch seine Betonung von Jesu Lehre der absoluten Armut gab er der Kraft der Demut und Liebe eine neue Bedeutung.

Albertus Magnus (1193–1280)

In Bayern geboren, trat er dem Dominikaner-Orden bei und lehrte in Deutschland. In den letzten zwanzig Jahren seines Lebens lehrte und schrieb er in Köln. Als *Doctor Universalis* der christlichen Welt ist Albertus am bekanntesten für die Weite seines Wissens in so verschiedenen Gebieten wie Astronomie, Meteorologie, Mechanik, Anthropologie, Architektur und Navigation. Darüber hinaus war er einer der wichtigsten Verbreiter der griechischen Philosophie und lehrte in Paris die Texte des Aristoteles in den Übersetzungen von Averroes.

Thomas von Aquin (1224–1274)
In der Nähe von Neapel geboren, trat er dem Dominikaner-Orden bei und wurde der bedeutendste Schüler des Albertus Magnus in Köln. Sein Leben war der Lehre, dem Disputieren und Predigen in Paris und Italien gewidmet. Später als der »Engelhafte Doctor« oder »Engel der Schulen« bekannt, steht er für den Höhepunkt der mittelalterlichen Scholastik. Sein Hauptwerk, die *Summa Theologiae*, stellt ihn in die erste Reihe der christlichen Theologie.

IN DER JÜDISCHEN WELT

Moses Maimonides (1135–1204)
Nach allgemeiner Auffassung ist er der bedeutendste jüdische Philosoph und religiöse Lehrer des Mittelalters. In Cordoba geboren, verließ er im Jahre 1148 Andalusien mit seiner Familie aufgrund der Verfolgung durch die Almohaden. Nach achtzehn Jahren in Fez zog er nach Ägypten und wurde sowohl Hofarzt von Saladin als auch Oberhaupt der jüdischen Gemeinde in Fostat. Seine Schriften enthalten einen arabischen Kommentar zu dem *Mishnah* und dem *Führer zu den Verwirrten* (1190) und zeigen die Vertrautheit mit muslimischen Autoren wie Ibn Rushd. Sein Sohn Abraham unterhielt Kontakte mit der Sufi-Gemeinschaft in Ägypten, ein Dialog, der zu einer Art jüdischem Sufismus führte. Dieses Interessen am islamischen Mystizismus schlug sich darin nieder, dass verschiedene Manuskripte in hebräischer Schrift kopiert wurden, darunter auch Ibn Arabis *Kitab al-Tajalliyat*.

Der Zohar, »Das Buch der Herrlichkeit« (um 1300)
Dieses zentrale Werk in der Literatur der Kabbala (»empfangene Tradition« auf Hebräisch) wurde vermutlich von Moses de Léon (gestorben 1305) in Spanien geschrieben. Das Buch repräsentiert eine der Blütezeiten des esoterischen Wissens in der jüdischen Mystik.

Literaturhinweise

Claude Addas
Quest for the Red Sulphur
Diese erste große biografische Studie über Ibn Arabi ist ein hervorragendes Quellenwerk für sein Leben und seine Zeit, mit kenntnisreichen Analysen problematischer Bereiche.

William C. Chittick
The Sufi Path of Knowledge und
The Self-Disclosure of God
Nach verschiedenen Themen geordnet stellen diese beiden Bücher ausführliche Übersetzungen von Passagen aus dem *Futuhat al-Makkiyah* zur Verfügung und sind eine sehr nützliche Quelle für das weitere Studium.

Michel Chodkiewicz
Seal of the Saints
und *An Ocean without Shore*
Diese beiden Bücher vermitteln ein klares Bild der Tiefe von Ibn Arabis Lehren über Heiligkeit und den Koran.

Henri Corbin
Alone with the Alone
Ursprünglicher englischer Titel: *Creative Imagination in the Sufism of Ibn Arabi*. Dieses höchst einflussreiche Buch war eines der ersten in einer westlichen Sprache, das die Lehren Ibn Arabis in einer zugänglichen und spannenden Weise vorstellte.

Alma Giese
Urwolke und Welt
Mystische Texte des größten Meisters, aus dem Arabischen übersetzt und herausgegeben von Alma Giese, München 2002. Eine Einführung in Leben und Werk Ibn Arabis, mit kommentierten Übersetzungen aus den Werken *Der Geist der Heiligkeit (Ruh al-Quds); Mekkanische Eröffnungen (Futuhat al-Makkiyah)* und *Dolmetsch der Sehnsüchte (Tarjuman al-Ashwaq)*.

LITERATURHINWEISE

Muhyiddin Ibn Arabi
Sufis of Andalusia (übersetzt von Ralph W.J. Austin)
Unter Rückgriff auf zwei verschiedene Werke hat Dr. Austin einen höchst lesbaren und lebendigen Bericht über rund siebzig Menschen im Maghreb vorgelegt, aus denen Ibn Arabi nach seinen eigenen Worten »auf dem Weg des Jenseits großen Nutzen gezogen hat«.

Muhyiddin Ibn Arabi
The Wisdom of the Prophets
Übersetzung von zwölf Kapiteln aus den *Fusus al-Hikam* von Angela Culme-Seymour. Diese elegante Übersetzung gibt eine ausgezeichnete Einführung in eines der Hauptwerke von Ibn Arabi.

Muhyiddin Ibn Arabi
Die Weisheit der Propheten
Deutsche Übersetzung der von Titus Burckhardt ins Französische übertragenen ausgewählten Kapitel der *Fusus al-Hikam*. Chalice Verlag, Zürich 2005.

Muhyiddin Ibn Arabi
Kernel of the Kernel
(Übersetzung von Ismail Hakki Bursevi)
Dies ist eine lyrische Zusammenfassung von Ibn Arabis Lehren, von einem seiner großen Schüler, und bietet eine lesbare und ziemlich einfache Darstellung komplexer Ideen.

Muhyiddin Ibn Arabi
Der verborgene Schatz
Beinhaltet das Traktat *Der innerste Kern,* das *Lubbul Lubb,* die von Ismail Hakki Bursevi (1653–1725), einem der bedeutendsten Schüler Ibn Arabis, übertragene und kommentierte, gut lesbare Zusammenfassung der komplexen Grundlehren Ibn Arabis. Weiter umfasst der Band die so genannten *Neunundzwanzig Seiten,* eine klassische Einführung in das Studium Ibn Arabis, sowie einen wichtigen Schlüsseltext zum Thema Selbsterkenntnis: Ibn Arabis Kommentar über die Aussage des Propheten »Wer sich selbst kennt, kennt seinen Herrn« aus seiner *Abhandlung vom Sein,* dem *Risalat al-Wujudiyah*. Chalice Verlag, Zürich 2006.

ANHANG

Muhyiddin Ibn Arabi
*Reise zum Herrn der Macht – Meine Reise
verlief nur in mir selbst*

Zwei Texte Ibn Arabis, die – in Anspielung auf die berühmte »nächtliche Reise« oder Himmelfahrt des Propheten Mohammed – die Umstände und Erfahrungen des völligen Aufgehens in Gott berschreiben. Im engeren Sinne eine Erläuterung von *khalwa*, einer Sufi-Übung zur Erlangung der Gegenwart Gottes durch absolute Aufgabe der Welt, beschreibt die *Reise zum Herrn der Macht* den geistigen Aufstieg durch alle Stufen der Existenz bis hin zur Göttlichen Gegenwart. *Meine Reise verlief nur in mir selbst*, eine hier erstmals auf Deutsch vorliegende, kommentierte Übersetzung des Kapitels 367 aus den *Futuhat al-Makkiyah*, ist eine weitere, sehr autobiografische Beschreibung von Ibn Arabis eigener Himmelfahrt. Chalice Verlag, Zürich 2008.

Fateme Rahmati
*Der Mensch als Spiegelbild Gottes
in der Mystik Ibn Arabis*

Diese Untersuchung widmet sich einem zentralen Bestandteil der philosophisch-mystischen Gedankenwelt Ibn Arabis, und zwar seinem Menschebild. Die Arbeit beschäftigt sich mit der Stellung des Menschen, seiner Beziehung zu Gott und seiner Rolle in der Gott-Welt-Beziehung in den Schriften Ibn Arabis. Wiesbaden 2007.

Suha Taji-Farouki
Beshara and Ibn Arabi

A Movement of Sufi Spirituality in the Modern World. Eine soziologisch basierte Studie über die Beshara-Bewegung in England, die sich seit den 1970er-Jahren der Weitervermittlung der Lehre Ibn Arabis widmet. Oxford 2007.

Journal of the Muhyiddin Ibn Arabi Society

Weitere Studien und Übersetzungen sind zu finden in diesem zweimal jährlich erscheinenden Journal. Weite Einzelheiten bei: Muhyiddin Ibn Arabi Society, Secretary, PO Box 892, GB-Oxford OX2 7XL, oder unter www.ibnarabisociety.org

Bibliografie

Die folgenden Titel werden im Text zitiert, insbesondere die Werke, die sich direkt auf Ibn Arabi beziehen.

Addas, Claude: *Quest for the Red Sulphur: the Life of Ibn Arabi*, Cambridge, England 1993.
Addas, Claude: *The Ship of Stone*, in: *The Journey of the Heart*, herausgegeben von John Mercer, Oxford 1996, Seiten 5–24.
Austin, Ralph W. J.: *The Bezels of Wisdom*, London 1980. Vgl. Ibn Arabi: *Fusus al-Hikam*.
Austin, Ralph W. J.: *Sufis of Andalusia*. Sherborne, Gloucestershire, 1988. Vgl. Ibn Arabi: *Ruh al-Quds* und *Durrat al-Fakhira*.
Austin, Ralph W. J.: *Two Poems from the Diwan of Ibn Arabi*, in: *Journal of the Muhyiddin Ibn Arabi Society* VII (1988), Seiten 1–16.

al-Baghdadi, Ali bin Ibrahim al-Qauri: *Al-Durr al-thamin fi manaqib al-Shaykh Muhyiddin*, Beirut 1959.
Begley, Wayne: *The Myth of the Taj Mahal and a New Theory of Its Symbolic Meaning*, in: *The Art Bulletin*, Band LXI, Nr. 1, März 1979.
Benaissa, Omar: *L'Ere de l'Homme Parfait, L'École d'Ibn Arabi en Iran aux 13ème et 14ème siècles* (unveröffentlichte Doktorarbeit, Universität Sorbonne, Paris).
Beneito, Pablo: *El secreto de los nombres de Dios*, Murcia 1996. Vgl. Ibn Arabi: *Kashf al-Ma'ana*.
Beneito, Pablo: *Las Contemplaciones de los Misterios* (herausgeben und übersetzt mit S. Hakim), Murcia 1994. Vgl. Ibn Arabi: *Mashahid al-Asrar*.
Beneito, Pablo: *On the Divine Love of Beauty*, in: *Journal of the Muhyiddin Ibn Arabi Society* XVIII (1995), Seiten 1–22.
Beneito, Pablo: *The Seven Days of the Heart* (übersetzt mit Stephen Hirtenstein), Oxford 2000. Vgl. Ibn Arabi: *Wird*.

Ceran, Ahmet Seref: *Seyh Sadruddin Konevi,* Konya 1995.

Chittick, William C.: *Ibn al-'Arabi and his School,* in: *Islamic Spirituality: Manifestations,* herausgegeben von S. H. Nasr, Seiten 49–79.

Chittick, William C.: *The Self-Disclosure of God: Principles of Ibn al-Arabi's Cosmology,* Albany, NY, 1998.

Chittick, William C.: *The Sufi Path of Knowledge: Ibn al-Arabi's Metaphyics of Imagination,* Albany, NY, 1989.

Chodkiewicz, Michel: *An Ocean without Shore. Ibn Arabi, the Book, and the Law,* Albany, NY, 1993.

Chodkiewicz, Michel: *The Soul of the Saints,* Cambridge 1993.

Chodkiewicz, Michel, William C. Chittick, Denis Gril und James W. Morris: *Les Illuminations de La Mecque/The Meccan Illuminations: Textes Choisis/Selected Texts,* Paris 1988. Vgl. auch Ibn Arabi: *Futuhat al-Makkiyah.*

Corbin, Henri: *Creative Imagination in the Sufism of Ibn Arabi,* Princeton 1969. (Neu veröffentlicht unter dem Titel *Alone with the Alone.*)

Cornell, Vincent: *The Way of Abu Madyan: Doctrinal and Poetical Works of Abu Madyan Shua'ayb ibn al-Husayn al-Ansari,* Cambridge 1996.

Culme-Seymour, Angela: *The Wisdom of the Prophets,* Aldsworth, Gloucestershire, 1988. Vgl. Ibn Arabi: *Fusus al-Hikam.*

Deladrière, Roger: *La Vie merveilleuse de Dhu-l Nun l'Égyptien,* Paris 1998. Vgl. Ibn Arabi: *Al-Kawkab al-Durri.*

Elmore, Gerald: *Islamic Sainthood in the Fullness of Time,* Leiden 1999. Vgl. Ibn Arabi: *Anqa Mughrib.*

Elmore, Gerald: *New Evidence on the Conversion of Ibn al-Arabi to Sufism,* in: *Arabica,* Band XLV (1998), Seiten 50–72.

Elmore, Gerald: *Al-Qunawi's Personal Study-List,* in: *Journal of Near Eastern Studies,* Band 56, 3 (1997), Seiten 161–181.

Fletcher, Richard: *Moorish Spain,* Phoenix 1994.

Giese, Alma: *Urwolke und Welt – Mystische Texte des Größten Meisters*, München 2002.

Gril, Denis: *Le Dévoilement des Effets du Voyage*, Combas 1994. Vgl. Ibn Arabi: *Kitab al-Isfar*.

al-Habashi, Abdallah Badr: *Kitab al-Inbah'ala tariq Allah*. Übersetzt von Denis Gril in: *Journal of the Muhyiddin Ibn Arabi Society* XV (1994), Seiten 1–36.

Hirtenstein, Stephen und Pablo Beneito: *The Seven Days of the Heart (Wird* oder *Awrad al-Usbu)*, Oxford 1999. Vgl. Ibn Arabi: *Wird*.

Hirtenstein, Stephen und Michael Tiernan (Hg.): *Muhyiddin Ibn Arabi: A Commemorative Volume*, Shaftesbury, Dorset, 1993.

Ibn Abi al-Mansur, Safi al-din: *La Risala*. Herausgegeben und ins Französische übersetzt von Denis Gril, Kairo 1986.

Ibn Arabi, Muhyiddin: *Divine Sayings (Mishkat al-Anwar)*. Übersetzt von Stephen Hirtenstein und Martin Notcott, Oxford 1855.

Ibn Arabi, Muhyiddin: *Diwan*, Bulaq 1855.

Ibn Arabi, Muhyiddin: *Al-Durrat al-Fakhira* (MS Esad ef. 1777). Auszüge übersetzt von Ralph W.J. Austin in: *Sufis of Andalusia*.

Ibn Arabi, Muhyiddin: *Fihrist al-Muta'allafat*. Herausgegeben von A. Affifi. Teilübersetzung in: *Bulletin of the Faculty of Arts*, Alexandria University, Band 8 (1954), Seiten 109–117.

Ibn Arabi, Muhyiddin: *Fusus al-Hikam*. Herausgegeben von A. Affifi, Beirut 1946. Englische Übersetzungen von Angela Culme-Seymour (nach der Übertragung ins Französische von Titus Burckhardt) als *The Wisdom of the Prophets* und Ralph W.J. Austin als *The Bezels of Wisdom*. Deutsche Übersetzung (nach der Übertragung ins Französische von Titus Burckhardt) von Wolfgang Herrmann unter dem Titel *Die Weisheit der Propheten*, Chalice Verlag, Zürich 2005.

Ibn Arabi, Muhyiddin: *Futuhat al-Makkiyah*, Kairo 1911. Nachdruck Beirut, Oh. Yahia (Hg.), Kairo 1972–1996, (OY). Ausgewählte Passagen übersetzt in Michel Chodkiewicz et al.: *Meccan Illuminations*. Siehe auch William C. Chittick:

The Sufi Path of Knowledge und *The Self-Disclosure of God*. Im Deutschen einige ausgewählte Kapitel in Alma Giese: *Urwolke und Welt*, München 2002, sowie in Muhyiddin Ibn Arabi: *Reise zum Herrn der Macht*, Chalice Verlag, Zürich 2008.

Ibn Arabi, Muhyiddin: *Hilayat al-Abdal*, in: *Rasa'il*.

Ibn Arabi, Muhyiddin: *Istilahat al-Sufiyah*, in *Rasa'il*. Ins Englische überetzt von Rabia Terri Harris in: *Journal of the Muhyiddin Ibn Arabi Society* VIII (1989), Seiten 5–32.

Ibn Arabi, Muhyiddin: *Ijaza lil-Malik al-Muzaffar*. Herausgegeben von Abdullah A. Badawi in: *Al-Andalus*, Band 20 (1955), Seiten 107–128.

Ibn Arabi, Muhyiddin: *Kashf al-Ma'na*. Herausgegeben und ins Spanische übersetzt von Pablo Beneito als *El secreto de los nombres de Dios*.

Ibn Arabi, Muhyiddin: *Al-Kawkab al-Durri fi Manaqib Dhi al-Nun al-Misri*. Übersetzt und vorgestellt von Roger Deladrière als *La Vie merveilleuse de Dhu-l Nun l'Égyptien*.

Ibn Arabi, Muhyiddin: *Kitab Anqa Mughrib*, Kairo 1954. Übersetzt von Gerlad Elmore als *Islamic Sainthood in the Fullness of Time*.

Ibn Arabi, Muhyiddin: *Kitab al-Abadilah*, Kairo 1969.

Ibn Arabi, Muhyiddin: *Kitab al-Alif*, in: *Rasa'il*. Ins Englische übersetzt von A. Abadi in: *Journal of the Muhyiddin Ibn Arabi Society* II (1984), Seiten 15–40.

Ibn Arabi, Muhyiddin: *Kitab al-Fana' fi'l Mushahada*, in: *Rasa'il*. Ins Englische übersetzt von Stephen Hirtenstein und L. Shamash in: *Journal of the Muhyiddin Ibn Arabi Society* IX (1991), Seiten 1–17.

Ibn Arabi, Muhyiddin: *Kitab al-Isra*, Beirut 1988.

Ibn Arabi, Muhyiddin: *Kitab Mawaqi al-nujum*, Kario 1965.

Ibn Arabi, Muhyiddin: *Kitab Mishkat al-Anwar*. Arabischer Text und französische Übersetzung von Michèl Vâlsan als *La Niche des Lumières*, ins Englische übersetzt von Martin Notcutt als *Niche of Lights* und von Stephen Hirtentein und Martin Notcutt als *Divine Saying*, Oxford 2005.

Ibn Arabi, Muhyiddin: *Kitab al-Mubashshirat*, MS Zahiriya 5859.

BIBLIOGRAFIE

Ibn Arabi, Muhyiddin: *Kitab Muhadarat al-Abrar,* Beirut, 2 Bände.

Ibn Arabi, Muhyiddin: *Mashahid al-Asrar.* Herausgegeben und ins Spanische übersetzt von S. Hakim und Pablo Beneito als *Las Contemplaciones de los Misterios* und ins Englische von Cecilia Twinch und Pablo Beneito als *Contemplations of the Holy Mysteries and Ascensions of the Divine Lights.*

Ibn Arabi, Muhyiddin: *A Prayer for Spiritual Elevation and Protection (al-Dawr al-a'la).* Übersetzt von Suha Taji-Farouki, Oxford 2006.

Ibn Arabi, Muhyiddin: *Rasa'il Ibn al-Arabi,* Hyderabad 1948, 2 Bände.

Ibn Arabi, Muhyiddin: *Risalat al-Intisar,* in: *Rasa'il.*

Ibn Arabi, Muhyiddin: *Risalat al-Isfar.* Herausgegeben und ins Französische übersetzt von Denis Gril als *Le Dévoilement des Effets du Voyage.*

Ibn Arabi, Muhyiddin: *Risalat Ruh al-Quds,* Damaskus 1986. Teilweise übersetzt in *Sufis of Andalusia* von Ralph W.J. Austin und in *Epistle of the Spirit of Holiness* von Roger Boase and Farid Sahnoun in: *Muhyiddin Ibn Arabi: A Commemorative Volume,* herausgegeben von Stephen Hirtenstein und Michael Tiernan, Seiten 44–72. In deutscher Sprache sind einige Kapitel enthalten in Alma Giese: *Urwolke und Welt,* Seiten 53–125.

Ibn Arabi, Muhyiddin: *Al-Tadbirat al-Ilahiyah.* Herausgegeben von H.S. Nyberg in: *Kleinere Schriften des Ibn Arabi,* Leiden 1919.

Ibn Arabi, Muhyiddin: *The Seven Days of the Heart (Awrad).* Übersetzung von Pablo Beneito und Stephen Hirtenstein, Oxford 2000. Deutsche Übersetzung von Barbara Feild in *Tages- und Nachtgebete,* Privatdruck für Freunde des Chalice Kreises, Zürich 2003.

Ibn Arabi, Muhyiddin: *Tages- und Nachtgebete,* deutsche Übersetzung der *Wird (Awrad al-Usbu)* von Barbara Feild nach Pablo Beneito und Seite Hirtensteins *The Seven Days of the Heart.* Privatdruck für Freunde des Chalice Kreises, Zürich 2003.

Ibn Arabi, Muhyiddin: *Tarjuman al-Ashwaq*. Übersetzt und herausgegeben von Reynold A. Nicholson als *The Tarjuman Al-Ashwaq: A Collection of Mystical Odes by Muhyiddin Ibn al-Arabi*. In deutscher Sprache sind Auszüge unter dem Titel *Dolmetsch der Sehnsüchte* enthalten in Alma Giese: *Urwolke und Welt*, Seiten 127–303.

Ibn Arabi, Muhyiddin: *The Universal Tree and the Four Birds (al-Ittihad al-Kawni)*. Übersetzt von Angela Jaffray, Oxford 2006.

Ibn Arabi, Muhyiddin: *Urwolke und Welt – Mystische Texte des Größten Meisters*. Übersetzt und herausgegeben von Alma Giese, München 2002.

Ibn Arabi, Muhyiddin: *Der verborgene Schatz*. Enthält u.a. das Traktat »Wer sich selbst kennt, kennt seinen Herrn« aus dem *Risalat al-Wujudiyah*. Deutsch von Stefan Bommer, Chalice Verlag, Zürich 2006.

Ibn Arabi, Muhyiddin: *Die Weisheit der Propheten*. Die *Fusus al-Hikam* nach der Übertragung ins Französische von Titus Burckhardt. Deutsch von Wolfgang Herrmann, Chalice Verlag, Zürich 2005.

Ibn Arabi, Muhyiddin: *Wird (Awrad al-Usbu*, arabischer Text und Transliteration, Oxford 1979. Ins Englische übersetzt von Pablo Beneito und Seite Hirtenstein als *The Seven Days of the Heart*, Oxford 2000. Deutsche Übersetzung von Barbara Feild in *Tages- und Nachtgebete*, Privatdruck für Freunde des Chalice Kreises, Zürich 2003.

Ibn Hanbal: *Al-Musnad*, Beirut.

Ibn Sawdakin: *Kitab Wasa'il al-Sa'il*. Herausgegeben von Manfred Profitlich, Freiburg 1990.

Ibn Sha Ar: *Qala'id al-juman fi fara'id shu'ara' hadha al-zaman*, Frankfurt 1990.

Kelley, Kevin: *The Home Planet*, London 1988.

Knysh, Alexander: *Ibn Arabi in the Later Islamic Tradition*, in: *Muhyiddin Ibn Arabi: A Commemorative Volume*, herausgegeben von S. Hirtenstein und M. Tiernan, S. 307–327.

Knysh, Alexander: *Ibn Arabi in the Later Islamic Tradition*, New York 1999.

BIBLIOGRAFIE

Leakey, Richard: *Origins Reconsidered,* London 1992.
Litvinoff, Barnet: *1492, the Year and the Era,* London 1992.

Morris, James W.: *How to study the Futuhat: Ibn Arabi's Own Advice,* in: *Muhyiddin Ibn Arabi: A Commemorative Volume,* herausgegeben von Stephen Hirtenstein und Michael Tiernan, Seiten 73–89.
Morris, James W.: *«He Moves You Through the Land and Sea...«: Learning form the Earthly Journey,* in: *The Journey of the Heart,* herausgegeben von John Mercer, Oxford, 1996, Seiten 4–69.
Murata, Sachiko: *The Tao of Islam,* New York 1992.
Muslim: *Al-Sahih,* Kairo 1915–1916.
Nasr, S. H. (Hg.): *Islamic Spirituality: Manifestations,* New York 1990.
Nicholson, Reynold A.: *The Tarjuman Al-Ashwaq: A Collection of Mystical Odes by Muhyiddin Ibn al-Arabi,* Neuauflage 1978. Vgl. Ibn Arabi: *Tarjuman al-Ashwaq.*
al-Niffari, Muhammad bin Abd al-Jabbar: *Mawaqif and Mukhatabat.* Übersetzt von Arthur J. Arberry, London, Neuauflage 1978.
Notcutt, Martin: *Niche of Lights,* Oxford 2004. Vgl. Ibn Arabi: *Mishkat al-Anwar.*

Radtke, Berndt: *Neue kritische Gänge,* Utrecht 2005.
Rahmati, Fateme: *Der Mensch als Spiegelbild Gottes in der Mystik Ibn Arabis,* Wiesbaden 2007.

Safi, Omid: *Did the Two Oceans Meet?,* in: *Journal of the Muhyiddin Ibn Arabi Society* XXV.
Sells, Michael: *At the Way Stations, Stay,* in: *Journal of the Muhyiddin Ibn Arabi Society* XVIII (1995), Seiten 57–65.
Shams-i Tabrizi: *Maqalat-i Shams-i Tabrizi.* Herausgegeben von Muhammad Ali Muwahhid, Teheran 1977. Herausgegeben und ins Englische übersetzt von William C. Chittick als *Me & Rumi,* Louisville, Kentucky, 2004.

Taji-Farouki, Suha: *Beshara and Ibn Arabi – A Movement of Sufi Spirituality in the Modern World,* Oxford 2007.

Twinch, Cecilia und Pablo Benito: *Contemplations of the Holy Mysteries and Ascensions of the Divine Lights,* Oxford 2001. Vgl. Ibn Arabi: *Mishkat al-Anwar.*

Vâlsan, Muhammad: *La Niche des Lumières,* Paris 1983. Vgl. Ibn Arabi, *Kitab al-Anwar.*

Yahia, Osman: *Historie et Classification de l'Oeuvre d'Ibn Arabi,* einschließlich des Répertoire Général seiner bekannten Werke, Damaskus 1964.

Bildnachweis

Sämtliche Fotografien stammen von Stephen Hirtenstein mit folgenden Ausnahmen:

Geografische Karten auf Seiten 2, 16, 56, 164, 258, 314 und 419: Peter Miller, Gerard Lennox und Alois Alexander

Seite 25: Bodleian Library, Oxford

Seite 66: Legado Andalusí, Granada

Seite 98: VITA

Seite 173: Dr. Subhi al-Azzawi

Seite 225: Layla Shamash

Seiten 216, 229, 230 und 325: Suleimaniye-Bibliothek, Istanbul

Seite 236: Yusuf-Aga-Bibliothek, Konya

Seite 240: Alois Alexander

Seite 317: Cecilia Twinch

Seite 361: Judy Kearns

Seiten 376 und 377: Patricia Price

Register

Zitatstellen von Ibn Arabi **halbfett**
Abbildungen *kursiv*

A
Aaron 175, 182, 283, 286
Abbasiden 363
Abbild Gottes 80, 204, 252, 299, 310, 345
Abraham 37, 86, **132**, 133, **135**, 165, 175, 182, **183**, **184**, 200, **213**, 223, 224, **226**, 273, **288**, 289, 304, 315, 336
Abstammung 57, **69**, 70, 73, **76**, 78, 150
ABU BAKR, (Kalif) 148, 149, 199, **233**
ABU MADYAN, Shuayb bin al-Huasayn al-Ansari (Sufi) 124, **126**, **128**, 136, 186, 207, 218, 219, 265, 356, 357, 387
ABU MUHAMMAD ABDALLAH (Ibn Arabis Onkel) 64, 65, 68, **90**, 91
ABU SHUJA, Amir al-Haramayn (Ibn Arabis Schwiegervater) 227, 228, 286
ABU YAQUB YUSUF I (Sultan) 60, 93, 118
ABU YAZA (Heiliger) 109
ADAM **76**, 77, 78, 79, 80, **81**, 104, 105, 106, 107, 108, **133**, **155**, 175, **178**, **179**, 180–182, 200, 201, 211, 212, **218**, 223, 249, 252, 324, 344, 345, 384
AL-ADAWI, Salih **131**, 135, **136**, **166**, 167
ADHAM, IBRAHIM 220
AL-ADIL (König) 316

Ägypten **218**, 219, 221, 223, **282**, 296, 315, 319, 322, 340, 364, 365, 387–391
al-Ahad (der Einzige, Gottesname) **46**, **47**, 48, 49
ahadiyat al-ayn (die Einzigkeit der Quelle) 49
Aksaray (Türkei) 289
Akzeptanz **83**, 120
Alarcos (Andalusien) 167
al-Alim (der Wissende, Gottesname) 328
al-Andalus 24, 26, 27, 28, 57, 59, 167, **176**, 188
al-Aqsa (Moschee) 223
AL-ARABI, Ali (Ibn Arabis Vater) 57, **62**, **64**, **91**, 93, **94**, **97**, 165, 167
AL-ARABI, Ali bin (Ibn Arabis Cousin) 379
AL-ASHALL (Scheich) **171**, 172
AL-ASHRAF AL-MUZAFFAR (Kalif) 319, 324, **330**, 331, 358, 385
al-ayan ath-thabitah (in der Einheit etablierte Essenzen, wesentliche Realitäten) 49
al-Aziz (der Siegreiche, Gottesname) **297**
Albertus Magnus 31, 387, 390, 391
Aleppo 228, 272, 274, 277–281, *283*, **287**, 288, 289, 291, 294, 319, 322, 331, 333, 359, 363, 365, 383, 388

Alexander der Große 89, **143**
Alfons VI 31
Alfons VIII (König) 166
Algerien 57, 356, 366
Alhambra *28*, 32
ALI (Kalif) 199, **233**
Allahu akbar (Gott ist der Größte) **267**
Almagest 31
Almeria (Andalusien) 191, 192, 380
Almohaden 58, 59, 60, 93, 95, 116, 166, 167, 357, 387, 391
Almoraviden 59, 171
Almosen 270
Alphabet **219**, 272, 273, 340, 343, 349
Alter **246**
Amerika 33, 36
Analphabetismus **349**, 350
Anatolien 239, 259, 263–265, 271, 277, 289, 290, 315, 319, 331, 357, 359, 363, 365, 389
Andalusien 25, 33, 35, 57, 59, 165–168, 188, 192, 206, 219, 277, 294, 322, 336, 357, 381
Angst 295, **296**, 346
anima (Seele) 348
Anqa Mughrib (Der [sagenhafte] Greifvogel des Westens) 188, 192, 211, 380
Antalya 289
Antiochien 289
Antlitz Gottes 368, 369, **371**, **372**, 373
Araber 24, 25, 28, 31, **215**, **302**
Arabien 26, 315, 367

ANHANG

Architektur 27
Aristoteles 35, 91, 391
Armenien 315
Askese 120, 342, 381
Asrar al-Huruf (Geheimnisse der Buchstaben) 350
Astronomie 31, 387, 390
Atem 203, 205, 245, 246, 343, 344, 346, 348, 349
ATIQ VON LORCA (Scheich) 316
ATTAR, Fariduddin (Poet) 389
Auferstehung 94, 96, 346
Augenblick 246
Ausbeutung 33
AVERROES (Ibn Rushd) 58, 91, 92, 93, 94, 95, 187, 260, 387, 391
Awrad al-Usbu (Gebete für die Woche) 385
ayan (Potenzialitäten) 344
Ayyubiden 281, 289, 319, 324, 330, 357, 362, 385, 390

B

Baalbek 42
BACON, Roger 31
Bagdad 26, 27, 228, 263, 264, 265, 271, 277, 279, 280, 288, 323, 331, 356, 363, 383, 388
BAHAUDDIN WALAD (Rumis Vater) 290
AL-BALKASHI (Sufi) 365
Balkh (Afghanistan) 290, 389
BANU ZAKI (Familie) 316, 318, 336, 365
al-Bari (der Schöpfer, Gottesname) 22
Barmherzigkeit 96, 100, 105, 145, 191, 253, 346, 364, 372, 375

al-Basir (der Sehende, Gottesname) 328
Bedeutung 103, 104
Befreiung 337
Bejaia / Bougia (Algerien) 128, 219, 218, 343, 356, 387
BEKTASCH, Haji (Sufi) 271
Bektashiyah (Sufi-Orden) 271
Benediktiner 31
Berber 59, 65, 109
Bescheidenheit 233
Besitz 87, 97, 115, 225, 248, 333, 370, 375
Bestimmung 198
Bewegung 244, 247, 296, 353
Bewusstsein 225
Bibel 28
AL-BIJAI, Maryam bint Muhammad bin Abdun bin Abd ar-Rahman (Ibn Arabis zweite Frau) 279
BIN JAMI, Ali bin Abdallah 268, 269
BIN RUSTEM, Abu Shuja Zahir 226, 274
BIN YUSUF, Majduddin Ishaq (Ibn Arabis Schüler) 263, 264, 265, 270–272, 277, 278–294, 363
BINT RUSTEM, Fakhr al-Nisa 226
BINT YUNUS, Fatima Amir al-Haramayn (Ibn Arabis erste Frau) 227, 265, 278, 293
AL-BISTAMI, Abu Yazid (Heiliger) 178, 196, 199, 202, 307
BOABDIL (Sultan) 32
BOSNEVI, Abdullah (Sufi) 366

Botschafter 101, 102, 105, 110, 133, 134, 147, 148, 149, 196, 201, 382
Bruderschaften, islamische 264, 271, 280, 363, 388
Brunnen von Arin 176
Brust 349
Bücher Ibn Arabis 158
Buchstaben 219, 272, 273, 339, 343, 344, 346, 350, 351
BUDDHA 83
Buddhismus 39
AL-BUKHARI 220
Buraq, himmlisches Pferd 174, 184
BURSEVI, Ismail Hakki (Sufi) 366
Byzanz 264, 265, 290

C

Camas (Andalusien) 125
Carmona (Andalusien) 67
Ceuta (Andalusien) 186
Charakter 90, 155
CHELEBI (Rumis Familie) 365
China 27, 315, 356
Christen 28, 31, 32, 59, 150
Christentum 31–33, 53
CHUANG TSU 99
Cluny (Frankreich) 31
COLUMBUS, Christoph 32, 33, 35, 36
Cordoba 26, 27, 28, 58, 63, 82, 91, 92, 93, 96, 133, 187, 387, 391

D

DA GAMA, Vasco 33
DA VINCI, Leonardo 18
Damaskus 6, 272, 274, 277, 278, 294, 315, 317, 318, 332, 335, 358, 363, 364, 365, 375, 382, 384, 385, 389

REGISTER

Dankbarkeit 304, 345
DANTE ALIGHIERI 31
DAVID (König) 135, 224
Demut 371, 372, 390
Denken 17, 18, 21, 31, 94, 95, 104, 115, 151, 204, 244, 245, 247, 254, 331, 341, 349, 370
Dienerschaft 87, 112, 120, 123, 132, 136, 161, 162, 177, 186, 201, 208, 237, 253, 254, 295, 306, 342, 355, 371, 372, 381
Al-Diwan al Kabir (Der große Diwan) 268, 331, 385
Diwan al-Ma'arif 385
DNA 70
Dogmatismus 203, 204
Dominikaner-Orden 390, 391
Dschinns 74, 315, 338, 349
AL-DUBAYTHI, Ibn (Historiker) 280

E
Eden 249
Ego 111
Einheit (*tawhid*) 36, 38, 41, 44, 45, 46, 53, 69, 336, 337, 369, 375, 382
Einsamkeit 252
EINSTEIN, Albert 18
Ekstase 307
Elemente 74, 244
ELIAS 88, 205
Empfängnis 78
Engel 103, 106, 108, 157, 357, 369
Entsagung 83, 86, 87, 118, 126, 244, 370, 371
Entschlossenheit 279
Erbe(n) 200, 201, 205, 213, 336, 374, 383
Jesu und Mohammeds 215

Mohammeds 142, 143, 165, 168, 169, 172, 186, 200, 202, 203, 205, 310
Erfahrung 46, 72, 369
Erkenntnis 299, 303
Gottes 251
Erleuchtung 83, 84, 116, 117, 129, 131, 157, 167, 168, 349, 367, 369, 388
Erotika 286
Erwachen 345
Erziehung 37, 38
Essenz
ayn 371
dhat 49, 69
Gottes 47, 267
Euphrat 184, 263, 277
Europa 26, 27, 28, 32, 35
Eva 70, 77, 249
Evolution 20, 70, 75, 76, 209
Existenz 302

F
FAISAL (König) 366
Falschheit 303
Familie Ibn Arabis 65, 166, 278
Fanatismus 32
AL-FARGHANI, Saiduddin (Ibn Arabis Schüler) 280, 359
AL-FARID, Sharafuddin Umar Ibn (Poet) 389
Fasten 342
Fatimiden 27
Feigheit 374
FEILD, Reshad 10
FENARI, Molla (Scheich) 365
FERDINAND (König) 32
Fez 139, 144, 167, 169, 171, 172, 173, 186, 213, 218, 219, 269, 380, 387, 391
Fihrist al-Muallafat (Werkverzeichnis) 273, 329, 330, 384

Fisch 122
Flüsse, vier 184
Form 50, 100, 103, 148, 185, 204, 245, 256, 267, 302, 303, 309, 311, 338, 345, 348, 368, 373
Franken 289, 362
Franziskaner-Orden 390
FRANZISKUS von Assisi 390
Frau(en) 78, 227, 303, 304, 322, 375, 385
Freiheit 36, 353
Freundschaft 237
FRIEDRICH II (Kaiser) 388
Fühlen 204
Fundamentalismus 32, 59, 203
Fusus al-Hikam (Die Weisheit der Propheten) 109, 322, 324, 325, 326, 353, 359, 365, 366, 368, 384
Futuhat al-Makkiyah (Mekkanische Eröffnungen) 230, 232, 233, 237, 260, 268, 272, 318, 320, 327, 328, 329, 331, 333, 342, 350, 359, 366, 386
futuwwa-Bewegung 264, 265, 271, 363, 388
GABRIEL (Engel) 147, 149, 157, 174, 175, 183, 184, 200, 232, 337, 350
Ganzheit 243
»Garten inmitten von Flammen« 311
Gaza 363
Gebet (*dhikr*) 89, 124, 259, 267, 283, 286, 295, 311, 321, 348, 367, 381, 382, 385
Gebote 232, 350, 352
Geburt 7
Geduld 83, 279, 304

407

Gefährten der Linken und der Rechten 180
Gegensätze 37
Gegner Ibn Arabis 333
Gehorsam 112, 154, 191, 232, 324
Geist 69, 71, 73, 75, 77, 78, 80, 137, 150, 154, 300, 303, 308, 326, 344, 373, 375
Genie 18, 19, 24, 329
Gericht, Tag des 238
Gesandte 104, 105, 106, 112, 113, 135, 144, 145, 233, 249
Geschichtswissenschaft 340
Geschlechterrollen 303
Geschlechtsakt 227, 278, 300, 303
Geschmack (*dhawq*) 307
Gesellschaft 340
Gesetz 282, 352
 heiliges 212, 234, 280, 282
 islamisches (Schariah) 327
Gesicht Gottes, persönliches 117, 152–159, 161, 172, 213, 254, 255, 369
Gewissheit (*yaqin*) 279, 375
al-Ghaffar (der Vergebende, Gottesname) 247
AL-GHAZZALI, Muhammad (Scheich) 60
GHERARDO DI CREMONA 31
AL-GHUBRINI, Abu al-Abbas (Historiker) 282
Gibraltar 168
AL-GILANI, Abd al-Qadir 228, 263, 265, 269, 356, 357, 388

Glaube 35, 100, 115, 150, 151, 154, 155, 191, 201, 203, 204, 310, 311, 344, 347, 369, 380
Gleichgewicht 280
Glück 102, 248, 370
Glückseligkeit 346
Gnade 282
Gnosis 307
Gnostiker 110, 129, 144, 155, 157, 159, 160, 182, 192, 198, 203, 225, 238, 246, 247, 255, 306, 307, 308, 309, 311, 346, 347
Gold 333
Gott (*Allah*) 34, 43, 73, 79, 80, 104, 116, 117, 118, 122, 267, 298, 299, 305, 345, 347, 348, 367, 371, 372
 Einheit 40, 48, 54, 192, 241, 336, 337
Gottesnamen 43, 47, 49, 51, 53, 78, 79, 100, 108, 176, 201, 203, 235, 247, 267, 288, 309, 326, 327, 346, 347, 348, 350, 375, 381, 384
al-Ahad (der Einzige) 46, 47, 48, 49
al-Alim (der Wissende) 328
al-Aziz (der Siegreiche) 297
al-Bari (der Schöpfer) 22
al-Basir (der Sehende) 328
al-Ghaffar (der Vergebende) 247
al-Hamid (der Rühmenswerte) 112
al-Haqq (die Wahrheit) 47, 311
al-Hayy (Leben) 328
Hu (Er) 157

al-Ihsan (Schönheit in Aktion) 309
al-Jamal (die Schönheit) 309
al-Khalq (die Schöpfung) 311
al-Mubin (der Sich selbst deutlich Machende) 326
al-Muhit (der Allumfassende) 218
al-Muhsin (der Schönheit Verleihende) 309
al-Mumit (der Eine) 351
al-Muntaqim (der Rächer) 247
al-Murid (der Wollende) 328
al-Mutakallim (der Sprecher) 176, 328
al-Qadir (der Fähige) 328
al-Qahhar (der Allzerstörende) 47
al-Quddus (der Heilige und Geheiligte) 308
ar-Rahim (der Allergnädigste) 42, 247, 372, 373, 375
ar-Rahman (der Allerbarmende) 7, 42, 346, 347, 348, 372, 373, 375
ar-Razzaq (der Ernährende) 247
as-Sami (der Hörende) 328
at-Tawwab (der Verzeihende) 247
al-Wadud (der Liebende) 297
al-Wahhab (der Geber von allem) 117, 247
al-Wahid (der Eine) 47, 48, 49
al-Wahid al-Ahad (der Einzige) 41, 69, 113
al-Wali (der Freund) 112, 211

REGISTER

Gottesschau 326
Götzenbilder 251
Grab Ibn Arabis 336, 365, 366, *376, 377*
Granada *28*, 32, *66*, 187, 188
Griechenland 28, 391
Großmut 383
Großzügigkeit 304
Gut und Böse 191
Güte 154, 191, **247**, **347**, 373, 380
gute Tat **191**

H
AL-HABSAHI, Abdallah Badr (Ibn Arabis Schüler) 17, 87, **186**, 187, 188, 191, 219, 220, 228, 237, 239, 265, 274, 286, 290, **293**, 294, 380, 381, 385
Hadith(e) 11, 19, 31, 90, 168, 228, 259, 319, 323, 327, 381, 386
AL-HAJJAJ, Abu **119**
AL-HALLAJ (Heiliger) 47, 383
AL-HAMADANI, Abu Yaqub Yusuf 271
al-Hamid (der Rühmenswerte, Gottesname) 112
HAMUYA, Saduddin (Ibn Arabis Gefährte) 389
Hand Gottes **181**
Handwerker **69**
al-Haqq (die Wahrheit, Gottesname) 47, 311
Häresie 20, 48, 282
AL-HARIRI, Ahmed 166, 221
Harran (Syrien) **277**
AL-HARRAR, Abu al-Abbas **223**, 273
HARUN AR-RASHID (Kalif) 199

AL-HASAN von Bougia, Abu (Scheich) **282**
AL-HASHIMI, Yunus bin Yahya (Scheich) 228, 229, 269, **351**, 356
Haschimiten 215
AL-HASSAR von Fez, Muhammad **218**, 219, 223
HATIM AL-TAI 58
al-Hayy (der Lebendige, Gottesname) 328
Hebron 224, 273
Heiden 36
Heilige 81, 89, **99**, 105, 107, 109, 110, 111, **112**, 113, 123, 144, **157**, 160, 161, 169, 193, **200**, 201, 207, 211, **213**, 254, 255, 256, 321, 348, 364
heiliger Krieg 32
Heiligkeit **288**
Grade der 198
mohammedanische **200**, **212**, **213**
universelle **200**, **211**, **212**
Heldentum 374, 375
Herr 43, 152, **345**, **348**, **352**, 369
Herz **159**, 177, 191, 201, 203, 204, **205**, 208, 225, **247**, 254, **288**, 308, 309, 310, **311**, **341**, 342, **344**, 349, 350, **352**, **353**, 368, 370, 381
Sehen mit dem 204
Hilyat al-Abdal (Die Zierde der Stellvertreter) 236, 237, 381
Himmel 180, 182, *183*, 247, 255, *263*, *267*, 346, **368**, 380
Himmelfahrt 169, 174, 175, 176–178, 182, 183, 224, 255, 286, 380, 382

Hingabe 154, **176**, 191, 305, 380
HIOB 304
Höflichkeit **168**
Hölle 180, 182, 237, **246**, 346
Homo sapiens 69, 78
Honig 184
Hören **134**, **344**
Hu (Er, Gottesname) 157
HUD (Prophet) **109**, **117**, *133*, **134**, **135**, 143, 148
HULEGI (Mongolenführer) 363
Hungersnot in Ägypten **223**

I
IBLIS (Satan) 249, 341
IBN AL-ARABI, Abu Bakr Muhammad 57, 168
IBN AL-MUTHANNA, Fatima bint **66**, 124
IBN AL-NAJJAR 58
IBN AL-SHA'AR von Mosul (Biograf) 331
IBN AL-SHIBL, Abu al-Suud 265
IBN JADUN **169**, 206
IBN JUBAYR, Abu al-Husayn Muhammad **187**
IBN KAMAL PASCHA (Scheich) 366
IBN MARDANISH 58, 60
IBN MUJAHID (Ibn Arabis Lehrer) **118**, 349
IBN QAMAR, Muhammad 278
IBN QASSUM, Abu Abdallah **119**, 121
IBN RUSHD (Averroes) 58, 91, 92, **93**, **94**, 95, **187**, 260, 387, 391
IBN SABIN (Sufi) 388

ANHANG

IBN SAWDAKIN (Ibn Arabis Schüler) 281, 286, 291, 294, 317, 322, 359, 371
IBN SAYDABUN, Abu Ahmad 188
IBN TAYMIYAH (Schriftsteller) 364
IBN TUMART 59
IBN YUGHAN, Yahya 218, 219
IBN ZAKI (Kadi) 317, 336
Identität 46
IDRIS (Enoch) 175, 182
AL-IDRISI, Muhammad 25
al-Ihsan (Schönheit in Aktion, Gottesname) 309
Ijaza lil-Malik al-Muzaffar (Beglaubigung für König al-Muzaffar) 385
Illusion 41
Imagination 103, 201
Imame 199
Indianer 33, 39
Indien 27, 315, 340
Initiation 385
Insha al-Dawa'ir (Die Beschreibung der einander umschließenden Kreise) 220, 380
Inspiration 103, 157, 329, 349, 350, 352, 358
Intellekt 89, 103, 104, 115, 150, 152, 153, 176, 253, 254, 349, 369, 383
Intelligenz 310
Investitur 269
Irak 259, 265, 277, 278, 287, 322, 363
Iran 20, 271, 294, 319, 363, 365, 388, 390
IRAQI, Fakhruddin 359
Irrtum 134

ISAAK 37, 165, **184**
ISABELLA (Königin) 32
Isfahan **226, 287**
Isharat al-Qur'an fi Alam al-Insan (Anspielungen auf den Koran in der Menschenwelt) 382
Ishraqui (Sufi-Orden) 280
Islam 23, 26, 27, 31, 59, 106, 108, 154, **211, 215**, 263, 290, 355, 357, 362, 363, 365, 386
ISMAEL 165, **184**
Isolation 45, **196**
Istanbul 365, 366
Istilahat al-Sufiyah (Glossar von Fachbegriffen) 291, 383
Italica (Sevilla) 84, *128, 130*
Iznik (Türkei) 365

J

Jagd 67
JAKOB 137, 165, **184**
al-Jamal (die Schönheit, Gottesname) 309
AL-JAMI, Abd ar-Rahman (Sufi-Dichter) 359, 362
AL-JANDI, Muayyiduddin 133, 359
Janus 48
Jemen 26, **287**
Jerusalem 149, 174, 177, 178, **224, 288**, 319, 382
JESUS 86, 88, **95**, 97, 108, 117, **135**, 144, 147, 165, 175, 182, **184**, 188, 200, **211, 212, 213, 214, 215**, 233, 244, 267, 278, **288**, 324, 336, 343, 344, 346, 348, 349, 371

AL-JILI, Abd al-Karim (Scheich) 363
JOHANNES DER TÄUFER (Yahya) 182, 286, 316, 317
JOSEPH 108, 175
Judaismus 31, 53
Juden 28, 32, 33, 53, 150, **205**, 391
Jugend **246**
JUNAYD (Heiliger) 383
Jungfrauen 227
Station der **129**
jüngster Tag **133, 246**

K

Kaaba 76, 224, 226, 229, 231, 232, **235**, 351, 260, 272, 328, 381
Kairo 27, 28, 220, 223, 273, 274, 277, 282, 365, 367, 389
Kalb, heiliges 182
Kalifat 27
Kamelreiter **208**
AL-KAMIL (Sultan) 390
Kapitalismus 33
Kappadozien 289
Kartografie *25*, 179, *229*
Katze 119
KAYKAUS I (Sultan) 264, 267, 272, 277, 289, 294, 365
KAYKHUSRAW I (Sultan) 263, 264, 265, 270, 365
KAYQUBAD I (Sultan) 264, 294
Kayseri (Türkei) *263*, 264, *267*, 271
Kelch, gläserner **308**
KELTON, Robert 31
al-Khalq (die Schöpfung, Gottesname) 311
AL-KHASHSHAB, Abu al-Abbas **126, 127**
AL-KHAYAHT, Abu Abdallah Muhammad 67, **84**, 166, 220, 221, 273

REGISTER

Khidr 88, 89, 123, 140, 141, 142, 196, 206, 255, 268, 269, 270, 336
khirqa (spiritueller Mantel) 268, 269, 270, 322, 356, 385
Khwarism (Iran) 389
al-Kinani, Abu Muhammad Abdallah 136, 139, 140, 206
al-Kinani, Ibn Khamis 223
Kind 73, 74, 75, 150
Kirche 32
Kirman (Iran) 271
Kirmani, Awhaduddin Hamid (Scheich) 271, 280, 316, 319, 320, 323, 363
Kitab al-Abdalilah (Buch der Diener Gottes) 384
Kitab al-Alif (Buch der Einheit) 382
Kitab al-Amr al-Muhkam al-Marbut (Die Ordnung der vollkommenen Verstrickung) 271
Kitab Ayahm al-Shan (Das Buch der Tage von Gottes Werk) 274, 383
Kitab al-Fadl Shahada al-Tawhid 275
Kitab al-Fana' fi'l-Mushahada (Buch der Auslöschung in der Kontemplation) 383
Kitab al-Isfar (Die Entschleierung der Auswirkungen des geistigen Reisens) 384
Kitab al-Isra (Buch der Nachtreise) 174, 274, 358, 380
Kitab al-Jalal wa l-Jamal (Buch der Majestät und Schönheit) 267, 382

Kitab Kunh ma la budda lil-murid minha (Was der Sucher braucht) 267, 382
Kitab al-Mim 228
Kitab Nasab al-Khirqa (Die Linie des Mantels der Initiation) 385
Kitab al-Tajalliyat (Buch der Theophanien) 317, 391
Kitab al-Tajalliyat (Buch der Theophanien) 383
Kitab al-Yaqin (Buch der Gewissheit) 273
Klang 339, 341, 343, 348
Klausur 84, 86, 90, **93**, 94, 129, 132, 133, 137, 193, 251, 253, 270, 271, 283, 286
Kloster 311
Knechtschaft 88, 97, 108
Königreiche 177, 209
Konstantinopel 265
Kontemplation 129, **193**, 202, **254**, 256, 267, 341
Konya 21, 22, **260**, 264, 270, 271, 277, 294, 331, 358, 359, *360, 361,* 382, 389, 390
Koran 11, 19, 24, 28, 31, 53, 62, **64**,67, 90, 95, 106,107, **131–133**, 137, **148**, 150, 151, 154, 166, **171**, 172, 176, 205, **214**, 217, 228, 232, 268, **311**, 323, 326, 327, 337, 338, 346, 350, **352**, 356, 369, 382, 386
Sure Fatiha 134, 137, 176
Sure Ikhlas 53, **54**, 204, 302, 337, **338**
Sure Miriam (Maria) 346
Sure Nasr 286
Sure Shuara **357**, 369
Sure Ya Sin 62

Körper **69**, 71–73, 77, 137, 154, **185**, 191, 204, 208, 231, 232, 244, 245, 248, 300, 301, 308, 339, 370
Kosmologie 386
Kosmos **79**
Kraft **197**
Krankheit 62
Kreis 50, **51**, **185**, 346, 351
Kreuz 33
Kreuzzüge 265, 294, 315, 319, 390
Kubra, Najmuddin (Sufi) 389
al-Kumi, Abu Yaqub Yusuf 124, **125**, 129, 140, 186, 193
Kurden 294

L

Lao Tse 208
laylat al-qadr (Nacht der Macht) 59
Leben 77, 102, 295, 296, 343, **344**
Lehrer / Meister 38, 84, 88, 89, **97**, 116, 117, 123, 127, 147, 154, **155**, 172, 178, 269, 280, 308, 357, 380
Leiden **182**, **234**, 346, **347**, 354, **370**, **373**
Leidenschaft 111, 287, 297, 300
Levante 362, 363, 389
Licht 173, 184, **185**, 217, 255, **272**, **273**, 326, 341, **357**, **369**, 372, 382
Lichtreise 174
Liebe 14, 50, 75, **86**, 220, **225**, 227, 282, 286, **287**, **295–299**, **355**, 359, 362, 372, **383**, 390
Lobpreis Gottes **345**, 370, 371, 380
Lotosbaum der äußersten Grenze 182, **183**
Lust 210, 303, **304**

ANHANG

M
Macht 197, 208, 218339
 Gottes 159, 238
Maghreb 25, *56*, 116, 167, 237, 356, 357, 363, 388
AL-MAHDAWI, Abd al-Aziz (Scheich) 136, 139, 140, 142, **219**, 221, *223*, 237, 239, 379, 380, 381
MAIMONIDES, Moses (Philosoph) 391
Majestät 7, 267, 268, 382
AL-MAKKI, Abu Talib 275
Makrokosmos 143, 182, 380
malamatiyah (Menschen des Tadels) 161, **206**, 207
Malatya (Türkei) 236, 263, 264, 270, 271, 272, 277, 278, 289, 290, *292*, 294, 316, 318, 319, 331
Maler 22, 23
Mamelucken 362, 363, 365
Mammon 333
Manieren 220, 270, 328
Mann 78, 375
AL-MANSUR (Sultan) 120, 166, 167, 188
AL-MANSUR IBN ZAFIR, Safi al-Din Ibn Abi 22
Manuskripte 358
AL-MAQTUL, Suhrawardi (Sufi) 280
Marokko 32, 59, 193, 356, 387
Marrakesch **94**, 166, 187, 193, 217, **218**, 219
Mashahid al-Asrar (Kontemplationen der heiligen Mysterien) 142, 155, 379
Materie 22, 72, 75, 372
Mathematik 31

Mathnawi 362
Mauren 25, 27, 59
Mawaqi al-Nujum (Der Untergang der Sterne) 191, 380
AL-MAWRURI, Abu Muhammad (Scheich) 126, 127, 140, 143, 187, 199, 273, 379
Medina 177, 178, 224, 228, 239
Medizin 31, 387
»Meer ohne Ufer« 36, 52, 109, 157, 219, 249
MEHMET I (Sultan) 365
MEHMET II (Sultan) 365
Mekka 120, 166, 174, 177, 179, 218, 221, **223**, 224, **226**, 227, 228, **235**, 237, 239, **259**, 260, 263, 264, 272, 274, **278**, 279, 281, 286, 288, 290, 316, 320, **351**, 356, 380, 381, 383, 386, 388
Mensch 78, **184**, 220, 296, 328, 372, *273*, **345**, 375
 Erschaffung des 41
 Natur 71
 vollkommener 156, 199, **202**, 206, 210, 310, 324, 368, 374, 382
Menschheit **69**, 70, 73, 75, 77, **79**, 80, 81, 107, **150**, 151, 153, 181, 242, 243, 302, 344, **373**
Menschlichkeit 79, 198
Mesopotamien 315
Messias **215**
Metaphysik 359, 386
Mevlevi (Sufi-Orden) 20, 361, 363
Mikrokosmos 182, 380
Milch 184
Milde **373**
Militärdienst 68, **95**, **96**
Mineralien 210

Miraj (Himmelfahrt) des Propheten 149, 158, 174, 175, 183, 255
AL-MIRTUALI, Musa bin Imran 120
Mishkat al-Anwar (Nische des Lichts) 228, 237, 381
AL-MISRI, Dhul-Nun 229
Mitgefühl 13, 105, 109, 134, 152, 161, 182, 343, 346, **347**, 348, 351, **353**, **354**, **355**, 364, 367, 372, 373, 382, 383
Mittelmeer 28, 32
MOHAMMED 19, 31, 53, 59, 83, **86**, **90**, **95**, 96, 97, 101, 104, 106, 107, 108, **109**, 110, 112, 113, 117, 120, 133, **135**, **136**, 137, 139, 142, 144, 145, 147, **148**, **149**, 151, **152**, 154, **159**, 165, **167**, 172, 173, 174, 201, 202, 205, **206**, 212, 213, 215, **223**, 224, **226**, 227, **228**, **232**, **233**, **234**, 260, 268, 295, 304, **321**, 324, 326, 336, 349, 350, 356, 374, 384
Mönche 311
Mongolen 20, 294, 363
Monismus 48
Monotheismus 37, 39, 86, 367
Mordthese 333
Moron (Andalusien) 143, 379
Moschee 235, **311**, 367
Moses **86**, 88, **95**, **96**, 97, 122, 123, 124, **135**, 144, 165, 175, 182, **184**, 205, **213**, 232, 267, 286, **288**, 296, 342, 350, 352, 368, 369

REGISTER

Mosul 267, 268, 270, 381, 382
AL-MUAZZAM (Kalif) 319
al-Mubin (der Sich selbst deutlich Machende, Gottesname) 326
MUHAMMAD IMADUD-DIN (Ibn Arabis erster Sohn) 228, 278, 279, 293, 322, 327, 328
MUHAMMAD SADUD-DIN (Ibn Arabis zweiter Sohn) 279, 291, 322
al-Muhit (der Allumfassende, Gottesname) 218
al-Muhsin (der Schönheit Verleihende, Gottesname) 309
Muhyiddin Ibn Arabi Society 14
MUIR, John 253
AL-MUMIN BIN ALI, Abu Bakr Yusuf bin Abd, General 96
al-Mumit (der Eine, Gottesname) 351
al-Muntaqim (der Rächer, Gottesname) 247
AL-MUQRI, Ayyub bin Badr (Ibn Arabis Schüler) 358
MURATA, Sachiko 77
Murcia (Andalusien) 57, 60, 188, 191, 388
al-Murid (der Wollende, Gottesname) 328
Muslime 28, 33, 59, 110, 132, 316
al-Mutakallim (der Sprecher, Gottesname) 176, 328
AL-MUTAWAKKIL, Ali 268
Mutter 74, 75, 77, 80, 81, 245, 300

Mutter Ibn Arabis 166
Mysterium 36
Mystik 95, **192**, 355

N
Nablus 363
AL-NABULUSI, Abd al-Ghani (Sufi) 366
Nachfolge 160, **161**
Nacht **247**
nafas ar-rahman (Göttlicher Atem des Mitgefühls) 343
Nahrung **247**
AL-NAJJAR, Ibn (Historiker) 280
Naqshabandiyah (Sufi-Orden) 20, 271
AL-NASIR (Kalif) 265, 277, 319, 363
Natur 74, 253, 300, 302
Nicaea 265
Nicht-Handeln 208
AL-NIFFARI, Muhammad bin Abd al-Jabbar 142
Nil 184
Nimrod 289
NIZAM **226**, 227, 274, 286, 383
NOAH 106, 148, 200
Nordafrika 26, 32, 59, 136, 165, 219, 221, 387
Not **373**
Null 49
AL-NURI, Abu Tahir Ismail Ibn Sawdakin 274

O
ODIN 340
Offenbarung 100, 101, 104, 106, **107**, 108, 115, 144, **148**, 151, 152, 154, **157**, 167, 203, 204, 232, **283**, 307, 308, 309, **310**, 321, **330**, 338, 339, **341**, 353, 362

Offenbarungsreligionen 31
Ökonomie 27
OMAR (Kalif) 37, **233**
Omayahden 26, 294, 315
ORHAN (Sultan) 365
Originalität 19
Osmanen 33, 363, 365, 366
Osten 367, 368, **369**
OTHMAN (Kalif) 233
»Ozean ohne Ufer« 36, 52, 109, **157**, **219**, 249

P
Palästina 223, 259, 265, 315
Palästinenser 294
Palma del Rio (Andalusien) 67
Pantheismus 48, 367
Paradies 184, **237**, **238**, **246**, 305
Perfektion 268
Persien **288**
Pest **223**
PETER DER EHR-WÜRDIGE 31
Pfad, der gerade 370
Pflanzen 209
Pharao 368
Philosophie 31, **254**, 296, 387, 391
Physik 72, 387
Pilgerreise (*hadsch*) 223, 273, 274, **278**, 316, 320
PLATO 27, 388
Pluralität 44
Poesie **357**, 369, 385
Pol/Achse (*qutb*) **161**, 171, 172, 199, 288
des Gottvertrauens 199
des Wissens 10
Politik 143
Portugal 24
Potenzial des Menschen 372
Prädestination 321
Priester 36, 340

Primaten 70
Propheten(tum) 89, **99**,
   101, 102, 105–108,
   109, 110, 112, 113, 117,
   133, 134, 143, **144**, 147,
   200, 201, 205, **212**,
   213, 214, **254**, 310, 321,
   324, 326, **235**, 336, 348,
   362, 370, 374, 384
   universelle(s) 108, 113,
   193, 212
Prüfung 351
PTOLEMÄUS 31
Publikation 358, 364,
   366, 367
Pyrenäen 315

Q
al-Qadir (der Fähige,
   Gottesname) 328
AL-QADIR, Amir Abd
   (Sufi und Wieder-
   standskämpfer) 366
al-Qahhar (der Zerstö-
   rer, Gottesname) 47
Qasiyun (Berg) 336
AL-QATTAN, Abu Mu-
   hammad Abdallah 63
AL-QAYSARI (Ibn Arabis
   Schüler) 359, 365
Quadiriyah (Sufi-Orden)
   20, 356, 363, 388
AL-QUASHANI, Abd ar-
   Razzaq (Ibn Arabis
   Schüler) 280, 359
al-Quddus (der Heilige
   und Geheiligte,
   Gottesname) 308
AL-QUHAYRI 196
AL-QUNAWI, Ishaq bin
   Muhammad **193**
AL-QUNAWI, Sadruddin
   (Ibn Arabis Schüler)
   21, 57, 58, 193, 265,
   271, 277, 278, 290,
   291, 296, 318, 319, **320**,
   321, 322, 327, 328, 330,
   358, 359, *360*, 362, 363,
   365, 384, 389, 390
AL-QUSHAYRI **125**

R
Rache 247
ar-Rahim (der Aller-
   gnädigste, Gottes-
   name) 42, 247, 372,
   373, 375
ar-Rahman (der All-
   Erbarmende, Gottes-
   name) 7, 42, **346**,
   347, 348, 372, 373,
   375
AR-RAHMAN, Abd
   (Prinz) 26
ar-Razzaq (der Ernäh-
   rende, Gottesname)
   247
Rassismus 32
RAUF, BULENT 14
Raum 246, 247
Realität 41, 47, **52**, 68,
   101
Rechtslehre 282, **287**,
   333, 364, 366,
   386
Reconquista 294
Reflexion **254**, 310,
   349
Regen 78
Reinheit **288**, 337
Reinigung 337, **338**
Reisen 46, 244, 245,
   247, **248**, 249, **254**,
   255, 289, 347, 356,
   370, 383, 384
Religion, wahre 311
Renaissance 28, 357
Respekt **250**
Reue 247
Ringfassung 210, 324,
   384
*Risalat al-Anwar
   (Abhandlung über
   das Licht)* 174, 270,
   382
Rom 28
Ronda (Andalusien) *191,
   192*
Rotes Meer 205
Rückkehr zu Gott 299,
   349

*Ruh al-Quds (Geist der
   Heiligkeit)* 116, 124,
   206, 229, 237, 239,
   260, 267, 273, 274,
   381
Ruhe und Stille, Station
   der 46
Rum (Königreich) 264,
   281, 331
RUMI, Jalaluddin 290,
   323, 359, *361*, 362,
   365, 389
AL-RUMI, Majduddin
   Ishaq bin Yusuf 239
AL-RUNDI, Mohammed
   Ibn Ashraf 191

S
AL-SABTI, Ahmad 199
AL-SADRANI, Abu
   Imran **128**
SALADIN (Sultan) 281,
   289, 330, 388, 391
Salé (Marokko) 193
SALMAN der Perser 271
SALOMON 88
as-Sami (der Hörende,
   Gottesname) 328
Santa Fe 32
Santiponce (Sevilla) 125
AL-SARRAJ, Abu al-
   Hakam Ibn **187**
SATAN (Iblis) 111, 249,
   341
Säulen, die vier 199
Scham **249**
Schande **249**
Schatten **217**
Schatz, verborgener
   (Hadith) 50, 75, 296,
   299, **306**
Schia 364
Schlaf 100
schlechte Tat 191
Schmerz **234**
Schönheit 7, 22, 23, 46,
   75, **121**, 226, 227,
   231, 267, 268, 299,
   304, **309**, 310, 362,
   382

Schöpfung 40, 43, 50, 53, 67, 71, 75, 76, 77, 78, 79, 80, 115, 186, 246, 254, 273, 296, 299, 306, 310, 311, 328, 343, 344
Schreiben 329
Schrift 339
Schüler 117, 154, 269, 357
Schweigen 342
Schwestern Ibn Arabis 166, 167, 168
Seele 71, 72, 73, 77, 120, 122, 154, 210, 237, 238, 249, 252, 295, 298, 323, 348, 354, 370
Sehnsucht Gottes 348
»Sei!« (*kun*) 299, 342, 343
Sein 51, 344
Selbst 305
  animalisches 370
  sprechendes 370
  wahres 234, 298, 370
Selbstbefriedigung 301
Selbstdisziplin 268
Selbsterkenntnis 36, 354
Selbstheit Gottes 326, 341, 369
Selbstsucht 89, 301
Seldschukken 263, 264, 267, 270, 271, 281, 289, 290, 294, 357, 365, 388, 390
SELIM I (Sultan) 365, 366
Sevilla *30, 35,* 59, 60, *61,* 63, 64, 68, 84, *85,* 86, 93, *115,* 116, 118, 119, 120, *121,* 125, 126, *128,* 129, 131, 132, 137, *139,* 166, 167, 168, 269, 299, 322
Shadhili (Sufi-Orden) 387
AL-SHADHILI, Abu al-Hasan Ali (Sufi) 387

SHAKESPEARE 18
AL-SHAKKAZ, Abu Muhammad (Ibn Arabis Lehrer) 65, 187, 188
AL-SHARANI, Abd al-Wahhab (Sufi) 366
ash-shaykh al-akbar (der größte Meister) 11, 19, 357
AL-SHUSHTARI (Dichter) 388
SIDDHARTA (Prinz) 84
Siegel 199, 200, 211, 214, 233, 384
  der Gezeugten 81
  der Heiligen 186, 188, 192, 200, 210, 211, 212, 233, 380
  der mohammedanischen Heiligkeit 57, 135, 188, 213-215, 234, 375
  der Propheten 107, 211, 235, 374
  der universellen Heiligkeit 188, 349
AL-SIJASI, Ruknuddin Abu al-Ghanaim (Scheich) 323
Sinai 122, 232, 286
Sinn, heiliger 212
Sinne 72, 103
Sivas (Türkei) 289
Skandinavien 340
Sohn Ibn Arabis 278
Sousse (Tunesien) *221*
Spanien 24, 32, 33, 166, 167
Spiegel 23, 204
Spiritualität 22, 108, 198, 201, 209, 352, 384
Sprache 71, 72, 339, 370
Station(en) 198, 199, 202, 203, 206, 211, 256, 288, 297, 307, 328, 352
  der Rede 342
  der Stadionslosigkeit 177, 178, 202

der Wachsamkeit 342
des Bewahrens 188
des Mahdi 380
des Naheseins 196, 207, 341
des Schlafes 342
Mohammeds 184
Stellvertreter
  Gottes 252
  die sieben 199
Sterne 219, 244
Stille 341, 342, 349, 350, 381
Stirnlocke 134
Strafe 351, 373
Streben 176
Streit 371, 372
Studium 84
Sufismus 19, 20, 57, 60, 65, 116, 125, 229, 264, 267, 271, 280, 291, 331, 356, 357, 363, 364, 381, 383, 388, 389, 391
Suhrawardi (Sufi-Orden) 389
AL-SUHRAWARDI, Abu Najib (Sufi) 389
AL-SUHRAWARDI, Shihabuddin Abu Hafs Umar (Sufi) 263, 280, 281, 388
AL-SUHRAWARDI, Shihabuddin Yahay (Sufi) 388
AL-SULAMI, Abu Abd ar-Rahman 196
SULEIMAN (Sultan) 388
Sünde 81, 223
Sunna 228
Sure
  Fatiha 134, 137, 176
  Ikhlas 53, 54, 204, 302, 337, 338
  Miriam (Maria) 346
  Nasr 286
  Shuara 357, 369
  Ya Sin 62
Syrien 26, 259, 265, 272, 277, 280, 289, 315, 322, 365, 390

T

AL-TABRIZI, Shamsuddin (Rumis Lehrer) 323, 362, 389
Al-Tadbirat al-Ilahiyah (Göttliche Regentschaft) 379
Tadel 250
Menschen des 161, 206, 207
Tag 247
Taj ar-Rasa'il (Die Krone der Briefe) 237, 381
Taj Mahal 366
AL-TAMASHIKI, Abu al-Badr 356
Tanazzulat al-Mawsiliyah (Herabsteigen der Eröffnung in Mosul) 267, 381, 382
Tarifa (Andalusien) *194*
Tarjuman al-Ashwaq (Dolmetsch der Sehnsüchte) 227, 286, **287**, 290, 306, 383
Tartih al-Rihla (Reisetagebuch) 259
Taurus-Gebirge 263
Täuschung durch Gott 279
at-Tawwab (der Verzeihende, Gottesname) 247
tawhid (Bekräftigung der Einheit Gottes) 21, 22
AL-TAWZARI, Taqiuddin Abd ar-Rahman (Ibn Arabis Gefährte) **269**, 322, 358
Technologie 35
Tempelberg 174
Teufel 111, **249**, 341
Theologie 387, 391
THOMAS VON AQUIN 31, 93, 391
Thora 311
Thron, Göttlicher 51, 217, 218, 234, 235, 347, 373

Tier(e) 80, 209
Tigris 288
Tlemcen (Algerien) 57, 218, 219
Tochter Ibn Arabis 277, **278**
Tod 180, **315**, 343, 349
Ibn Arabis 333
Todesstrafe 281, 296
Toledo 28, 31
Transformation 12
Transzendenz 46, 310
Traum 100, 101, 102, 103, 105, 171, 219, 234, 235, 263, 279, 280, 321, 324, 350, 351, 357
Tripoli (Tunesien) 59
Trunkenheit 283
Tugend 309
Tunesien 25, 27
Tunis 137, 136, *139*, 140, 144, 156, 176, 200, 219, 221, 223, 358, 379
Türkei 20, 264, 290, 294, 322, 362, 363, 367
AL-TUSTARI, Sahl (Sufi) 307, 383

U

Überlieferung 148, 149, 152
UMAR (Kalif) 199
Ungehorsam 249
Universum 52, 75, 220, 296, 299, **309**, 310, **345**, 348, 352, 367, 371, 372
Unparteilichkeit 67
Unterweisung 147, 237, 351, 357
Unwissen (*jahiliyah*) 68
Urfa (Türkei) B 289
Urteilen 349
AL-URYANI, Abu Jafar Ahmad (Ibn Arabis Lehrer) **109**, 116, 117, 119, 120, 122, 123, 124, **143**, 295
UTHMAN (Kalif) 199

V

Vater 74, 75, 77, 131, 132, **245**, 300
Verborgenen, die 206
Vereinigung 298, 300, 301
Vergänglichkeit 46
Vergebung 247, 282, 351, 354, **375**
Vergnügen 301, 304
Vermittler 108, **149**, 270
Vernunft 155, 210, 303, 370
Verstand 101, 104, 153, 154, 303, **311**
Vertrauen 126, 176, **279**
Verwirrung 248, 254, **255**, 256
Verzicht 126
VESPUCCI, Amerigo 33
Vielfalt 43
Vision **326**, 371
Vögel 218
Vollkommenheit 79, 310, 382, 383
Vorherbestimmung 321

W

Wachheit 247, 342, 381
al-Wadud (der Liebende, Gottesname) 297
wahdaniyah (Einheit) 44, 46
wahdat al-wujud (Einssein des Seins) 37, 39, 150, 151, 298
al-Wahhab (der Geber von allem, Gottesname) 117, 247
al-Wahid (der Eine, Gottesname) 47, 48, 49
al-Wahid al-Ahad (der Einzige) 41, **69**, 113
Wahrhaftigkeit **279**, 304
Wahrheit 47, 288, 370
Wahrheitssucher **253**
al-Wali (der Freund, Gottesname) 112, 211
Warenhandel 316

REGISTER

Waschungen 131, 278, 381
Wasser 40, 41, 42, 51, 184
Wein 184
Weisheit 17, 137, 227, 231, 232, 234, 303, 324, 340, 350, 352, 356
Welt, Hüter der 206
Westen 367, 368, **369**
Wiederkehr Christi 214
Wird (Gebete für die Woche) 283, 331, 385
Wirklichkeit **48**, **52**, 251
Wissen 100, 200, 203, 204, 205, 226, **232**, **238**, 302, 303, 305, 307, 310, 328, 339, 342, 343, 344, 349, 370, **371**, 375, 383

Wissenschaft 27, 28, 35, 159
Wochentage 286
Wort Gottes 201, 342, 343
Wunder 159
Wünschen 220
Würde des Menschen 253

Y

YAHIA, Osman 330, 357, 379
YAHYA (Johannes der Täufer) 182, 286, 316, 317
Yasawiyah (Sufi-Orden) 271
yathrib (Station der Stadtionslosigkeit) 177, **178**, 202

Z

ZAHIR (König von Aleppo) **281**, 283, 289, 388
Zahlen 44, 45, 46, 47, 48, 49
AL-ZAWAWI, Abd al-Salam 278
ZAYNAB (Ibn Arabis Tochter) 277, **278**
Zeichen **52**, **75**, 159, 310, 326, 367
Zeit 246, 383
Ende der 212
Zensur 364, 366, 367
Zohar (Buch der Herrlichkeit) 391
Zorn 105, **134**, 282, 364
Zufriedenheit **83**, 220
Zuhören 145, 146, 150
Zunge 341, 342
Zwang 369, 371, 372
Zweifel 238

Der Chalice Verlag widmet sich
der Publikation des Werkes von Reshad Feild
und wertvollen Texten aus verschiedenen
spirituellen Traditionen

Unser Verlagsprogramm und weitere Informationen
finden Sie auf unserer Website
www.chalice.ch

www.ingramcontent.com/pod-product-compliance
Lightning Source LLC
Chambersburg PA
CBHW020121020526
44111CB00048B/134